明代春秋著述考 上冊

A Study on the Writings of The Spring and Autumn Annals in Ming Dynasty

本書經歷數年爬梳整理，於兩岸三地各大圖書館與藏書機構間探訪，羅列明代《春秋》著作1157部存佚實際情況統計及說明，提供學術研究同好者詳實之資料索引。

林穎政——著

# 序　言

　　明代春秋學歷來為文人所輕視，學者往往以此時期為歷代經學最衰微，最觀無可觀的時代，甚至直接認定無須進行研究，使得明代三百年來所積累的龐大文獻資料，只能無聲無息地躺在各大藏書機構中，供人憑弔懷古之用。筆者曾在南京圖書館調閱明代李事道《左概》、朱泰禎《公羊穀梁春秋合編附註疏纂》二書時，因此二書並未拍攝微卷，亦沒有複印件，故只能翻閱原書，此二孤本在歷經五六百年的歲月侵蝕，每翻一頁，書屑頻頻落下，深怕動作大一點，此孤本就盡毀我手。又在臺北國家圖書館、故宮博物院圖書文獻館調閱明代《春秋》資料時，館員時常訝異地說，這批文獻自遷臺以來，你是第一個調閱的。這些筆者小小的記憶事件，或許也可以稍稍看出這一時代的經學研究在目前學術界所受到的輕蔑忽視，甚至是漠視的情形嚴重到何種地步了。故而筆者反思，這批龐大的明代《春秋》文獻，如果沒有一份目錄加以囊括整合，收到以簡馭繁的效果，殊為可惜。所以在本書研究期間，每查到一份資料，便一筆一筆的登錄，伹變化往往超過計畫，沒有想到明代這一階段的文獻竟然多到超過我的預期，以致於這份目錄最後竟然編成一書有餘。當初筆者在進行《明代春秋學研究》時，本沒有規畫去處理這些散落各地的資料，但文獻探索逐漸累積到一定程度時，卻令筆者也無法置之不理，故而這部目錄耗費了大量的時間進行查訪，對於相關人物資料、書籍狀況都進行了交叉考證，其原因就在於明清許多地方志，甚至是現代的目錄，往往對其人或對其書並無進行複核，以致盡信書而偶誤。如明代以後至清代的藝文志，偶爾會參雜進宋代、元代，甚至是清代人的著作，像雍正《浙江通志》將鄭與曾

《春秋列國記》歸於明人中，但實為宋人。《經義考》將黃智《春秋三傳會要》列於明人之中，亦為宋人。而現代坊間的《十三經著述考》也有此失，如汪泩《春秋比義集解》、丁步曾《春秋會解》、胡應蟾《春秋闡義》、王修通《春秋闡易》、饒鳳書《春秋聯珠》、應需《麟經集解》、李峻《麟經指要》、畢茂昭《麟經紺珠經撷腴》、趙恒祚《春秋同文集》皆列於明人之中，但這些人卻是實實在在，毫無疑問的清代人。又如劉敞《春秋文權》、洪皓《春秋記詠》列在明人，但卻是宋代人。由此可見，確實有必要重新檢視一番。再者，從數量上來看，《明史·藝文志》收錄有一百三十一部，朱彝尊《經義考》標明存世者一百五十七部，亡佚者四十四部，有書而未見者七十部，《四庫全書總目》收錄六十八部，但多是只存其目，真正收錄的也才二十一部。據筆者這幾年的鉤沉索隱，共輯得明代《春秋》著作一千一百五十七部，存世三百七十五部，亡佚七百八十二部，這個數量相較於《四庫全書總目》來說，館臣實際見到的文獻比例，佔不到整個明代著作的百分之六，如此其評價明代經學的可靠性似乎就有信度與效度的問題存在。

這一部《明代春秋著述考》歷經筆者數年的爬梳整理，但勞心勞力的結果，可能因這類書籍僅僅被歸類為書房案頭上隨手檢閱的工具書之流，既少有學術成就，又無甚閱讀市場，導致永遠無法提供給學界利用，故藉此撰寫之際，一同公諸同好，亦不枉撰寫初衷。最後本目錄能完成，要感謝〔臺灣〕故宮博物院圖書文獻館、國家圖書館、傅斯年圖書館、中央研究院文哲所圖書館、臺灣大學圖書館、清華大學圖書館、高雄師範大學圖書館、中央大學圖書館、成功大學圖書館。以及〔中國〕國家圖書館、北京大學圖書館、清華大學圖書館、南京市圖書館、上海市圖書館、復旦大學圖書館、廈門大學圖書館、杭州市圖書館、重慶市圖書館、甘肅天水市圖書館等等，都為本目錄提供了許多協助，在此一併致謝。

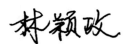

# 凡例說明

　　因本目錄數量龐大，資料繁雜，故而必須設計一〈凡例〉加以規範，對其進行有系統之整合，以利閱者檢索使用，其〈凡例〉說明如下。

1. 本目錄在分期上共析為三大時期，一為前期，洪武至弘治時期（1368-1505），二為中期，正德至嘉靖時期（1506-1566），三為後期，隆慶至崇禎時期（1567-1644）。前期共一百三十八年，中期六十一年，末期七十八年，共計二百七十七年。這個分法主要依據《四庫全書總目》的意見，即正德以前是明代經學較為樸實有成的階段，隆慶、萬曆以後，明代經學步入蠹蝕朽木，弊不勝窮的衰世，這個看法自有四庫館臣的學術立場，但確實也代表了當時學者們的普遍見解，故本目錄藉此觀點粗分為三期，使用較為中性用語的前、中、後三期，而不以《四庫全書總目》所認定的經學興盛或衰微的分期評價。至於元末明初時期，以及明末清初階段，亦斟酌納入明代範圍討論。

2. 書籍後標示出現今的存佚情形，因歷史的時過境遷已久，故不再以《經義考》當時所見書籍之「存、佚、未見」的情況而論，本目錄的全部資料皆以筆者實際查訪到的情形為準。若存世者，則隨文說明書籍的館藏情況及刊刻版本為何，而亡佚者亦或許有館藏存世，筆者若不慎失察，亦乞望海內先進後學同知，不吝指正。

3. 著作書籍的排序，完全依據作者的時代先後進行排列。每一作者

皆有一個人簡歷，先簡述其生卒資料、籍貫所在、字號尊稱、父子兄弟師承關係，次則羅列作者的生平事蹟、學術旨趣，以供「知人論世」之用。亦是確認其為明代著作之實證。生卒情形有以下幾種狀況：一、生卒確定者，如張以寧（1301-1370）。二、生卒無法絕對確定者，如瞿世壽（約1631-1711）。三、僅知其登科年份，如楊時秀（1535前後）。四、僅能得知其主要活動階段者，如呂光演（嘉靖時期）、王寅（天啟–崇禎）。五、確定為明代人著作，但無法判斷時期者，另別一類，以「明代未知時期著作」區分之。

4. 本目錄所收書籍範圍於明儒所研究《春秋》、《左傳》、《公羊傳》、《穀梁傳》、胡《傳》以及歷代注疏，前儒經說之著作，下及《春秋繁露》、《東萊左氏博議》一類的典籍。至於《國語》一書，從漢代以來即有《春秋外傳》之名，明代亦有《春秋五傳》之說，然歷代學者較不視其為嚴格的《春秋》學領域，故本目錄的處理原則如下：(1)倘若明代《國語》著作若是獨自成書，不依附於《春秋》、《左傳》之列，則暫不予以收錄。(2)若是明人以「春秋內外傳」或「春秋五傳」的概念視之，則自然收錄羅致，如集合編纂為類似《左國腴詞》、《左國摘語》、《左國合編》、《左國迂評》、《左國列傳》、《左國評苑》、《左國註》、《左國鈔》、《左國精髓》、《左國類函》、《左國參由》、《左國書》、《左國類雋》、《左國史漢分國合鈔》、《春秋四家五傳平文》等等一類書籍。

5. 屬於五經總義類而亡佚者，不入本目錄之列，存世者則端看其情況斟酌之。如朱睦㮮《春秋諸傳辨疑》本有單行本行世，後被編入《五經稽疑》中，此二書一被《總目》「五經總義類著錄」收入，一被「春秋類存目」收錄，屬於單本別行的狀況，故列入本目錄。另一種為自有專名者，如曹學佺《五經困學》中有《春秋

傳刪》十卷，屬於五經總義類但卻自有「專名」，如此之類，皆收錄於本目錄之林。

6. 所錄書籍或有一書二見者，因此類著述皆有第二、第三作者，或重訂、或評點、或會講、或裁定，保留有第二，甚至第三、四貢獻者的思想與主張，如《春秋旁訓》本為李恕所撰，然鍾惺又再重訂，施以評語之類。

7. 因《四庫全書》所收諸書，往往經過刪改，故而若有明代版本或善本存世，則版本以之為據。如卓爾康《春秋辯義》，《四庫全書》就將卷首明代孔貞運、阮漢聞、張文光、石確的序文全部刪落，故本目錄以臺北國家圖書館藏明崇禎間仁和吳夢桂校刊本為依據。又如袁仁《春秋鍼胡編》（《總目》作「春秋胡傳考誤」），其〈序文〉與內容皆被四庫館臣刪節妄改，故版本以臺北傅斯年圖書館藏明萬曆《袁氏叢書》刊本為依據。

8. 著錄書籍如有四庫館臣〈提要〉，作者與他人〈序〉、〈跋〉、〈引文〉，或歷代文集有對本書的說明，如黃虞稷《千頃堂書目》、朱彝尊《經義考》、阮元《文選樓藏書記》、《續修四庫全書總目提要》，本目錄擇要選錄，另外輔以筆者閱讀後的心得案語，倘若著錄書籍、卷數篇數、別稱異名、作者佚名、生卒登科、祖籍寄籍等等文獻資料若有歧異錯誤時，亦以案語標出說明。若引用文獻如遇缺字或無法辨識時，則以□□符號表示之。


編者識語：

　　本書所引用文獻，其標點斷句皆筆者措意為之，然因蒐集的文獻資料過於冗繁龐雜，既困於學力有所侷限，又因於識見有所不足，匆匆三四審，未即反覆查核，斟酌文義再三，內容斷句必有不盡文本之失，或語意失察之過，誤差必不可盡免，所以讀者在檢閱本資料時，倘若覺察斷句有欠穩妥完善之處，尚乞見諒，若欲引用相關文句資料，請謹慎使用之。

# 目　次

# 第一章　洪武元年至弘治十八年
## （明代前期：1368-1505）

### 《春秋旁註》二卷　朱升撰，〔存〕

朱升，1299-1370，安徽休寧，字允升，號楓林，師陳櫟、黃澤，據乾隆《江南通志》云：「朱升，字允升，休寧人。少師事陳櫟，復偕趙汸，從黃澤學。舉元鄉薦，授池州學正，士服其教，大江南北，學者雲集。會蘄黃寇亂，避兵窮谷，著述不輟。明太祖召見，授翰林學士，知制誥。升尤邃經學，著諸經《旁註》、《書傳補正》，學者稱楓林先生。」（卷一百六十四）

案：收錄《五經旁註》，臺北故宮博物院藏明刊梵夾本。

### 《春秋旁訓》四卷　朱升撰，〔存〕

案：收錄《五經旁訓》，臺北故宮博物院藏明萬曆二十四年陳大科刊本。

### 《春秋旁訓》四卷　李恕撰、朱鴻謨重訂，〔存〕

李恕，元末–明初，江西盧陵，字省中，據康熙《江西通志》云：「李恕，字省中，盧陵人。所著有《易》、《書》、《詩》、《孟子旁註》諸書。」（卷七十六）

朱鴻謨，1571前後，山東益都，字文甫，號鑒唐，據康熙《江西通

志》云：「朱鴻謨，字文甫，益都人。隆慶進士，授吉安推官。識鄒元標
於諸生厚禮之。擢南京御史，以疏救言官，語侵居正，居正怒斥為民。居
正卒，起官，出按江西，奏蠲水災，賦請減饒州磁器，不報，又疏薦建言
削籍者，忤旨奪俸。歷官刑部右侍郎，贈刑部尚書，諡恭介。」（卷五十
八）

　　案：收錄《五經旁訓》，《故宮珍本叢刊》，第17冊，據明萬曆十六
年朱鴻謨陳文燭刻本影印。

### 《春秋旁訓》四卷　李恕撰、鍾惺重訂，〔存〕

　　鍾惺，1574-1625，湖北竟陵，字伯敬，號退谷，據查繼佐《罪惟
錄》云：「鍾惺，字伯敬，號退谷，湖廣景陵人。成萬曆丙辰進士，授行
人，以南禮部督學八閩。火計中人言服闋不起。性孤冷，眾歡集，渺然若
失，世亦遺之。與同邑譚友夏，取古詩迄唐為《詩歸》之選，眉眼生動，
覺前此門面膚迹，有所救正。又讀史有所進退，帙成曰《史懷》，極遊聘
之興，名山川無所不歷，著《如說》則晚年研精佛氏之所得也。」（卷之
十八）；顧炎武云：「鍾惺，字伯敬，景陵人，萬曆庚戌進士，天啟初任
福建提學副使，大通關節、丁父憂去職，尚挾姬妾游武夷山，而後即路。
巡撫南居益疏劾有云，百度踰閑，五經掃地。化子衿為錢樹，桃李堪羞。
登馹僧於皋比，門牆成市。公然棄名教而不顧，甚至承親諱而冶游。疑為
病狂喪心，詎止文人無行？坐是沈廢于家。乃選歷代之詩，名曰《詩
歸》，其書盛行於世。已而評《左傳》、評《史記》、評《毛詩》，好行
小慧，自立新說，天下之士，靡然從之。而論者遂忘其不孝、貪污之罪，
且列之為文人矣。余聞閩人言，學臣之鬻諸生，自伯敬始。當時之學臣其
于伯敬固當如茶肆之陸鴻漸，奉為利市之神，又何怪讀其所選之詩，以為
風騷再作者邪？其罪雖不及李贄，然亦敗壞天下之一人，舉業至于抄佛
書，講學至于會男女，考試至于鬻生員，此皆一代之大變，不在王莽、安

祿山、劉豫之下，故書其事于五經諸書之後。嗚呼！『四維不張，國乃滅亡』，管子已先言之矣。」（《日知錄》卷二十）

　　案：收錄《五經旁訓》，美國哈佛大學漢和圖書館藏明金閶魯鄒岳刊本，臺北臺灣大學圖書館微捲副本。

## 《春秋春王正月考》一卷　　張以寧撰，〔存〕

　　張以寧，1301-1370，福建古田，字志道，號翠屏，師韓信同、韓普，據《明史》云：「張以寧，字志道，古田人。……泰定中，以《春秋》舉進士，由黃巖判官進六合尹，坐事免官，滯留江、淮者十年。順帝徵為國子助教，累至翰林侍讀學士，知制誥。在朝宿儒虞集、歐陽玄、揭傒斯、黃溍之屬相繼物故，以寧有俊才，博學強記，擅名於時，人呼小張學士。明師取元都，與危素等皆赴京，奏對稱旨，復授侍講學士，特被寵遇。帝嘗登鍾山，以寧與朱升、秦裕伯等扈從擁翠亭，給筆札賦詩。洪武二年秋，奉使安南，封其主陳日煃為國王，御製詩一章遣之。甫抵境，而日煃卒，國人乞以印詔授其世子，以寧不聽，留居洱江上，諭世子告哀於朝，且請襲爵。既得命，俟後使者林唐臣至，然後入境將事。事竣，教世子服三年喪，令其國人效中國行頓首稽首禮。天子聞而嘉之，賜璽書，比諸陸賈、馬援，再賜御製詩八章。及還，道卒，詔有司歸其柩，所在致祭。以寧為人潔清，不營財產，奉使往還，樸被外無他物。本以《春秋》致高第，故所學尤專《春秋》，多所自得，譔《胡傳辨疑》最辨博，惟《春王正月考》未就，寓安南踰半歲，始卒業。元故官來京者，素及以寧名尤重。素長於史，以寧長於經。素宋、元史稿俱失傳，而以寧《春秋》學遂行。門人石光霽，字仲濂，泰州人。讀書五行俱下。洪武十三年以明經舉，授國子學正，進博士，作《春秋鈎玄》，能傳以寧之學。」（卷二百八十五）

　　《四庫全書總目》云：「《春王正月考》二卷，兩江總督採進本。明

張以寧撰。……史稱以寧以《春秋》致高第，故所學尤專《春秋》，多所自得，撰《胡傳辨疑》最辨博，惟《春王正月》考未就，寓安南踰半歲，始卒業。今《胡傳辨疑》已佚，惟此書存。考三正疊更，時月並改。經書正月繫之於王，則為周正不待辨。正月、正歲二名載於《周禮》，兩正並用，皆王制也。左氏發傳，特曰『王周正月』，則正月建子，亦無疑。自漢以來，亦無異議。至唐劉知幾《史通》始以《春秋》為夏正，世無信其說者。自程子泥於『行夏之時』一言，盛名之下，羽翼者眾。胡安國遂實以夏時冠周月之說，程端學作《春秋或問》遂堅持門戶，以梅頤偽書為據，而支離蔓引以證之，愈辨而愈滋顛倒。夫左氏失之誣，其間偶爾失真，或亦間有，至於本朝正朔，則婦人孺子皆知之，不應左氏誤記。即如程子之說以左氏為秦人，亦不應距周末僅數十年即不知前代正朔也。異說紛紛，殆不可解。以寧獨徵引五經，參以《史》、《漢》，著為一書，決數百載之疑案，可謂卓識。至於當時帝王之後，許用先代正朔，故宋用商正，見於長葛之傳。諸侯之國亦或用夏正，故傳載晉事，與經皆有兩月之差。古書所記，時有參互，後儒執為論端者，蓋由於此，以寧尚未及抉其本原。又《伊訓》、《泰誓》諸篇，皆出古文，本不足據，以寧尚未及明其偽託。而《周禮》正歲、正月之兼用，僅載鄭《注》數語，亦未分析暢言之以祛疑。似於辨證，尚為未密。然大綱既得，則細目之少疏，亦不足以病矣。」（經部二八·春秋類三）

案：收錄《景印文淵閣四庫全書》經部，第165冊。

## 《春秋春王正月考辨疑》一卷　張以寧撰，〔存〕

錢曾云：「《春王正月考》前卷、《春王正月考辨疑》後卷。宋儒致疑于『春王正月』紛如聚訟，云夏正得天乃百王所同，是以有冬不可為春之疑，云夫子嘗以行夏之時告顏子，是以有夏時冠周月之疑，云漢武以夏時首寅月于今，莫之或改，是以傳書者有改正朔，不改月數之疑，而又有

春秋用夏之時，夏之月之疑。疑愈甚則說愈多，說愈多而儒者之惑終不可解，良可喟也。晉安張以寧以《春秋》經登泰定丁卯李黼榜進士，讀書淮南者十餘年，歷稽經史傳記，及古注疏，并劉向周春夏冬陳寵天以為正周以為春之說比觀《朱子晚年定論》，參錯辨核，斷以『春王正月』之春，為周之時。洪武二年夏，奉使安南，假館命筆勒成一書，明年庚戌春始卒業，踰月疾革而逝。宣德元年丙午，其孫隆恐手澤泯而無傳，依舊本摹寫刊行。予昔侍牧翁于雲上軒，晨夕伏承，緒言每嘆此書絕佳，問津知塗，幸免冥行擿埴，皆先生之訓也，撫卷流涕者久之。」（《讀書敏求記》卷一）

　　案：收錄《春秋春王正月考》，《景印文淵閣四庫全書》經部，第165冊。

## 《春秋胡傳辨疑》三卷　　張以寧撰，〔佚〕

　　錢謙益云：「以寧穿貫經史，少以《春秋》登第，作《春秋胡傳辨疑》，最為辨博。」（《列朝詩集》甲集卷十三）

　　案：《經義考》著錄。

## 《春秋尊王發微》八卷　　張以寧撰，〔佚〕

　　案：《明史》、《千頃堂書目》著錄。

## 《春秋論斷》三卷　　張以寧撰，〔佚〕

　　案：《明史》、《千頃堂書目》、乾隆《福建通志》著錄。乾隆《福州府志》作「四卷」。

### 《春秋稗傳》　吳儀撰，〔佚〕

吳儀，1307-1371，江西金谿，字明善，據康熙《江西通志》云：「吳儀，字明善，金谿人。博極羣書，海內兵起，無意仕進，遠近學者，爭集其門，所釋皆五經大義，尤精《春秋》，著三書：曰《春秋稗傳》、曰《春秋類編》、曰《五傳論辨》，多先儒所未發。雖盛暑隆冬，必正容端坐，學者稱東吳先生。」（卷八十一）；李紱〈東吳先生儀〉云：「凡所敷繹，皆五經奧義，不拘泥於箋記，而大旨自暢。晚尤專心於《春秋》，且謂聖人之經一，而諸家異傳，大道榛塞，職此之由，乃著三書，曰《稗傳》、曰《類編》、曰《五傳辨》，辭義嚴密，多先儒所未言，嘗撫卷歎曰：『此書，吾積學之所致。』」（《陸子學譜》卷十八）

案：《經義考》、《千頃堂書目》著錄。

### 《春秋類編》　吳儀撰，〔佚〕

案：《經義考》、《千頃堂書目》著錄。

### 《春秋五傳論辨》　吳儀撰，〔佚〕

案：《經義考》、《千頃堂書目》著錄。

### 《春秋集說》　蔣宮撰，〔佚〕

蔣宮，至元-洪武，江蘇儀徵，字伯離，據乾隆《江南通志》云：「蔣宮，字伯離，真州人。博極羣書，於制度沿革，陰陽曆數之義，無不通。元至正初，登第。洪武元年，授蘭陽縣丞。兵燹之餘，招流亡，通商販，開學校，邑以大治。」

案：康熙《揚州府志》著錄。

## 《春秋纂》十卷　蔡深撰，〔佚〕

蔡深，至正–洪武，江西樂平，字淵仲，據康熙《江西通志》云：「蔡深，字淵仲，樂平人。以《春秋》中浙江鄉試，授柯山書院山長，轉徽州學教授。值時多難，歸不復起。明初訪求宿學，饒守陶安首薦詣公車，以疾懇辭。己酉，江西設科舉……廷對狀元及第，人咸服其識鑑。」（卷八十八）

案：《明史》、《千頃堂書目》著錄。

## 《春秋本旨》　劉永之撰，〔佚〕

劉永之，至正–洪武，江西清江，字仲修，號山陰，據朱彝尊〈劉永之傳〉云：「劉永之，字仲修，清江人。家饒于貲……發憤就學，寒暑晝夜不懈，數年學大進，尤長《春秋》，與梁寅往復辯論經義。」（《曝書亭集》卷第六十四）

劉永之〈春秋本旨序〉云：「春秋時，列國之史，亦莫不有人焉，其立辭也，亦莫不有法焉。趙穿之弒逆也，而書曰：『趙盾弒其君』，則晉史之良也。崔杼之弒逆也，太史死者三人，而卒書曰：『崔杼弒其君』，則齊史之良也。之二國者，有二良焉，而況於魯有周公之遺制，為秉禮之臣者乎？是故法之謹嚴，莫過於魯史；其屬辭比事，可以為訓，莫過於魯史；其當世之治亂盛衰，可以上接乎《詩》、《書》之迹，莫過於魯史，是以聖人有取焉，謹錄而傳焉，以寓其傷周之志焉。其知者曰：『是不得已焉耳』，其不知者曰：『是匹夫也』，而暴其君大夫之惡於天下後世，故曰：『知我者在是，罪我者在是。』亦聖人之謙詞云耳。夫豈曰改周制、寓王法，而託二百四十二年南面之權之謂哉？大較說《春秋》者，其失有三：尊經之過也，信傳之篤也，不以《詩》、《書》視《春秋》也。其尊之也過，則曰聖人之作也；其信之也篤，則曰其必有所受也；其視之

異乎《詩》、《書》也，則曰此見諸行事也，此刑書也。夫以為聖人之作，而傳者有所受，則宜其求之益詳而傳合之益鑿也；以為見諸行事、以為刑書，則宜其言之益刻，而鍛鍊之益深也。已以為美，則強求諸辭；『此予也，此奪也，聖人之微辭也。』或曰：『聖人之變文也。』一說弗通焉，又為一說以護之。一論少窒焉，又為一論以飾之。使聖人者若後世之法吏，深文而巧詆，蔑乎寬厚之意，此其失非細故也。今僕之愚曰：『其文則魯史，其義則彰善而癉惡，冀述而傳於後，則以刪《詩》、定《書》、贊《易》同其狂僭，而其為傳也，則直釋其義，其善者曰如是而善，其惡者曰如是而惡，無褒譏予奪之說。』其區別凡例，則主程子。其綱領大意，則主朱子。其三《傳》，則主《左氏》，以杜預說而時覈其繆妄。其諸家則無適主，取其合者，去其弗合者，如是而已。」（《經義考》卷一百九十九）

案：《經義考》著錄。《欽定春秋傳說彙纂》有引用。

## 《春秋論》一卷　徐尊生撰，〔佚〕

徐尊生，至正－洪武，浙江淳安，字大年，據雍正《浙江通志》云；「徐尊生，《嚴陵志》：字大年，淳安人。七歲能詩，十五善屬文，諸書靡不淹貫。洪武初，以遺逸舉，與修元史，竣事俾編禮書，修日曆。時翰林學士承旨，宋濂乞致仕，上問：『卿歸，孰可代者？』濂以尊生對。乃拜翰林，應奉草制，悉稱旨，尋以老疾歸。所著有《春秋論》一卷、《制誥》二卷、《懷歸》、《還鄉》等稿二十卷。」（卷一百八十二）

案：《明史》、《經義考》、雍正《浙江通志》著錄。

## 《春秋左氏鉤玄》　王濂撰，〔佚〕

王濂，至正－洪武，浙江括蒼，字熙陽，據萬曆《紹興府志》云：「王廉，字熙陽，括蒼人。與兄霖寓居上虞，研窮經史，善琴，制風木

吟。洪武初用，學士危素薦為翰林編修，終陝西布政使。所著有《史纂》、《四書註解》、《三禮纂要》、《書海通辯》、《左氏鉤玄》、《交山集》、《迂論》、《南征錄》，葬杭州西山。」（卷四十）

案：《明史》、《經義考》著錄。萬曆《上虞縣志》作「左氏鉤玄」，乾隆《紹興府志》作「左氏鉤元」，玄字改元，乃避康熙諱也。

## 《春秋胡氏傳標注》　張宣撰，〔佚〕

張宣，至正–洪武，江蘇江陰，字藻仲，據嘉靖《江陰縣志》云：「張宣，字藻仲，端之子。讀書過目即成誦，十歲善屬文，能詩。既長，學問綜博，其言益肆而宏。楊山居、鐵崖二公，文采名天下，得其詩大嘉賞，一見為忘年。洪武徵入，授翰林院編修，即被知遇，太祖呼為『小秀才』。後謫濠州，道卒。所著有《春秋胡氏傳標註》、《五經標題》、《青暘集》皆未及行。行者惟《四書點本》，至今留刻郡庠。」（卷十七）

案：《明史》、《經義考》、嘉靖《江陰縣志》著錄。

## 《春秋傳義》　張宣撰，〔佚〕

廖道南云：「張宣，字藻仲……著有《春秋傳義》。廖道南曰：予始遊南廱，乃見朱伯清所撰《理學纂言》，于司成、魯公鐸及傅伯長所撰《春秋本末》。于司成、汪公偉而孫大雅之《滄螺》、張藻仲之《傳義》猶未之見也。諸儒夙際，皇運弘闡，賁文用心，亦以勤矣。贊曰：『義烏多賢，乃有伯清。辭章爾雅，玉闕瑤京。伯長超越，萬人之傑。沉潛三《傳》，乃著《本末》。次和藻仲，處于江陰。擢穎揚芒，輝赫儒林』。」（《殿閣詞林記》卷八）

## 《春秋集義》　胡翰撰，〔佚〕

胡翰，至正–洪武，浙江金華，字仲申，學者稱長山先生，據雍正《浙江通志》云：「胡翰，《金華賢達傳》字仲申，金華人。甫七歲，拾道中遺鏃，候遺者至而還之。初受業於吳師道，繼學文於吳萊，執經於許謙。明初以賢才起赴京……授衢州教授，俄奉旨纂修《元史》，書成辭歸，卜居長山之陽，學者稱長山先生，所著有《春秋集義》、《胡仲子集》。」（卷一百七十六）

《經義考》云：「陸元輔曰：仲申及登許文懿公之門，其文見稱於黃文獻、柳文肅。有勸之仕者，輒辭避地南□山中，著書自樂。高皇聘授衢州教授，尋纂修《元史》，賜白金文綺以歸。著有《春秋集義》。」（卷一百九十九）

案：《明史》、《經義考》、雍正《浙江通志》著錄。

## 《春秋啟鑰》　熊釗撰，〔佚〕

熊釗，至正–洪武，江西進賢，字伯幾、伯璣、伯昭，據康熙《江西通志》云：「熊釗，字伯幾，進賢人。至正甲申，以《春秋》領鄉薦，授崇仁學官，遷進賢。壬辰，徐壽輝兵圍龍興，釗與樊復合謀倡義，立營柵阻湖以守，北山時郡城被攻甚急，外援不至，釗出奇兵與戰連捷，賊黨稍却。夜遣壯士持羽書入告，城中得報，乃并力出擊，圍解。省臣嘉其功，承制授臨江路知事，遷江西儒學副提舉。……洪武間召校書，會同館賜宴。著《學庸私錄》、《論孟類編》、《春秋啟鑰》諸書。」（卷六十七）

案：《千頃堂書目》、《明史》、《經義考》著錄。

## 《春秋要旨》　　滕克恭撰，〔佚〕

滕克恭，至正–洪武，河南祥符，字安卿，據萬曆《開封府志》云：「滕克恭，字安卿，祥符人。性明敏，博通經史，尤精於《詩》、《書》。元至正中，登進士，累官集賢院直學士，已致政歸，避亂錢塘。國朝洪武初，始還故里。辛亥、甲子，兩膺聘為本省鄉試考官。壽百餘歲，終于家。」（卷十八）

案：《千頃堂書目》、《明史》、《經義考》著錄。

## 《春秋集說》　　王受益撰，〔佚〕

王受益，至正–洪武，浙江紹興，字子謙，師楊澄源，據萬曆《紹興府志》云：「王受益，字子謙，郡人。洪武中，舉明經為山陰訓導。淹貫經史，尤邃於《春秋》，善指授，多所發明。嘗病《傳》、《註》煩蕪，或失作者本指，乃取諸家疏義折衷之，裒為《春秋集說》。後召入翰林校書。受益與韓宜可、薛正言，先後典學于鄉，至今鄉校頌述之。」（卷三十九）；王鈍云：「先生諱受益，字子謙，紹興山陰人，受《春秋》於楊先生澄源。元至正壬寅，中浙江鄉試，省臣版授仁和縣學教諭。病《春秋》傳註多，而局於事例，聖人作經之旨，因以不明，乃取汪克寬《纂疏》、李廉《會通》、程端學《本義》三書，折衷其是非，務在明經，不為科舉道。地名之曰『春秋集說』，凡五十餘萬言，復病其言之多，而學者不能悉記，欲定從簡，未竟，故不及行於世。洪武八年，舉本縣學教諭，歷冀、滁、陝三州學正，官止國子助教。」（《經義考》卷一百九十九）；《千頃堂書目》云：「取汪氏《纂疏》、李廉《會通》、程氏《本義》，裒為一書。」（卷二）

案：《千頃堂書目》、《明史》、《經義考》著錄。

### 《春秋本末》三十卷　傅藻、孔克表等撰，〔佚〕

傅藻，至正－洪武，浙江義烏，字伯長，師黃溍，據《經義考》云：「《實錄》：洪武十一年五月癸酉，命東閣文學傅藻等編纂《春秋本末》。閏月乙酉，書成。上以《春秋》本諸《魯史》，而列國之事，錯見間出，欲究其終始，則艱於考索。乃命藻等纂錄，分列國而類聚之，附以《左氏傳》，首周王之世以尊正統，次魯公之年，以仍舊文，事之終始，秩然有序，賜名曰《春秋本末》。」（卷一百九十九）

孔克表，1314-1386，浙江平陽，字正夫，據楊士奇曰：「《春秋》，仲尼因《魯史》之舊，筆削之以著法戒。《春秋本末》，我太祖高皇帝，命儒臣因仲尼之舊，彙萃之，以便覽觀，義例甚精，皆聖制也。」（《經義考》卷一百九十九）

張夏云：「孔克表，浙江平陽人，至聖五十五代孫。博聞篤行，尤精史學。嘗登元至正戊子進士。洪武六年，徵至京授翰林修纂。時太祖留心經籍，深病從來《傳》、《注》，詞繁旨深，反掩經意之害，乃詔克表，偕御史中丞劉基、秦府、紀善、林溫等，取羣經要言，析為門類，以言注釋之，使人皆得通其說，而盡聖人之蘊。又恐儒臣未達注釋之式，親製《論語解》二篇，以賜俾取則焉。克表注四書、五經，成書進覽，上悅賜名曰《羣書類要》，由是篤眷之，凡有著述，拜獻咸稱上旨。」（《雒閩源流錄》卷十八）

宋濂〈春秋本末序〉云：「洪武十一年夏五月，皇太子御文華殿，命侍臣講讀《春秋左氏傳》，既而曰：『諸國之事雜見於二百四十二年之中，其本末未易見，曷若取《春秋分記》而類入之？』《分記》，眉人程公說所述，有年表、世譜、名譜、世本、附錄等類，頗失之繁，但依世本，次第成書。先周，尊天王也；次魯，內望國也；次齊晉，主盟中夏，故列之魯後，而齊復後於晉，以晉於周、魯為親，其霸視齊為長也；自齊而下，次宋、衛、蔡、陳，地醜德齊，而宋以公爵列於三國之首，衛、

蔡、陳之爵皆侯也，鄭、曹、燕、秦皆伯也，陳、蔡獨後，異姓也；若楚、若吳、若越，以僭號見抑于《春秋》，並居其後，而小國戎、狄附焉。於是文學臣傅藻等受命纂輯，編年一主乎魯，雖曰無事，一年各具四時，諸國依前序次，各繫以事，其有一事再見及三見者，通繫於主霸者之下，若重復者則削之；訓詁以杜預為之主，凡例所及，一一取旨而後定，繕寫為三十卷。自春和門投進，皇上聞而嘉之，賜名曰『春秋本末』，勑內官刊梓禁中，以傳示四方。臣濂聞諸師云：『五經之有《春秋》，猶法律之有斷例也。』法律則用刑禁暴，以為之范防；斷例則斟酌物情是非，而定罪之重輕也。是故古之君臣，無不習於《春秋》；使君而知《春秋》，方能盡『代天理物』之道；使臣而知《春秋》，方能盡『事君如事天』之誠；天衷以之而昭，民彝以之而正，何莫非《春秋》之教也？然而尊王賤霸，內夏外夷，其書法實嚴，必當曲暢，以觀其同，參互以察其變，所謂屬辭比事者，始可言也。不然，如涉彼大海，渺無津涯，豈一蠡之可測哉？敬惟皇太子殿下，潛心聖學，其於六經之文，循環讀之，而尤惓惓於《春秋》，今命宮臣，纂輯成書，一覽之頃，其本末瞭然，斯殆以人文化成天下也歟！皇上以大舜之資，善與人同，亟命流布於四海，是心也，天地之心也。臣幸生盛時，遭逢兩宮之聖，不勝慶忭之至，輒忘疏賤，著其述作大意於篇首。其校正無訛者，翰林典籍臣劉仲質、國子助教臣儲惟德；正書入梓者，中書舍人臣朱孟辯、臣宋璲、臣桂慎，鑄印局副使臣詹希元云。洪武十二年，歲次己未，五月五日，前翰林云云，臣金華宋濂稽首謹序。」（《宋學士文集》芝園後集卷第十）

　　案：《千頃堂書目》、《明史》、《經義考》著錄。《經義考》云傅藻撰，《萬卷堂書目》云孔克表撰，實則乃二人共同奉旨編撰之作。

## 《春秋書法大旨》一卷　高允憲、楊磐撰，〔佚〕

　　高允憲，至正－洪武，國子博士，楊磐（至正－洪武，國子博士助

教），據孫能傳云：「《春秋書法大旨》，國子博士高允憲、助教楊磐奉旨編次。悉因聖經以考三《傳》，及杜、何、范、啖、趙、程、胡、陳、張之說，依啖、趙《纂例》，分類刪其繁冗，撮其樞要，凡二十三則，抄本。」（《內閣藏書目錄》卷二）

案：《內閣藏書目錄》、《授經圖》、《千頃堂書目》、《明史》、《經義考》著錄。《國史經籍志》作「春秋書法大旨十卷」。

## 《春秋集說》　李衡撰，〔佚〕

李衡，至正－洪武，江西崇仁，字元成，據康熙《江西通志》云：「李衡，字元成，崇仁人。篤志《春秋》，嘗著《集說》，分二例，一為稽古設，一為科舉設。元末領鄉薦，為太和州學正。洪武十二年，以明經博學徵不就，有文集數卷。」（卷八十一）；《經義考》云：「張萱曰：洪武中，臨川李衡著《集說》，宗吳草廬，參以李廉《會通》，汪德輔《纂疏》，凡五十餘家。」（卷一百九十九）

案：《經義考》著錄。《明史》作「春秋釋例集說三卷」。

## 《春秋攷義》十卷　梁寅撰，〔佚〕

梁寅，1303-1384，江西新喻，字孟敬，號石門，學者尊稱梁五經，據隆慶《臨江府志》云：「梁寅，字孟敬，新喻人。幼穎異，年十七，教訓里中，得四書五經，早夜誦讀，淹究自得，尤好古文。詞嘗讀韓、柳諸集，或謂為文，須得師承，先生應之曰：『文起八代之衰者，師果誰耶？』貧無書，嘗假舘翰林滕玉霄，蒐羅殆盡。吳草廬應徵北上，一見勉以聖賢之學。楊宗敬嘗語人曰：『梁孟敬，當於古人中求之』，想明道先生亦如是。或疑之，宗敬曰：『學問未即論德性識趣』，誠有過人者耳。洪武初，郡守劉貞辟掌郡教。尋應召赴京議禮，江右三人，先生與同郡胡行簡、饒州蔡淵仲也。考郊祀禮書成，上之。賜衣幣，授之官，以老疾辭

還，復賜白金為資。初詔以明經科取士，江西省臣禮聘主文衡者三，所得皆名士。歸居石門，徒甚眾，學者稱為石門先生，卒年八十七。先生德純識高，篤志力行。不但為文字之學，所著有《周易參考》、《春秋攷義》、《尚書纂義》、《禮記輯略》、《詩經演義》、《周禮考註》……雜著則有……《春秋蠱說》、《石門集》，嘗為一室，聚書若干卷，藏之以遺子孫，名曰『書莊』。」（卷十二）

　　案：梁寅〈梁氏書莊記〉云：「於讀《春秋》也，病《傳》之言異，求褒貶或過，乃因朱子之言，唯論事之得失，謂之《春秋攷義》。」（《明文衡》卷之三十）。《千頃堂書目》、《明史》、《經義考》著錄。

## 《春秋蠱說》　梁寅撰，〔佚〕

　　案：隆慶《臨江府志》提及梁寅雜著有《春秋蠱說》一書，今已亡佚，輯存一條如下，據潘士藻記載：「梁寅曰：『言蠱，極必治，而治蠱有道也。蠱，元亨者。蠱之既治也，不先言治蠱之道，而乃先言其效者，明亂之可治也。利涉大川，方治蠱之時也，故謂之往。有事先甲，後甲，即所謂有事也』。」（《讀易述》卷四）

## 《春秋叢說》　梁寅撰，〔佚〕

　　案：同治《臨江府志》著錄。

## 《春秋胡氏傳纂疏》三十卷　汪克寬撰，〔存〕

　　汪克寬，1304-1372，安徽祁門，字德輔、德一，號環谷，師吳迁、胡炳文，據光緒《重修安徽通志》云：「汪克寬，字德一，祁門人。祖華，受業於饒魯，得黃勉齋之傳。克寬於元泰定中，舉鄉薦。會試以策忤

直黜,遂棄科舉,盡力於經學。著《春秋胡傳纂疏》,《易》有《程朱傳義》,《詩》有《集傳音義會通》,《禮》有《禮經補逸》,綱目有《凡例考異》,學者稱環谷先生。明初召修《元史》,書成將授官,固辭,賜銀幣,給驛歸。」(卷二百十九)

《四庫全書總目》云:「《春秋胡傳附錄纂疏》三十卷,浙江吳玉墀家藏本。……是書前有克寬自序稱:『詳註諸國紀年、諡號,可究事實之悉,備例經文同異,可求聖筆之真。益以諸家之說,而裨《胡氏》之闕疑,附以《辨疑》、《權衡》,而知三《傳》之得失。』然其大旨終以胡《傳》為宗。考《元史·選舉志》延祐二年定經義,經疑取士條格,《春秋》用三《傳》及胡安國《傳》。虞集序中亦及其事。蓋兼為科舉而設。吳澄序俞皋《春秋釋義》所謂『以胡《傳》從時尚者也。』陳霆《兩山墨談》譏其以魯之郊祀為『夏正』,復以魯之烝嘗為『周正』,是亦遷就胡《傳》,不免騎牆之一證。然能於胡《傳》之說,一一考其援引所自出,如注有疏,於一家之學亦可云詳盡矣。明永樂中,胡廣等修《春秋大全》,其凡例云:『紀年依汪氏《纂疏》,地名依李氏《會通》,經文以《胡氏》為據,例依《林氏》。』其實乃全勤克寬此書,原本具在,可以一一互勘也。」(經部二八·春秋類三)

楊士奇云:「《春秋胡傳纂疏》三十卷,元新安汪克寬輯。余家十冊,蓋《左氏》、《公》、《穀》之外,漢以下儒者說《春秋》甚多,惟伊川程子為得聖人之旨,惟胡文定公實傳程子之學。朱子曰:『文定《春秋》,明天理,正人心,體用該貫,有剛大正直之氣。』故近世治《春秋》者,兼主《左氏》、《公》、《穀》、《文定》四家,三《傳》舊有註疏,此書專主胡《傳》云。」(《東里續集》卷十六)

陳霆云:「環谷汪氏專門《春秋》之學,所著有《春秋纂疏》、《左傳分紀》等書,然其說《春秋》,頗亦可議。魯君卜郊,其言曰:『考之《春秋》,宣、成、定、哀之改卜牛,皆在春正月,僖之卜在四月,則是魯之郊止於祈穀,而非大報之禮亦明矣。』愚按:郊祀之禮,冬至為大報

天，孟春為祈穀，《春秋》用周正，先儒具有成說。今考之《經》、《傳》，所紀顯然，可證《春秋》之正月，夏之十一月也，其四月乃夏之二月也。以是而論，則宣、成、定、哀之郊，正為冬至之報天，而僖之用四月，乃為入春而祈穀，借曰《春秋》行夏之時，謂正月、四月之郊為祈穀，似也。然魯獨有祈而無報，於理安乎？是雖苟欲為魯避大報之僭，然為說窒礙矣。桓十四年八月，乙亥嘗。其說曰：『嘗以物成而薦新，周之八月，乃夏之六月，物未大成，嘗，非時也。』至論桓八年春、夏二烝，則謂《春秋》常祭不書，書必有譏，如桓公八年，春夏兩以烝書者，譏其不時而且瀆。如桓十四年，嘗本得時矣，然因御廩災，越四日乙亥而嘗，譏以災餘而祭，為不敬也。夫桓一嘗也，既以為非時，郊之正月、四月，則認為夏時，嘗之八月，又目為周正，跡其先後，不自悖矣乎？然則雖以自信，吾未見其可也。」（《兩山墨談》卷四）

汪克寬〈春秋纂疏序〉云：「克寬謹按，《春秋》傳註無慮數十百家，至於程子，始求天理於遺經，作傳以明聖人之志，俾大義炳於日星，微辭奧旨，瞭然若視諸掌。胡文定公又推廣程子之說，著書十餘萬言，然後聖人存天理、遏人欲之本意，遂昭焯於後世。愚嘗佩服過庭之訓，自幼誦習。至正壬戌，從先師可堂吳先生，受業於浮梁之學宮，朝夕玩繹，若有得焉。顧每自病諛見寡聞，而於類例之始終，證據之本末，莫能融貫而旁通之，乃元統甲戌，教導郡齋，講劘之暇，因閱諸家傳註，採摭精語，疏於其下，日積月羡，會萃成編，非敢以示同志，蓋以私備遺忘云爾。竊嘗伏讀聖人之經，一事之筆削，一言之增損，一字之同異，無非聖心精微之攸寓，而酌乎義理之至當，如殊會一也，而會王世子則書及，以會以卑會尊之辭也，所以尊儲君也。會吳則書會、以會、以此會，彼之辭也，所以外蠻夷也，同盟一也。而新城、雞澤，獨於公會諸侯之下，書某日同盟，蓋新城乃趙盾主盟，而雞澤單子與盟，故皆書日，以繫同盟之上，所以謹其瀆君臣之分，而異之也。楚成使宜申獻捷、戰泓、圍宋，皆貶書人，所以賤夷狄。而會盂書爵，於陳、蔡、鄭、許、曹君之上，以著其爭

覇之實，蓋不書爵，則疑非楚君。昭公失國會鄆陵，如齊、如乾侯，其返雖不告廟，皆書公至，所以存君而必繫居於鄆，蓋不言居鄆，則疑於復國。通諸二百四十二年，於例中見法，例外通類，諸如此者，邅數之不能終，區區一得之愚，不這僭躐而輒附焉。至元丁丑，嘗求訂定於宗公叔志先生，以為足以羽翼乎《經》、《傳》，畀之序引。明年，值鬱攸之變，斷簡煨燼，漫不復存。越三年辛巳，搜輯舊聞，往正是於邵菴虞先生，頗加獎勵，并題卷端。克寬自揆淺陋，奚敢管窺聖經賢傳之萬一，然詳註諸國紀年諡號，而可究事實之悉，備列經文同異，而可求聖筆之真。益以諸家之說，而裨《胡氏》之闕遺，附以《辨疑》、《權衡》，而知三《傳》之得失，庶幾初學者得之，不待徧考羣書，而辭義燦然，亦不為無助也。」（《環谷集》卷四）

汪澤民〈春秋胡傳附錄纂疏序〉云：「仲尼假魯史，寓王法，《春秋》之義立矣。然聖人之志，有非賢者所能盡知，是以三家之《傳》，有時而戾。夫二百四十二年行事亦多矣，非聖人從而筆削之，則綱常之道或幾乎熄，託之空言可乎？游、夏深知夫子之志，而未嘗措一辭。孟氏發明宗旨，辭簡而要。《左氏》考事精，闇於大義。《公》、《穀》疏於考事，義則甚精。《胡氏》摭三家之長，而斷之以理，漢唐諸儒奧論蓋深有取，間若有未底於盡善者，豈猶俟於後之人歟！吾宗德輔年妙而志強，學優而識敏，潛心經傳，嘗名薦書，於是徧取諸說之可以發明《胡氏》者，疏以成編，觀其取舍之嚴，根究之極，亦精於治經者歟！予嘗病世之學者勦塵腐、矜新奇，竊附作者之列，奚可哉。德輔學有原委，而纂集之志思欲羽翼乎經傳，可尚也。當至元再元之四年，歲在戊寅，春三月一日，新安汪澤民序。」

虞集〈春秋胡傳附錄纂疏序〉云：「昔之傳《春秋》者有五家，而《鄒》、《夾》先亡。學《春秋》者據《左氏》以記事，以觀聖筆之所斷，而或議其浮華，與經意遠者多矣，是以《公》、《穀》據經以立義，專門之學尚焉。唐啖、趙氏師友之間，始知求聖人之意於聖人手筆之書，

宋之大儒以為可與三《傳》兼治者，明其能專求於《經》也，然《傳》
亡，存者惟《纂例》等書，意其《傳》之所發明，無出於所存之書者。清
江劉氏權衡三《傳》，得之為多，而其所為《傳》用意奧深，非博洽於典
禮舊文者，不足以盡明之，是以知者鮮矣。蓋嘗竊求於先儒之言，以為直
書其事而義自見，斯言也，學《春秋》者始有以求聖人之意，而無附會糾
纏之失矣。程叔子所謂：『時措之宜為難知者，可以求其端焉。』胡文定
公之學實本於程氏，然其生也當宋人南渡之時，姦佞用事，大義不立，苟
存偏安，忠義憤怨，內修之未備，外攘之無策，君臣父子之間，君子思有
以正其本焉，胡氏作《傳》之意，大抵本法於此。蓋其學問之有原，是以
義理貫穿而辭旨無不通，類例無不合，想其發憤忘食，知天下之事必可以
有為，聖人之道必可以有立。上以感發人君天職之所當行，下以啟天下人
心之所久蔽，區區之志，庶幾夫子處定、哀之間者乎？東南之人，賴有此
書，雖不能盡如其志，誦其言，而凜然猶百十年，至其國亡，志士仁人之
可書，未必不出於此也。然其為學博極羣書，文義之所引，不察者多矣，
國家設進士科以取人，治《春秋》者，三《傳》之外，獨以《胡氏》為
說，豈非以三綱九法，赫然具見於其書者乎？而治舉子業者，掇拾緒餘，
以應有司之格，既無以得據事直書之旨，又無以得命德討罪之嚴，無以答
聖朝取士明經之意。新安汪德輔以是經舉于浙省，其歸養也能取胡氏之
說，考其援引之所自出，原類例之始發而盡究其終，謂之《春秋纂疏》，
其同郡同氏前進士叔志父詳序之。夫讀一家之書，則必盡一家之意，所以
為善學也。推傳以達乎經，因賢者之言以盡聖人之志，則吾於德輔尤有取
也。至正元年辛巳七月十有八日，雍虞集序。」

　　吳國英〈春秋胡傳附錄纂疏序〉云：「國英曩從環谷先生受讀《春
秋》於郡齋，先生手編《胡氏傳纂疏》，雖一以《胡氏》為主，而凡三
《傳》註疏之要語，暨諸儒傳注之精義，悉附著之。且胡《傳》博極羣經
子史，非博洽者，不能知其援據之所自，與音讀之所當。先生詳究精考，
一一附注，於是讀是經者不惟足以知胡氏作《傳》之意，而且溯流尋源，

亦可識聖人作經之大旨矣。書甫成編，國英宦遊四方，越十五年，始睹同
志鈔謄善本，而建安劉君叔簡將鋟諸梓以廣其傳，則不惟諸生獲《春秋》
經學之階梯，而凡學者開卷之餘，不待旁通遠證，事義咸在。是則先生
《纂疏》之述，有功於遺經，而有助於後學，豈曰小補之哉！」

　　案：北京綫裝書局據元至正八年建安劉叔簡日新堂刊本影印。《明
史》、《四庫全書總目》作「春秋胡傳附錄纂疏」。

### 《春秋作義要訣》一卷　汪克寬撰，〔佚〕

　　案：《萬卷堂書目》、《授經圖》、《千頃堂書目》、《明史》、
《經義考》著錄。

### 《春秋諸傳提要》　汪克寬撰，〔佚〕

　　案：《經義考》著錄。

### 《左傳分紀》　汪克寬撰，〔佚〕

　　案：《千頃堂書目》、《經義考》著錄。

### 《春秋明經》二卷　劉基撰，〔存〕

　　劉基，1311-1375，浙江青田，字伯溫，封誠意伯，據《四庫全書總
目》云：「基字伯溫，青田人。元至順中舉進士，除高安丞，罷去。旋起
為江浙儒學副提舉，再投劾歸。復辟為元帥府都事，為方國珍所構，羈管
紹興。後從石抹宜孫勦捕山寇，執政者抑其功，僅授總管府判，遂棄官還
里。明初聘入禮賢館，參預機密，拜御史中丞，兼太史令，又授宏文館學
士，敘功封誠意伯。正德九年，追諡文成。」（史部八．雜史類存目
一）；王禕〈郁離子序〉云：「先生名基，字伯溫，治《春秋》，以進士

起家，仕稍不顯，而狷介之名素著。」（《王忠文公集》卷七）

　　案：收錄《誠意伯文集》，四部叢刊初編縮本集部80，臺灣商務印書館據上海商務印書館縮印烏程許氏藏明本影印。《千頃堂書目》云：「《春秋》制舉之言」。《澹生堂藏書目》作「一卷」，《明史》、《百川書志》作「四卷」。

## 《左傳要語》二卷　　劉基撰，〔佚〕

　　案：高儒《百川書志》著錄。

## 《春秋傳類編》三卷　　朱右撰，〔佚〕

　　朱右，1314-1376，浙江臨海，字伯賢，號鄒陽子，據萬曆《紹興府志》云：「朱右，字伯賢，臨海人……通詩書，博學好古，後進多從之游。洪武間，宋濂薦入翰林，歷官晉府長史，所著有《性理本原》、《書傳發揮》、《春秋傳類編》、《三史鈎玄》、《秦漢文衡》、《深衣考》、《邾子世家》、《元史補遺》、《歷代統紀要覽》、《白雲稿》行於世，卒葬蘭風鄉。」（卷四十）

　　朱右〈春秋傳類編序〉云：「愚讀《春秋》三《傳》、《國語》，愛其文煥然有倫，理該而事核。秦漢以下無加焉，因采摭其尤粹者，得若干卷，題曰『春秋類編』，而為之序曰：圖書出而人文宣，光嶽分而人材降。是人材者，人文之所寄也。孔子曰：『天之未喪斯文也，匡人其如予何？』其亦謂是也。夫自周轍既東，聖賢道否，孔孟之教不行於天下，春秋戰國之際，功利日興，權謀是尚，固不足以上窺天人之奧，而布其致君澤民之心矣。幸而天理不泯，斯文未墜，經生學士，器識卓絕，不無人焉。求其能輔翼聖經，垂型世範者，愚於《左氏》、《公羊》、《穀梁》，而深有望也。雖然，三《傳》、《國語》之文，不能無辨，《左氏》則無間然矣，《國語》之書，前輩亦未定為何人。詳其詞氣，要非左

氏之筆，蓋亦倣《左氏》而自為一家者。世以為《春秋》外傳得無意乎！《公羊》、《穀梁》為經而作，典禮詳實，詞旨簡嚴，有非他能言之士可及也。愚試評之，譬之良工之繪水與木也，藝有專精，則所就有深淺。然自心巧發之，則各得其一端之妙。《左氏》之文，煥然有章，小大成紋，猶水之波瀾也，蘽蔿敷腴，英華暢發，猶木之滋榮也。《公》、《穀》之文，源委有自，派脈分明，猶水之淵泉也。根據得實，柯條森挺，猶木之枝幹也。要之繪者雖意，匠所得不同，然其心術之微，神巧之妙，變化無窮，皆工之良，而無迹之可指也。若《國語》則未免有迹矣！既未足以翼《春秋》之經，不過戰國間能言之士，太史公頗采其說，因附於編，俾學者知作文立言之有法也。語云：『文勝質則史』，是編也亦史氏之宗匠，文章家之筌蹄歟！」（《白雲稿》卷四）

　　案：《千頃堂書目》、《明史》、雍正《浙江通志》、光緒《上虞縣志》著錄。諸書皆不著卷數，今據朱存理《珊瑚木難‧故晉相府長史朱公行狀》卷五云：「春秋傳類編三卷」。

### 《春秋節傳》　　魯淵撰，〔佚〕

　　魯淵，前1351-洪武，浙江淳安，字道源，據全祖望〈舉魯岐山先生淵〉云：「魯淵，字道源，淳安人也，學者稱為岐山先生。私淑慈湖、融堂之學。成至正進士，出為華亭丞。新安失守，行省檄先生與監郡脫脫引兵而西，焚賊壘六十餘，遂會大軍于新安，與富山巡檢邵仲華共守豪嶺。賊再犯，眾驚將潰，先生以忠義相激，始定。已而終敗，為賊所得，守節不屈，被羈于白石源，先生吟詠自若，豫作自祭文，誓以必死。其後賊敗，先生得逃，復歸華亭，以《春秋》傳學者。起為浙江儒學副提舉，以疾歸。洪武初，累徵不起。所著有《春秋節傳》、《策府樞要》。補」（黃宗羲《宋元學案》卷七十四）

　　案：《經義考》、雍正《浙江通志》著錄。

## 《春秋集傳》十五卷　趙汸撰，〔存〕

趙汸，1319-1369，安徽休寧，字子常，號東山，師黃澤，據光緒《重修安徽通志》云：「趙汸，字子常，休寧人。姿稟卓絕，聞九江黃澤，往從之游，得六經疑義千餘條以歸，已復往留二歲，得口授六十四卦大義，與學《春秋》之要。復從臨川虞集游，獲聞吳澄之學，乃築東山精舍，讀書著述，諸經無不通貫，而尤邃於《春秋》。以聞於黃澤，為《春秋師說》三卷，廣之為《春秋集傳》十五卷，因經解有『屬辭比事』之語，復著《春秋屬辭》八篇，又以為學《春秋》者必考《左氏》事實，乃復著《左氏補注》十卷。當元末兵起，汸轉側干戈閒，而進修之功不輟。明初詔修《元史》，徵汸預其事，書成辭歸，學者稱東山先生。」（卷二百十九）

《四庫全書總目》云：「《春秋集傳》十五卷，兩江總督採進本。……是書有汸自序，及其門人倪尚誼後序，尚誼稱是書『初稿始於至正戊子，一再刪削，迄丁酉成編。既而復著《屬辭》，義精例密。乃知《集傳》初稿更須討論，而序文中所列史法經義，猶有未至。歲在戊寅，重著是傳。草創至昭公二十八年，乃疾疢難厄，閣筆未續。至洪武己酉遂卒』。自昭公二十八年以下，尚誼據《屬辭》義例續之。序中所謂策書之例十有五，筆削之義八者，亦尚誼更定，而原本有潚誤愆遺者，咸補正焉。則此書實成於尚誼之手。然義例一本於汸，猶汸書也。汸自序曰：『學者必知策書之例，然後筆削之義可求。筆削之義既明，則凡以虛辭說經者，皆不攻而自破。』可謂得說經之要領矣。」（經部二八·春秋類三）

趙汸〈春秋集傳序〉云：「《春秋》，聖人經世之書也，昔者周之末世，明王不興，諸侯倍畔，蠻夷侵陵而莫之治也。齊桓公出糾之以會盟，齊之以征伐，上以尊天王，下以安中國，而天下復歸於正。晉文公承其遺烈，子孫繼主夏盟者百有餘年，王室賴之，故孔子稱其功曰：『一匡天

下，民到于今受其賜。』及乎晉伯不競，諸侯復散，大夫專國，陪臣擅命，楚滅陳，蔡宋滅曹，吳入盟諸夏，則天下之亂極矣。孔子生於斯時，道足以興周，而患夫當世諸侯莫能用之，蓋嘗歎曰：『苟有用我者，吾其為東周乎。齊一變至於魯，魯一變至於道。』始蓋有意於齊，晚尤拳拳於魯也。又曰：『文王既沒，文不在茲乎！』使仲尼得君，復周公之法，修桓文之業，率天下諸侯以事周，則文王之至德，吾無閒然矣，是夫子之志也。君君、臣臣、父父、子子，則六卿之晉，田氏之齊，三家之魯，出公之衛可正也。興滅國、繼絕世、舉逸民、謹權量、審法度、修廢官，則文武之政可舉也。足食、足兵而民信之，則戎狄可膺，荊舒可懲也。當是之時，以夫子而合諸侯、匡天下，猶運之掌也。既而道終不行，則又歎曰：『甚矣，吾衰也。久矣，吾不復夢見周公。鳳鳥不至，河不出圖，吾已矣夫！』此其心豈能一日而忘天下者，於是西狩獲麟，則夫子老矣，嘉瑞既應，而天下莫能宗。予雖聖人，亦無以見其志矣。乃即魯史成文，斷自隱公，加之筆削，列伯者之功過以明尊天王，內中國之義，貶諸侯、討大夫，誅其亂臣賊子以正人心、示王法，蓋天之所命也。是歲之夏，齊陳恒弒其君，孔子沐浴而朝請討之，適當修書之際，夫豈欲托諸空言者哉，故曰：『聖人經世之書也。』書成一歲而孔子卒，當時高第弟子蓋僅有得其傳者，歷戰國、秦、漢，以及近代，說者殆數十百家，其深知聖人制作之原者，鄒孟氏而已矣。蓋夫孟氏之言曰：『王者之迹熄而《詩》亡，《詩》亡然後《春秋》作。其事則齊桓、晉文，其文則史。孔子曰：其義則丘竊取之矣。』此孔門傳《春秋》學者之微言也。周雖失政，而先王詩、書、禮、樂之教，結於民心者未泯，故善有美，而惡有刺，人情猶不能忘於其上也，迨其極也，三綱五常，顛倒失序，而上下相忘，怨刺不作，則文、武、成、康治教之迹，始湮滅無餘矣。夫世變如此，而《春秋》不作，則人心將安所底止乎？故曰：『詩亡然後《春秋》作。』隱、桓之世，王室日卑，齊伯肇興，《春秋》之所由始也。定、哀之世，中國日衰，晉伯攸廢，《春秋》之所由終也。方天命在周未改，而上無天子，

下無方伯，桓、文之事，不可誣也，是以聖人詳焉，故曰：『其事則齊桓、晉文。』古者列國皆有史官，掌記一國之事。《春秋》，魯史策書也，事之得書、不得書，有周公遺法焉，太史氏掌之，非夫人之所得議也。吾魯司寇也，一旦取太史氏所職而修之，魯之君臣其能無惑志歟？然則將如之何？凡史所書，有筆有削，史所不書，吾不加益也，故曰：『其文則史』，史主實錄而已。《春秋》，志存撥亂，筆則筆、削則削，游夏不能贊一辭，非史氏所及也，故曰：『其義則丘竊取之矣』，此制作之原也。學者即是而求之，思過半矣！然自孟氏以來，鮮有能推是說以論《春秋》者，蓋其失由三《傳》始，《左氏》有見於史，其所發皆史例也，故常主史以釋經，是不知筆削之有義也。《公羊》、《穀梁》有見於經，其所傳者猶有經之佚義焉，故據經以生義，是不知其文則史也。後世學者，三《傳》則無所師承，故主《左氏》則非《公》、《穀》，主《公》、《穀》則非《左氏》，二者莫能相一，其有兼取三《傳》者，則臆決無據，流遁失中。其厭於尋繹者，則欲盡舍三《傳》，直究遺經，分異乖離，莫知統紀，使聖人經世之道，闇而不明，欝而不發，則其來久矣。至永嘉陳君舉始用二家之說，參之《左氏》，以其所不書，實其所書；以其所書，推見其所不書，為得學《春秋》之要，在三《傳》後，卓然名家。然其所蔽，則遂以《左氏》所錄為魯史舊文，而不知策書有體，夫子所據以加筆削者，《左氏》亦未之見也。《左氏》書首所載不書之例，皆史法也，非筆削之旨。《公羊》、《穀梁》每難疑以不書發義，實與《左氏》異師，陳氏合而求之，失其本矣。故於《左氏》所錄而經不書者，皆以為夫子所削，則其不合於聖人者亦多矣，由不考於孟氏而昧夫制作之原故也。蓋嘗論而列之，策書之例十有五，而筆削之義有八。策書之例十有五：一曰君舉必書，非君命不書。二曰公即位，不行其禮不書。三曰納幣逆夫人，夫人至、夫人歸，皆書之。四曰君夫人薨，不成喪，不書；葬不用夫人禮則書卒。君見弒則諱而書薨。五曰適子生則書之，公子大夫在位書卒。六曰公女嫁為諸侯夫人，納幣、來逆女、歸娣、歸來、媵致女卒葬

來歸皆書，為大夫妻書來逆而已。七曰時祀時田，苟過時越禮則書之；軍賦改作踰制，亦書於策，此史事之錄乎內者也。八曰諸侯有命，告則書；崩卒不赴，則不書；禍福不告，亦不書；雖及滅國，滅不告敗，勝不告克，不書於策。九曰雖伯主之役，令不及魯，亦不書。十曰凡諸侯之女行，惟王后書；適諸侯，雖告不書。十一曰諸侯之大夫奔，有玉帛之使則告，告則書，此史氏之錄乎外者也。十二曰凡天子之命，無不書；王臣有事為諸侯，則以內辭書之。十三曰大夫已命書名氏，未命書名；微者名氏不書，書其事而已；外微者書人。十四曰將尊師少稱將，將卑師眾稱師，將尊師眾稱某帥師，君將不言帥師。十五曰凡天災物異無不書，外災告則書之，此史氏之通錄乎內外者也。筆削之義有八：一曰存策書之大體。凡策書之大體，曰天道、曰王事、曰土功、曰公即位、曰逆夫人，夫人至、世子生、曰公夫人外如、曰薨葬、曰孫、曰夫人歸、曰內女卒葬、曰來歸、曰大夫公子卒、曰公大夫出疆、曰盟會、曰出師、曰國受兵、曰祭祀蒐狩越禮，軍賦改作踰制，外諸侯卒葬、曰兩君之好、曰玉帛之使。凡此之類，其書於策者皆不削也。《春秋》，魯史也，策書之大體，吾不與易焉，以為猶《魯春秋》也。二曰假筆削以行權。《春秋》撥亂經世，而國史有恒體，無辭可以寄文，於是有書有不書，以互顯其義。書者筆之，不書者削之，其筆削大凡有五：或略同以存異，公行不書致之類也；或略常以明變，釋不朝正，內女歸寧之類也；或略彼以見此，以來歸為義則不書歸，以出奔為義則殺之不書之類也；或略是以著非，諸侯有罪及勤王復辟不書之類也；或略輕以明重，非有關於天下之故不悉書是也。三曰變文以示義。《春秋》雖有筆有削，而所書者皆從主人之辭，然有事同而文異者，有文同而事異者，則予奪無章而是非不著，於是有變文之法焉，將使學者即其文之異同詳略以求之，則可別嫌疑、明是非矣。四曰辨名實之際，亦變文也。正必書王，諸侯稱爵，大夫稱名氏，四夷大者稱子，此《春秋》之名也。諸侯不王而伯者興，中國無伯而夷狄橫，大夫專兵而諸侯散，此《春秋》之實也。《春秋》之名實如此，可無辨乎？於是有去名

以全實者，征伐在諸侯，則大夫將不稱名氏，中國有伯，則楚君侵伐不稱君。又有去名以責實者，諸侯無王，則正不書王，中國無伯，則諸侯不序，君大夫將，略其恒稱，則稱人。五曰謹華夷之辨，亦變文也。楚至東周，強於四夷，僭王猾夏，故伯者之興，以攘卻為功。然則自晉伯中衰，楚益侵陵中國，俄而入陳、圍鄭、平宋、盟于蜀、盟于宋、會于申，甚至伐吳、滅陳、滅蔡，假討賊之義，號於天下，天下知有楚而已，故《春秋》書楚事，無不一致其嚴者，而書吳越與徐，亦必與中國異辭，所以信大義於天下也。六曰特筆以正名。筆削不足以盡義，而後有變文，然禍亂既極，大分不明，事有非常，情有特異，雖變文猶不足以盡義，而後聖人特筆是正之，所以正其名分也。夫變文雖有損益，猶曰史氏恒辭，若特筆則辭旨卓異，非復史氏恒辭矣。七曰因日月以明類。上下內外之無別，天道人事之反常，六者尚不能盡見，則又假日月之法區而別之。大抵以日為詳，則以不日為略；以月為詳，則以不月為略；其以日為恒，則以不日為變；以不日為恒，則以日為變，甚則以不月為異；其以月為恒，則以不月為變；以不月為恒，則以月為變，甚則以日為異。將使屬辭比事以求之，則筆削、變文、特筆，既各以類明，而日月又相為經緯，無微不顯矣。八曰辭從主人。主人謂魯君也，《春秋》本魯史成書，夫子作經，唯以筆削見義，自非有所是正，皆從史氏舊文，而所是正亦不多見，故曰辭從主人。此八者實制作之權衡也，然聖人議而弗辨，是非之心人皆有之，善而見錄則為褒，惡而見錄則為貶，其褒貶以千萬世人心之公而已，聖人何容心哉？辭足以明義，斯已矣。故曰：『知我者其惟《春秋》乎！罪我者其惟《春秋》乎！』是故知《春秋》存策書之大體，而治乎內者，恒異乎外也，則謂之夫子法書者，不足以言《春秋》矣。知《春秋》假筆削以行權，而治乎外者，恒異乎內也，則謂之實錄者，不足以言《春秋》矣。知一經之體要，議而弗辨，則凡謂《春秋》賞人之功，罰人之罪，去人之族，黜人之爵，褒而字之，貶而名之者，亦不足以論聖人矣。故學者必知策書之例，然後筆削之義可求，筆削之義既明，則凡以虛辭說經者，其刻

深辯急之說，皆不攻而自破。苟知虛辭說經之無益，而剗深辯急果不足以論聖人也，然後《春秋》經世之道可得而明矣。雖然，使非孟氏之遺言尚在，則亦安能追求聖人之意於千數百世之上也哉？汸自早歲獲聞資中黃楚望先生論五《經》旨要，於《春秋》以求書法為先，謂有魯史書法，有聖人書法，而妙在學者自思而得之乃為善也。於是思之者十有餘載，卒有得於孟氏之言，因其說以考三《傳》及諸家、陳氏之書，而具知其得失異同之故，反覆推明，又復數載，然後一經之義始完，屬辭比事，莫不燦然，各有條理，洊經離亂，深恐失墜，乃輯錄為書，以謂後世學《春秋》稍知本末者，賴有《左氏》而已，故取《左氏傳》為之補注，欲學者必以考事為先，其文與義，則三《傳》而後諸家之說苟得其本真者，皆傳以已意，暢而通之，名曰『春秋集傳』，凡十五卷。尚意學者溺於所聞，不能無惑，別撰《屬辭》八篇，發其隱蔽，傳諸同志，以俟君子，或有取焉。新安趙汸序。」

　　汪玄錫〈春秋集傳後序〉云：「東山趙先生著《春秋集傳》、《屬辭》、《左氏註解》共若干卷，《屬辭》、《左氏解》，汪左丞刻之東山書院，惟《集傳》無聞。弘治間，墩篁先生嘗遍求不獲。正德戊辰，予偶知是書藏於程文富氏，屢借鈔不獲。嘉靖戊子，提學御史東阿劉君按徽，下令求是書，予語有司就文富氏索之，而後是書始出，然則斯文之顯晦，固有時耶？劉君以原本藏之學宮，休邑劉判簿時濟，恐其抄錄日久，不免魯魚亥豕之訛，屬夏司訓鐙重加校訂，捐俸刻之，俾與《屬辭》並行於世。嗚呼！《春秋》者，聖人之刑書也。夫子生丁季世，有德無位，於是假魯史以修經，褒善貶惡，垂法萬世，故曰：『知我者其惟《春秋》乎！罪我者其惟《春秋》乎！』東山先生，聖人之徒也，憤當世之亂甚於春秋，築居東山，《集傳》諸書之作，固吾夫子修經之意也，中嘗一出，與左丞起兵保捍鄉井，十有餘年，一郡晏然，此吾夫子相魯、會齊夾谷、卻萊兵之時也，先生其善學夫子者乎？世人讀先生之書與先生之文者，知其問學不在宋潛溪諸公下，而不知先生平生慷慨大節，亦自卓卓如是。予忝先生郡人，兩登東山，徘徊竟

日，恨生也晚，不得供灑掃之役，判簿君以刻書之故相諉，遂不辭而為之序，先生九原有知，當不以予為妄也。嘉靖十一年壬辰秋七月朔，後學東峯汪玄錫書。」

倪尚誼〈春秋集傳後序〉云：「《春秋集傳》有〈序〉，東山先生所著，初稿始於至正戊子，一再刪削，迄丁酉歲成編。既而復著《屬辭》，義精例密，乃知《集傳》初稿更須討論，而〈序〉文中所列史法、經義猶有未至，且謂《屬辭》時推筆削之權，而《集傳》大明經世之志，必二書相表裏，而後《春秋》之旨方完。歲在壬寅，重著《集傳》，方草創至昭公二十七年，乃疾疢難危，閣筆未續，〈序〉文亦不及改。洪武己酉仲冬，先生遽謝世矣。尚誼受教門牆頗久，獲窺先生著述，精思妙契之勤，嘗俾其校對編抄，間有千慮一得，先生不以其愚妄，或俯從是正者有之。竊惟先生於是經，所謂一生精力盡於此者，誠足以破聚訟未決之疑，而發千載不傳之秘，顧乃功虧一簣，《集傳》未及成書，所幸初稿具全，其義例之精，有《屬辭》可據。尚誼雖至愚極暗，然執經館下，厥有自來，是以不避僭踰，始自昭公二十八年，迄於獲麟，并〈序〉中條陳、義例一節，輒加校定，其全書有訛誤疏遺者，就用考正，庶幾與《屬辭》歸一，而前後詳略相因，固知畫虎不成，難逃譏誚。然義例文辭悉據先生成說，特施隱括而已，初未敢以臆見傅會其間也，謹遵治命分為一十五卷，既脫稿，藏之東山精舍，以俟君子修飾焉。學生倪尚誼謹識。」

案：《景印文淵閣四庫全書》經部，第164冊。北京清華人學圖書館藏明嘉靖七年夏鏜刻本。

## 《春秋師說》三卷　趙汸撰，〔存〕

《四庫全書總目》云：「《春秋師說》三卷，兩江總督採進本。……汸嘗師九江黃澤，其初一再登門，得六經疑義十餘條以歸，已復往留二載，得口授六十四卦大義與學《春秋》之要，故題曰『師說』，明不忘所

自也。汸作《左傳補注序》曰『黃先生論《春秋》學，以左丘明、杜元凱為主。』又作澤《行狀》述澤之言曰：『說《春秋》須先識聖人之氣象，則一切刻削煩碎之說，自然退聽。』又稱：『嘗考古今禮俗之不同，為文十餘通，以見虛辭說經之無益。』蓋其學有原本，而其論則持以和平，多深得聖人之旨。汸本其意類為十一篇。其門人金居敬又集澤《思古十吟》與吳澂二《序》及《行狀》附錄於後。《行狀》載澤說《春秋》之書，有《元年春王正月辨》、《筆削本旨》、《諸侯取女立子通考》、《魯隱不書即位義》、《殷周諸侯禘祫考》、《周廟太廟單祭合食說》、《作丘甲辨》、《春秋指要》。蓋即所謂『為文十餘通』者。朱彝尊《經義考》又載有《三傳義例考》，今皆不傳。惟賴汸此書，尚可識黃氏之宗旨，是亦讀孫覺之書，得見胡瑗之義者矣。」（經部二八・春秋類三）

金居敬〈書春秋附錄後〉所序云：「《春秋趙氏集傳》十五卷、《屬辭》十五卷、《左氏傳補注》十卷、《師說》三卷，皆居敬所校定。始資中黃先生以六經復古之說，設教九江，嘗謂近代大儒繼出，而後朱子《四書》之教大行，然《周易》、《春秋》二經，實夫子手筆，聖人精神心術所存，必盡得其不傳之旨，然後孔門之教乃備，每患二經，學者各以才識所及求之，苟非其人，雖問弗答，其所告語，亦皆引而不發。姑使自思，是以及門之士，鮮能信從領會者，而當世君子，亦莫克知之。唯臨川吳文正公獨敬異焉，趙先生始就外傳，受《四書》即多疑問，師答以：『初學毋過求』，意殊不釋，夜歸別室，取《朱子大全集》、《語類》等書讀之，如是者數年，覺所疑漸解，慨然有負笈四方之意，乃往九江見黃先生稟學焉，盡得其所舉六經疑義千餘條以歸，所輯《春秋師說》，蓋始於此。嘗往淳安質諸教授夏公，夏公殊不謂然，乃為言其先君子安正先生為學本末甚悉。久之，先生復念黃先生高年，平生精力所到，一旦不傳，可惜也。復如九江黃公乃授以學《春秋》之要。居二歲，請受《易》，得口授六十四卦卦辭大義。後夏公教授洪都，先生再往見焉，夏公問《易象》、《春秋》書法如何？先生以所聞對，夏公猶以枉用心力為戒，特出

其夏氏《先天易書》，曰：『此羲易一大象也。』又曰：『吾先人遺書當悉付子矣。』先生敬起謝之，然於二經舊說，訪求考索，未嘗少後也。遂如臨川見學士雍郡虞公，公與黃先生有世契，一見首問黃公起居，先生間日為言黃先生著書大意，與夏公所以不然者。時江西憲私試請題，虞公即擬策問，江右先賢名節、文章、經學，及朱陸二氏立教所以異同。先生識其意，即其對，卒言劉侍讀有功聖經，及舉朱子去短集長之說，虞公大善之，授館於家，以所藏書，資其玩索。袁公誠夫，吳文正公高第弟子也，集其師說為《四書日錄》，義多與朱子異，求先生校正其書，先生悉擿其新意，極論得失，為說數萬言，袁公多所更定。至論《春秋》，則確守師說不變，先生亦以所得未完，非口舌可辨，自是絕不與人談。嘗以為《春秋》名家數十，求其論筆削有據依，無出陳氏右者，遂合杜氏考之，悉悟傳注得失之由，而後筆削義例，觸類貫通，縱橫錯綜，各有條理，此《左氏傳補注》所由作也。既歸故山，始集諸家說有合於經者，為《春秋傳》。又恐學者梏於舊聞，因陋就簡，於交互之義未能遽悉，乃離經析義，分為八類，辨而釋之，名曰《春秋屬辭》，蓋《集傳》以明聖人經世之志，《屬辭》乃詳著筆削之權，二書相為表裏，而《春秋》本旨煥然復明，然後知六經失傳之旨，未嘗不可更通。黃先生有志而未就者，庶可以無憾惜乎！書成，而黃先生與諸公皆謝世久矣。雖然，習舊主常，雖賢者不能自免，黃先生力排眾說，創為復古之論，使人思而得之，其見卓矣。使非先生早有立志，公聽並觀，潛思默識，自任不回，則亦豈能卒就其業也哉！當先生避地古朗山時，居敬與妻姪倪尚誼，實從山在星溪上游，高寒深阻，人跡幾絕，故雖疾病隱約，而覃思之功，日益超詣，有不自知其所以然者，因得竊聞纂述之意，與先難後獲之由，乃備述其說于末簡，庶有志是經者毋忽焉。其夏氏先天易說，先生嘗以質諸虞公，虞公復以得於前輩者授之，於是遂契先天內外之旨，而後天上下經卦序未易知也。嘗得廬陵蕭漢中氏易說，以八卦分體論上下經所由分，與序卦之意，如示指掌。然上無徵於羲皇成卦之序，下無考於三聖象象之辭，則猶有未然者，

及《春秋》本旨既明，乃悟文王據羲皇之圖以為後天卦序，采夏商之易以成一代之經，蓋與孔子因魯史作《春秋》無異，然後知黃先生所謂《周易》、《春秋》經旨廢失之由，有相似者，蓋如此故，以〈思古吟〉等篇，及〈行狀〉附于《師說》之後，庶幾方來學者，有所感發云爾。學生金居敬謹識。」（《春秋師說》卷末附錄）

案：《景印文淵閣四庫全書》經部，第164冊。

## 《春秋左氏傳補註》十卷　趙汸撰，〔存〕

《四庫全書總目》云：「《春秋左氏傳補注》十卷，兩江總督採進本。……汸尊黃澤之說《春秋》以《左氏傳》為主，注則宗杜預。《左》有所不及者，以《公羊》、《穀梁》二傳通之，杜所不及者，以陳傅良《左傳章旨》通之。是書即采傅良之說，以補《左傳集解》所未及。其大旨為杜偏於《左》，傅良偏於《穀梁》，若用陳之長以補杜之短，用《公》、《穀》之是以救《左傳》之非，則兩者兼得。筆削義例，觸類貫通，傳注得失，辨釋悉當。不獨有補於杜《解》為功，於《左傳》即聖人不言之旨，亦灼然可見。蓋亦《春秋》家持平之論也。至杜預《釋例》自孔穎達散入疏文，久無單行之本，《永樂大典》所採錄得見者亦稀，陳傅良之《章旨》世尤罕睹，汸所采錄，略存梗概，是固考古者所亟取矣。」（經部二八·春秋類三）

趙汸〈春秋左氏傳補註序〉云：「《春秋》，魯史記事之書也，聖人就加筆削以寓其撥亂之權，惟孟子為能識其意，故曰：『其事則齊桓、晉文，其文則史，其義則孔子曰竊取之矣！』此三者述作之源委也。自三《傳》失其旨，而《春秋》之義不明，《左氏》於二百四十二年事變，略具始終，而赴告之情，策書之體，亦一二有見焉，則其事與文，庶乎有考矣！其失在不知以筆削見義。《公羊》、《穀梁》以書不書發義，不可謂無所受者，然不知其文之則史也。夫得其事，究其文，而義有不通者有

之，未有不得其事，不究其文，而能通其義者也。故三《傳》得失雖殊，而學《春秋》者必自《左氏》始。然自唐啖、趙以來，說者莫不曰兼取三《傳》，而於《左氏》取舍尤詳，則宜有所發明矣，而《春秋》之義愈晦，何也？凡《春秋》之作，以諸侯無王，大夫無君也，故上不可論於三代盛時，而下與秦漢以來，舉天下，制於一人者亦異。其禮失樂流，陵夷漸靡之故，皆不可以後世一切之法繩之。而近代說者，類皆概以後世之事則，其取諸《左氏》者亦疏矣，況其說經大旨，不出二途：曰褒貶、曰實錄而已。然尚褒貶者，文苟例密，出入無準，既非所以論聖人。其以為實錄者，僅史氏之事，亦豈所以言《春秋》哉！是以為說雖多，而家異人殊，其失視三《傳》滋甚，蓋未有能因孟子之言，而反求之者。至資中黃先生之教，乃謂《春秋》有魯史書法，有聖人書法，必先考史法，而後聖人之法可求，若其本原脈絡，則盡在《左傳》，蓋因孟子之言而致其思，亦已精矣。沆自始受學，則取《左氏》傳注諸書，伏而讀之數年，然後知魯史舊章，猶賴《左氏》存其梗概，既又反覆乎二《傳》，出入乎百家者又十餘年，又知三《傳》而後說《春秋》者惟杜元凱、陳君舉為有據依。然杜氏序所著書，自知不能錯綜經文以盡其變，則其專修《左氏傳》以釋經，乃姑以盡一家之言。陳氏通二《傳》於《左氏》，以其所書，證其所不書，庶幾善求筆削之旨，然不知聖人之法與史法不同，則猶未免於二《傳》之蔽也。嗚呼！使非先生積思通微，因先哲之言以悟不傳之秘，學者亦將何所真力乎？第《左氏》傳經，唐宋諸儒詆毀之餘，幾無一言可信，欲人潛心於此而無惑，難矣。間嘗究其得失，且取陳氏章《指附》於杜《注》之下，去兩短集兩長，而補其所不及，庶幾史文經義，互見端緒，有志者得由是以窺見聖人述作之原。凡傳所序事，多列國簡牘之遺，名卿、才大夫、良史所記，其微辭奧旨，注有未備者，頗采孔氏《疏》，暢而通之，諸牽合猥陋有不逃後儒之議者，亦具見其說，以極夫是非之公焉。若夫不得於經，則致疑於傳，務為一切之說以釋經，而無所據依，以持其說，則豈杜氏、陳氏比乎。故三《傳》之外，不可無辨證者，惟二

家、他說，固不暇及也。新安趙汸序。」

　　案：《景印文淵閣四庫全書》經部，第164冊。《明史》作「左傳補注」。

## 《春秋金鎖匙》一卷　趙汸撰，〔存〕

　　《四庫全書總目》云：「《春秋金鎖匙》一卷，兩江總督採進本。……其書撮舉聖人之特筆與《春秋》之大例，以事之相類者互相推勘，考究其異同，而申明其正變，蓋合比事屬辭而一之大旨。以《春秋》之初，主於抑諸侯，《春秋》之末，主於抑大夫，中間齊、晉主盟，則視其尊王與否而進退之。其中如謂聖人貶杞之爵，降侯為子，與毛伯錫命稱天王，稱錫為以君與臣之詞，召伯賜命稱天子，稱賜為彼此相與之詞，雖尚沿舊說之陋，而發揮書法，條理秩然。程子所謂『大義數十，炳如日星』者，亦庶幾近之矣。考宋沈棐嘗有《春秋比事》一書，與此書大旨相近，疑汸未見其本，故有此作。然二書體例各殊，沈詳而盡，趙簡而明，固不妨於並行也。」（經部二八・春秋類三）

　　案：《景印文淵閣四庫全書》經部，第164冊。

## 《春秋屬辭》十五卷　趙汸撰，〔存〕

　　《四庫全書總目》云：「《春秋屬辭》十五卷，兩江總督採進本。……汸於《春秋》用力至深。至正丁酉，既定《集傳》初稿，又因《禮記經解》之語，悟《春秋》之義在於比事屬辭，因復推筆削之旨，定著此書。其為例凡八：一曰存策書之大體，二曰假筆削以行權，三曰變文以示義，四曰辨名實之際，五曰謹內外之辨，六曰特筆以正名，七曰因日月以明類，八曰辭從主人。其說以杜預《釋例》、陳傳良《後傳》為本，而亦多所補正。汸《東山集》有《與朱楓林書》曰：『謂《春秋》隨事筆削，決無凡例，前輩言此亦多。』至丹陽洪氏之說出，則此段公案，不容再舉矣。其言曰：『《春秋》本無例，學

者因行事之迹以為例，猶天本無度，歷家即周天之數以為度。』此論甚當。至黃先生則謂『魯史有例，聖經無例，非無例也，以義為例，隱而不彰。』則又精矣。今汸所纂述，卻是比事屬辭法，其間異同、詳略，觸事貫通，自成義例，與先儒所纂所釋者殊不同。然後知以例說經，固不足以知聖人。為一切之說以自欺，而漫無統紀者，亦不足以言《春秋》也。是故但以『屬辭』名書。又有《與趙伯友書》曰：『承筆削行狀，作黃先生傳，特奉納《師說》一部，《屬辭》一部，尊兄既熟行狀，又觀《師說》，則於六經復古之學，艱苦之由，已得大概。然後細看《屬辭》一過，乃知區區抱此二十餘年，非得已不已，強自附於傳注家，以徼名當世之謂也。其書參互錯綜，若未易觀，然其入處，祇是屬辭比事法，無一義出於杜撰』云云。其論義例頗確，其自命亦甚高。今觀其書，刪除繁瑣，區以八門，較諸家為有緒。而目多者失之糾紛，目少者失之強配，其病亦略相等。至日月一例，不出《公》、《穀》之窠臼，尤嫌繳繞，故仍為卓爾康所譏（語見爾康《春秋辨義》。）蓋言之易而為之難也。顧其書淹通貫穿，據傳求經，多由考證得之，終不似他家之臆說。故附會穿鑿，雖不能盡免，而宏綱大旨則可取者為多。前有宋濂序，所論《春秋》五變，均切中枵腹游談之病，今併錄之，俾憑臆說經者知情狀不可揜焉。」（經部二八‧春秋類三）

趙汸〈春秋屬辭序〉云：「六經同出於聖人，《易》、《詩》、《書》、《禮》、《樂》之旨，近代說者皆得其宗，《春秋》獨未定於一，何也？學者知不足以知聖人，而又不出《春秋》之教也。昔者聖人既作，六經以成教於天下，而《春秋》教有其法，獨與五經不同，所謂『屬辭比事』是也。蓋《詩》、《書》、《禮》、《樂》者，帝王盛德成功已然之迹，《易》觀陰陽消息，以見吉凶，聖人皆述而傳之而已。《春秋》斷截魯史，有筆有削，以寓其撥亂之權，與述而不作者事異，自弟子高第者如游、夏尚不能贊一辭，苟非聖人為法以教人，使考其異同之故以求之，則筆削之意何由可見乎？此『屬辭比事』所以為《春秋》之教，不得與五經同也。然而聖人之志則有未易知者，或屬焉而不精，比焉而不詳，

則義類弗倫，而《春秋》之旨亂，故曰：『屬辭比事而不亂者，深於春秋者也。』有志是經者，其可舍此而他求乎？《左氏》去七十子之徒未遠，而不得聞此，故雖博覽遺文，略見本末，而於筆削之旨無所發明，此所謂知不足以知聖人，而又不由《春秋》之教者也。《公羊》、《穀梁》以不書發義，啖、趙二氏纂例以釋經，猶有屬辭遺意，而陳君舉得之為多，庶幾知有《春秋》之教者，然皆泥於褒貶，不能推見始終，則聖人之志豈易知乎？若夫程、張、邵、朱四君子者，可謂知足以知聖人矣，而於屬辭比事有未暇數數焉者，此五經微旨所以闇而復明，《春秋》獨鬱而不發也。自是以來，說者雖眾，而君子一切謂之虛辭。夫文義雖雋而不合於經，則謂之虛辭可也，而亦何疑於眾說之紛紛乎？善乎莊周氏之言曰：『《春秋》經世先王之志，聖人議而弗辯。』此制作之本意也。微言既絕，教義弗彰，於是自議而為譏刺，自譏刺而為褒貶，自褒貶而為賞罰，厭其深刻者又為實錄之說以矯之，而先王經世之志荒矣，此君子所謂虛辭者也。故曰：『《春秋》之義不明，學者知不足以知聖人，而又不由《春秋》之教也。』豈不然哉？間嘗竊用其法以求之，而得筆削之大凡有八，蓋制作之原也。《春秋》，魯史也。雖有筆有削，而一國之紀綱本末未嘗不具，蓋有有筆而無削者，以為猶《魯春秋》也，故其一曰存策書之大體。聖人撥亂以經世，而國書有定體，非假筆削無以寄文，故其二曰假筆削以行權。然事有非常，情有特異，雖筆削有不足以盡其義者，於是有變文、有特筆，而變文之別為類者曰辯名實、曰謹中外、故其三曰變文以示義。其四曰辯名實之際。其五曰謹中外之辯，其六曰特筆以正名。上下內外之殊分，輕重淺深之弗齊，雖六者不能自見，則以日月之法區而別之，然後六義皆成，無微不顯，故其七曰因日月以明類。自非有所是正皆從史文，然特筆亦不過數簡，故其八曰辭從主人，是皆所謂『議而弗辯』者也。雖然，使非是經有孔門遺教，則亦何以得聖人之意於千載之上哉？乃離經辯類，析類為凡，發其隱蔽，辯而釋之為八篇，曰『春秋屬辭』，將使學者由《春秋》之教以求制作之原制作之原，既得而後，聖人經世之義可言

矣，安得屬辭比事而不亂者，相與訂其說哉。新安趙汸序。」

宋濂〈春秋屬辭序〉云：「《春秋》，古史記也，夏、商、周皆有焉，至吾孔子則因魯國之史修之，以為萬代不刊之經，其名雖同，其實則異也。蓋在魯史則有史官一定之法，在聖經則有孔子筆削之旨，自魯史云亡，學者不復得見以驗聖經之所書，往往混為一塗，莫能致辯，所幸《左氏傳》尚存魯史遺法，《公羊》、《穀梁》二家多舉書、不書以見義，聖經筆削粗若可尋，然其所蔽者，《左氏》則以史法為經文之書法，《公》、《穀》雖詳於經義，而亦不知有史例之當言，是以兩失焉爾。《左氏》之學既盛行，杜預氏為之註，其於史例推之頗詳。杜氏之後，唯陳傅良氏因《公》、《穀》所舉之書法以考正《左傳》筆削大義最為有徵，斯固讀《春秋》者之所當宗。而可憾者，二氏各滯夫一偏，未免如前之蔽，有能會而同之，區以別之，則《春秋》之義昭若日星矣。奈何習者多忽焉而勿之察，其有致力於此而發千古不傳之秘者，則趙君子常其人乎！子常蚤受《春秋》於九江黃先生楚望，先生之志，以六經明晦為己任，其學以積思自悟，必得聖人之心為本，嘗語於子常曰：『有魯史之《春秋》，則自伯禽至於頃公是已；有孔子之《春秋》，則起隱公元年至於哀公十四年是已。必先考史法，然後聖人之筆削可得而求矣。』子常受其說以歸，晝夜以思，忽有所得，稽之《左傳》、杜《註》，備見魯史舊法，粲然可舉，亟往質諸先生，而先生歿已久矣。子常益竭精畢慮，幾廢寢食，如是者二十年，一旦豁然有所悟入，且謂《春秋》之法在乎屬辭比事而已。於是離析部居，分別義例，立為八體，以布列之，集杜、陳二氏之所長而棄其所短，有未及者，辯而補之，何者為史策舊文，何者是聖人之筆削，悉有所附麗，凡闇昧難通，歷數百年而弗決者，亦皆迎刃而解矣，遂勒成一十五卷，而名之曰『春秋屬辭』云。嗚呼！世之說《春秋》者至是亦可以定矣。濂頗觀簡策，所載說《春秋》者多至數十百家，求其大概，凡五變焉。其始變也，三家競為專門，各守師說，故有《墨守》、《膏肓》、《廢疾》之論；至其後也，或覺其膠固已深而不能行遠，乃傲

《周官》調人之義而和解之，是再變也；又其後也，有惡其是非淆亂而不本諸經，擇其可者存之，其不可者舍之，是三變也；又其後也，解者眾多，實有溢於三家之外，有志之士會粹成編，而集傳、集義之書愈盛焉，是四變也；又其後也，患恒說不足聳人視聽，爭以立異相雄，破碎書法，牽合條類，譁然自以為高，甚者分配易象，逐事而實之，是五變也。五變之紛擾不定者，蓋無他焉，由不知經文史法之殊，此其說愈滋，而其旨愈晦也歟！子常生於五變之後，獨能別白二者，直探聖人之心於千載之上，自非出類之才、絕倫之識，不足以與於斯。嗚呼！世之說《春秋》者至是亦可以定矣。如濂不敏，竊嘗從事是經，辛勤鑽摩，不為不久，卒眩眾說，不得其門而入。近獲締交於子常，子常不我鄙夷，俾題其書之首簡，濂何足以知《春秋》，間與一二友生啟而誦之，見其義精例密，咸有據依，多發前賢之所未發，譬猶張樂廣厦，五音繁會，若不可以遽定，細而聽之，則清濁之倫，重輕之度，皆有條而不紊，子常可謂深有功於聖經者矣。濂何足以知《春秋》，輒忘僭踰，而序其作者之意如此。若夫孔子經世大旨，所以垂憲將來者，已見子常之所自著，茲不敢勦說而瀆告之也。子常姓趙氏，名汸，子常字也，歙休寧人。隱居東山，雖疾病不忘著書，四方學子尊之稱為東山先生，子常別有《春秋師說》三卷、《春秋左氏傳補註》十卷、《春秋集傳》十五卷，與《屬辭》並行於世。前史官金華宋濂謹序。」

案：《景印文淵閣四庫全書》經部，第164冊。

## 《春秋三傳纂玄》三十二卷　戴良撰，〔佚〕

戴良，前1361-1382後，江蘇浦江，字叔能，號九靈山人，據《經義考》云：「趙友同作〈志〉曰：先生諱良，字叔能，其先杜陵，遷婺之浦江，為月泉書院山長。至正辛丑，以薦擢淮南江北等處，行中書省儒學提舉。洪武壬戌，以禮幣徵至京師，召見留會同館。上欲用，先生以老病固

辭。頗忤旨，待罪，久之卒於寓舍。有《春秋經傳考》三十二卷藏於家。」（卷一百九十九）

戴良〈春秋三傳纂玄序〉云：「錯薪刈楚，披沙揀金，微事尚然，而況於學乎！況於聖人之經有所無沒於傳注者乎！然則《春秋》之文，昭揭千古，學士大夫，往往童而習之，白首不知其統緒之會歸者。無他！亦惟傳家之言，有以混淆其間故耳。嗚呼！《春秋》辭尚簡嚴，游、夏之徒已不能贊以一辭，而吾聖人之微言奧指，果有待於支離繁碎而後見耶！傳《春秋》者有三：曰左氏、公羊氏、穀梁氏，然《公》、《穀》主釋經，《左氏》主載事，能令百代之下，頗見本末而因以求意者，《左氏》之功為多，然而義例宗指，交出乎巫祝卜夢之間；讜言善訓，不多於委巷浮戲之語，鱗雜米聚，混然難證。而《公》、《穀》之說，又復互相彈射，不可強通，遂令經意分裂，而學者迷宗也。良自蚤歲受讀，郎嘗有病於斯，尋繹之次，因取三家之言，稍加裁剪，以掇其玄要，疏之經文之下，其於一事之傳，首尾異處者，既得以類而從，而文意俱異，各有可存者，亦皆並立其語，然後隨文睹義，若網在綱，雖行有刊句，句有刊字，非復本文之舊，而鋤荒屏翳，使之日星垂而江河流者，不既有助乎。方之刈楚揀金之細，不又有聞乎。雖然！亦將藏之篋笥，以自備遺忘而已，若夫優柔厭飫，自博而反約，則三君子之成書在也。予亦安敢有所取舍其間，以為是經之蠹哉。」（《九靈山房集》卷六山居稿）

案：《經義考》作「春秋三傳纂玄」，《千頃堂書目》作「春秋經傳考」，皆為三十二卷之數，蓋同書而異名也。另外光緒《浦江縣志》兩書皆著錄，或為不同之書，姑存疑待考。

## 《春秋書法鉤玄》四卷　石光霽撰，〔存〕

石光霽，1368前後，江蘇泰州，字仲濂，師張以寧，據《四庫全書總目》云：「《春秋鉤元》四卷，浙江吳玉墀家藏本。……光霽字仲濂，

泰州人，張以寧之弟子也。洪武十三年以薦為國子監學正，擢《春秋》博士。《明史·文苑傳》附載《張以寧傳》中。史稱『元故官來京者，危素及以寧名尤重。素長於史，以寧長於經。素宋元史稿俱失傳，而以寧《春秋》學遂行。門人石光霽作《春秋鉤元》』云云，則此書猶以寧之傳也。大旨本張大亨、吳澄之意，以《春秋》書法分屬五禮，凡失禮者則書之以示褒貶。因考《周禮》經注，詳錄吉、凶、軍、賓、嘉五禮條目，其有五禮不能盡括者，如年月日時、名稱、爵號之類，則別為雜書法，以冠於首。每條書法之下，採集諸傳之詞，以切要者為綱，發揮其義者為目，大概以《左傳》、《公》、《穀》、胡氏、張氏為主，義有未備者，亦間採啖、趙諸儒之說，而總以己意折衷之。其所稱張氏，即以寧也。以寧長於《春秋》，著有《春秋胡傳辨疑》及《春王正月考》。今《辨疑》已佚。賴光霽能傳其說。是編所引以寧之言為最多，尚可見其梗概。前有序文一篇，無撰人名氏，言啖、趙之纂例詳於經而略於傳，《纂疏》、《會通》之書備於傳而略於經，茲能損益其所未備，其稱許頗當。朱彝尊《經義考》作四卷，此本不分卷數，疑傳寫者所合併。今從彝尊之說，乃析為四卷著錄焉。」（經部二八·春秋類三）

　　石光霽〈春秋書法鉤玄序〉云：「《禮》曰：『屬辭比事，《春秋》教也。』聖人修經因魯史之舊，筆削褒貶，歸諸王道。孟軻氏不曰『修』，而曰『作』，可謂深知《春秋》者矣。夫《春秋》一經，其文為至簡，其義為至明，然不屬辭以考之，比事以求之，則聖人所書之法豈易識哉！先師翠屏張先生以是經登巍科，既已深探其旨，凡語學者必以書法為首，而謂唐陸淳氏，合啖、趙二子之說，去取三《傳》，以為《纂例》，不為無見，雖宋胡文定公集諸說而為之《傳》，學者宗之，其間義例有取於彼者為多，烏可不之察哉！欽遇聖朝，平一萬方，隆文教以基盛治，光霽叨蒙齒錄，贊教成均，校文之隙，竊擬陸氏所纂之例，輯諸儒至當之論，編《五禮類要》六卷，以二百四十二年之書法彙而分之，萃而會之，俾原始要終，易以探討。然文辭浩汗，學者未易得其指歸，復掇要言，大書以為綱，采精義，細書以為目，名曰『書法鉤

元』，蓋欲便於初學，使開卷即知一經大旨，而無多岐之惑，冀少裨育材之萬一也。若夫微辭奧義，神侔化工，則隨事以見，又在學者之用力焉。洪武二十五年歲在壬申，國子博士淮南石光霽書。」

石光霽〈春秋書法鉤玄・發凡〉云：「是編書法，大抵分屬五禮，蓋以《春秋》一經，往往因失禮而書，以示褒貶，出乎禮則入乎《春秋》也。五禮括未盡者，別為雜書法以冠乎首，餘則皆以吉、凶、軍、賓、嘉別其類，庶幾屬辭比事，是非易知也。猶慮初學未悉五禮條目，復載《周禮》經注，使知其概云。」

亡名子〈春秋書法鉤玄序〉云：「《春秋》，魯史之名也，寓褒貶於筆削，則聖人也。鳳不至，圖不出，聖人知其道終不行於當時，以誅賞之大權，託之魯史，立萬世之常經，其慮遠，其志深，而旨則微矣。今去聖人遠矣，自丘明而下，傳者眾矣，傳者眾則見有是非，言有得失，而筆削之旨益晦矣，此《鉤玄》之所以作也。《鉤玄》者，石氏仲濂之所輯也，仲濂以啖氏、趙氏之《纂例》詳於經，而於傳意則或略；以《纂疏》、《會通》之書備於傳，而於屬辭比事之意或未盡，乃損益其所未備者，類書而朱書，以紀其數，復表程、朱之格言，或間附以己意，以補其不足，筆削之大旨可得矣。《記》曰：『屬辭比事，《春秋》之教』者，或事同而書不同、或書同而事不同、或因事直書、或婉詞以見，筆則筆，削則削，游、夏不能贊一辭，而出於聖筆也。噫！褒貶豈聖人之私哉？天下之公也。欲萬世之下人皆知之，則亂賊懼，是《春秋》非魯史之舊文，而皆寓乎聖人之筆削，《鉤玄》又所以發筆削之遺旨，使後之人易知者也。仲濂之用功亦勤，而志亦切矣，予見其書成之不易，故亟歎賞，而述其纂輯之意，於乎後世必有好之者矣。」（《經義考》卷一百九十九）

案：《景印文淵閣四庫全書》經部，第165冊。《明史》、《經義考》作「春秋書法鉤玄」，《四庫全書》作「鉤元」，避康熙諱也。

## 《春秋蠡測》一卷　蔣悌生撰，〔存〕

　　蔣悌生，1370前後，福建福寧，字叔仁，據李清馥〈訓導蔣仁叔先生悌生〉云：「蔣悌生，字仁叔，福寧人。檢身勵行，雅不出仕。洪武初舉明經，任本州訓導，教誘諄諄，多所成就，著《五經蠡測》五卷，微詞隱義，多發前人所未發。」（《閩中理學淵源考》卷九十一）

　　《四庫全書總目》云：「悌生字叔仁，福寧州人。洪武初，以明經官訓導。是書乃其元季避兵藍田谷中所作⋯⋯《春秋》僅說『滕子來朝』，『子同生』，『夫人姜氏孫于齊』，『夫人姜氏會齊侯于禚』，『公及夫人會齊侯于陽穀』，『齊仲孫來』六條。（案「孫於齊」與「會禚」合為一條。）而「仲孫」一條與「陽穀」一條年月又復顛倒。其說不甚主胡《傳》，然既曰『胡《傳》不合筆削之初意』，又曰『聖人復生，亦將有取於胡氏之言，又何必一一盡合於筆削之初意。』則於胡《傳》亦尚在疑信閒也。大抵僻處窮山，罕窺古籍，於考據引證，非其所長，而覃精研思，則往往有所心得，名雖不及熊朋來，書則實在朋來上也。」（經部三三‧五經總義類）

　　蔣悌生〈五經蠡測序〉云：「愚幼讀書，略曉文義，其或未通，師友問辯。既退，猶有疑未釋者。及壯至老，其素所嘗疑，輒尋經傳本旨，反覆參究，旁摭證據，疑終未能解。所恨窮居僻處，孤陋寡聞，不能訪求良師益友，以質所疑。每欲筆而志之，以俟後之同志，又恐獲僭議先儒之罪，握筆屢投者有日。今老矣，輒復編而紀之名曰《蠡測》，蓋以愚之膚識淺學，而敢輕議先儒得失，亦猶以蠡測海，多見其不知量之意。庶幾他日見者，未減僭踰之罪。并以平日讀書傳義之外，已意管見作為衍說，類附於後。或者窮經有知我者，於中取其一二焉，亦以見愚之素心，非敢妄為是言也。洪武庚戌八月甲子，後學蔣悌生仁叔序。」

　　案：收錄《五經蠡測》，《景印文淵閣四庫全書》經部，第184冊。

## 《春秋疑義》　杜肅撰，〔佚〕

杜肅，1371前後，浙江上虞，據雍正《浙江通志》云：「《春秋疑義》：萬曆上虞縣志杜肅著」（卷二百四十一），又乾隆《紹興府志》云：「洪武四年，辛亥科，吳伯宗榜：縣志是科有杜肅上虞人」（卷之三十一）

案：萬曆《上虞縣志》、雍正《浙江通志》、乾隆《紹興府志》、光緒《上虞縣志》著錄。

## 《春秋說約》十二卷　張洪撰，〔佚〕

張洪，前1385-1403後，江蘇常熟，字宗海，據正德《姑蘇志》云：「張洪，字宗海，常熟人。洪武間以事被逮，謫戍雲南，後以明經，被薦授靖江王府教授。永樂元年，擢行人奉使日本，卻其餽金。二年，復使遼東，修茶馬舊政于邊界，亦不受餽。……入翰林修《永樂大典》，充副總裁，書成，陞行人司副。洪熙元年，陞翰林院修撰，致仕，卒年八十四。所著有《四書解義》、《周易會通》、《尚書補傳》、《詩經正義》、《春秋說約》、《禮記總類》、《歷代詩選》、《史記要語》、《琴川新志》、《日本補遺》等總若干卷。」（卷五十二）

黃稷虞云：「晚年所著。」（《千頃堂書目》卷二）

案：康熙《常熟縣志》、《經義考》著錄。《明史》作「二十卷」。

## 《春秋序事本末》三十卷　曹宗儒撰，〔佚〕

曹宗儒，洪武時期，江蘇松江，字元博，號鶴林山人，據《經義考》云：「高層雲曰：元博《序事本末》一書，按經以證傳，索傳以合經，類訂精審。」（卷二百四）。

萬曆《青浦縣志》云：「曹宗儒，慶孫之子，字元博。洪武初任華亭

教諭，嘗為府委至京師上論禮部曰：教官所以作□生徒，為國儲才，有司委以公務，使不得盡心□□，甚非崇儒重道之意，此禁止之。所著有《春秋古□敘事本末》三十卷。」（卷五）

案：《千頃堂書目》、《明史》、《經義考》、嘉慶《松江府志》著錄。楊樞《淞故述》一作「春秋敘事」。

### 《春秋逸傳》二卷　曹宗儒撰，〔佚〕

案：《經義考》、《千頃堂書目》作「二卷」，《明史》、嘉慶《松江府志》作「三卷」。

### 《左氏辨》三卷　曹宗儒撰，〔佚〕

案：《經義考》、《明史》、嘉慶《松江府志》作「三卷」，《千頃堂書目》作「一卷」。

### 《三正說》一卷　史伯璿撰，〔存〕

史伯璿，洪武時期，浙江永嘉，生平失考。

史伯璿《三正說》文末云：「正朔，月數改與不改之說，自孟子以來，千五六百載，諸儒無有定論。近代陳定宇、張敷言之說，議論援據，似覺平正確實，雖未得為定論，猶為彼善於此，愚深信之。而同志辯詰紛然，酬答不暇。近得月數，因革觀之，則知鄉也同志所辯詰者，盡在此矣。暇日裒集諸說於一處，仍疏已見于後，以就有道而正焉。」

周洪謨《周正辨》文末云：「九峯蔡氏謂不改時亦不改月，至於元儒吳仲迂、陳定宇、張敷言、史伯璿、吳淵穎、汪克寬輩，則又遠宗漢儒之謬，而力詆蔡氏之說。謂以言《書》則為可從，以言《春秋》則不可從，於乎！四時之序千萬，古不可易，而乃紛更錯亂，以冬為春，以春為夏，

以夏為秋，以秋為冬，位隨序遷，名與實悖。」

案：收錄唐順之《荊川稗編》，《景印文淵閣四庫全書》集部，第953冊。

## 《春秋諸君子贊》一卷　方孝孺撰，〔存〕

方孝孺，1357-1402，浙江寧海，字希直、希古，號遜志，學者稱正學先生，據嘉慶《大清一統志》云：「方孝孺，字希直，一字希古，克勤子。幼警敏，讀書日盈寸，師事宋濂，濂及門知名士盡出其下。恒以明王道、致太平為己任。洪武二十五年，以薦召見上，顧皇孫曰：『此端士，當老其才以輔汝。』除漢中府教授，蜀獻王聘為世子師，名其廬曰：『正學。』建文即位，召入為翰林文學博士，侍經筵，一時詔命皆出其手。燕王入召，使草詔。孝孺衰絰至，號哭徹殿陛，燕王降榻勞之，顧左右授筆札曰：『詔非先生草不可。』孝孺大書數字，擲筆於地，曰：『死即死耳，詔不可草。』遂磔於市。弟孝友同就戮，妻鄭二子中憲、中愈先自經死，二女投秦淮河死。福王時，贈太師，諡文正。妻諡貞愍，孝友贈翰林待詔。本朝乾隆四十一年，賜孝孺諡曰忠文，所著有《侯成集》、《希古堂稿》，學者稱正學先生。」（卷二百九十八）

方孝孺〈春秋諸君子贊序〉云：「余取友於當世而未得，則於古人乎求之。讀《春秋左氏傳》得數十人，心慕焉。聖賢所稱較著者，不敢論少。戾乎聖賢之道者，不敢取。自石碏以下十有五人，取其事，贊其美，以為法云。」

案：收錄《遜志齋集》，《景印文淵閣四庫全書》集部，第1235冊。《經義考》著錄。此十五人者：石碏、季梁、臧僖伯、公子友、叔肸、劉康公、范文子、子臧、臧文仲、祁奚、魏絳、孟獻子、季札、子皮、子家羈。

### 《春秋集例》八卷　齊宣撰，〔佚〕

齊宣，1390前後，江西鄱陽，據康熙《江西通志》云「洪武二十三年庚午鄉試」得中，光緒《香山縣志》載「洪武二十四年任教諭」。

葉盛〈書春秋集例後〉云：「《春秋集例》七卷，《外錄》一卷，洪武中，番陽齊宣輯。亡友監察御史湖州林廷舉所藏也，最便學經者，因亦錄之。」（《菉竹堂稿》卷八）

### 《春秋四傳要講》　阮嗣撰，〔佚〕

阮嗣，1394前後，福建連江，字繼之，據乾隆《福州府志》云：「阮嗣，字繼之，連江人。洪武初，以貢入太學。宣德二年，授廉州判官，興利除害，卓有政聲。劇寇譚應真聚劫為害，嗣單車詣壘，諭以禍福，寇皆納款。擢戶部主事，歷河南參議官，終交阯布政。」（卷五十四）

案：民國《連江縣志》著錄。

### 《春秋解》　毛穎撰，〔佚〕

毛穎，1396前後，湖南澧州，字尚卿，據光緒《湖南通志》云：「毛穎，字尚卿，澧州人。洪武丙子鄉舉，授完縣教諭。建文時，署宛平縣學。成祖時，為燕王見穎，疏乞歸養，嘉之大書『瞻雲樓』三字以賜，後歷武強、華陽、保定教諭，屢司分校，得人稱最。」（卷一百七十四）

案：光緒《湖南通志》著錄。

### 《左傳分國彙編》　陳裕撰，〔佚〕

陳裕，1397前後，上海奉賢，字景容，據光緒《重修奉賢縣志》

云：「〔明〕陳裕，字景容，禎弟也。洪武三十年，應詔至京師，試以詩賦，援筆立就，授翰林院侍書，尋丁母憂歸，服闋，再徵，固辭不赴。居恆與陶宗儀、顧謹中、俞允、唐善賦詩酬答，有《唱和集》。書法，吳興時稱能品，年八十一而卒。」（卷十一）

案：光緒《松江府續志》著錄。

## 《春秋正義》　楊昇撰，〔佚〕

楊昇，1397前後，浙江錢塘，字孟潛，號拙齋，據《經義考》云：「楊士奇〈志〉墓曰：杭有君子，曰楊孟潛，諱昇。洪武丙子，以《春秋》選鄉試，明年會試中副榜，授教諭星子縣，陞邵武府學教授，調徽州。」（卷一百九十九）

案：《經義考》著錄。

## 《春秋纂要》　周鳴撰，〔佚〕

周鳴，1365-1438，江西吉水，字岐鳳，據鄧元錫云：「周鳴，字岐鳳，以字行，吉水人。翰林侍讀敘父也。十歲居母喪，致毀如成人。以經明行修，薦為桐城學訓導職修。迎父養而卒，奉柩歸。至小孤遭夙扶柩哭，誓俱沈而定，授即墨主簿，與御史辨，死獄當貸，爭甚苦，得白會兵興，賦即墨鐵充軍需，岐鳳疏以為即墨非鐵所產，而府庫所積鐵尚多，請出以賦軍，蘇民力。所司又令民輸豆准秋稅米，已復徵米，而以鈔償豆，直岐鳳疏請從初令，信於民，俱報可下，後坐累免官，民攀號送者皆流涕。永樂中，為漢府紀善王逆有端，開寶賢堂招奸俠為奪嫡計，岐鳳作堂箴千言寓規諷，冀格其非，心駕北巡，王擁兵重自翊，又諫之，王怒，令衛卒詬辱之，構逮錦衣衛，賴監國察之而免。岐鳳性孝友，撫二弟甚恩，合三從兄弟子一爨，闔門千指，內外無私蓄，著〈家範〉十餘條，令子孫世守之。羣族人子敏者、令學經，尤急於濟人之厄，有旅被盜傷而病，貲

迨盡，延留而藥之，傷愈解，裝齎而歸之。著《尚書通義》、《春秋纂要》行於世。」（《皇明書》卷四十一）

案：《千頃堂書目》、《明史》著錄。

## 《春秋直指》三十卷　金幼孜撰，〔佚〕

金幼孜，1367-1431，江西新淦，名善，以字行，據《明史》云：「金幼孜《春秋直指》三十卷，又《春秋要旨》三卷。幼孜為翰林侍講，侍仁宗于東宮，合纂十二公事，為《要旨》以進。」（卷一百三十三）

案：《世善堂藏書目錄》、《千頃堂書目》、《明史》、《經義考》著錄。

## 《春秋要旨》三卷　金幼孜撰，〔佚〕

案：《千頃堂書目》、《明史》、《經義考》著錄。

## 《春秋集傳大全》三十七卷　胡廣撰，〔存〕

胡廣，1370-1418，江西吉水，字光大，諡文穆，據康熙《江西通志》云：「胡廣，字光大，吉水人……建文二年，廷試第一，更名靖，授翰林修撰。成祖即位，廣偕解縉迎附，擢侍講，復名廣，遷右庶子，兼左春坊大學士，尋拜文淵閣大學士。帝北征，廣與楊榮、金幼孜從，廣善書，每勒石，皆令書之。禮部郎中周訥請封禪，廣言其不可，遂止。丁母憂，召還。帝問：『百姓安否？』廣對曰：『安，但郡縣窮治建文諸臣，誅及支親為厲』，詔悉罷之。永樂十六年卒，年四十九。贈禮部尚書，諡文穆，仁宗即位，官其子稹為翰林檢討，加贈廣少師，文臣得諡，自廣始。」（卷七十七）

《四庫全書總目》云：「《春秋大全》七十卷，內府藏本。明永樂

中，胡廣等奉敕撰。考宋胡安國《春秋傳》，高宗時雖經奏進，而當時命題取士，實惟用三《傳》。《禮部韻略》之後所附條例可考也。《元史·選舉志》載：『延祐科舉新制，始以《春秋》用胡安國《傳》，定為功令。』汪克寬作《春秋纂疏》，一以安國為主，蓋遵當代之法耳。廣等之作是編，即因克寬之書，稍為點竄。朱彝尊《經義考》引吳任臣之言曰：『永樂中敕修《春秋大全》，纂修官四十二人，其發凡云：「紀年依汪氏《纂疏》，地名依李氏《會通》，經文以胡氏為據，例依林氏。」實則全襲《纂疏》成書。雖奉敕纂修，實未纂修也。朝廷可罔，月給可糜，賜予可邀，天下後世詎可欺乎』云云。於廣等之敗闕，可為發其覆矣。其書所採諸說，惟憑胡氏定去取，而不復考論是非。有明二百餘年雖以經文命題，實以傳文立義。至於元代合題之制，尚考經文之異同。明代則割傳中一字一句牽連比附，亦謂之合題，使《春秋》大義日就榛蕪，皆廣等導其波也。」（經部二八·春秋類三）

　　吳任臣云：「永樂中，勑修《春秋大全》，纂修官四十二人。翰林院學士兼左春坊大學士奉政大夫胡廣，奉政大夫右春坊右庶子兼翰林院侍講楊榮，奉直大夫右春坊右諭德兼翰林院侍講金幼孜，翰林院修撰承務郎蕭時中、陳循，翰林院編修文林郎周述、陳全、林誌，翰林院編修承事郎李貞、陳景著，翰林院檢討從仕郎余學夔、劉永清、黃壽生、陳用、陳璲，翰林院五經博士迪功郎王進，翰林院典籍修職佐郎黃約仲，翰林院庶吉士涂順，奉議大夫禮部郎中王羽，奉議大夫兵部郎中童謨，奉訓大夫禮部員外郎吳福，奉直大夫北京刑部員外郎吳嘉靜，承直郎禮部主事黃裳，承德郎刑部主事段民、章敞、楊勉、周忱、吾紳，承直郎刑部主事洪順、沈升，文林郎廣東道監察御史陳道潛，承事郎大理寺評事王選，文林郎太常寺博士黃福，修職郎太醫院御醫趙友同，迪功佐郎北京國子監博士王復原，泉州府儒學教授曾振，常州府儒學教授廖思敬，蘄州儒學學正傅舟，濟陽縣儒學教諭杜觀，善化縣儒學教諭顏敬守，常州府儒學訓導彭子斐，鎮江府儒學訓導留季安。其〈發凡〉云：『紀年依汪氏《纂疏》，地名依

李氏《會通》，經文以胡氏為據，例依林氏。」其實全襲《纂疏》成書，雖奉勅纂修，而實未纂修也。朝廷可罔，月給可糜，賜予可要，天下後世詎可欺乎？」（《經義考》卷二百）

案：臺北國家圖書館藏明內府刊本。

### 《春秋集傳大全》三十七卷　胡廣撰、虞大復校、朱異批點，〔存〕

虞大復，1607前後，江蘇金壇，字來初、元建，據董天工云：「虞大復，字來初，金壇人。成進士，為崇安令，為民興利。」（《武夷山志》卷十六）；馬麟云：「虞大復，字元建，金壇人丁未進士。」（《續纂淮關統志》卷八）

朱異（生平無考）

案：臺北臺灣大學圖書館藏明萬曆間書林余氏刊五經大全本。

### 《春秋微意發端》　包文舉撰，〔佚〕

包文舉，洪武－永樂，浙江松陽，字仕登，據《明史》云：「包仕登《春秋微意發端》。字文舉，松陽人。洪武中國子助教。」（卷一百三十三）；又雍正《浙江通志》云：「包文舉，崇禎《處州府志》字仕登，松陽人。從王西山受《尚書》，得聞性命道德之學，應聘為國子助教。一日，太祖召入武英殿，賜坐。陳二帝、三王之道，稱旨顧謂近臣曰：此吉士也。以時訪問，數有匡正，陞齊府長史。潭王雅重之，高麗國亦聞其名。所著有《兩菴》、《和陶》、《璧水》、《海岱》等集。」（卷一百八十二）

案：《經義考》、順治《松陽縣志》、光緒《處州府志》著錄。《明史》云：「包仕登字文舉」，蓋「名」、「字」錯置也。

## 《春秋貫珠》　瞿佑撰，〔佚〕

瞿佑，洪武–永樂，浙江錢塘，字宗吉，號存齋，據雍正《浙江通志》云：「瞿佑，萬曆《杭州府志》，字宗吉，錢塘人。學博才贍……洪武中，以薦累遷周府右長史。永樂間，詩禍作編管保安，久之釋歸，復原職，內閣辦事，年八十七卒。所著有《春秋貫珠》、《詩經正葩》、《閱史管見》、《鼓吹續音》、《存齋詩集》行世。」（卷一百七十八）

## 《春秋捷音》　瞿佑撰，〔佚〕

案：此書諸志目錄皆無記載，而徐伯齡《蟫精雋·呂城懷古》云：「予鄉先正，存齋瞿宗吉先生……先生名佑，字宗吉，生值元末兵燹間，流離四明，炭亂姑蘇，明《春秋經》，尤嗜著述……喪亂以來，所失亡者，往往人為惜之，如……《春秋貫珠》、《春秋捷音》。」（卷四）

## 《春秋五論》一卷　金居敬撰，〔佚〕

金居敬，洪武時期，安徽休寧，字元忠，師朱升、趙汸，據光緒《重修安徽通志》云：「金居敬，字元忠，休寧人。從朱升、趙汸遊。所著有《通鑑綱目凡例考異》、《春秋五論》。」《明史》云：「金居敬《春秋五論》……從朱升、趙汸學，凡二家著述，多其校正。」（卷二百二十四）

案：《經義考》無卷數，光緒《重修安徽通志》作「一卷」。

## 《春秋傳注》　陳至撰，〔佚〕

陳至，洪武時期，浙江平陽，字復陽，據萬曆《溫州府志》云：「陳至，字復陽，平陽人。福州觀察陳有功之後。自幼嗜學，研精經術，

《書》、《易》、《春秋》皆有傳註。國初，以年耄隱居，同時有鄭東、繆珊、董縉、張天英，俱以文學著稱。」（卷十二）

案：乾隆《溫州府志》著錄。

### 《春秋寫意》　鄭楷撰，〔佚〕

鄭楷，洪武–宣德，浙江浦陽，字叔度，號醇翁，師宋濂，據過庭訓云：「鄭楷，字叔度，浦江人也。蜀王聞其賢，奏除王府教授，賜號醇翁，陞長史，致仕。所著有《鳳鳴集》。」（《本朝分省人物考》卷五十二）

案：萬曆《溫州府志》、雍正《浙江通志》著錄。

### 《春秋提綱》　胡直撰，〔佚〕

胡直，1404前後，江西吉水，字敬方，號西澗，據《明史》云：「胡直《春秋提綱》，字敬方，吉水人。貢入太學，中永樂甲申鄉試，六館多師之，稱西澗先生。」（卷一百三十三）

案：《經義考》、光緒《江西通志》、光緒《吉水縣志》著錄。

### 《春秋辨疑》五卷　何敬撰，〔佚〕

何敬，1411前後，江西萬安，字牧菴，生平失考。

案：同治《萬安縣志》、光緒《江西通志》著錄。

### 《春秋題綱》　李奎撰，〔佚〕

李奎，1412前後，江西豐城，字文耀，據康熙《江西通志》云：「李奎，字文耀，弋陽人。正統間，擢御史，按浙、江、蘇、松諸郡，以楊文貞薦督京畿學政，舉儒士黃輔等五十餘人，分主師席，士習丕變。陞

大理寺丞，遷右少卿，未幾致仕歸。所著有《詩經辨疑》、《九州集》、《歸田錄》。」（卷八十六）

案：同治《豐城縣志》著錄。光緒《江西通志》作「春秋提綱」。

## 《春秋名例》　陳嵩撰，〔佚〕

陳嵩，1413前後，浙江寧海，字伯高，據雍正《浙江通志》云：「陳嵩，《寧海縣志》字伯高。年十五，邑令辟為胥吏，不從。求為邑庠生，令考經義三篇，又俾賦詩，有『平生縱有長楊賦，也待吹噓送上天』之句，令加嘆賞。永樂中，以太學生特詔充纂修，所著有《春秋集義》、《春秋名例》。」（卷一百八十一）

案：《經義考》著錄。

## 《春秋集義》　陳嵩撰，〔佚〕

案：雍正《浙江通志》著錄。

## 《春秋宗傳》　郭恕撰，〔佚〕

郭恕，1414前後，河北雞澤，字安仁，據嘉靖《廣平府志》云：「郭恕，字安仁，世居雞澤。弱冠，領永樂十二年鄉薦，授思南府推官，再歷湖州府。明恕兩盡多所平反，所在以明允稱及。擢御史，屢有建白，曾蒙英廟賜錦衣一襲，以旌其直。後轉官山西參議，先守雲中，後奉勑守雁門，積糧撫士，由是要害重地，卒賴無虞。恕游宦年久，多不挈家，先在思南止帶一，又以不檢遣迴，獨以一身遠寄萬里之外，而未嘗少動其心，歸老林下，儉素如寒士，大參葉盛稱其行純而政善，宦久而節堅，其紀實云。」（卷十二）

案：《經義考》著錄。

### 《春秋旨要》　左瓈撰，〔佚〕

左瓈，1418前後，江西南城，字世瑄，號訥菴，據《明史》云：「字世瑄，南城人，永樂戊戌進士，山東參議。」（卷一百三十六）

案：《千頃堂書目》、《明史》、光緒《江西通志》著錄。

### 《麟經管中豹》　李亨撰，〔佚〕

李亨，1418前後，廣東博羅，字嘉會，據嘉靖《惠州府志》云：「李亨，字嘉會，博羅人也。以《春秋》中永樂甲午鄉試，戊戌會試乙科，授廣西博白教諭，改四川珙縣，選國子監學正。亨博學能文，所至勤于講授，謂五經惟《春秋》『屬辭比事』難見要領，迺撮其大指為一編，曰『麟經管中豹』，謂諸史浩繁，非初學所能盡讀，復掇取其要為一編，曰『青史節要』，以便諸生講習課試之文，或背理違式，親為筆削，少有進益，則加獎激，於是學者競勸，故博白、珙之人文漸興，實亨倡之。」（卷十三）

案：光緒《惠州府志》著錄。道光《廣東通志》作「麟經管豹」。

### 《春秋家學》　梁伯溫撰，〔佚〕

梁伯溫，1420前後，江西歐鄉，字武初，生平失考。

案：光緒《江西通志》著錄。另撰有《四書講語》。

### 《春秋啟蒙》　李萱撰，〔佚〕

李萱，1420前後，江蘇華亭，字存愛，據高層雲曰：「萱字存愛，華亭人，永樂間鄉進士，錢學士溥師事之。」（《經義考》卷二百）

案：《經義考》、嘉慶《松江府志》著錄。

## 《蒙求續編》　李萱撰，〔佚〕

案：嘉慶《松江府志》著錄。

## 《春秋管闚》一卷　李奈撰，〔佚〕

李奈，1390-1462，山東蒙陰，字時珍，據焦竑〈陝西布政使司右參議李公奈墓表〉云：「天順壬午某月日，陝西布政使司，右參議致仕，蒙陰李公以疾卒於家，壽七十有三。……公諱奈，字時珍，姓李氏。其先隴西鉅族，八世祖讓，元金牌千戶，始徙家蒙陰。……自幼岐嶷如成人，長游邑庠，治《春秋》，深得聖人褒貶大旨，齊魯學者多師尊之。永樂庚子領鄉薦第二，登宣德丁未進士。……平生著述有《春秋管窺》、《王霸總論》藏於家。」（《國朝獻徵錄》卷九十四陝西）

案：《經義考》無卷數，雍正《山東通志》作「一卷」。

## 《春秋王霸總論》　李奈撰，〔佚〕

案：《經義考》云「春秋王霸總論」，《明史》、《千頃堂書目》云：「王霸總論」，皆無言卷數。

## 《春秋卑論》　馮厚撰，〔佚〕

馮厚，永樂–正統，浙江慈谿，字良載，號坦庵，據雍正《浙江通志》云：「馮厚，嘉靖《寧波府志》，字艮載，慈谿人。生三月而孤，比長，事母至孝。舉明經，授學官，歷遷淮王府長史。嘗集《文翰類選大成》，凡一百六十三卷，以資啟沃，善詩文，多著述，有《洪菴稿》、《中都稿》、《南陽稿》、《測蠡管見》、《春秋卑論》等書。」（卷一百八十）

案：《經義考》、雍正《寧波府志》、光緒《慈谿縣志》著錄。姚鏌《東泉文集》有「春秋卑論序」。

## 《春秋糠粃》　張楷撰，〔佚〕

張楷，1395-1460，浙江慈谿，字式之，號介庵，據成化《寧波府簡要志》云：「張楷，字式之，慈溪人。由進士除南京監察御史，陞陝西僉事，由副使拜僉都御史。正統末，監軍征閩，寇平以事褫職，家居十年。天順改元，八觀還其官，蒞事南京，因慶賀卒于朝。善詩，有《和唐音》、《梅花百咏》、《輕侯》、《歸田錄》等書。」（卷四）

案：雍正《浙江通志》、光緒《慈谿縣志》著錄。

## 《春秋口義》　劉祥撰，〔佚〕

劉祥，1429前後，江西清江，字虛谷，據崇禎《清江縣志》云：「劉翔，字虛谷。宣德己酉舉人，衡山縣儒學教諭，遷國子學錄。景泰初，上〈中興詩〉及〈神禹成功〉、〈洪範九疇〉二雅，請立宗廟以準古，七廟制事，下禮部議，不果。進翰林檢討，英廟復辟，憲皇登極再疏，宜建七廟，各具樂章，郊祀、視學、慶成，皆當作雅樂，革元舊制。上召至文淵閣，命與大學士李賢議。翔曰：『禮樂百年可興，茲其時矣，事竟寢。』成化間，進儒林郎，食六品俸致仕。翔嘗著《學庸章句總圖》、《四書講義》、《易書考詩》、《春秋口義》、《禮記說類》、《稿奏疏總》若干卷。」（卷八）

案：崇禎《清江縣志》、《明史》、《千頃堂書目》皆作「劉翔」，《經義考》作「劉祥」，實為同一人也。

## 《春秋集錄》十五卷　　劉實撰，〔佚〕

劉實，1396-1461，江西安福，字嘉秀，號敬齋，據彭時〈廣東南雄府知府劉公實墓志銘〉云：「公諱實，字嘉秀，號敬齋，姓劉氏，安成邑東竹江人。……弱冠，補邑庠生，從吉水周學士功敘、張貢士篪永，受《書經》。二先生見其聰敏，所業日進，亟加稱許，以《書》中宣德丙午江西鄉薦，庚戌進士。……天順辛巳四月十四日也，享年六十有六。……公之視人，蓋蔑如也。尤嗜經史，其蒞公堂，或出輿馬上，輒展卷吟誦。公退，手一編至夜分，乃寐有得，即呼童燃燈起書之。為文平易雄渾，時有高趣。草書飄逸，師晉體，所著有《元史略》、《孝經集解》、《小學集註》、《春秋集錄》、《持敬錄詩文稿》藏于家。」（焦竑《國朝獻徵錄》卷一百廣東二）

劉實〈春秋集錄序〉云：「古者帝王治天下，其道皆本諸天。故惇典庸禮，命德討罪，不過奉若天道而已，非有所為也。霸者則假此以行其私，雖不能謂無功於時，然皆有所為而為，而非本諸天者也。蓋至是時，天理民彝，或幾乎熄矣。孔子假魯史而筆削之，以寓王法，以抑霸功，以存中國之體，復先王之治，如斯焉耳。故曰：『《春秋》，天子之事也。』迹其二百四十二年之間，自日用彝倫之外，大而天地四時，微而昆蟲草木，靡所不及。噫！非聖人其孰能修之。故君子謂是書為百王之法度，萬世之準繩，有志者誠不可以不學也。自有是經以來，釋之者眾，其間諸說亦云備矣，但未有會而一之者。胡氏之宏綱大領，非不正也。惜乎其為有宋，高宗告而非為學者設，則其於聖經筆削之旨，豈能一一而盡之哉！實不自揆，輒取諸儒之說，會輯成篇，因名之曰《集錄》，以便初學，而非敢謂有所發明也。」（《經義考》卷二百）

案：《經義考》云「存」，康熙《欽定春秋傳說彙纂》引用書目有引錄，今書亡佚。

## 《春秋說》五卷　王傑撰，〔佚〕

王傑，宣德時期，浙江餘姚，字世傑，以字行，號槐里子。曾孫王守仁，據光緒《餘姚縣志》云：「王傑，《周易說》四卷，《乾隆志》案：傑字世傑，以字行，文成公曾祖，《春秋說》五卷、《周禮考正》六卷」（卷十七）；又戚瀾〈槐里先生傳〉云：「先生姓王，名傑，字世傑。居秘圖湖之後。其先世嘗植三槐於門，自號槐里子，學者因稱曰槐里先生。……十四盡通四書、五經，及宋諸大儒之說。……宣德間，詔中外舉異，才堪風憲者，破常調任使之，時先生次當貢，邑令黃維雅重先生，為之具行李，戒僕從強之應詔，先生固以親老辭，乃讓其友。……母且歿，謂先生曰：爾貧日益甚，吾死爾必仕，毋忘吾言。已終喪，先生乃膺貢入南雍祭酒。……所著《易》、《春秋說》、《周禮考正》，以為近世儒者皆所不及，與人論人物，必以先生為稱首。」（《王文成公全書》卷之三十七）

案：乾隆《紹興府志》、雍正《浙江通志》、光緒《餘姚縣志》著錄。

## 《春王正月辨》一卷　周原誠撰，〔佚〕

周原誠，宣德時期，安徽歙縣，字彥明，號澹如、石泉，據弘治《徽州府志》云：「周原誠，字彥明，歙在城人，號澹如居士，又號石泉。幼嗜學，及長，專意訓迪後進，嘗作《春秋王正月辨》及《先天圖》、《太極圖》、《河圖洛書論》，年六十一卒。」（卷九）

案：《經義考》著錄。

## 《春秋指掌圖》　劉本忠撰，〔佚〕

劉本忠，1432前後，湖南衡陽，生平失考。

案：乾隆《清泉縣志》、光緒《湖南通志》著錄。康熙《衡州府
志》、同治《衡陽縣志》作「劉本中」。

## 《春秋講章》　謝琚撰，〔佚〕

謝琚，1402-1452，山西蒲州，字德潤，據王直〈謝推官墓表〉云：
「君謝氏，諱琚，字德潤，山西蒲州淘邑鄉，清渠里人也。……君自幼端
重，喜學《語》、《孟》諸書，經口授即成誦，選為郡庠生，朋輩皆自謂
莫及。時澠池曹端與教蒲州，以性理之學淑諸生。君得聞其教，盡棄常所
業者而學焉。於聖賢之訓，必求其蘊，身體而力行。曹先生深期其遠，到
藩憲諸公以勸學為務者，羣而試之，君必在甲乙之選。永樂癸卯，以《春
秋》領山西鄉薦第二，然不屑於小成。不果，出丁未會試，中教官，選授
西安府學訓導……作《春秋講議》，凡所著述，必以理為主，士君子推重
焉。……明年壬申五月初六日以疾終，年五十一。……平生著述頗多，有
《襁褓法言》、《謹思錄》、《忠孝錄》、《太極體物論》、《春秋講
章》、《東山詩文》，總若干卷，藏于家。」（《抑菴文後集》卷二十
八）

## 《精選東萊左氏博議句解》十六卷　蔡紳撰，〔存〕

蔡紳，1435前後，江蘇江陰，生平失考，據乾隆《江南通志》云：
「宣德十年乙卯科……蔡紳江陰人。」（卷一百二十五）。丁仁《八千卷
樓書目》載：「《精選東萊左氏博議句解》十六卷，明蔡紳撰。明刊本」
（卷二）

案：北京國家圖書館藏明弘治七年蔡紳刻本。

## 《春秋三傳合解》六卷　陳嘉會撰，〔佚〕

陳嘉會，約1404-1452，江蘇江都，字友亨，號半陶。

案：光緒《武進陽湖縣志》、民國《江陰縣續志》著錄。《晉陵陳氏家乘》卷五有〈半陶公傳〉。

## 《春秋一覽》　　羅鎡撰，〔佚〕

羅鎡，1441前後，湖南安鄉，字景昂，據隆慶《岳州府志》云：「羅鎡，字景昂，以《春秋》領鄉試第一。初為歙縣教諭，損俸闢址，建學修書院。萃諸生講貫，卓有文名。兵部侍郎王偉薦鎡可，四川提學格於例，僅陞保定府學教授。有《春秋一覽》，并詩文集行於世。歙立企德堂祀之。」（卷十六）；光緒《湖南通志》亦云：「《春秋一覽》安鄉羅鎡撰。」（卷二百四十六）

## 《春秋胡氏傳集解》三十卷　陳喆撰，〔存〕

陳喆，1441前後，江蘇海虞，字成夫，號雪崖，據弘治《常熟縣志》云：「陳喆，字成夫，號雪崖。性敏好學，家貧無書，常入書肆，耽翫者累日，過日即憶記而手書之。習《春秋》三《傳》，為《春秋集解》，所著有《瀝膽錄》、《家話》、《北遊紀行》、《雪崖》等集，藏于家。教子易有《居官一覽》。」（卷四）

案：上海圖書館藏明嘉靖九年安正堂刻本。光緒《蘇州府志》亦作「春秋集解」。葉德輝《書林清話》卷五云：「明陳喆《春秋胡傳集解》三十卷，嘉靖壬辰十一年刻。」今以上海圖書館藏明嘉靖九年安正堂刻本為準，定名為「春秋胡氏傳集解」。

## 《春秋左氏直解》十二卷　郭登撰，〔存〕

郭登，永樂–1472，安徽鳳陽，字元登，據光緒《重修安徽通志》云：「郭登，字元登，濠人。武定侯英孫也。正統中，從王驥征麓川有功，又從沐斌征騰衝，歷署都指揮僉事。十四年，扈從北征至大同，拜都督僉事，佐劉安鎮守。朱勇等軍覆，登告曹鼐、張益曰：『車駕宜入紫荊關。』王振不從，遂及於敗。是時，人心洶洶，登慷慨登陴，誓與城共存亡。景帝監國，代安為總兵官。景泰元年，偵知寇自順聖川入，以八百人躪之，大破其眾，軍氣一振，封定襄伯。初，也先欲取大同為巢穴，故數來攻，及每至輒敗，始有還上皇意。二年，以疾召還。成化八年，卒，贈侯，諡忠武。登，事母孝，居喪秉禮，能詩，明世武臣無及者。」（卷二百三十二）

《明史》云：「郭登，字元登，武定侯英孫也。幼英敏。及長，博聞強記，善議論，好談兵。洪熙時，授勳衛。正統中，從王驥征麓川有功，擢錦衣衛指揮僉事。又從沐斌征騰衝，遷署都指揮僉事。十四年，車駕北征，扈從至大同，超拜都督僉事，充參將，佐總兵官廣寧伯劉安鎮守。朱勇等軍覆，倉猝議旋師，登告學士曹鼐、張益曰：『車駕宜入紫荊關。』王振不從，遂及於敗。當是時，大同軍士多戰死，城門晝閉，人心洶洶。登慷慨奮勵，修城堞，繕兵械，拊循士卒，弔死問傷，親為裹創傅藥，曰：『吾誓與此城共存亡，不令諸君獨死也。』八月，也先擁帝北去，經大同，使袁彬入城索金幣。登閉城門，以飛橋取彬入。登與安及侍郎沈固、給事中孫祥、知府霍瑄等出謁，伏地慟哭，以金二萬餘及宋瑛、朱冕、內臣郭敬家資進帝，以賜也先等。是夕，敵營城西。登謀遣壯士劫營迎駕，不果。明日，也先擁帝去。景帝監國，進都督同知，充副總兵。尋令代安為總兵官。十月，也先犯京師，登將率所部入援，先馳蠟書奏。奏至，敵已退。景帝優詔褒答，進右都督。登計京兵新集，不可輕用，上用兵方略十餘事。景泰元年春，偵知寇騎數千，自順聖川入營沙窩。登率兵

躪之，大破其眾，追至栲栳山，斬二百餘級，得所掠人畜八百有奇。邊將
自土木敗後，畏縮無敢與寇戰。登以八百人破敵數千騎，軍氣為之一振。
捷聞，封定襄伯，予世券。四月，寇騎數千奄至，登出東門戰。佯北，誘
之入土城。伏起，敵敗走。登度敵且復至，令軍士齎毒酒、羊豕、楮錢，
偽為祭冢者，見寇即棄走。寇至，爭飲食之，死者甚眾。六月，也先復以
二千騎入寇，登再擊卻之。越數日，奉上皇至城外，聲言送駕還。登與同
守者設計，具朝服候駕月城內，伏兵城上，俟上皇入，即下月城閘。也先
及門而覺，遂擁上皇去。時鎮守中官陳公忌登。會有發公奸贓者，公疑登
使之，遂與登構。帝謂于謙曰：『大同，吾藩籬也。公與登如是，其何以
守！』遣右監丞馬慶代公還，登愈感奮。初，也先欲取大同為巢穴，故數
來攻。及每至輒敗，有一營數十人不還者，敵氣懾，始有還上皇意。上皇
既還，代王仕壥頌登功，乞降敕獎勞。兵部言登已封伯，乃止。二年，登
以老疾乞休，舉石彪自代，且請令其子嵩宿衛。帝以嵩為散騎舍人，不聽
登辭。是時邊患甫息，登悉心措置，思得公廉有為者與俱。遂劾奏沈固廢
事，而薦尚書楊寧、布政使年富。又言大同既有御史，又有巡按御史，僉
都御史任寧宜止巡撫宣府。帝悉從之，以年富代固，而徵還固及寧。其
秋，以疾召還。登初至大同，士卒可戰者纔數百，馬百餘匹。及是馬至萬
五千，精卒數萬，屹然成巨鎮。登去，大同人思之。初，英宗過大同，遣
人謂登曰：『朕與登有姻，何拒朕若是？』登奏曰：『臣奉命守城，不知
其他。』英宗銜之。及復辟，登懼不免，首陳八事，多迎合。尋命掌南京
中府事。明年召還。言官劾登結陳汝言獲召，鞫實論斬。宥死，降都督僉
事，立功甘肅。憲宗即位，詔復伯爵，充甘肅總兵官。奏邊軍償馬艱甚，
至鬻妻子，乞借楚、慶、肅三王府馬各千匹，官酬其直。從之。用朱永等
薦，召掌中府事，總神機營兵。成化四年，復設十二團營，命登偕朱永提
督。八年卒。贈侯，諡忠武。登儀觀甚偉，髯垂過腹。為將兼智勇，紀律
嚴明，料敵制勝，動合機宜。嘗以意造『攬地龍』、『飛天網』，鑿深
塹，覆以土木如平地，敵入圍中，發其機，自相撞擊，頃刻皆陷。又倣古

製造『偏箱車』、『四輪車』，中藏火器，上建旗幟，鉤環聯絡，布列成陣，戰守皆可用。其軍以五人為伍，教之盟於神祠，一人有功，五人同賞，罰亦如之。十伍為隊，隊以能挽六十斤弓者為先鋒。十隊領以一都指揮，令功無相撓，罪有專責，一時稱善。登事母孝，居喪秉禮。能詩，明世武臣無及者。」（卷一百七十三）

　　案：韓國國立中央圖書館藏明刊本，版心題「春秋直解」，《經義考》作「春秋左傳直解」，《春秋左傳註評測義・引用書目》作「春秋左傳直講」。又陸元輔曰：「定襄以名將解《左傳》，遠與杜武庫爭衡。」（《經義考》卷二百）。郭登以武將身分論《左傳》戰事，開明代《左傳》兵書的先端，又因其戰功彪炳，勳功卓著，故後人每論及《左傳》戰爭，多有引用其書者，如明代傅遜《春秋左傳注解辯誤》、陸粲《左傳附注》，清初朱鶴齡《左氏春秋集說》，陳樹華《春秋經傳集解考正》等等，故其書今雖僅存韓國，亦可由上述諸書略加考見之。

## 《左氏觸璜》　周綱撰，〔佚〕

　　周綱，正統時期，浙江樂清，字時立，號玉臺，據雍正《浙江通志》云：「周綱。《樂清縣志》：字時立，家貧嗜學，分教清江，轉信豐。所著有《周禮補遺》、《左氏觸璜》等書，學者稱玉臺先生。」（卷一百八十二）

## 《春秋傳》三十卷　袁顥撰，〔佚〕

　　袁顥，正統－天順，浙江嘉善，字孟常，號菊泉，子袁祥，孫袁仁，據盛楓云：「袁顥，字孟常，秀水人。世居魏塘，今隸嘉善。讀書洞見閫奧，象緯輿圖，及諸流家言，無不綜貫。業醫，精皇極太素之術，懸斷禍福無爽。暇輒下帷窮經，著《周易奧義》八卷、《春秋傳》三十卷。」（《嘉禾徵獻錄》卷二十）；又《經義考》云：「大父菊泉先生，名顥，

字孟常，世居陶莊之淨池，蓄書萬餘卷。……後讀《春秋》，歎曰：『仲尼實見諸行事，惟此書耳！』作《春秋傳》三十卷。」（卷五十三）

　　案：《經義考》、光緒《嘉興縣志》著錄。雍正《浙江通志》作「袁氏春秋傳」。子袁祥撰《春秋或問》八卷，亡佚。孫袁仁撰《春秋鍼胡篇》一卷，今存。

## 《春秋辨疑》　夏時正撰，〔佚〕

　　夏時正，1411-1499，浙江仁和，字季爵，晚號留餘道人，據徐象梅〈大理寺卿夏季爵時正〉云：「夏時正，字季爵，慈谿人。操履端潔，不尚依違，博學強記，通經史百家。文思紆縈，詩逼盛唐，書迹亦遒勁有法。登正統進士第，授刑部主事，歷官至大理寺卿。……時正分隸江西，一時墨吏素畏威名，皆望風解去。而狡黠懷怨者，騰飛語聞於上，訾所黜非公，時正遂自劾請老。……杜門讀書，足跡不入城市。……平生大節高行，如龍驤鳳舉，為人所追仰。」（《兩浙名賢錄》卷四十七）

　　案：《千頃堂書目》卷二云：「未成」。

## 《春秋會傳》十六卷　饒秉鑑撰，〔存〕

　　饒秉鑑，1413-1486，江西廣昌，字憲章，號雯峰，據何喬新〈雯峰先生饒公墓表〉云：「公諱秉鑑，字憲章，世家廣昌麟角里。……初從監察御史聶宗尹受《春秋》，又從教諭羅濬受《尚書》，發為文章，詞采爛然，見者驚異。弱冠遊京師，先冢宰一見，許以國器。……正統甲子，領江西鄉薦……景泰三年，除肇慶府同知，遷知廉州府。……建雯峰書院，與修撰羅應魁講學其間……著有《春秋提要》、《春秋會傳》傳於世。」（《椒邱文集》卷三十一）

　　饒秉鑑〈春秋會傳序〉云：「《春秋》說者不一，然得其事實之詳，莫若《左氏》。得其筆削之旨，莫若《胡氏》。《左氏》事之案也，所紀多出

舊史，雖序事或泛，然本末詳略，夫豈無所據哉！《胡氏》經之斷也，所論多主《公》、《穀》，雖立例不一，然論據於理，亦豈無所見哉！是以我太宗文皇帝，命集儒臣纂修《春秋大全》，必以《胡氏》為主，而引用諸儒傳注，必以《左氏》為先，蓋有由矣。第《左氏》或先經以起事，或後經以終義，而泛切之有不同。《胡氏》或引其事而斷其義，或斷其義而不書其事，而詳略之有不一矧。二《傳》各為一書，似不相合，故學者未易得其旨也。予讀是經有年，乃忘其固陋，竊取二《傳》，合而編之。於其詞泛而易重者，則依廬陵李氏《會通》；以少裁之詞略而未備者，則取《公羊》、《穀梁傳》義，以少補之。然後案與斷相合，事與理俱明。而一經之旨，不待他求而得於此矣，因目之曰《春秋會傳》，雖曰沿經引注，非有所補益，然初學之者得少，便於講習，不亦淺之為助者與。」

　　案：臺北國家圖書館藏明刊本。《經義考》、《明史》、《千頃堂書目》皆云：「春秋會傳十五卷，提要一卷」，今臺北國家圖書館藏明刊本為十六卷，實合二者為數。

## 《春秋提要》四卷　饒秉鑑撰，〔佚〕

　　《四庫全書總目》云：「《春秋提要》四卷，江西巡撫採進本，明饒秉鑑撰。……朱彝尊《經義考》載秉鑑《春秋會通》十五卷、《提要》一卷。今按此書實四卷，與《春秋會通》另為一書，彝尊蓋未見其本，故傳聞譌異。其書以《春秋》書時、書月，難於記誦，故錯綜而次序之，分十二公為十二篇，先列經文於右，而總論其義於後，大旨以胡《傳》為宗。」（經部三十・春秋類存目一）

　　羅倫〈春秋提要序〉云：「自三《傳》後，說《春秋》者紛如。《春秋》，聖人之用也，假魯史以寓王法，為後世王者修也。游、夏之徒不能贊一辭，非不能贊也，謂不能與筆削之旨也。親炙且然，況後世乎！邵子曰：『聖人之經，猶天道焉。渾然無迹，書實事，而善惡自見。』世之說

《春秋》者，帥以一字為褒貶，以時以月以日，詳略其事。以國以爵以人，輕重其君。以官以氏以名以字以人，榮辱其臣。一字也於此則為褒，於彼則為貶。幾若舞文弄法之吏所為者，孔子見王政之不綱，痛哭流涕而作此書，立經世之大法，其若是之纖屑歟！雯峯饒秉鑑氏著《春秋提要》一卷，二百四十二年之事，如指諸掌。學者得是書而讀之，約足以該博矣。書成，雯峯屬倫序之，故著予說於篇端，使學者并以攷云。」（正德《建昌府志》卷八）

### 《石渠春秋意見》不分卷　王恕撰，〔存〕

王恕，1416-1508，陝西三原，字宗貫，號介菴，晚號石渠，據雍正《陝西通志》云：「王恕，字宗貫，三原人。正統十三年舉進士，改翰林院庶吉士。……孝宗即位，召改吏部尚書，加太子太保。恕在吏部，抑僥倖，獎名節，拔淹滯。遇事敢言，有不合輒求退。起用以來，乞休二十餘疏乃允。家居，年八十八。……編《歷代名臣諫議》一百二十卷，又作《石渠意見》，務剗俗學，而求合於聖賢之旨，凡四卷。後又作《石渠意見拾遺》二卷，已又構玩易軒，討究易理，作《石渠意見》一卷，讀書至耄不倦。」（卷五十五）

《四庫全書總目》云：「《石渠意見》四卷、《拾遺》二卷、《補闕》二卷，兩淮鹽政採進本。明王恕撰……其書大意以《五經》、《四書》傳註列在學官者，於理或有未安，故以己意詮解而筆記之。間有發明可取者，而語無考證，純以臆測，武斷之處尤多，如謂《左傳》為子貢等所作之類，殊游談無根也。」（經部三四・五經總義類存目）

案：收錄《石渠意見》，《四庫全書存目叢書》經部，第147冊。

### 《左傳事類》四十卷　包瑜撰，〔佚〕

包瑜，1450前後，浙江青田，字希賢，據徐象梅〈教諭包希賢瑜〉

云：「包瑜，字希賢，青田人。窮經博古，篤學力行，一言一動，無不以聖賢為法。由舉人任教諭，非其好也。淮王聞其賢，修書幣聘，進講便殿輒稱先生，所著《通鑒事類》一百二十卷、《左傳事類》四十卷，王閱之喜甚，遂梓行，仍命工肖瑜像，親為之贊，曰：『見道之真，履道之正。咳唾古今，痛痒賢聖。傳獵經蒐，回飄點詠。衣冠肅如，後學企敬。』居七年，告歸，投老撰述甚多，以壽卒。」（《兩浙名賢錄》卷二）

　　案：《經義考》作「春秋左傳四十卷」，光緒《處州府志》作「春秋左傳事類四十卷」，蓋同一書矣。

## 《春秋講義》　包瑜撰，〔佚〕

　　案：《明史》、《千頃堂書目》、光緒《處州府志》著錄。

## 《春秋義》　葉萱撰，〔佚〕

　　葉萱，1454前後，江蘇華亭，字廷懋，據凌迪知云：「葉瑄，字廷懋，華亭人。景泰甲戌進士，歷布政。」（《萬姓統譜》卷一百二十四）
　　案：嘉慶《松江府志》著錄。《經義考》作「葉萱」。

## 《春秋疑辨錄》不分卷　周洪謨撰，〔存〕

　　周洪謨，1421-1492，四川長寧，字堯弼，據雍正《四川通志》云：「周洪謨，長寧人，登正統間進士。官翰林，即勸勤經筵，以明聖學，謹內外，以敦政本。成化初，荊襄流民為亂，洪謨建議設州縣以撫治之，遂開設鄖陽府，累陞禮部侍郎。正璿璣、玉衡、蔡《傳》之訛，改明七政，尋掌邦禮，凡朝廷制作禮儀，如祧廟、祔廟、文議，俱經裁酌，遂為定制，卒諡文安。著《四書》、《五經辨疑》，及《南皋子》、《箐齋集》。」（卷八）

《四庫全書總目》云：「洪謨，字堯弼，長寧人。正統乙丑進士，官至禮部尚書，諡文安。事蹟具《明史》本傳。是編蓋其官祭酒時，與諸生講論之語，凡辨正《四書》、《五經》，訓釋與經旨違誤者，百有四條；又發明先儒言外之旨者，百有九條。自序稱『寧為朱子忠臣，無為朱子佞臣』。」（經部三四・五經總義類存目）

案：收錄《疑辨錄》，《四庫全書存目叢書》經部，第147冊。

## 《周正辨》一卷　　周洪謨撰，〔存〕

案：收錄唐順之《荊川稗編》，《景印文淵閣四庫全書》經部，第953冊。周洪謨《周正辨》文末云：「漢仍秦正，未之有改。至武帝太初始改從夏正，若以為漢人作漢紀而追改之，則何故亦兼秦紀而改之乎？是秦、漢之不改月者，審矣。文穎師古之言，皆謬妄者也，吳淵穎反取其說而詆蔡氏，以嬴秦視三代誤矣。」

## 《春秋本意》十二篇　　婁諒撰，〔佚〕

婁諒，1422-1491，江西上饒，字克貞，號一齊，據康熙《江西通志》云：「婁諒，字克貞，上饒人。少有志絕學，聞吳與弼在臨川，乃往從之。一日，與弼治地召諒往視，云：『學者須親細務。』諒素豪邁，由此折節，雖掃除之事，必身親之。景泰四年，舉於鄉。天順末，選為成都訓導，尋告歸，閉門著書，成《日錄》四十卷、《三禮訂訛》四十卷，謂《周禮》皆天子之禮，為國禮。《儀禮》皆公卿、大夫士、庶人之禮，為家禮。以《禮記》為二經之傳，分附各篇，如〈冠禮〉附〈冠義〉之類，不可附各篇者，各附一經之後，不可附一經者，總附二經之後，其為諸儒附會者，以程子論黜之。著《春秋本意》十二篇，不採三《傳》事實，言是非必待三《傳》而後明，是《春秋》為棄書矣。其學以『收放心』為居敬之門，以『何思、何慮、勿忘、勿助。』為居敬要旨，後羅欽順謂其似

禪學云。」（卷八十六）

　　案：光緒《江西通志》著錄。

## 《春秋私抄》　楊守陳撰，〔佚〕

　　楊守陳，1425-1489，浙江鄞縣，字維新，號晉庵，學者稱鏡川先生，謚文懿，據何喬新〈嘉議大夫吏部右侍郎兼詹事府丞謚文懿楊公墓誌銘〉云：「公諱守陳，字維新，世家鄞之鏡川。……初學詩歌，輒有奇語。稍長習舉子業，所作詞理兼優，夐出倫輩，四方學者往往傳錄所作經義、論策之文，以為式。景泰庚午，試浙省為第一，明年登進士第，選入翰林為庶吉士，得盡讀中秘書，由是學益博，文益有名。……讀《禮》有所得，作《禮記》、《周禮》、《儀禮》『私抄』，繼而旁讀羣經，悟先儒註釋不能無失者，又作《孝經》、《大學》、《中庸》、《論》、《孟》、《尚書》、《周易》、《春秋》、《詩》『私抄』，皆正其錯簡，更定其章句。其於諸儒之傳，惟是之從，附以己見，有不合者，雖濂、洛、關、閩大儒之說，不苟徇也。……其校定羣經……皆超然獨見，先儒論議，未嘗及是也，所著有《諸經私抄》。」（《椒邱文集》卷三十）

　　楊守陳〈私抄解〉云：「或問於鏡川子曰：『聞子於《四書》、《五經》，皆有私鈔，信乎？』曰：『有之。』曰：『是九籍者皆有刻本，市鬻而家藏，人人誦且講矣，是何用鈔，而安可私哉？』曰：『蒙之所鈔，與世之所刻者稍異，請觀之。』曰：『既謂私矣，安敢以示人，請聞其略，亦不敢固請。』乃曰：『……《春秋》經則三《傳》或有異同增損，而胡氏已定之餘，亦豈無傳訛，然不可考見矣，《傳》則紀事莫詳於《左氏》，而《公》、《穀》亦或可信，立論莫正於胡氏，而諸家尚多足取，故《鈔》，經從胡氏，而博取《左氏》以下諸傳，各擇其精要者鈔焉。……以上凡鈔諸說，皆倣呂氏《讀詩記》之例，亦或附以私說，此其

略也。』曰：『聖人之經，學者皆尊信，講習無敢輕議。漢儒注經，見錯簡則曰：此當在某文之下。見闕文則曰：此上下疑有闕文。見誤字則曰：某當作某。見重句則曰：此衍文。是傳注家之成法，世儒尊之，罔敢易者。今子於九籍乃紛紛輒擅更易，至此無亦狂易喪心而侮聖人之言者哉？』曰：『不然，所謂經者，使皆聖賢之手筆，家藏而世守，古今一本，無或少異，孰敢不尊信而更易之，此九籍者，初或陳編已敝，斷簡已錯，其後乃出於火焚泥爛之殘餘，成於口傳手錄之遺誤，家異厥本，人異厥傳，於是聖賢之言多非其手筆之舊矣。世儒乃欲盡信而悉明之，至於有所難明則亦不疑其傳本之有錯訛重闕，而必巧為之說，穿鑿附會，委曲求合，甚或害理而傷教，行其說者或至誤國而殘民，畏聖人之言者，固當如是乎？漢唐諸儒膠固經傳之弊，已至於此，至宋而程、朱、歐、蘇之徒繼出，迺始有正錯簡、補闕文、刪衍說，而聖賢之旨於是乎大明矣。然尚有正之、補之、刪之之未盡者，寧無望於後之人乎？故不自量，效而為之，蓋不敢信世俗之訛本，必求聖賢之真旨，是畏聖言之尤者也，而豈侮之云乎。狂易喪心，人知蒙之無此疾也。』曰：『自漢以來，傳注之家無慮千百，至宋諸儒若朱子之《學庸章句》、《論孟集注》，程、朱二子之《易傳》、《本義》，蔡氏之傳《書》，朱子之傳《詩》，胡氏之傳《春秋》，陳氏之《禮記集說》，皆迥邁前古，冠絕將來，而朱子尤號集諸儒之大成者。今子猶以為未盡，而東採西摭，左增右損，一任臆見以易其已定之說，無乃厭舊而喜新，棄常而求異乎？』曰：『不然，尺寸各有短長，智愚互有得失。故先哲之論，後儒或更，狂夫之言，聖人猶擇。前五儒者，陳氏猶夫人也，蔡氏尚或有蔽，庠氏猶或有偏，惟程、朱卓乎，其不可及然。千慮一失，亦豈無之。諸儒生其前者，若王、孔、馬、鄭；當其時者，若張、呂、歐、蘇；生其後者，若真、魏、吳、胡，何啻數十人，雖其學未至程、朱，而其說反有勝之者，豈可廢之，故蒙所鈔，不惟其人，而惟其理，苟當乎理者，雖小儒之說亦收，不當乎理者，雖大儒之說亦略，豈容心於新舊常異之閒哉！』曰：『古人之著書者，必創新制而

不蹈故迹，必出特見而不襲舊聞，必立偉論而不述陳言，使前無當，後莫及，乃可以成名而不朽。今九籍者，人傳家注，月增歲加，不知幾千萬卷矣。今子所蹈者皆故迹，所襲者皆舊聞，所述者皆陳言，欲以成名不朽，焉可得耶？』曰：『不然，蒙聞篤行始於學問、思辨，約禮本於博文，盡心由於知性，而平天下之道，亦先於格物，而漸進之耳。九籍者，萬理之淵藪，百行之楷模，而天下萬事之本根也。蒙故徧讀而詳考，熟玩而深味，以探精義至道之所在，有得於心，必書於簡，務取是而捨非，或移經而補傳，是惟學問、思辨、博文、格物、知性，以求篤行、約禮、盡心，漸進乎平天下之道耳。然亦自恐妄見，故稱私鈔，豈欲創新制，出特見，立偉論，以求成名不朽者哉！』曰：『若子所言，惟即聖經賢傳，而究其理、踐其道足矣，何乃盡取而紛更之？吾恐古之博文、格物、知性者，未必若是之煩擾也？』曰：『不然，食粟者必播其秕，衣綿者必撲其粉。雖若煩擾，不得已也。九籍者，其經文或誤，傳說或訛，不精擇而慎取之，亦何以究其理、踐其道哉？今惟恐擇之不精、取之不慎，徒勞而無益耳，煩擾豈為過哉！』曰：『古人之於九籍，或從師半載，而始見一編。或童習白紛而不能明一經，其為傳注者，皆歷十數年而後成，或臨終而尚改，然各專門名家，鮮有舉九籍而兼注之者，可謂難矣。今子兼注九籍，僅數年而已畢，何其易也，豈子反過於先儒也耶？』曰：『不然，譬之宮室、衣服，先儒則構大廳堂，製大冠袍，故為難也。蒙則或正其數瓦之欹漏，或補其幾縫之綻裂，故為易耳。蒙於先儒不能為役，豈敢望哉！』曰：『然則子亦自知不逮先儒歟？』曰：『然。』曰：『吾謂先儒之傳注，至矣！盡矣！子既不逮，則私鈔亦可已矣？』曰：『不然，農雖不善耕，安可捨耒而嬉工，雖不善斲，安可捐斧而休。誠若子言，則世之儒者，謂詩不逮李、杜而遂廢歌吟；文不逮韓、柳而遂廢著作；史不逮馬、班，而遂廢紀載，可乎？推是以往，謂孝不逮曾、閔，而遂遺其親；忠不逮伊、周，而遂後其君；仁不逮禹、稷，而遂忘其民，又可乎？然則余之《私鈔》不可已也，子其少恕之。』或無以對，遂揖而辭。」（《楊文懿公文

集》卷五）

案：《經義考》引錄程敏政之言曰：「先生《諸經私抄》，皆擴前賢所未發。」又引王兆雲之言曰：「文懿公博學多識，《五經》、《四書》時有獨見，不泥古說，錄為《私抄》，凡百餘卷。」三引黃宗羲之言曰：「鏡川長於經術，諸經皆有《私抄》，其於先儒之傳，惟善是從，附以已見，有不合者，雖大儒之說，不苟徇也。」四引李鄴嗣之言曰：「楊公《私抄》，不盡從先儒傳注。」（卷二百四十七）。乾隆《鄞縣志》、《經義考》著錄。

### 《春秋考證》　楊守陳撰，〔佚〕

楊守陳〈五經考證序〉云：「昔孔子能言夏、商之禮，以杞、宋之文獻不足，而不能徵其言，竊嘗歎之。夫聖人言禮尚欲有所取證，況下此者乎。六經至秦而亡，漢興求之，惟得《易》、《書》、《詩》、《春秋》皆殘缺，而《樂》盡亡矣。《禮》僅有存者，小戴氏乃掇拾其亡篇斷簡，以為《禮記》，後人因謂《易》、《詩》、《書》、《春秋》，并《禮記》為五經，而並傳之。經既殘缺亡斷，而傳注者又專門名家，人各為說，故《易》或主理，或主占；《詩》主美刺；《春秋》主褒貶，亦有不主此者。至若三代之正朔，則《書》與《春秋》兩傳各異，日月五星之左右旋轉，周公之東征，則《詩》、《書》兩傳各異。又若《易》之『履霜堅冰』，《魏志》作『初六履霜』。《書》之『上帝割申勸。』《禮記》作『上帝周田觀』。《詩》之『假樂君子，顯顯令德。』《中庸》以假作嘉，顯作憲，凡若此者，豈可獨信。一經之文，偏徇一家之說而已哉。蒙少從先大父授讀五經，未之講也。今居閒處靜，時取五經講之，或疑有不能決，或見有異先儒者，皆無所取證，乃考漢、魏以上諸書，凡言及五經者，各以類而鈔之，庶可以廣見博聞，參考互訂，以求至當歸一之論也。惜乎世無上古之典，家無四庫之儲，無以足吾證耳。」（《楊文懿公文

集》卷三）

　　案：乾隆《鄞縣志》、《經義考》著錄。

## 《左傳擷英》三卷　何喬新撰，〔佚〕

　　何喬新，1427-1502，江西廣昌，字廷秀，號椒丘，諡文肅，據喻均云：「何喬新，字廷秀，廣昌人。吏部尚書文淵子也。景泰進士，授南禮部主事，歷刑部侍郎、尚書。公巡撫山西時，虜自河曲入寇，公設伏灰溝旁，大挫巘去，後虜寇大同，公自刑部侍郎出巡邊，聲言搗虜巢，虜懼遁去。先是山西饑，公出粟賑之，至是又饑，即命公往賑，予便宜公請內帑銀，及鬻祠部僧道牒，得粟數十萬石，分部賑恤，全活無算。播州宣慰楊輝寵子友諶奪嫡，而誣其嫡子愛以逆，遣公即訊白發其奸，削友官，播州遂定。弘治初，為尚書久之，請老去，卒贈太子少傅，諡文肅。公博學勵行，筮仕即自盟，不營私，不阿權貴，不以愛憎為賞罰，守其盟，終身精習律令，通國家大體，故至以廉正通明稱，著有《周禮註解》、《左傳擷英》、《宋元史臆見》。」（《江右名賢編》卷上）

　　何喬新〈春秋左傳擷英序〉云：「春秋之世，先王之澤未息，上自王朝，下及列國，外至戎夷之邦，凡發於辭命，見於應對者，皆燦然成章，其氣象雍容而不迫，其文詞溫雅而不褻，如錫鸞和鈴，周旋交衢之間；如藻率鞞鞛，陟降明堂之上。蓋文、武、成、康之遺化猶有存者，而其大夫、君子皆習於禮樂之教，明於道德之旨，故其言語詞章浸浸乎。上薄典誥，下軼秦漢，有綝然矣。孔子曰：『周監於二代，郁郁乎文哉！』觀《左氏》所述，則成周一代之文亦可概見已。予少讀昌黎、河東二家文，愛其敘事峻潔，摛詞豐潤，及讀《春秋左氏傳》，迺知二家之文，皆宗《左氏》，如韓之田弘正家廟碑，董晉行狀柳之封建論、梓人傳，玩其詞而察其態度，宛然《左氏》之榘矱也。予因慨然曰：『有志學古者，《左傳》不可廢。』迺日取而讀之、挹之，而愈深追之，而愈不可及。宦遊四

方，他書不暇挾，而常與《左傳》，俱蓋未嘗一日釋手。及奉命餉邊，備
於代北，出入亭障間，固不能挾書而樵，牘旁午雖有書，亦不暇多讀也。
間者弭節雁門邊，烽稍息，夙好未忘，假《左傳》於學宮，錄其尤可愛者
百餘篇，釐為三卷，題曰『左傳擷英』，加以批點，藏之巾笥，以便觀
覽，庶幾足吾所嗜焉。雖然，言者心之聲也，春秋之世，大夫、君子有禮
樂道德以養其心，故其出詞吐氣皆自然之文，不得其心，而徒操觚染翰以
追其跡，雖曰逼真，亦猶優孟之似叔敖耳，是又學古者所當知也。」
（《椒邱文集》卷九）

案：《千頃堂書目》、同治《廣昌縣志》、光緒《江西通志》著錄。

## 《左傳斷例》　秦璠撰，〔佚〕

秦璠，1428-1493，江蘇揚州，字景美，號東皋，生平失考。

案：《洞庭秦氏宗譜》著錄。

## 《讀春秋發微》　趙錦撰，〔佚〕

趙錦，1462前後，浙江東陽，字尚素，據道光《東陽縣志》云：
「趙錦，字尚素，幼□異經史諸書，寓口成誦。稍長受《春秋》，精覈為
一時□。天順壬午交，鄉舉業以魁多士，慈川張某以私憾出飛語，中之，
錦黜而盧楷第一，楷錦中長弟也，少相得，欣然曰：『功名有定數，且吾
失之中，夫得之復何憾！』遂釋本子業，習為詩歌、古文辭，滴酒清麗，
自成一家。楓山章懋見其文，嘆曰：『有如此才而淪落，不偽命矣夫！』
尤精書法。成化間，入國學，名公卿及六館之士無不願交。□著有《讀春
秋發微》、《尚素齋稿》、《寄興吟》等集各若干。」（卷之十八）

案：雍正《浙江通志》、道光《東陽縣志》著錄。

## 《春秋前議》一卷　　馮瑛撰，〔佚〕

馮瑛，正統–成化，海南瓊山，字存貞，號點與，據雍正《廣西通志》云：「岑溪縣知縣。馮瑛，瓊山人，天順三年任。」（卷五十五）；又俞汝言曰：「其書言天文，主夏時。」（《經義考》卷二百六）

案：《經義考》著錄。光緒《慈谿縣志》作「馮煐」。

## 《春秋會要》　　羅倫撰，〔佚〕

羅倫，1431-1478，江西永豐，字應魁，一字彝正，號一峰，據康熙《江西通志》云：「羅倫，字彝正，吉安永豐人。成化二年，廷試答策萬餘言，直斥時弊，擢進士第一，授翰林修撰。踰二月，大學士李賢奔喪畢，奉詔還朝，倫詣賢沮之不聽，復上疏劾奏，謫福建市舶司副提舉。……卒以學士商輅言，召復原職，改南京。居二年，引疾歸，遂不復出。以金牛山人跡不至，築室著書其中，四方從學者甚眾，卒年四十八。嘉靖初，從御史唐龍請，追贈左春坊諭德，諡文毅，學者稱一峰先生。」（卷七十八）

黃宗羲〈文毅羅一峰先生倫〉云：「《春秋》則不取褒貶凡例之說，以為《春秋》緣人以立法，因時以措宜，猶化工焉，因物而賦物也，以凡例求《春秋》者，猶以畫筆摹化工，其能肖乎？」（《明儒學案》卷四十五）

案：《經義考》著錄。其書雖佚，但明朝朱朝瑛《讀春秋略記》一書有引錄其言，可參看。

## 《春秋要旨》　　張時謹撰，〔佚〕

張時謹，1466前後，江西泰和，字梅巖，據同治《泰和縣志》云：「張時謹，字梅巖，秀溪人。性穎敏，弱冠著《春秋要旨》，登成化二年

進士，授興寧令，有賢聲，調耒陽。政修民化，將擢為御史，以沂州守缺，又歲飢盜起，亟需良牧，命時謹往守，加意撫綏，流離來歸，卒於官，所著有《梅巖集》。」（卷十七）

案：光緒《江西通志》著錄。

## 《春秋通解》　胡居仁撰，〔佚〕

胡居仁，1434-1484，江西餘幹，字叔心，號敬齋，據《明史》云：「胡居仁，字叔心，餘干人。聞吳與弼講學崇仁，往從之游，絕意仕進。其學以主忠信為先，以求放心為要，操而勿失，莫大乎敬，因以敬名其齋。端莊凝重，對妻子如嚴賓。手置一冊，詳書得失，用自程考。鶉衣簞食，晏如也。築室山中，四方來學者甚眾，皆告之曰：『學以為己，勿求人知。』語治世，則曰：『惟王道能使萬物各得其所。』所著有居業錄，蓋取修辭立誠之義。每言：『與吾道相似莫如禪學。後之學者，誤認存心多流於禪，或欲屏絕思慮以求靜。不知聖賢惟戒慎恐懼，自無邪思，不求靜未嘗不靜也。故卑者溺於功利，高者騖於空虛，其患有二：一在所見不真，一在功夫間斷。』嘗作進學箴曰：『誠敬既立，本心自存。力行既久，全體皆仁。舉而措之，家齊國治，聖人能事畢矣。』居仁性行淳篤，居喪骨立，非杖不能起，三年不入寢門。與人語，終日不及利祿。與羅倫、張元禎友善，數會於弋陽龜峰。嘗言，陳獻章學近禪悟，莊㫶詩止豪曠，此風既成，為害不細。又病儒者撰述繁蕪，謂朱子註參同契、陰符經，皆不作可也。督學李齡、鍾成相繼聘主白鹿書院。過饒城，淮王請講易傳，待以賓師之禮。是時吳與弼以學名於世，受知朝廷，然學者或有間言。居仁闇修自守，布衣終其身，人以為薛瑄之後，粹然一出於正，居仁一人而已。卒年五十一。萬曆十三年從祀孔廟，復追諡文敬。」（卷二百八十二）

案：《經義考》、同治《饒州府志》、光緒《江西通志》著錄。

## 《春秋微意》一卷　桑春撰，〔佚〕

桑春，1468前後，山東濮州，字景新，據雍正《山東通志》云：「桑春，字景新，濮州人，以《書經》中成化戊子鄉試，為袁州推官。持心寬厚，以經術飭吏治，多所平反。春好《春秋》，令子溥受學于安福阮先生，聽其指授，著《春秋微意》，藏于家。」（卷二十八之三）

案：乾隆《曹州府志》、雍正《山東通志》著錄。

## 《春秋胡傳集》　劉憲撰，〔佚〕

劉憲，1469前後，江西餘干，字文綱，據同治《餘干縣志》云：「劉憲，字文綱，東隅人。少穎敏，成化己丑進士，授南京吏部主事，陞文選郎中。陝西參議時，大飢，憲儲粟賑民，擢參政。為人凝重宏遠，不攻訐人過失，以文學負時望，著述甚多，有《春秋胡傳》序行於世。」（卷之十一）

案：同治《餘干縣志》、同治《饒州府志》著錄。

## 《春秋要旨》　劉鍾撰，〔佚〕

劉鍾，1470前後，江西安福，字後本，生平失考。

案：光緒《江西通志》著錄。

## 《春秋語要》　張元禎撰，〔佚〕

張元禎，1437-1506，江西南昌，字廷祥，號東白，諡文裕，據康熙《江西通志》云：「張元禎，字廷祥，南昌人。生而靈異，比七歲，寧獻王召試韻語，目為神童。大順進士，授編修，與時宰不合，移疾去。弘治初，召修實錄，晉左贊善，遷南京侍講學士，以母老謝歸。久之，召修會

典，加學士特置日講，孝宗雅意嚮用為設，低几就聽之，旋以母憂去，後召為太常卿，兼學士掌詹事，仍侍經筵。康陵踐祚，進吏部左侍郎，尋乞致仕，屢章弗許，以疾卒。所述《易》、《書》、《詩》、《春秋要語》、《四書集要》、《太極圖》、《說要綱目》、《近思錄》、《家語解》，皆未脫稿。萬曆間，諡文裕。始宸濠浮慕元禎，伺其家居，數有餉饋，度不可辭，笥而藏之，即食品必計值，以入歿後，濠果使問其室，介孫默捧笥以進，稱亡祖遺命，愧無一言頌盛德，負大王恩，啟視纖悉不遺，濠為之愧服，有《東白先生集》二十四卷、《豫章書》。」（卷六十八）

案：光緒《江西通志》著錄。《明儒學案》引錄其言亦云「語要」，《通志》及諸書作「要語」者，蓋誤矣。

### 《春秋集傳》三十卷　楊榮撰，〔佚〕

楊榮，1472前後，浙江餘姚，字時秀，據過庭訓云：「楊榮，字時秀，餘姚人也。成化壬辰進士，初授南工部主事。丁母憂，服闋，補北水部，已出視河壽，寧侯家人挾勢干禁，立寘於法，卒為蜚語所中，逮詔獄，釋歸尋卒。榮襟度夷曠，長於詩。嘗會試，還舟中取唐音和之，旬月成帙，被罪雖南冠而縶，不廢吟咏，其履常蹈危，所養有過人者，書學懷素，尤善寫竹，清風爽籟，如其為人。……榮雖官不竟志，卒顯厥後，而要之著述垂世，固自有不朽者焉。」（《本朝分省人物考》卷四十）

案：光緒《餘姚縣志》著錄。

### 《春秋解》　謝理撰，〔佚〕

謝理，1472前後，安徽當塗，字一卿，據光緒《重修安徽通志》云：「謝理，字一卿，當塗人。成化壬辰進士，以養親不肯出仕。昏定晨省，湯藥親嘗。嘗搆一室，扁曰：『浩然』。著有《周易》、《春秋

解》、《東岑筆記》、《前思錄》、《東園集》諸書。」（卷二百二十）

案：《經義考》、康熙《太平府志》、民國《當塗縣志》著錄。

## 《麟經直指》　姚昕撰，〔佚〕

姚昕，1474前後，浙江遂安，字公哲，據光緒《嚴州府志》云：「姚昕，字公哲，遂安人。七歲能文，九歲補弟子員，旋餼於庠，登賢書，授蕪湖令。居官清慎剛方，一介不苟，歸裝惟有詩文數簏而已，蕪民立〈去思碑〉，祀名宦。」（卷十八）

案：《遂安志》、《兩浙著述考》著錄。

## 《春秋箋疏》　夏賁撰，〔佚〕

夏賁，1480前後，浙江富陽，據民國《杭州府志》云：「夏賁，富陽人，成化十六年舉人。湛深經術，為後進師表。授河南息縣教諭，以先儒成法，隨才造士，士競遵之。修《息縣志》，後人奉為模楷。尋調湖廣麻城教諭。賁家傳《春秋箋疏》，傳注略皆通究，悉為諸生，講貫大義。麻城《春秋》為天下所推，自此始，特祠祀之。」（卷一百三十八）

案：乾隆《杭州府志》著錄。

## 《春秋集傳》　桑悅撰，〔佚〕

桑悅，1447-1513，江蘇常熟，字民懌，號思玄，生平失考。

桑悅〈春秋集傳序〉云：「傳《春秋》者不一家，近世多宗《胡氏》，發明聖人褒貶之旨，不為不多，但病其議論翻覆，文致成章，又當宋高宗南渡之時，欲輸忠藎于章句之間，故于復讎處，言之微有過當，有非萬世之通論。悅不自揣量，因取胡《傳》刪之，擇取諸家之平順者，補其闕略，閒有一得之愚，亦附見其中，名曰『春秋集傳。』薄宦代耕，奔

走南北，凡十易寒暑，始克成編，總若干言，為之序以俟後之君子。宏治四年三月。」（《思玄集》卷之五）

案：《經義考》著錄。康熙《常熟縣志》、同治《蘇州府志》作「春秋傳解」，乾隆《江南通志》作「春秋義釋」，皆同書而異名。

## 《春秋詞命》三卷　王鏊撰，〔存〕

王鏊，1450-1524，江蘇長洲，字濟之，號守溪，學者稱震澤先生，據過庭訓云：「王鏊，字濟之，吳縣人。自幼穎悟不凡。十六隨父讀書太學，諸生爭傳誦其文。侍郎葉盛、提學御史陳選咸奇之為天下士，於是名動遠邇。成化甲午，應天鄉試第一……會試復第一，入奉廷對，眾望翕然，執政忌其文，乃置一甲第三，授翰林編修。閉門力學，避遠權勢，九載陞侍講。……平生嗜欲澹然，惟喜文辭翰墨，至是亦脫落雕繪，出之自然。中年嘗作〈明理〉、〈克己〉二箴，以進德砥行，及充養既久，晚益純明，究心理學，研思性情。」（《本朝分省人物考》卷二十）

王鏊〈春秋詞命引〉曰：「予讀《左傳》，愛其文，而尤愛其詞命。當春秋時，諸侯、大夫朝聘、宴饗、征伐、盟會，類以微言相感觸，其詞命往來，亦皆婉而切（若魯羽父請薛侯，晉陰飴甥對秦穆公，知罃對楚共王）、簡而莊（若臧文仲對王使，周景王責晉人爭閻田）、巽而直（若鄭人告楚將服于晉，子產對晉問入陳對，士文伯壞垣，游吉對楚使），雖或發於感憤，然猶壯而不激（若晉狐突對懷公，解揚對楚子，太叔儀對衛獻公）、屈而不撓（若展喜對齊侯，吳蹶由對楚子，齊國佐對晉），詞窮矣。然且文焉遁而飾（若王子伯駢告晉，王子朝告諸侯，晉韓簡請戰）、偽而恭（若鮑叔告魯請管仲，伯州犁對鄭子羽，楚蒍越請宋華向）、誣而近正（若晉呂相絕秦，叔魚歸季孫），於戲！何其善於詞也！其猶有先王之遺風乎？予生謇訥甚，思所以變其氣質而無由，因彙萃其詞而日諷焉，庶有益乎。孔子曰：『不學《詩》，無以言。』讀此編者，亦可以有言

矣。」（《震澤集》卷十三）

　　案：收錄《四庫全書存目叢書》集部，第292冊，上海古籍出版社據天津圖書館藏明正德刻本影印。

## 《春秋或問》四卷　　袁祥撰，〔佚〕

　　袁祥，天順–弘治，浙江嘉善，字文瑞，號怡杏，父袁顥，子袁仁，據盛楓云：「祥字文瑞，亦好學，盡傳其父之業，而於占尤精，因有貞之請，乃著〈天文紀事繪圖〉於前，後列〈距極度數〉，分次甚詳，有貞驚嘆。終袁氏父子，世不敢輕言占侯。成化中，有彗星之變，江西術士王鐘廉謂彗出井，度色不紅而白，白主兵，井秦分地，兵當在秦地。祥曰：不然，彗雖在井，其衡在斗，凡彗之出以尾，所指為災變，當在吳，不在秦也。白雖主兵，然白而黯，黯則近黑矣，又出之日，壬申也，水生於申，江南其大水乎！後果驗，鐘廉因求受業，乃著《彗星占驗》若干卷，又編《六壬大全》三十六卷，諸壬家言之精當者，無不畢載。祥又痛建文死事諸臣，恐其湮沒，乃往南都博詢遺事，諸部殘文舊案無不翻閱，下至軍司、冊籍、教坊、公移皆搜羅而筆記之，為《建文私記》四卷，又有《革除編年》四卷。同郡御史屠叔方為《建文朝野彙編》，多本是書，又有《春秋或問》四卷。子仁。」（《嘉禾徵獻錄》卷二十）；又《經義考》云：「子仁〈狀〉曰：『吾父諱祥，字文瑞，怡杏其別號也。以大父菊泉所著《春秋傳》有獨得其奧，而人不易明者，因著《春秋疑問》四卷，以發其微旨』。」（卷二百一）。《經義考》註云：「一作《疑問》」，《明史》作「袁詳《春秋或問》八卷」，雍正《浙江通志》云：「《袁氏春秋傳》三十卷……袁顥著。子祥摘其微旨，為《疑問》四卷。」（卷二百四十一）

### 《春秋膚說》　宋佳撰，〔佚〕

宋佳，1483前後，浙江奉化，字子美，據《明史》云：「宋佳，《春秋膚說》，字子美，奉化人。成化癸卯舉人，徽府長史。」（卷一百三十三）

案：《明史》、《經義考》著錄。雍正《寧波府志》作「春秋尚士膚說」。宋佳另著有《書經膚說》、《禮記節要》、《尊心錄》十二卷。

### 《春秋撮要》　羅昕撰，〔佚〕

羅昕，1484前後，廣東番禺，字公旦，據道光《廣東通志》云：「羅昕，字公旦，番禺人。幼業《春秋》，廣士多習他經，共非笑之。昕獨力學不倦，潮莞諸名家與語，皆自以為不及。成化元年，乙酉舉鄉薦第四人，嘗著《春秋撮要》及《綱領》。後登甲辰進士。宏治間，累遷貴州按察僉事，方正老練，見稱于時。尋陞廣西副使，邊人思之不置。」（卷二百七十六）

案：《經義考》、道光《廣東通志》、同治《番禺縣志》、光緒《廣州府志》著錄。

### 《春秋綱領》　羅昕撰，〔佚〕

案：同治《番禺縣志》著錄、光緒《廣州府志》、道光《廣東通志》著錄。

### 《春秋節要》十二卷　林頗撰，〔佚〕

林頗，1486前後，福建晉江，字思正，號誠齋，據乾隆《泉州府志》云：「林頗，字思正，號誠齋，晉江人。成化丙午第四名舉人，再上

春官不遇，以母老授瀧水教諭，九載赴部試第一，以奏公乏績改南舒訓導，丁內艱，起補太倉，赴部試復第一，銓曹將超擢之，格於例推，陞岳州府教授，三校秋闈在舒。丁卯，應山東聘在蘇。癸酉，應湖廣聘在岳。己卯，應四川聘。所入轂皆濟濟臣，隣復纂修《湖廣通志》、《武廟實錄》，人謂有班、馬遺音。涖任九載，四疏乞休，撫按亟所司，厚幣風獎，抵家年已古稀，猶集英俊子弟講解經、史，竄削時文，泉士亦多就正焉。當事延為賓筵首席，……為鄉閭所重，卒年八十七，所著有《春秋節要》十二卷、《發蒙破意》二十卷。」（卷之五十四）

案：乾隆《泉州府志》、道光《晉江縣志》著錄。

## 《春秋繁露節解》四卷　　吳廷舉撰，〔佚〕

吳廷舉，1487前後，廣西梧州，字獻臣，據凌迪知云：「吳廷舉，字獻臣，湖廣嘉魚人，戍籍梧州。成化進士，授廣東順德知縣，歷陞僉事，忤逆瑾，逮詔獄，謫戍雁門。瑾誅復職，仕至南京工部尚書。萬曆中諡清惠。在順德時，督府欲為內臣營家廟，公以民病弗聽。舶司倚充貢市葛于縣，舊皆辦於民，公以非地產卻之。氣節稜稜，若秋霜烈日，獨行自信，不苟同乎俗。筮仕四十年，無以恤其身與妻子，它諸功業且未盡其大節，固已卓然，萬夫之表矣。」（《萬姓統譜》卷十）

案：《經義考》著錄。臺灣傅斯年圖書館藏吳廷舉《春秋繁露求雨止雨節解》二卷，未知和此書關係為何，或為書名簡省，姑且存疑待考。

## 《春秋管見》　　趙瑮撰，〔佚〕

趙瑮，1488前後，福建晉江，字惟德，子趙恆，據李清馥〈郎中趙惟德先生瑮〉云：「趙瑮，字惟德，晉江人。少通《春秋》，不務俗學，而得聖人之意。成化丙午，領鄉薦。弘治元年進士，授戶部主事，歷員外，陞郎中，監薊州太倉、黃土諸倉。壩上御馬諸廠，臨清鈔關，皆秉正

執法。常祿外錙銖不染,在官手不釋卷,榷關歸。事親盡孝,撫寡姊、孤姪甚有恩。環堵蕭然,獨以行誼、經術,遺訓子孫,著有《春秋管見》。」(《閩中理學淵源考》卷七十二)

案:乾隆《泉州府志》、道光《晉江縣志》著錄。

### 《左氏摘事》　徐晟撰,〔佚〕

徐晟,成化-弘治,浙江海鹽,字公允,號篠庭,據盛楓云:「徐晟,字公允,海鹽人。博學與同邑朱祚齊名。參政王衡山西人,聞其名延之,質《漢書》數事,皆畢其義,因稱『徐漢書』,引為上客。然晟實未嘗專治《漢書》也,嘗謂其門人王文祿曰:『聖人之教,達於中國。釋氏之教,偏於四夷。子欲居九夷,殆欲化夷也。』人以為知言。所著有《左氏摘事》、《燕石存稿》。」又嘉靖《嘉興府圖記》卷十六云:「徐晟,字公允,海鹽人。博涉書史,精覈不遺偶。」(《嘉禾徵獻錄》卷四十六)

案:雍正《浙江通志》、光緒《嘉興府志》著錄。徐象梅《兩浙名賢錄》卷二作「左傳摘事」。

### 《春秋探微》十四卷　馬駢撰,〔存〕

馬駢,成化-正德,江蘇江都,字共甫,據朱彝尊云:「馬駢,字共甫,江都諸生。共甫為知泉州府事,岱之子,與兄駧,次甫、騆,用甫,並有詩名。駧著《紫泉集》二十卷,今失傳。共甫撰有《春秋探微》十四卷,吾鄉曹侍郎有其書,而揚州新舊志均未之載也,詩頗去陳言。」(《靜志居詩話》卷十一)

案:臺北國家圖書館藏明朱絲闌鈔本。《經義考》、《明史》、乾隆《江南通志》、嘉慶《揚州府志》、光緒《增修甘泉縣志》著錄。

## 《春秋經解摘錄》一卷　楊循吉撰，〔佚〕

楊循吉，1456-1544，江蘇長洲，字君謙，號南峰、南山人，據同治《蘇州府志》云：「楊循吉，字君謙，成化二十年進士，授禮部主事。善病好讀書，每得意，手足踔掉不能自禁，用是得『顛主事』名。一歲中數移病不出。弘治初，奏乞改教，不許，遂請致仕歸，年纔三十。有一結廬支硎山下，課讀經史，旁通內典、稗官。父母歿，傾貲治喪，寢苫墓側。性狷隘，好持人短長，又好以學問窮人，至頩赤不顧。清寧宮災，謂求直言馳疏，請復建文帝尊號，格不行。武宗駐驛南都，召賦打虎曲，稱旨易武人裝，日侍御前為樂府小令，帝以優俳畜之，不授官，循吉以為恥。閱九月，辭歸，既復召至京，會帝崩乃還。嘉靖中，獻〈九廟頌〉及〈華陽求嗣齋儀〉，報聞而已。晚歲落寞，益堅癖，自好《尚書》。顧璘道吳，以幣贄，促膝論文，歡甚。俄郡守邀璘，璘將赴之，循吉忽色變驅之出，擲還其幣。明日璘往謝，閉門不納，卒年八十九。」（卷七十九）

案：《明史》、《經義考》、乾隆《江南通志》著錄。

## 《春秋別解》　吳瓚撰，〔佚〕

吳瓚，1490前後，浙江仁和，字器之、錫用，號樂閒，據過庭訓云：「吳瓚，字器之，仁和縣人。弘治庚戌進士，初授弋陽縣令，調永新，陞南通州知州，甫兩月，乞休。瓚勇於去就，以子冤未洩，力辭軒冕。性好吟咏，多撰述，考求遺聞，作《武林紀事》八卷，卒年九十餘。」（《本朝分省人物考》卷四十三）

案：乾隆《杭州府志》著錄，另著有《尚書別解》、《毛詩別解》、《三禮異同考》、《四書偶言》。

## 《春秋左傳類解》二十卷　劉績撰，〔存〕

劉績，1490前後，湖北武昌，字用熙，號蘆泉，學者稱西江先生，據過庭訓云：「劉績，字用熙，江夏人。幼聰敏不羈，貫穿羣籍，尤精於考究，凡所撰述，古雅沖淡，根極理要，負一時物望。弘治庚戌進士，歷吏部員外，補鎮江知府。所著有《禮記正訓》、《蘆泉詩文集》。」（《本朝分省人物考》卷七十六）；又曹溶云：「劉氏《左傳類解》，莆田洪珠為之序，晉藩刻之於寶賢堂。」（《經義考》卷二百）

案：收錄《續修四庫全書》經部，第119冊，上海古籍出版社據明嘉靖戊子刊本影印。焦竑《國史經籍志》卷二云：「左氏類解十二卷」。阮元《文選樓藏書記》卷五云：「《春秋左傳類解》二十卷，明主事洪珠著」，誤矣。

## 《春秋取義》十卷　吳世忠撰，〔佚〕

吳世忠，1490前後，江西金谿，字懋貞，西沱，據康熙《江西通志》云：「吳世忠，字懋貞，金谿人。弘治進士，授兵科給事中，由吏科出為湖廣參議，歷僉都御史，巡撫延綏，以疾乞歸。所著有《學庸通旨》、《洪範考疑》、《矜庵詩集》。」（卷八十一）

案：光緒《撫州府志》、光緒《江西通志》著錄。

## 《春秋三傳通經合纂》十二卷　周統撰，〔存〕

周統，1490前後，江西廬陵，字學之、伯承，據弘治《宿州志》云：「周統，字伯承，廬陵人。由進士弘治四年來知州事，在任八年，政尚簡易，史民悅服，士論歸焉。」（卷上）

案：收錄《續修四庫全書》經部，第134冊，上海古籍出版社據清刻本影印。光緒《江西通志》、民國《廬陵縣志》作「三傳通經合纂」。

## 《春秋纂傳》四卷　　夏璋編、蕭良有纂注，〔存〕

夏璋，1492前後，湖南平江，據隆慶《岳州府志》云：「弘治壬子，夏璋，大足知縣，平江人。」（卷之五）

蕭良有，1550-1580後，湖北漢陽，字以占，號漢沖，據過庭訓云：「蕭良有，號漢沖，漢陽人。弱冠舉湖廣鄉試，庚辰會試一名一甲二名，授翰林院編修，丁憂，甲申復除原職。丁亥，陞修撰。戊子，主考浙江，陞右春坊，右中允，管國子監司業事。壬辰，陞洗馬，充日講官，主考鄉試順天。乙未，陞國子監祭酒，本年準回籍。己亥，致仕卒。為文靈空變化，莫可端倪。」（《本朝分省人物考》卷七十七）

案：收錄《五經纂注》，上海复旦大學圖書館藏明崇禎二年刻本。

## 《春秋簡端錄》三卷　　邵寶撰，〔存〕

邵寶，1460-1527，江蘇無錫，字國賢，號泉齋、二泉，據《明史》云：「邵寶，字國賢，無錫人。年十九，學於江浦莊永。成化二十年舉進士，授許州知州。月朔，會諸生於學宮，講明義利公私之辨。正潁考叔祠墓。改魏文帝廟以祠漢愍帝，不稱獻而稱愍，從昭烈所諡也。巫言龍骨出地中為禍福，寶取骨，毀於庭，杖巫而遣之。躬課農桑，倣朱子社倉，立積散法，行計口澆田法，以備凶荒。弘治七年入為戶部員外郎，歷郎中，遷江西提學副使。釋菜周元公祠。修白鹿書院學舍，處學者。其教，以致知力行為本。江西俗好陰陽家言，有數十年不葬父母者。寶下令，士不葬親者不得與試，於是相率舉葬，以千計。寧王宸濠索詩文，峻卻之。後宸濠敗，有司校勘，獨無寶跡。遷浙江按察使，再遷右布政使。與鎮守太監勘處州銀礦，寶曰：『費多獲少，勞民傷財，慮生他變。』卒奏寢其事。進湖廣布政使。正德四年擢右副都御史，總督漕運。劉瑾擅政，寶至京，絕不與通。瑾怒漕帥平江伯陳熊，欲使寶劾之，遣校尉數輩要寶左順門，危言恐之曰：『行逮汝。』張綵、曹元自內出，語寶

曰：『君第劾平江，無後患矣。』寶曰：『平江功臣後，督漕未久，無大過，不知所劾。』二人默然出。越三日，給事中劾熊併及寶，勒致仕去。瑾誅，起巡撫貴州，尋遷戶部右侍郎，進左侍郎。命兼左僉都御史，處置糧運。及會勘通州城濠歸，奏稱旨。尋疏請終養歸，御史唐鳳儀、葉忠請用之留都便養，乃拜南京禮部尚書，再疏辭免。世宗即位，起前官，復以母老懇辭。許之，命有司以禮存問。久之卒，贈太子太保，諡文莊。寶三歲而孤，事母過氏至孝。甫十歲，母疾，為文告天，願減己算延母年。及終養歸，得疾，左手不仁，猶朝夕侍親側不懈。學以洛、閩為的，嘗曰：『吾願為真士大夫，不願為假道學。』舉南畿，受知於李東陽。為詩文，典重和雅，以東陽為宗。至於原本經術，粹然一出於正，則其所自得也。博綜羣籍，有得則書之簡，取程子『今日格一物，明日格一物』之義，名之曰日格子。所著《學史》、《簡端》二錄，巡撫吳廷舉上於朝，外《定性書說》、《漕政舉要》諸集若干卷。學者稱二泉先生。」（卷二百八十二）

《四庫全書總目》云：「《簡端錄》十二卷，江蘇巡撫採進本。明邵寶撰……是編皆其讀書有得即題釋簡端，積久漸多，其門人天台王宗元鈔合成帙，因以『簡端』為名。凡《易》三卷，《書》二卷，《春秋》三卷，《禮記》一卷，《大學》、《中庸》合一卷，《論語》、《孟子》合一卷。前有寶自序，又有雍正壬子華希閔重刊序。稱『「格物」一義，頓悟者方欲掃除一切。先生則曰「格物」猶言窮理也，理即物之所以為物也。不曰窮理，而曰物者，要之於其實也』云云。蓋時方趨向良知，以為聖人祕鑰，儒者日就元虛，寶所學獨篤實不支，故其言如此。全書大旨不外於斯，雖步步趑趄，尚未為沈酣經窟。然馬、鄭、孔、賈之學，至明殆絕，研思古義者，二百七十年內，稀若晨星，迨其中葉，狂禪瀾倒，異說飆騰，乃併宋儒義理之學亦失其本旨。寶所箚記，雖皆寥寥數言，而大旨要歸於醇正，亟錄存之，亦不得已而思其次也。」（經部三三・五經總義類）

邵寶〈簡端錄原序〉云：「寶病餘，閒居無以自適，時取舊所讀書披

而誦之，吾母太淑人每以過勞為戒，故不敢強力求解，當意所會，輒書於簡之端。簡之端，先是屢書矣，今或存之，或去之，或損益之，新故胥錯，蓋有不可勝書者，則錄諸別簡。日尋月繹，皆於是乎繼。寶夙有志於學，雖艾矣尚欲就正有道焉，執是以往，將不可乎，顧疏淺自愧，不敢別立名義，乃惟曰『簡端錄』云，凡若干卷，正德乙亥三月望，古華山人邵寶書於容春精舍之泉齋。」

華希閔〈簡端錄序〉云：「東林推高景逸、顧涇陽兩先生，而開其先者實邵二泉先生也。先生於四子、五經，非徒言之，實能行之。所著《簡端錄》皆其深造有得，卓然見道之言，即如『格物』一義，頓悟者方欲掃除一切，先生則曰：『格物猶言窮理也，理即物之所以為物者也。不曰窮理，而曰格物者，要之於其實也。』即此一言，而先生之學可知。諸所辯論孰非，剖析精微，窮極事理，足以發明聖人之道，正天下後世之學術者哉！高、顧兩先生繼起，而東林講席為斯道之光，然則先生是集，其道脉之所寄也夫。雍正壬子季春，同里後學華希閔謹序。」

案：收錄《簡端錄》，《景印文淵閣四庫全書》經部，第184冊。

## 《左觿》一卷　邵寶撰，〔存〕

邵寶〈左觿序〉云：「予昔讀《左傳》，蓋志於求經，故於其辭不求甚解，非不欲解也，思之不得故……壬午夏仲暑……欲難解處，則稽之疏義，而參諸他書，綜橫推度，往往有得，得輒呼筆記之於簡……故名之曰『左觿』，俾里塾藏之，觿解結之具也。」

《四庫全書總目》云：「《左觿》一卷，通行本。明邵寶撰……是編乃其讀《左傳》所記姑論書法及注解。然寥寥無多，蓋隨意標識於傳文之上，亦其《簡端錄》之類也。其中精確者數條，顧炎武《左傳補注》已採之，所遺者其糟粕矣。」（經部三十‧春秋類存目一）

案：觀〈左觿序〉所言，則此《左觿》一卷蓋為《春秋簡端錄》三卷

的底本也。收錄《四庫全書存目叢書》經部，第117冊，北京大學圖書館藏明崇禎四年曹荃編刻邵文莊公經史全書五種本。光緒《無錫金匱縣志》著錄。

### 《春秋諸名臣傳》十三卷　邵寶撰、姚咨續補，〔存〕

姚咨，1495-1541後，江蘇無錫，字舜咨，據《四庫全書總目》云：「《春秋名臣傳》十三卷，浙江汪啟淑家藏本。明姚咨撰。咨字舜咨，無錫人。初其邑人邵寶為是書未畢，咨續成之。始於周之辛伯，迄於虞之宮之奇，一百四十八人，傳末各附以小讚。大旨與宋王當《春秋列國臣傳》相出入，而其義例乃譏當書用魯史編年之非。然既標以春秋，則自應用春秋之年月，若各從列國，轉致錯互難明，以是議當未為允也。」（史部一八‧傳記類存目四）

案：收錄《四庫全書存目叢書》史部，第98冊，據北京圖書館藏明隆慶五年安紹芳刻本影印。光緒《無錫金匱縣志》作「春秋名臣傳」，一名「春秋諸名臣傳補」，補者，姚咨續補也。

### 《元山春秋論》一卷　席書撰，〔佚〕

席書，1461-1527，四川遂寧，字文同，號元山，據凌迪知云：「席書，字文同，遂寧人。弘治庚戌進士，授剡城知縣，累遷兵部右侍郎。以議大禮陞禮部尚書，加少保，武英殿大學士。卒贈太傅，諡文襄。書為主事，已具綜理之才，歷官巡撫，貪官豪民，搏擊無遺，風裁凜然，文章卓然可稱，服御儉約，不逐時好，近世之名卿也。」（《萬姓統譜》卷一百二十二）

胡纘宗〈席子春秋論序〉云：「纘宗守潼川之，明年行縣至遂寧，之又明日往拜元山席子，坐定與求聖賢經傳，而論古今是非得失，乃及《春秋》。纘宗曰：『《春秋》有經而無傳？』席子曰：『然。』曰：『伏羲

之卦，文王、周公、孔子能傳之。孔子之《春秋》，恐非左氏、公、穀氏之所能傳？』曰：『然。』曰：『游、夏在孔門以文學稱，而曰不能贊一辭。然則《春秋》豈易傳哉？』曰：『然。』曰：『左氏有實不實，公羊氏、穀梁氏有精不精，胡氏大義正然，亦有鑿。程氏其幾乎？』曰：『然。』曰：『三復之，《左傳》，左氏《春秋》也；《公羊傳》，公羊氏《春秋》也；《穀梁傳》，穀梁氏《春秋》也；胡《傳》，胡氏《春秋》也。雖程《傳》，亦惡得必為孔子《春秋》哉？』曰：『然。』曰：『《春秋》，猶天也，程其日月乎？胡其雲雨乎？左其星辰乎？《公羊》、《穀梁》其河嶽乎？然皆不足以盡天也。』曰：『然。』曰：『知《春秋》者莫如孟子。孟子曰：《春秋》，天子之事也，夫天子之事亦大矣，顧在於褒與貶乎？顧在於以一字為褒與貶乎？』曰：『然。然則子於傳孰從？』繢宗良久曰：『必□程《傳》乎。』席子亦良久，曰：『其庶幾哉。』明日，陳子講，余子瑋以《席子春秋論》視繢宗，繢宗赧然愧唔然，嘆曰：『《春秋》之義，繢宗議擬而未定者，席子之論蓋盡之矣，於乎安得隨席子以從事伊洛，尋源洙泗，而求所謂《春秋》邪！』又明日，乃與陳子、余子謀以席子之論籌之梓，以與有志《春秋》者考焉。席子名書，字文同，號元山。」（《鳥鼠山人小集》小集卷十一）

案：《萬卷堂書目》、《授經圖》、《千頃堂書目》、《明史》、《經義考》著錄。

## 《春秋心訣》　李素撰，〔佚〕

李素，1495前後，雲南祥雲，號南崖，據雍正《雲南通志》云：「李素，雲南縣人，弘治乙卯舉人。知郟縣，卓異，擢御史，歷江西僉事。所著有《南崖奏議》、《春秋心訣》行於世。」（卷二十一）

案：雍正《雲南通志》著錄。

## 《春秋訓義》十一卷　蔡芳撰，〔佚〕

蔡芳，1498前後，浙江平陽，字茂之，據萬曆《溫州府志》云：「蔡芳，字茂之，平陽人。少穎異，十歲能詩，經史百家，靡不通貫。弘治戊午舉于鄉，五試春官不第，授光祿署正，陞福建運副。居官清苦，自俸祿外，毫無所取。閩囚反獄害，查布政楊參議等，至芳則去之曰：『蔡公仁人也。』張少師為芳同年友，嘉靖初當國不通一謁，偶舟遇漕河潛過之，張聞乃追與敘舊，微示將為轉官，芳以詩荅之，有『一官到底終須去』之句，遂致政歸。嘗校《十三經註疏》，及著《春秋訓義》，折衷諸傳、《喪禮酌宜》、《大祀誌》等書。」（卷十一）；又黃稷虞云：「折衷諸傳，而為是書。」（《千頃堂書目》卷二）

案：《經義考》、康熙《平陽縣志》著錄。

## 《春秋意見》一卷　許誥撰，〔佚〕

許誥，1499前後，河南靈寶，字廷綸，號函谷，據雍正《河南通志》云：「明許誥，字廷綸，靈寶人。吏部尚書進子。十歲善屬文，弘治乙卯，與弟讚同舉於鄉。己未，成進士，授戶科給事，奉命清理延綏倉場，有苗中官者，督三邊，貪縱罔法，誥具狀劾之，直聲遂著。正德初，因父進起為大司馬，大臣子弟，例不居言路，改翰林檢討，劉瑾欲納交，進痛絕之，瑾怒，矯詔黜進，籍罰邊儲三百石，誥謫廣西全州判官，會奔父喪，服除即絕意仕宦，授徒講學，若將終身。瑾敗，起尚寶丞，復以病請告。里居十餘年，講學如故。嘉靖改元，起南京通政司參議，輔臣薦宜充經幄，改侍講學士，為經筵講官，上緝熙聖學四事，帝皆聽納，擢太常卿，掌國子監祭酒。事獎風節，抑華競以經世為士筌，尊德為學軌，人士翕然化之。尋擢吏部右侍郎，晉南戶部尚書，卒諡莊敏，贈太子太保。誥天性孝友，敦重人倫，其學本諸實行，達之世務，嘗曰：『聖賢所傳心法，六籍所遺訓典，要在用世綏人耳。苟無益於時，文將奚

為！」所著有《通鑑前編》、《圖書管見》、《道統源流》、《詩考》、《易參》、《易餘》、《春秋意見》、《中庸本義》、《太極圖論》、《性學篇》等書，學者稱為函谷先生。」（卷六十一）

　　案：《經義考》、光緒《靈寶縣志》著錄。

## 《春秋經傳辨疑》一卷　童品撰，〔存〕

　　童品，約1466-1518，浙江蘭溪，字廷式，號慎齋，據徐象梅〈兵部員外童廷式品〉云：「童品，字廷式，蘭谿人。幼與章楓山齊名。成化甲辰貢於鄉，丙午舉南畿，又十年而始成進士。或勸之減年、通籍。曰：『吾早學而晚達，命也。敢為欺乎。』授南京兵部武庫司主事，再遷武選員外郎。武庫頗有羨餘，同官以啞庫諷之云。不可立異以取忤，僚友不計也。有指揮詭以文憑失水，求之任，侍郎力庇之，品力爭不可，聲色俱厲，尚書解之曰：『童員外義理勇也。』居官僅兩考，遂引年致仕，家居十九年，以讀書喪明，貧不自振而卒。所著有《周易羽義》、《春秋經傳辨疑》、《禮記大旨》、《正蒙發微》、《含章子集》、《金華文獻錄》若干卷。」（《兩浙名賢錄》卷三十六）

　　《四庫全書總目》云：「《春秋經傳辨疑》一卷，內府藏本，明童品撰。品字廷式，號慎齋，蘭溪人，宏治丙辰進士。朱彝尊《經義考》稱其官至兵部員外郎。朱國楨《湧幢小品》則稱其登第後為兵部主事，僅兩考，引年致仕，家居十九年，以讀書喪明而卒。其學問、行誼不後於章懋，而以有傳有不傳為惜。所述本末甚詳，知《經義考》以傳聞誤也。是書前有自序，題『成化戊戌冬十一月』，末又有宏治壬戌二月跋云：『是歲品以儒學生，教授於陸生震汝亨之家，成此一帙，距今二十五年』云云。考國楨所紀品以成化丙午始舉於鄉，是書之成在前八年，故自稱曰『儒學生』，其登第在宏治丙辰，下距壬戌七年正僅滿兩考之歲，蓋序作於未第時，跋作於致仕後也。《春秋》三《傳》，《左氏》采諸國史，

《公》、《穀》授自經師，草野之傳聞，自不及簡策之紀載，其義易明。是編論《左氏》所載事蹟，凡九十三條，於三《傳》異同者，大抵多主《左氏》而駁《公》、《穀》，蓋由於此。然於『宋師圍曹』，則疑《左氏》所載不甚明曉，於『華元出奔晉』一條，亦有疑於《左氏》，則亦非堅持門戶、偏黨一家者也。刻本久佚，故朱彝尊《經義考》注云『未見。』此蓋傳鈔舊本，幸未佚亡者，固宜亟錄而存之矣。」（經部二八·春秋類三）

童品〈春秋經傳辨疑序〉云：「《春秋》一經，裁自聖心，游、夏不能贊一辭，未易讀也，何以得其疑而辨之乎？蓋聖人之經，詞義嚴正，本末詳明，固無可疑，因傳而有所疑耳，曷為因傳而有所疑？《左氏》得本末之詳，不能無附會之誣，《公》、《穀》得義例之精，不能無穿鑿之弊。故文中子謂：『三《傳》作，而《春秋》散。』豈虛語哉！然則學者於傳將奚從？善乎程子有言曰：『因傳以考經之事實，因經以別傳之真偽。』斯為至言矣！品嘗抱夫子之遺經，究時事之終始，雖於微詞奧義，未能有得。然於大經大法，頗窺其梗概，既而求之諸傳，則多與經背馳者，先儒固嘗疑而辨之矣，乃因先儒之疑，每讀而每得，其疑以不敢蓄，故因而筆之，積日累月，遂成卷帙，題曰：『春秋經傳辨疑』，非敢自謂能辨其疑也，特辨之以俟知者而求解之耳。雖不能無獲戾於賢傳，庶少有補於聖經。若曰執經傳異同之言，而指為夫子筆削之法，是謂棄經任傳，未免有買櫝還珠之失，品則取珠而還其櫝也，觀者幸恕其狂瞽。成化戊戌冬十一月長至日。蘭溪童品序。」

王汶〈題春秋經傳辨疑後〉云：「蘭溪童君廷式為《春秋經傳辨疑》之一帙，凡九十三首，持以示予。予反覆讀之，知廷式之用心亦至矣。予弱冠嘗從邑校讀《春秋》，辛勤鑽摩，蓋亦有年，其大義炳若日星者，雖若可見，至微詞奧旨，終不得窺其所在。自《左氏》、《公羊》、《穀梁》而下，為傳附合者，無慮數十百家，而能發明聖人微奧者能幾人哉？予初欲會同諸家之言，竊附己意，殊恐不得聖人之心，而為說亦累也。國

初，新安趙子常氏精於《春秋》之學，者嘗為《補註》，又為《屬詞》，潛溪宋太史稱其直探聖人之心於千載之上，若吾廷式者，得非亦欲探聖人之心者乎？嗚呼！聖人之心，得不得焉，即其言可知。予書此卷末，蓋亦不能無愧也。成化二十二年秋七月朔日。烏傷王汝謹識。」

　　案：收錄《景印文淵閣四庫全書》經部，第167冊。

## 《春秋正傳》三十七卷　湛若水撰，〔存〕

　　湛若水，1466-1560，廣東增城，字元明，號甘泉，師陳獻章，據《明史》云：「湛若水，字元明，增城人。弘治五年舉於鄉，從陳獻章游，不樂仕進。母命之出，乃入南京國子監。十八年會試，學士張元禎、楊廷和為考官，撫其卷曰：『非白沙之徒不能為此。』置第二。賜進士，選庶吉士，授翰林院編修。時王守仁在吏部講學，若水與相應和。尋丁母憂，廬墓三年。築西樵講舍，士子來學者，先令習禮，然後聽講。嘉靖初，入朝，上經筵講學疏，謂聖學以求仁為要。已，復上疏言：『陛下初政，漸不克終。左右近侍，爭以聲色異教蠱惑上心。大臣林俊、孫交等不得守法，多自引去，可為寒心。亟請親賢遠奸，窮理講學，以隆太平之業。』又疏言日講不宜停止，報聞。明年進侍讀，復疏言：『一二年間，天變地震，山崩川湧，人饑相食，殆無虛月。夫聖人不以屯否之時，而後親賢之訓，明醫不以深錮之疾，而廢元氣之劑。宜博求修明先王之道者，日侍文華，以裨聖學。』已，遷南京國子監祭酒，作《心性圖說》以教士。拜禮部侍郎。倣《大學衍義補》，作《格物通》，上於朝。歷南京吏、禮、兵三部尚書。南京俗尚侈靡，為定喪葬之制頒行之。老請致仕。年九十五卒。若水生平所至，必建書院以祀獻章。年九十，猶為南京之游。過江西，安福鄒守益，守仁弟子也，戒其同志曰：『甘泉先生來，吾輩當憲老而不乞言，慎毋輕有所論辨。』若水初與守仁同講學，後各立宗旨，守仁以『致良知』為宗，若水以『隨處體驗天理』為宗。守仁言若水

之學為求之於外，若水亦謂守仁格物之說，不可信者四。又曰：『陽明與吾言心不同。陽明所謂心，指方寸而言。吾之所謂心者，體萬物而不遺者也，故以吾之說為外。』一時學者遂分王、湛之學。」（卷二百八十三）

《四庫全書總目》云：「《春秋正傳》三十七卷，禮部尚書曹秀先家藏本。明湛若水撰……此書大旨以《春秋》本魯史之文，不可強立義例，以臆說汩之，惟當考之於事，求之於心，事得，而後聖人之心、《春秋》之義皆可得。因取諸家之說釐正之，其曰『正傳』者，謂正諸傳之謬也。其體例先引三《傳》，次列諸儒之言，而以己意為之折衷，頗與劉敞《權衡》相近。中間如論『隱公不書即位』，則謂：『以不報故不書，乃史之文，非夫子之所削。』論『宋公、陳侯、蔡人、衛人伐鄭』，則謂：『若以稱爵、稱人有褒貶，則人衛可矣。人蔡何為？其不人宋又何為？決非聖人之義。』其論『衛人立晉』，則謂：『衛人者，他國稱之之詞，諸說皆不足泥。』其論『滕侯卒』，則謂：『諸侯宜薨而書卒，或葬或不葬，皆魯史之舊，聖人無所加損。』論『宋公衛侯遇于垂』，則謂：『史因報而書之，聖人因史而存之。』前後議論，率本此意。《春秋》治亂世之書，謂聖人必無特筆於其間，亦不免矯枉過正。然比事屬辭，《春秋》之教，若水能舉向來穿鑿破碎之列，一掃空之，而核諸實事，以求其旨，猶說經家之謹嚴不支者矣。」（經部二八·春秋類三）

湛若水〈春秋正傳序〉云：「甘泉子曰：《春秋》，聖人之刑書也。刑與禮一，出禮則入刑，禮也者。理也，天理也。天理也者，天之道也。得天之道，然後知《春秋》。《春秋》者，聖人之心，天之道也，而可以易言乎哉。然則聖人之心則固不可見乎？夫子曰：『吾志在《春秋》。』聖人之心存乎義，聖心之義存乎事，《春秋》之事存乎《傳》。夫《經》，識其大者也；夫《傳》，識其小者也。夫《經》，竊取乎得失之義，則孔子之事也。夫《傳》，明載乎得失之迹，則《左氏》之事也。夫《春秋》者，魯史之文，而列國之報也。乃謂聖人拘拘焉，某字褒、某字貶，非聖人之心也。然則所謂筆則筆、削則削者，非歟？曰：筆以言乎，

其所書也。削以言乎，其所去也。昔夫子沒而微言湮，其道在子思，孟子親受業於子思之門人，得天之道，而契聖人之心者，莫如孟子。故後之知《春秋》者，亦莫如孟子。孟子曰：『其事則齊桓、晉文，其文則史。孔子曰：其義則丘竊取之矣。』夫其文則史，《經》之謂也。其事則齊桓、晉文，《傳》之謂也。合文與事，而義存乎其中矣，竊取之謂也。義取於聖人之心，事詳乎魯史之文。然而後世之言《春秋》者，謂字字而筆之，字字而削之，若然，烏在其為魯史之文哉！若是，聖人之心亦淺矣。曰：『然則所謂孔子作《春秋》，而亂臣賊子懼。曰「知我者其惟《春秋》乎！罪我者其惟《春秋》乎！」夫子於《春秋》果不作乎？』曰：『非是之謂也。夫所謂作者，筆而書之之謂也。其謂知我、罪我者，以言乎天下後世之善惡者。讀《春秋》之所善、所惡，若美我、刺我然也，故曰孔子成《春秋》，而亂臣賊子懼。懼也者，知我、罪我之謂也。若如後儒之說，則孟子自與「其文則史」之言，前後相矛盾矣，不亦異乎！』或曰：『經為斷案然歟？』曰：『亦非也。竊取之意，存乎經傳，以傳實經而斷案，見矣。譬之今之理獄者，其事其斷，一一存乎案矣。聖人之經，特如其案之標題云：某年、某月、某人、某事云爾。其或問有本文見是非者，如案標題云：某是、非、勝、負云爾。然亦希矣，而其是非之詳，自見於案也。故觀經以知聖人之取義，觀傳以知聖人所以取義之指夫，然後聖人之心可得也。』紫陽朱子曰：『直書其事，而善惡自見』，此其幾矣。惜也魯史之文，迺遠而久湮，《左氏》之傳事，實而木純，其餘皆多臆說耳。自三氏、百家，以及胡氏之《傳》，多相沿襲，于義例之蔽，而不知義例非聖人立也，《公》、《穀》穿鑿之屬階也。是故治《春秋》者，不必泥之於經而考之於事，不必鑿之於文而求之於心。大其心以觀之，事得而後聖人之心，《春秋》之義可得矣。予生千載之下，痛斯經之無傳，諸儒又從而紛紛，各以己見臆說而汨之，聖人竊取之心、之義，遂隱而不可見，故象山陸氏曰：『後世之論《春秋》者，多如法令，非聖人之指也。』又曰：『諸儒說《春秋》之謬，尤甚於諸經，蓋有以見此矣。』水

也從事於斯有年矣，求《春秋》之指、聖人之心，若有神明通之，粗有契焉，而未敢自信。嘆其傳之不全，獨遺憾於千載之下，取諸家之說而釐正焉，去其穿鑿而反諸渾淪，芟其繁蕪以不汩其本根，不泥夫經之舊文，而一證諸傳之實事，聖人竊取之心，似若洞然復明，如披雲霧而睹青天也。幸與天下後世學者共商之，名曰『春秋正傳。』夫正傳云者，正諸傳之謬，而歸之正也。甘泉湛若水序。」

高簡〈春秋正傳序〉云：「夫《春秋正傳》之作，其有憂乎？昔者仲尼慨道不行於天下，而文、武之法廢，是故援魯史而直書，以昭揭之，使后之睹之者，得考其善惡是非，以為永鑒焉耳，其為心固渾乎其天，而皎乎其日月也。迨義例興而諸傳出焉，而後《春秋》之學始若法家者流，鍛鍊刻深，而莫知所紀極也。間有明焉者，則又通諸此，而彼或窒焉。至於所謂進退予奪之類，以為盡由孔子，害義尤甚，故眉山蘇氏不得其說，而強歸諸魯，其亦覺乎此矣。甘泉先生憂聖人之心之弗明也，迨即其書法而表章之，一本諸孟子，正諸傳之誤，兼采其長，而後聖人之心，千載之下，昭乎如日中天。自有《春秋》以來，未見其盛焉者也。蓋先生以其灑然平易之心而契之，故聖人取義之志，躍如於前而不可掩，諸儒非不有其心也，而義例拘焉，或有非聖人之義者矣。簡自家食時，每讀是經，苦諸傳之紛紛也，而思未有以正之者，積恨有年矣。迨今得先生所述而讀之，始覺吾心豁然開朗，絕無瑕翳，如親睹洙泗而挹聖範焉。於乎！盛哉！爰與同門江都沈汝淵氏參詳讎校，將圖刻之，而未有貲也，迨吾徒卞萊亦先生門人，遂捐貲刻之以傳。夫天下後世讀《春秋》，而不得其心者，苟不以予言為然，盍自反其初心，而契乎聖心，則《正傳》之說，人人具足，固非先生所得而益之也。簡不佞，願與四方同志共講焉。嘉靖甲午歲秋七月穀旦。門人西蜀高簡謹序。」

湛若水〈春秋正傳後序〉云：「自獲麟而後至孔子卒，凡二十五條，皆魯史舊文。孔子所未筆于經者也。杜預云：『弟子欲存，孔子卒，故錄以續修經之後。』今觀其文詞書法，與經何異？由是言之，則經為因魯史

舊文而筆之，孔子未嘗有所損益，而義則竊取焉，斷乎而無疑矣。故曰：
『其事則齊桓、晉文，其文則史，其義則丘竊取之矣。』後之儒者，乃以
為一字即存褒貶，皆經聖人之手所筆，是以創為義例之說，而聖經始晦，
其違聖人灑然之心始遠矣。世之君子或為舊說所惑而不信吾，今本孟子之
說以求《春秋》之指者，盍亦請觀於此修後之舊文乎。嘉靖甲午四月六
日。後學甘泉湛若水謹識。」

　　案：收錄《景印文淵閣四庫全書》經部，第167冊。

## 《春秋紀愚》十卷　　金賢撰，〔佚〕

　　金賢，1502前後，江蘇江寧，字士希，據乾隆《江南通志》云：
「金賢，字士希，江寧人。弘治壬戌進士，授給事中，奉命勘兩淮重獄，
時奄瑾亂政，諸司讞獄，皆取瑾意旨，賢獨否，瑾恨之，出守大名，徙延
平，歸。賢精《春秋》學，病諸傳之舛，令微文隱旨不見於後，著《紀
愚》十卷、《或問》百篇行世。」（卷一百六十三）

　　顧璘曰：「金子潛心《春秋》幾二十年，凡先儒傳注，無不考證而討
論者。故比事甚廣，析義甚精，其發凡指意，或執經以闡義，或反傳以補
編，或稽實以明疑，或裁道以正謬。陳之則皭然易見，舉之則坦然可行。
杜氏所謂『優柔厭飫，怡然理順』者也。其子大車，所敘新義數十，尤發
前傳之所未發。」（《經義考》卷二百）

　　黃虞稷曰：「金賢，字士希……嘗曰：『聖人精蘊，盡於易。而妙用
見諸行事則在《春秋》。學者不通《春秋》，終不達聖人之用。遂取三
《傳》及諸家之說，研究異同，發所未發，成《紀愚》十卷。』」（《經
義考》卷二百）

　　金賢〈春秋紀愚序〉云：「昔壺遂問於司馬遷曰：『孔子何為而作
《春秋》哉？』遷曰：『周道廢，孔子知時之不用，道之不行也，是非二
百四十二年之中，以為天下儀表，達王事而已矣。』孟子曰：『《春

秋》，天子之事也。』遷之言蓋本諸此。夫平王東遷，周室雖微，而遺法尚存，是以禮樂征伐猶或有自天子出者。及齊桓主霸，天下宗齊，而禮樂征伐自諸侯出矣。漊梁之會，羣臣主盟，而禮樂征伐自大夫出矣。陽貨作亂，季斯見囚，而禮樂征伐自陪臣出矣。此春秋之大勢，夫子之深憂，而經不容以不作矣。若夫誅亂臣、討賊子、嚴內外、崇仁義、黜詐力，尊君卑臣，貴王賤霸，程子所謂『大義數十，炳如日星』者，此類是也。至若有功者或不錄，有罪者或見原。如齊桓違王志而會世子，反或許之。鄭文承王命而背首止，乃致譏焉。晉屬弒于臣而書國，蔡昭弒于臣而書殺。晉昭徵會，欲示威也，而或取其功。吳師從蔡，欲謀楚也，而或進其爵。桓公無王，定公無正，權衡獨裁於聖心，是非不徇乎眾見，程子所謂『微辭奧義，時措從宜』者，此類是也。夫其炳如日星者，眾人可得而知矣。其時措從宜者，非深於道者，孰能識之哉！夫《春秋》感麟而作，曷託始於隱公元年耶？蓋以隱攝之初，正《雅》亡之時也，《雅》亡則王法弛矣，故作《春秋》以寓王法，使為善者於焉而取則，為惡者於焉而知懼，誠經世之大典，百王之大法也。故曰：『撥亂世而反諸正，莫近諸《春秋》。』孟子曰：『王者之迹熄而《詩》亡，《詩》亡然後《春秋》作。』正謂此耳。或曰：『仲尼之意，發於傳。《左氏》詳於事，《公》、《穀》深於理，而又發揮於諸儒，大備於文定，《春秋》有傳矣，《紀愚》何為而作也。』曰：『今夫山，草木生之，而樵者不能以盡採；今夫水，魚鱉生焉，而漁者不能以盡取。聖言淵微，義理弘博，是以傳者雖多，而各有所得，探之益深，推之益廣，譬之飲河者，各充其腹，而源不竭，此《紀愚》之所以作也。其有未盡者，別為《或問》於後。愚也固陋淺薄，安敢擬於諸傳，亦以識其所得而已矣。』」（《經義考》卷二百）

　　案：《千頃堂書目》、《經義考》、乾隆《江南通志》著錄。《欽定春秋傳說彙纂》有引錄，可參看。

## 《春秋或問》一卷　　金賢撰，〔佚〕

案：乾隆《江南通志》、《明史》著錄，皆無卷數，《明史》言「百篇」。朱睦㮮《授經圖》卷十六云：「《紀愚或問》一卷」，又《萬卷堂書目》卷一云：「《春秋或問》一卷」，《欽定春秋傳說彙纂》有引錄，可參看。

## 《春秋會同》　　畢濟川撰，〔佚〕

畢濟川，1502前後，江西貴溪，字汝舟，號蕐山，據康熙《江西通志》云：「濟川以《春秋》魁鄉、會兩試，仕終編修，著有《春秋會同》、《正蒙解》諸集。」（卷八十六）；又王培荀云：「畢濟川先生，世濟好讀書，家貧登樹巔，隨月光而讀，屢見賞於宗工。……某科鄉試中魁選，題為『君子學道』，二句破題，末句煞尾，無虛字，通篇文奇崛古宕，不遵常解，主司賞跋，可謂具眼。……性孤峭，見俗客，瞪目視不語，人目為瘋子。語先君曰：不瘋，不能避俗生。」（《鄉園憶舊錄》卷三）

案：《經義考》、同治《貴溪縣志》、光緒《江西通志》著錄。同治《廣信府志》作「畢瑜」，其人乃畢濟川之父，嘉慶《廣信府志》以來地方志皆先論畢瑜，再論濟川，而不另立別傳，故而皆誤以為是其父畢瑜所作。

## 《春秋志疑》十八卷　　胡世寧撰，〔佚〕

胡世寧，1469-1530，浙江仁和，字永清，號靜安、靜菴，據嘉靖《仁和縣志》云：「胡世寧，字永清，號靜菴，仁和橫塘人，後徙居艮山門內。登弘治癸丑進士，初授節推，轉郎署，擢為知府，所至廉敏忠貞，才名赫赫。……遷轉雖殊，而隨事效忠，昭揭耳目，其他建明謀略，不能

詳述，方將次第柄用，遽爾乞閒，歸牖未久，忽罹痰疾薨，人皆惜其未究，所抱訃聞上輟朝，贈少保，諡端敏，賜諭祭，有司護葬，所著有《興忠私錄》及《疏要》藏於家。」（卷九）

案：焦竑《皇明人物要考》卷五與嘉靖《仁和縣志》卷十三作：「春秋誌疑」。朱睦㮮《授經圖》、焦竑《國史經籍志》、雍正《浙江通志》皆作「三十卷」，雷禮《鐔墟堂摘稿·少保胡端敏傳》卷十二作「八卷」、《明史》一作《靜菴春秋志疑》九帙，今書名與卷數皆以《千頃堂書目》、《經義考》為準。

## 《春秋鄙見》　徐泰撰，〔佚〕

徐泰，1504前後，浙江海鹽，字子元，號豐崖，據雍正《浙江通志》云：「徐泰，《海鹽文獻志》：字子元，生而聰敏豪邁，舉弘治甲子鄉薦，授桐城學諭，典江右文衡，得士為多。遷蓬州學正，蓬去鄉萬里，山川險隔，豁然大觀，登臨覽古，而文益進。轉光澤令，晚歸，與弟咸攻古文、詩詞，識者以為雄健過於方洲，華藻超於雲谷，卒年九十餘。有《玉池稿》、《玉池談屑》、《春秋鄙見》、《女學詩談》、《海鹽志》梓行。」（卷一百七十九）

案：萬曆《嘉興府志》、雍正《浙江通志》、乾隆《杭州府志》著錄。

## 《春秋辨疑》一卷　陳錫撰，〔佚〕

陳錫，1505前後，廣東南海，字祐卿，據過庭訓云：「陳錫，字祐卿，南海人。弘治乙丑進士，授戶部主事，嘗司庾。逆瑾方用事，群瑠列中外，雖束芻出納，亦混主計，錫以法繩之，眾不敢肆。司漕通州，革弊政六條，人以為便。轉員外郎，調吏部稽勳，尋陞郎中，一時名流，咸所咨決屬。舍人朱麒求襲封保國公，錫駁之曰：『洪武之約，非有重大軍

功，不得封爵襲蔭。」今朱麒襲公，非約也，宜從始封伯爵。尚書楊一清
從其議，因著為令。正德丁丑，遷福建參政，歷左布政，綏定叛軍，鈎稽
乾沒，樹立風紀，綽有令聞。擢應天府府尹，去之日，閩人為立遺愛亭。
居應天，未及三載，廷議欲晉孤卿，錫竟請致仕，凡三疏得允。優游田
園，以翰墨自娛，凡十餘年始卒，年八十有一，賜祭葬，郡人祀之鄉賢
祠。」（《本朝分省人物考》卷一百十一）

　　陳錫〈春秋辨疑序〉云：「《春秋》有三道焉，曰天道：則曆法也、
災異也、化氣也，於是乎考；曰地道：則分野也、設險也、則壤也，於是
乎寅；曰人道：則禮樂也、刑政也、防微杜漸也，於是乎正。嘗自言曰：
『吾志在《春秋》。』又曰：『義則丘竊取之。』又曰：『知我者，其惟
《春秋》乎！』知其志也；『罪我者，其惟《春秋》乎！』罪其立義也。
其不得已之故，略可想矣。後世傳者，務以己意說理於筆削二字，妄以改
時易歲、黜周王魯，與貶爵削地，自操無位之權，反使孔子冒不韙之罪
焉，『知我』之謂何？若陳傅良氏為之推原聖意，獨為有見，然世未通
知，而胡氏之《傳》遂用以取士，舉世莫敢不遵焉。但古今一理，聖愚一
心，於心有未釋、理有未定，即如朱子，蓋嘗言之，愚亦置其喙焉，謹訂
天、地、人三道，以俟觀者。」（《經義考》卷二百三）

　　案：《經義考》、宣統《南海縣志》著錄。

## 《春秋臆說》十卷　王守仁撰，〔佚〕

　　王守仁，1472-1528，浙江餘姚，字伯安，號陽明，諡文成，據凌迪
知云：「王守仁，字伯安，世稱陽明先生，浙江餘姚人。弘治乙未進士，
授刑部主事。劾瑾逮獄，謫貴州龍場驛丞，陞廬陵知縣，吏部主事。正德
間，巡撫南贛，討平宸濠，陞南京兵部尚書，封新建伯，被譖削爵。隆慶
政元贈侯，諡文成，議祀孔廟。子正億，嗣伯爵。守仁才高學邃，兼資文
武，英敏天成，機權莫測。其用兵也，訓練嚴明，籌畫精密。對客笑談，

萬眾遄集。擒酋斬馘，獻凱轅門，左右尚不知也，真所謂天生豪傑，特立于斯世者也，豈近世名卿所及哉。」（《萬姓統譜》卷四十五）；又《明史》云：「守仁天姿異敏。年十七謁上饒婁諒，與論朱子格物大指。還家，日端坐，講讀五經，不苟言笑。游九華歸，築室陽明洞中。泛濫二氏學，數年無所得。謫龍場，窮荒無書，日繹舊聞。忽悟格物致知，當自求諸心，不當求諸事物，喟然曰：『道在是矣。』遂篤信不疑。其為教，專以致良知為主。謂宋周、程二子後，惟象山陸氏簡易直捷，有以接孟氏之傳。而朱子集註、或問之類，乃中年未定之說。學者翕然從之，世遂有『陽明學』云。」（卷一百九十五）

　　王守仁〈五經臆說序〉云：「得魚而忘筌，醪盡而糟粕棄之，魚醪之未得，而曰：是筌與糟粕也，魚與醪終不可得矣。《五經》，聖人之學具焉，然自其已聞者而言之，其於道也亦筌與糟粕耳。竊嘗怪夫世之儒者，求魚於筌而謂糟粕之為醪也，夫謂糟粕之為醪，猶近也。糟粕之中而醪存，求魚於筌，則筌與魚遠矣。龍場居南夷萬山中，書卷不可攜，日坐石穴，默記舊所讀書而錄之，意有所得，輒為之訓釋，期有七月，而《五經》之 略遍，名之曰『臆說』，蓋不必盡合於先賢，聊寫其胸臆之見，而因以娛情養性焉耳。則吾之為是，固又忘魚而釣，寄興於麴蘗，而非誠旨於味者矣。嗚呼！觀吾之說而不得其心，以為是亦筌與糟粕也，從而求魚與醪焉，則失之矣。夫說凡四十六卷，經各十，而《禮》之說尚多缺，僅六卷云。」

　　案：今存守仁弟子錢德洪輯存二條，「元年春王正月」、「鄭伯克段於鄢」，收錄《王文成公全書》（四部叢刊據上海涵芬樓景印明隆慶刊本）。錢德洪在〈五經臆說十三條〉前言自云得此殘卷本末經過：「師居龍場，學得所悟，證諸《五經》，覺先儒訓釋未盡，乃隨所記憶，為之疏解。閱十有九月，《五經》略遍，命曰《臆說》。既後自覺學益精，工夫益簡易，故不復出以示人。洪嘗乘間以請，師笑曰：『付秦火久矣。』洪請問，師曰：『只致良知，雖千經萬典，異端曲學，如執權衡，天下輕重

莫逃焉，更不必支分句析，以知解接人也。」後執師喪，偶於廢稿中得此
數條，洪竊錄而讀之，乃嘆曰：『吾師之學，於一處融徹，終日言之不離
是矣。即此以例全經可知也。』」

## 《音點春秋左傳》十六卷　　陳理撰，〔存〕

陳理，弘治–正德，河南睢州，字性之，據弘治《徽州府志》云：
「〔通判〕陳理，字性之，河南睢州人。由舉人授任，弘治十四年七月二
十四日到見任。」（卷四）

案：上海圖書館藏明弘治十五年徽州府陳理刻本。《八千卷樓書目》
著錄。

## 《春秋輔傳》　　陳道夫撰，〔佚〕

陳道夫，弘治–嘉靖，福建延平，生平失考。

劉繪〈春秋輔傳序〉云：「國子助教陳道夫著《春秋輔傳》，自言辛
苦所得，示予請序之。予睹其辭，乃多合予之謬見者，嘗作《春秋論
因》，略語道夫。論曰：古之注經者務簡，後之注經者務煩。古之注經者
務簡，而經益明。後之注經者務煩，而經益晦。六經之注，莫不皆然。而
《春秋》為甚。夫聖人之經，廣大無垠，能會其趣，引以旁通，何所不
達。然私者恣意以戾旨，鑿者深求以倍義，冗者識义以尚苟，誣者撼辭以
崇惑。古今傳《春秋》者於四病往往蹈之。近世胡安國潛心二十年，學士
無不謂之專邃。其傳盡本程頤，程頤《傳》不概見於世，大抵程氏兄弟著
書於晚年，多不自滿或藏匿，甚至焚棄，此望道未見之心，是以學者於所
著多不得睹其全。自胡氏之說行，天下皆宗之，不求經而求傳，故攻經文
之意略，攻傳文之意詳，於經文則不能舉其辭，於傳文則日夜苦誦之，猶
慮其不能堅，是孔氏之《經》以簡，而人故略之；胡氏之《傳》以煩，而
人故詳之。詳者愈熾而盛，略者愈微而衰。信《傳》之弊，乃至於此，蓋

科目以之取士,士不得不奔之也。昔孔子西觀周室,論史記舊文,興於魯而次《春秋》,特據諸國赴告之辭,筆削從其簡便。其不赴告者,不復徵之。列國無干,褒貶之義,多直書其事,而義自見。其有書國、書字、書人者,皆事關大義,明示其文,無所隱秘,然於進退予奪、好惡是非,咸合乎人情之公。彼列國赴告,一時善惡,或出嘉歎,或出懷憤,已燦然在人。聖人因一時喜惡,隨其赴告之辭,約其文,著其義,以見賞罰,此七十子所不能贊一辭者。孔子揭其綱,《左氏》列其目,其纖細無關世道、彝倫、綱紀,略而不敘,故丘明常於經文之下,別有附錄,皆此類也。《經》之作,大都發憤於五霸,為其假尊王以遂私圖,挾雄詐以愚天下,後世乃明著其功罪,如王者在上,示其法、誅其意,纔有無王之心,即皆亂臣賊子,不得飾文諱奸,以逃筆下之刑戮,天下苟有賢人、君子,聞孔子之筆,必興慨歎,以為王者不作,幸有孔氏,使奸雄之意,戚不得肆,莫不拊心囓吻,自快於岩穴之下,故曰:『斯民也,三代之所以直道而行也。』今世殊事易,萬世誦其文、追其事,猶悵恨於當時,況其目睹者乎!予讀五霸之文,至葵丘、城濮,當周東徙之後,秦襄公作西時,臚於郊祀,諸侯蔑視洛邑久矣。及桓文糾合列國,責楚大義,平日諸侯懷不軌,暴戾窺伺於鄭、衛之墟者,莫不折心寒骨以赴盟趨會,王綱可得而理矣。孰知葵丘因侵蔡而始事,城濮為釋宋以興師,皆橫有私意,所謂轉禍而為福,因敗以成功者也。聖人惡楚流毒中國,乃大書以彰其功,經於葵丘因侵蔡而書,遂於城濮因救宋而書及,若曰皆私意及其事,而遂有功也。至於不請命與正義明道,五霸皆犯此義,則又於書法見之焉。仲尼自言曰:『其事則齊桓、晉文,其文則史,其義則丘竊取之矣!』是以書法多在五霸,然皆直書而無隱文,使無五霸,《春秋》可不必作。邵堯夫謂皇帝王霸繫於天數,理或然哉,其他則本國重事,諸小國赴告,繫於勸懲,所謂一字褒貶,而為榮辱,則皆從直書而義自見,聖人豈如後世經生曲士刻削於一文一意為奇哉!『鄭伯克段于鄢』,玩經文則莊公失孝友之義,自著何必以克為必勝,必勝者,襲《公羊》。殺之則曷為言克,《穀

梁》曰『能殺也』，皆有意也。經義本明正，此恣意戾旨，類也《春秋》
為含說曲刺矣。『楚殺其大夫得臣』，得臣違君之命以喪師，楚子明法誅
之，書官與名，所以深明子玉之罪，《左氏》存子西、孫伯二臣，謂楚殺
得臣，晉侯將喜其莫予毒，此敵國常語耳，聖人曷嘗惜子玉而責楚子之與
六卒？又何暇論晉再克、楚再敗，此深求倍義，類也《春秋》為逆臣懷憤
矣！『莒去疾。自齊入于莒。莒展輿出奔吳。』此展輿為弑君者，立無所
容于中國，其罪明矣。齊納去疾，順羣公子之情，納而無求，大國之禮
也。《經》於小國，事之大者乃書，然皆直文以見功罪，今於展輿，繫國
氏為責諸侯與立者，則煩文飾苛，類也《春秋》刮垢索瘢矣。『僖公十年
冬，大雨雪；十一年秋，八月，大雩。』皆順時以紀災，見有國者，當知
畏爾。許翰以為先後陽穀之應，若此則天于列國降鑒出政，亦勞矣。至文
公，『星孛，入於北斗。』天之應遠，遂據內史叔服之言，則撟辭崇惑，
類也《春秋》假天設畏矣，故曰『四者之病。』胡氏仍襲諸家，而攘除廓
清之功猶有缺焉。自科目取士，亦爭取諸近，而不及遠探前踪，而遠者為
近所掩蔽。故何邵公曰：『講誦師言，猶加詆嘲。』又曰：『賈達緣隙奮
筆，以為《公羊》可奪，《左氏》可興。』悲夫！悲夫！後之議前，亦誠
易矣。然經之義，當廣而旁求，取決於一夫之見，則陋甚矣。予以為科目
宜隨士人之意，或取諸各家，或發自己見，於經有所著明，而文辭閎達
者，即為通經之士。使聖人闢乾闡坤之論，不拘拘於老生曲士之手，非千
古之快哉！今庠塾少年有中明經科，於古《傳》、《註》俱未及覽。嗟
哉！魯《春秋》自三《傳》之後，惟鄒氏、鐸氏出最先，其後董仲舒《石
渠論》與劉向《京房書》多不見於世。自何休、賈達，迨晉杜元凱、范武
子、唐啖助、趙匡則卓卓有可考者。程正叔作《傳》，儒紳多歸之，故有
胡氏安國當宋南渡，學士懷發憤而言。若劉敞、孫復皆不信《傳》而自
注，鳴者紛紛著义焉。」（《劉嵩陽先生集》卷之八）

## 《讀春秋左氏贅言》十二卷　王升撰，〔存〕

　　王升，弘治–嘉靖，江蘇宜興，字世新，號孚齋，據毛憲云：「王升，字世新，宜興人。少孤，奉母以居，偶從友人飲，母有慍色，終身不御酒。從萬古齋游，及羅念菴、王龍溪之門，上下討論，多所領受，自守繩墨益嚴。胡總督宗憲延為上客，會有失律者，于法當論死，遣幕客邵生諭意以千金為壽。升曰：『其人罪死，死之由法。可以生，生之由總戎，何濟王生為？』已而，以歲薦司訓京兆，邵生復在新鄭，帷中謂升曰：『相君欲重用子，一見何如？』升謝不應，久之遷國子學錄。江陵柄國，欲網羅天下名士，託友人道意行典制敕，升亦不應。出倅成都，有廉譽，遷鹽課提舉，遂掛冠歸。日與戚故，論道談學，從容竟日而已，所著有《四書輯略》、《讀左贅言》等書。」（《毗陵人品記》卷十）

　　案：廣州中山大學圖書館藏明萬曆十六年刻本。王重民《中國善本書提要》云：「是書所辯，重在書法，立說每如其人」。《經義考》作「讀左氏贅言」，乾隆《江南通志》作「讀左贅言」。是書前有姜寶、賀邦泰，及自序。

## 《左氏魯史》　王升撰，〔佚〕

　　案：王重民《中國善本書提要》於「讀春秋左氏贅言」一條論及之。

## 《春秋原古》　黃綰撰，〔佚〕

　　黃綰，1474-1548，浙江黃巖，字叔賢，號久庵，據黃宗羲〈尚書黃久庵先生綰〉云：「黃綰字叔賢，號久菴，台之黃岩人。以祖廕入官，授後軍都事。告病歸，家居十年。以薦起南京都察院經歷。同張璁、桂萼上疏主大禮，陞南京工部員外郎，累疏乞休。尚書席書纂修《明倫大典》，薦先生與之同事。起光祿寺少卿，轉大理寺，改少詹事兼侍講學士，充講

官。《大典》成，陞詹事，兼侍讀學士。出為南京禮部右侍郎，轉禮部左
侍郎。雲中之變，往撫平之。知乙未貢舉，丁憂服闋，起禮部尚書，兼翰
林院學士，充安南正使，以遲緩不行。閒住，遷家翠屏山中。寒暑未嘗釋
卷，享年七十有五。先生初師謝文肅，及官都事，聞陽明講學，請見。陽
明曰：『作何功夫？』對曰：『初有志，工夫全未。』陽明曰：『人患無
志，不患無工夫可用。』復見甘泉，相與矢志於學。陽明歸越，先生過
之，聞致良知之教，曰：『簡易直截，聖學無疑。先生真吾師也，尚可自
處於友乎？』乃稱門弟子。陽明既歿，桂萼齮齕之。先生上疏言：『昔議
大禮，臣與萼合，臣遂直友以忠君。今萼毀臣師，臣不敢阿友以背師。』
又以女妻陽明之子正億，攜之金陵，銷其外侮。先生立良止為學的，謂：
『中涉世故，見不誠非禮之異，欲用其誠、行其理，而反羞之。既不羞而
任諸己，則憤世嫉邪，有輕世肆志之意。於是當毀譽機阱之交作，鬱鬱困
心無所自容，乃始窮理盡性以求樂天知命，庶幾可安矣。久之自相湊泊，
則見理性天命皆在於我，無所容其窮盡樂知也，此之謂艮止。』其於《五
經》皆有『原古』……」（《明儒學案》卷十三）

　　黃綰〈春秋原古序〉云：「《春秋》者，夫子經世之志，處變之書
也。孟子嘗明夫子作《春秋》之志，曰：『其文則史，其義則丘竊取之
矣。』然則《春秋》，史也，而可為夫子經世處變歟？曰：史載當時天下
之事，夫子觀史而見其義，因義而見其所載之當否。其義有關於天下之故
者，則書而存之，所謂夫子筆之也。其義無關於天下之故者，則削而去
之，所謂夫子削之也。或筆或削，皆觀其義，因其義，設以身處之，以權
其輕重，定其是非，則當時天下之事，皆夫子所以經綸裁制之宜也，故曰
『其文則史，其義則丘竊取之矣』。夫君子之於天下也，處常易，處變
難，君子之道本諸身，原諸天，是之謂王道也。方周之盛也，文、武、
成、康相繼在上，周、召、畢、陳相繼在下，以身奉天，綏德諸侯，溥善
氓庶。此上以道揆，下以法守，是王道之行於世，猶元氣之足於身，而百
病不生，故曰『處常易也』。及其衰也，幽、厲相繼在上，榮、尹、番、

聚、蹶、檏相敗在下，以身拂天，播惡諸侯，流毒氓庶。此上無道揆，下無法守，是王道不行於世，猶元氣之不足於身，而百病交生，故曰『處變難也』。迨至春秋，周室已東，文、武、成、康之澤日微，天下貿貿。百餘年來幸有齊桓、晉文者出，佐以管仲之輩，雖志在功利，猶能假王道之名以行，而謂之霸，雖成周之盛不可復，而天下生民亦賴之以少康矣。不久二霸沒而復亂，後雖有宋襄、秦穆諸君者欲效之，而不足霸。惟晉悼欲繼祖業，不久而歿，天下之亂，迄無已時。夫子懼其不已，乃求在上之故，以其甚者，托始於平王之四十九年，感瑞物之虛出，而絕筆於西狩之獲麟。其間《魯史》所記，君人之虐，臣子之逆，妾婦之亂，夷狄之橫，可勝言而可勝數哉！故孟子曰：『王者之迹熄而《詩》亡，《詩》亡然後《春秋》作。』《春秋》之作，豈夫子之得已哉？憂王道之不行也，故曰：『吾志在《春秋》。』今之學《春秋》者，苟無夫子經世之志，處變之心，而欲窺其門牆，難矣！窺其門牆尚難，況欲入其閫奧乎？昔董仲舒嘗誦其師說曰：『為人臣者，不可以不知《春秋》。守經事而不知其宜，遭變事而不知其權，為人君父而不通《春秋》之義者，必蒙首惡之名，為人臣子而不通《春秋》之義者，必陷篡弒之罪。』由此言之，則知夫子之作《春秋》，蓋不堪世變之感，思欲正之，無可奈何，故托《魯史》為《春秋》。今欲知夫子經世之志，處變之道，而以義例之鑿觀之，則非所以為《春秋》矣。且《春秋》之說，莫先於三《傳》，而三《傳》已不能無得失之議。今家傳人誦，莫先於《胡氏》，而《胡氏》已不能無沿襲之弊。自漢、唐、宋迄今，凡學《春秋》者，皆不出三《傳》與《胡氏》之範圍。今甘泉湛子獨能一旦豁然以孟子所述，夫子之言為主，痛掃諸儒義例之鑿，可謂難矣！但以周正改月，凡漢儒附會典禮之類，皆以為是，又以《左氏》盡據國史，而不疑其龐誕，此乃湛子之瑜瑕不可掩者。予少有志於《春秋》，頗厭義例之鑿，學之白首，忽悟孟子與夫子之言而有省。時猶未見湛子之書，今偶見之，多與予合，乃取湛子之書及三《傳》、《胡氏》，參以諸儒之說而折衷焉，一皆以聖經明文為據。雖云《經》、

《傳》或由漢儒附會，後儒曲說，皆不敢信，必質諸真聖人之《經》而後敢安。此予之志也，故綴此以俟有志於《春秋》者共云。」（《明儒學案・尚書黃久庵先生綰》卷十三）

案：光緒《黃巖縣志》著錄。

## 《春秋修義》　馬理撰，〔佚〕

馬理，1474-1556，陝西三原，字伯循，號谿田，據張夏云：「馬理，字伯循，陝西三原人。弘治戊午舉人，正德甲戌進士。……學者稱谿田先生。幼敏慧醇雅如成人，年十四，為邑諸生，即稱說先王則古昔，研究五經旨義，多出人意表。……理之學以曾子『三省』、顏子『四勿』為約，進退容止，力追古道，康僖公深器之。遼菴楊公督學關中，見伯循亦歎曰：『馬理之經學，天下士也。』既如京，益與海內諸名公講學，其意見最合者，則陳雲逵、呂仲木、崔仲鳧、何粹夫、羅整菴諸君子，於是學日純名，日起所在，學者多從之游，其教以『居敬窮理』為主。……不談佛老，不觀非聖書，其執禮如橫渠，而論學則準於程朱，然亦時與諸儒異同，所著有《四書註疏》、《周易贊義》、《尚書疏義》、《詩經冊義》、《周禮註解》、《春秋修義》及詩文集、《陝西通志》行於世。」（《雒閩源流錄》卷八）

案：諸志目錄皆作「春秋修義」，獨《經義考》作「春秋備義」，蓋形近而誤矣。

## 《春秋經傳會編》　易翼之撰，〔佚〕

易翼之，1507前後，雲南騰衝，字孔彰、經子，據乾隆《騰越州志》云：「易翼之，字孔彰，正德丁卯舉人。初署冀州學正，丁外艱，補崇慶州學正，陞長壽知縣。為政不事苛細，與上官不合而歸，隱於龍川江，學者長從之遊。翼之善道古今事，自幼至老，手不釋卷，所著有《四

書音義會編》、《春秋經傳會編》、《詩話類抄》、《古今詩評》、《騰司志稿》等書行世，《省志》入文學。」（卷九）

案：康熙《永昌府志》、乾隆《騰越州志》著錄。

### 《春秋主意》　顏曄撰，〔佚〕

顏曄，1507前後，浙江上虞，字文華，據光緒《上虞縣志》云：「顏曄（府志、家傳均作煜），字文華，父杲。天順乙酉貢士，任即墨教諭。性至孝，以母李，養不逮祿，作慕萱卷，研窮理學，著有《春秋主意》、《中庸心見》，人稱為『顏中庸』（家傳）。曄以《禮》經中正德丁卯鄉薦，兩上春官不第，授山西絳州學正，召遷南京刑部主事，歷郎中，出知雲南澂江府。性長厚，不事脂韋，宦履所至，操行不苟，歸田二十餘年，枉門卻軌，讀書自娛，人以緩急告，必委曲應之。嘗割山以築城垣，捐俸以置墓田，略無德色於外，卒祀澂江府名宦（萬曆志）。著有《四書證疑》、《禮經疏義》，詩文集若干卷。」（卷九）

案：光緒《上虞縣志》著錄。

### 《春秋時事》　趙鶴撰，〔佚〕

趙鶴，1508前後，山西遼州，據雍正《山西通志》云：「趙鶴，遼州人，正德戊辰進士。任御史，陞僉事。居官清慎，聲名卓然。後家居二十年，慎取與有雅操，士論翕服。」（卷一百二十六）

案：光緒《遼州志》著錄。

### 《春秋補傳》十五卷　江曉撰，〔佚〕

江曉，1508前後，浙江仁和，字景熙，號瑞石，據徐象梅云：「江曉，字景熙，文昭公瀾之子也。舉正德戊辰進士。……曉坦夷率性，惟持

正秉公，留心人才臧否，每豖宰咨及，必直言。……玩索經籍，考覽本朝文獻，鄉郡沿革，與夫和官野史、地理、醫方，罔不旁搜，以此自老，所著有《瑞石稿》十卷、《歸田錄》十卷、《春秋補傳》十五卷，傳於家。」（《兩浙名賢錄》卷三十三）

　　案：《經義考》為五卷，《明史》、雍正《浙江通志》、《兩浙名賢錄》、《千頃堂書目》、呂本〈江公曉神道碑銘〉皆作「十五卷」。康熙《仁和縣志》作「春秋補註」。

## 《春秋億》四卷　王道撰，〔佚〕

　　王道，1476-1532，山東武城，字純甫，號順渠，諡文定，據孫奇逢云：「王道，字純甫，山東武城人。未冠，登鄉試。正德辛未進士，選庶吉士。時山東盜起，將奉祖母避地江南，疏改應天教授，召為吏部主事，歷考功文選司郎中。大學士方獻夫薦其學行淳正，可任宮僚，擢春坊左諭德，引疾固辭曰：『朝廷以名器為重，不輕假人以不次之官。人臣惟義分是安，當致謹于非分之獲。』凡三疏始得旨，以病歸，而聲望益重。居一歲，起遷國子監祭酒，拜吏部右侍郎，僅閱月而疾不起矣。道英敏絕人，精擇強記于書，靡不究其要指，已厭博反約，紬繹聖經，不欲標門戶自表著，久之神解，澳然自信，盡破世俗拘攣之見，所著有《易》、《詩》、《書》、《春秋》、《大學》『億』，持論多前儒所未及，兩掌胄監，端軌申約，六館諸生，翕然向風，人比之宋仲敏，卒贈禮部尚書，諡文定。」（《理學宗傳》卷二十一）

　　案：臺灣國家圖書館藏日本昭和七年東京育德財團翻刻本王道《順渠先生文錄》卷之一，存23條《春秋》議論，未知和《春秋億》關係為何，姑存疑。《經義考》作「四卷」，雍正《山東通志》作「一卷」。

## 《春秋集要》十二卷　鍾芳撰，〔佚〕

　　鍾芳，1476-1544，海南瓊山，字仲實，號筠溪，據道光《廣東通志》云：「鍾芳，字仲實，先崖州人，改籍瓊山。少育外親因黃姓，後奏復焉。宏治辛酉領鄉薦第二，正德戊辰試，《禮》闈第七，登進士一甲第二，選翰林庶吉士，授編修。……居家十餘年，未嘗一至城市，惟以書史自娛，名其居曰『對齋』，取對越上帝之義。有干以私者，謝曰：『吾守志若孀婦，豈以晚而改節乎！』甲辰卒于家，訃聞，贈右都御史，賜葬祭。芳性簡重，寡嗜欲，其為學博極而精，雖律、曆、醫、卜之書，靡不通貫，然皆取衷于孔、孟正論，為嶺海鉅儒，所著有《學易疑義》、《春秋集要》、《皇極經世圖》、《續古今紀要》、《崖志略》、《小學廣義》、《養生舉要》，及詩文二十卷行世。」（卷三百二）

　　《四庫全書總目》云：「《春秋集要》十二卷，浙江巡撫採進本。明鍾芳撰……是書以「集要」為名，故文殊簡略。中間如謂『春王正月』為建子；謂桓公三年書『有年』，非紀異；謂襄公二十八年書『衛侯衎』，非俟其改過；謂昭公元年書『敗狄大鹵』，非譏毀車崇卒。與胡《傳》異者，不過數條，餘大抵依回其說。甚至如僖公十七年夏滅項，胡《傳》誤以為季孫者，亦因仍不變，無所短長。又多採董仲舒、劉向、劉歆災異之說，穿鑿事應。至以宣公八年之大旱，為十五年稅畝之由，事在七年之後，而應在七年之前，尤為乖謬。其採用《公》、《穀》月日之例，既多附會，而採用《左傳》，尤無體例。其最甚者，莊公二十年『陳殺公子御寇』下，忽注『晉獻公患桓莊之族偪，而士蒍譖去之』十五字；僖公二十二年『宋公伐鄭』下，忽附錄『被髮而祭於野，夷俗皆然』十字；二十三年『楚人伐陳』下，忽附錄『男女同姓，其生不蕃』八字，此類不可殫數。其採用左氏義者，襄公四年『叔孫豹如晉』下，惟辨古自歌、工歌二義；僖公九年『會於葵丘』下，責宰孔不當阻晉侯；成公五年『梁山崩』下，責伯宗之攘善，亦皆與經義渺不相關。陳烈序乃稱其『擴前人之所未

發』，過矣。」（經部三十・春秋類存目一）

　　案：《明史》、《千頃堂書目》、《經義考》皆作「二卷」，而《總目》所見為浙江巡撫採進本，作「十二卷」，今從《總目》之數。

## 《春秋列傳》五卷　　劉節撰，〔存〕

　　劉節，1476-1555，江西大庾，字介夫，號梅國，雪臺，據康熙《江西通志》云：「劉節，字介夫，南安人。弘治鄉試第一，會試第六，及廷對，以敷陳剴切，真二甲，授兵部主事。逆瑾竊政，謫尹宿松，陞廣德知州，累官四川提學僉事，福建浙江布政使，擢副都御史，巡撫山東，總督江淮漕運，疏漕政五事，次第行之，嘗疏舉人才，特薦泰州布衣王艮續最，晉刑部侍郎，星變疏乞致仕，卒年八十，輯有《廣文選》、《周詩遺軌》、《春秋列傳》、《兩漢七朝文藪》、《聲律發蒙》並行於世。」（卷九十三）

　　丘九仞〈春秋列傳序〉云：「夫《春秋》二百四十二年，人臣之賢否得失，《左傳》詳矣。然事以附年，年以附國，未及夫人為之傳也，至子長《史記》，則稍為之傳矣，未之能詳也。自是古史諸書，亦踵為之，大率子長之緒餘耳，獨鄭樵氏《通志》，始為加詳，然亦未盡也，況繁蕪冗穢，紀載無倫，或主魯史以例列國，或雜寓言以淆真實，甚者齊宋大國闕略無徵，柳下百里之賢，特以附見，其繆陋可見矣。今觀梅國劉公之為是書，本之《左氏》，參之《國語》，兼采夫先秦、兩漢諸書，互相考訂，該括不遺，凡其善可師，其惡可鑒，與夫一言一行之微，苟可以風天下，示來世者，莫不昭然可指。其事核、其文蔚，千載之下，使人企跡先民，若將物色，髣髴而歆畏存焉，其著述之功，真足以補史氏所未及也，尚得而誣之哉。公經綸蘊藉，肆於事業，而勤學博物，敦古無倦，蓋儒者之雋也。」

　　案：收錄《四庫全書存目叢書》史部，第89冊，據北京大學圖書館藏

明刻本影印。《四庫全書總目》所見劉節《春秋列傳》並非此書，而是潘榛訓釋的《增釋春秋列傳》。此書尚有吳承恩〈春秋列傳序〉，書不收此文，收錄在吳承恩《射陽先生存稿》中。

## 《增釋春秋列傳》五卷　劉節撰、潘榛增釋，〔存〕

潘榛，1565-1632，山東鄒縣，字麓原，號茂昆，據乾隆《兗州府志》云：「潘榛，號茂昆，鄒縣人。萬曆壬辰進士，初任汝陽令，值歲饑，捐俸賑粥，全活甚眾。再令清縣，地多荒蕪，賦額不足，榛躬親勸墾，給牛犁以助無力者，閭閻賴之。陞刑曹，以母病歸養。居喪，哀毀骨立。既禫，竟不起。嘗修《三遷志》及本邑鄉賢名宦祠，卒祀鄉賢。」（人物志）

《四庫全書總目》云：「《春秋列傳》五卷，副都御史黃登賢家藏本，明劉節撰。是編取《春秋》內外傳所載列國諸臣，類次行事，各為之傳。始祭公謀父，終蔡朝吳，凡二百有二人。全本舊文，無所考證。鄒縣潘榛為之訓釋，亦頗疏略。」（史部一七·傳記類存目三）

潘榛〈增釋春秋列傳序〉云：「列傳之體，創自太史氏，然春秋大夫，自管、晏、伍、胥而外，無與焉，他亡論矣，如柳下惠、臧文仲、子產、子文、百里狐、趙諸，人豈即減於管、晏者，而概不為傳，得無疏乎？或曰：《左氏》傳之已詳，然《左氏》編年為例，杜元凱以為必『原始要終，優游饜飫』，然後為得，則亦安能使學之者盡如彼其癖也。余弱冠受《左氏》，逮強仕，猶未得其要領。守廬之暇，得劉君所為《春秋列傳》，讀而心好之。顧是書，歲久譌亂，於是更為繕寫，梓既成，進諸生而語之曰：古者稱謂或以名、或以字、或以爵、或以封邑，讀者不悉心考之，茫然莫解，讀此傳而諸人履歷可不爽也，又諸人事錯見於傳，《左氏》每一事輒附以君子之評，褒貶未歸於一，讀此傳則生平畢備，以定褒貶可無失也。又諸國散亂無統，興亡之故漫焉難考，讀此傳則國之興以若

而人，廢以若而人，其間政治得失，風俗好尚，可統觀也。諸生唯唯，遂書之簡端。時萬曆戊申秋七月。嶧山潘榛序。」

案：臺北國家圖書館藏明萬曆三十六年潘氏盧州刊本。此書前有寶子偁〈增釋春秋列傳序〉，書末有方學御〈春秋列傳跋〉。

## 《讀春秋雜著》一卷　汪必東撰，〔存〕

汪必東，1511前後，湖北崇陽，字希曾、希澮、希會，據乾隆《湖廣通志》云：「汪必東，字希曾。《明一統志》，崇陽人。正德辛未進士，官禮部郎。議大禮，廷杖瀕死，後除廣西少參，進雲南參政。東邃於經史，凡禮部大典，文字悉出其手。善草書，生平不喜談象山學。著有《南雋文集》、《易問大旨》。」（卷五十一）

案：收錄《南雋集文類》，臺北國家圖書館藏明嘉靖三十年序刊本。此書條目有五：「孔子王號論」、「論詩亡春秋作」、「論孔子名春秋之意」、「春秋春王正月論」、「論躋僖公」。

## 《春秋考註備遺》　汪必東撰，〔佚〕

案：汪必東《南雋集文類》有「春秋考註備遺序」。

## 《春秋傳疑》一卷　余本撰，〔佚〕

余本，1511前後，浙江鄞縣，字子華，號南湖，據乾隆《鄞縣志》云：「余本，字子華。讀書不為科舉文字之學，終日危坐諷誦，夜則焚膏以繼。凡天文、地理、鐘律、象數，悉研其奧，于正蒙尤深妙契。早思夜索，若有神授之者。嘗言人：『對聖賢書，則心明氣定。即他玩好不能入，從此攝伏身心，自然有益。』……正德六年殿試第二人及第，授翰林編修。時權奸迭興，本鬱鬱不得志，力求補外，授廣東提學副使。振策風

勵，士皆雲起。」又清代胡文學編《甬上耆舊詩·通政余南湖先生本》卷
十二云：「終日正席讀五經及史傳諸家言……所著有《讀易備忘》、《禮
記拾遺》、《春秋傳疑》、《孝經刊誤》、《周禮考誤》、《家禮考
異》、《綱目備忘》、《律呂新書解》、《皇極釋義》、《正蒙集解》諸
書。」（卷十五）

　　案：《千頃堂書目》、《明史》、《經義考》、雍正《寧波府志》著
錄。

### 《春秋題意》　　劉紘撰，〔佚〕

　　劉紘，1479-1513，江西安福，字景瞻，號儼菴，據楊廉〈給事中劉
君墓表〉云：「君諱紘，字景瞻，號儼菴，姓劉氏，世家安福……以《春
秋》領弘治甲子鄉薦，明年登進士第。冬十一月授江陰知縣。……暇則至
學宮與諸生講論經書，兼及政事。……正德庚午，以卓異徵拜南京戶科給
事中，是官言路也，君每聞朝政得失，公卿賢否，民生休戚，知無不言，
言無不盡。……屬纊則癸酉正月之二十一日也，得年三十六。縉紳士莫不
哀之。……蓋《春秋》一經，是其家學，劉氏自忠愍公以來，皆以是取科
第，至君所著有《春秋題意》，士爭錄之。」（《楊文恪公文集》卷五十
八）

　　案：朱睦㮮《萬卷堂書目》著錄，不云撰者。

### 《春秋鍼胡編》一卷　　袁仁撰，〔存〕

　　袁仁，1479-1546，浙江嘉善，字良貴，號蓂波。祖袁顥，父袁祥，
子袁黃，據徐象梅〈袁良貴仁〉云：「袁仁，字良貴，嘉善人。父祥、祖
顥皆有經濟實學。至仁愈邃天文、地理、曆律、書數、兵法、水利之屬，
靡不熟諳，謂醫賤業，可以藏身濟人，遂寓意於醫……仁復憫世儒溺胡，
兩弗信也，作《鍼胡編》以闢之。為文根本六藝，片詞尺牘，率關世

教。」（《兩浙名賢錄》卷四十四）；又盛楓云：「世其祖、父學，即著《春秋鍼胡編》一卷，以闡其父《或問》之義……皆為經術指迷。」（《嘉禾徵獻錄》卷二十）

　　《四庫全書總目》云：「《春秋胡傳考誤》一卷，通行本。明袁仁撰……是書前有自序，謂：『宋胡安國憤王氏之不立《春秋》，承君命而作《傳》，志在匡時，多借經以申其說。其意則忠，而於經未必盡合。』其說良是。至謂安國之《傳》非全書，則不盡然。安國是編，自紹興乙卯奉敕纂修，至紹興庚申而後繕本進御，豈有未完之理哉？然其抉摘安國之失，如周月非冠夏時；盟宿非宿君與盟；幸渠伯糾宰非冢宰，伯非伯爵；夏五非舊史闕文；齊仲孫來之非貶；召陵之役，齊桓不得為王德，管仲不得為王佐；首止序王世子於末非以示謙；晉卓子立已踰年，非獨里克奉之為君；季姬之遇鄫子非愛女使自擇婿；鼷鼠食牛角非三桓之應；正月書襄公在楚非以存魯君之名；吳子使札非罪其讓國；《左傳》莒展輿事以攻當為已攻，齊豹非求名不得；歸郲謹龜陰非聖人自書其功；獲麟而誇簫韶河洛為傳者之陋，皆深有理解。他若『會防』一條，義不係於胡《傳》。『蔡桓侯』一條，謂葬以侯禮。亦以意為之，別無顯證。石之紛如本非大夫，不應與孔父仇牧一例見經。仁一概排之，則吹求太甚矣。」（經部二八‧春秋類三）

　　袁仁〈鍼胡編序〉云：「左氏、公羊氏、穀梁氏皆傳《春秋》者也，傳未必盡合乎經，故昔人詩云：『《春秋》三《傳》束高閣，獨抱遺經究終始。』卓哉！宋胡安國憤王氏之不立《春秋》也，承君命而作傳，志在匡時，多借經以申其說。其意則忠矣，於經未必盡合也。況自昭定而後，疏闕尤多。歲中不啻十餘事，止一傳或二傳焉。其間公如晉、公如齊、公會吳于魯之類，皆匪細事，皆棄而不傳，則非全書也，明矣。吾祖菊泉先生以《春秋》為仲尼實見諸行事之書，不可闕略也。潛心十載，別為《袁氏傳》三十卷，校之《胡氏傳》幾五倍之。吾父怡杏府君復作《或問》八卷，以闡其幽，釋《春秋》者於是乎有完書矣。虛心觀理，靡恃已長，故

不為訶斥之論，折衷羣說，理長則從，亦未嘗有意擊《胡》。予謂世業《春秋》者，所尊惟《胡》，而《胡》多燕說，不可不闡發，以正學者之趨。夫《春秋》大一統，吳楚僭王，孽庶奪嫡，皆其所深誅也。主《傳》而奴《經》，信《傳》而疑《經》，是僭王也，是奪嫡也，烏乎可？作《鍼胡編》。」

　　案：收錄《袁氏叢書》，臺北傅斯年圖書館藏明萬曆刊本。《四庫全書總目》作「春秋胡傳考誤」，《明史》作「鍼胡篇」，周中孚云：「是書凡四十一則，專以攻駁《胡傳》之失，與陸子餘粲《胡傳考誤》大旨相同。」（《鄭堂讀書記》卷十一）。

## 《涇野先生春秋說志》五卷　呂柟撰，〔存〕

　　呂柟，1479-1542，陝西高陵，字仲木，號涇野，師周蕙，據雍正《陝西通志》云：「呂柟，字仲木，高陵人。少授《尚書》於邑人孫昂，有志聖賢之學，危坐誦讀，雖炎暑不廢。……弘治辛酉舉於鄉，明年遊成均，與諸同志講學寶邛寺。正德戊辰，廷對第一，授修撰。……柟在南都凡八年，四方士環趨講下，是時海內講學者，相望起而各守一先生言，柟獨集取宋儒周、程、朱、張語，為《四子抄釋》，令學者體驗而力行之，語學者曰：必如是，乃為吾實學，無他法門也。」（卷六十三）

　　《四庫全書總目》云：「《春秋說志》五卷，浙江吳玉墀家藏本。……此書務為新說苛論。凡所譏刺，皆假他事以發之，而所書之本事反置不論。如以『公及邾儀父盟於蔑』、『祭伯來』、『公及戎盟於唐』、『鄭人伐衛』、『衛人殺州吁』，皆為平王之罪。又如『叔孫豹卒』，謂經不書餓死，乃為賢者諱。謂『郯子來朝』，以其知禮錄之。大抵褒貶迂刻，不近情理。至謂書『季孫意如之卒』，為見天道之左，則聖人併怨天矣，其失不止於穿鑿也。」（經部三十‧春秋類存目一）

　　案：收錄《續修四庫全書》經部，第133冊，據明嘉靖三十二年涇野

先生五經說本影印。《經義考》作「春秋說志」。《傳是樓書目》作「三卷」。

## 《春秋本義》十二卷　　胡纘宗撰，〔佚〕

胡纘宗，1480-1560，陝西秦安，字孝恩、世甫，號可泉、鳥鼠山人，據過庭訓云：「胡纘宗，字孝思，陝西秦安人。穎悟夙成，蚤歲以《春秋》為邑學生。……中辛酉鄉試，繼登正德戊辰進士，授翰林檢討與修撰。……乞歸，因得賜間田里，爰築別墅以居。日閉閣著書，於諸理亂黜陟，不相聞問，時或乘籃輿，課耕隴畝，亦或登高賦詩，興盡乃反。……才氣英發，對客揮毫，詩賦立就，宛若宿構。然雋爽豪逸，上追古人，凡海內賢達，及藝文之士，望形影從，聽聲嚮赴，雖大位屢滯，不究厥施，而功實詞華，流傳遠邇，雖百世不泯也。有……《春秋本義》十二卷。」（《本朝分省人物考》卷一百五）

胡纘宗〈春秋本義序〉云：「天，《易》卦爻之象立，而太極之理明。夫《書》，帝王之政治，而精一之道昭。夫詩賦，比興之義宣，而風雅頌之思正。夫禮節，文之理一，而朝廟之儀序。夫樂，聲容之德至，而律呂之音和，聖人垂教，萬世至矣，復作《春秋》者何？堯、舜，帝夫，下天下化其化而平識不知，蓋見諸行事於虞，虞矣。禹、湯、文、武王天下，天下道其道而咸寧、咸和，蓋見諸行事於夏、商、周矣。周公攝天下，天下德其德而允康、允義，蓋是諸行事於阿衡矣。不白與其立言以詔後世而教，教孰若立法，以範後世而制事，其事何？天子之事也，其天子之事何？曰：尊君抑臣、曰貴王賤伯、曰敦典庸禮、曰褒善貶惡、曰內中國，外四夷、曰進君子，退小人、曰遏人欲，存天理。故《春秋》成，而君天下者，知執大經，持大法矣。相天下者，知處大事，決大疑。夫人知禹稷、伊傅、周召之當勵矣，夫人知共誰羿浞之當懲矣。夫人知三細不得，而淪九法，不得而戢矣，蓋不持，亂臣賊子懼也。其風皞皞，有不躋

於二帝；其世穆穆，有不軼於三王者哉。於戲！文王雖歿，文不在茲乎。不見諸行事於萬世乎？不曰『吾志在春秋。』曰『如有用我者，吾其為東周乎！』天，《春秋》廣太如天，光明如日。雖不易學，苟永其故，則天之高，日之遠，亦可推知。然性命之文原諸天，法律之斷裁諸聖學者，不得其說，乃立例。然有強以為同者矣，乃比事，然有牽以為異者矣，是持權衡而不得其輕重，執繩墨而不得其曲直，學《春秋》豈易也哉！誠於微而顯者，測之志而晦者，閉之婉而成章者，暢之盡而不污者，通之勸而懲者，申之則大義炳如日星者，亦得處事以著述，而其微辭奧義，則有待於默識而通之，詳說而約之，而後乃有得爾。是故，維天之命之於穆不已，上天之載之無聲無臭，非上智莫能仰窺，然其日月之童夜，山川之嶽瀆，則人人皆知之、皆見之也。夫《春秋》，固魯史，仲尼修之，筆則筆，削則削，游夏且不能贊一辭。而謂皆魯史，豈魯史皆游、夏所不能及與？曰『其文則史。』謂本之史也，本之史而筆之、削之，之謂修、之謂作也。曰竊謙以發辭也、曰取其義、謂取其尊之、抑之、貴之、賤之、安之、攘之、褒之、貶之之類、之義也。其義則百王所不易，百世所不惑者也。苟謂史亦有此義，《春秋》可不作矣，且史於月未必加王，於王未必加天，於桓其四年書王未必皆詳，其十四年不書天，禾必皆略，類推之可知也。蓋卦則之圖而出乎圖，疇則之書而出乎書，《春秋》本之史而出乎史，皆口筆也。予讀湛氏《正傳》而有感焉，乃參之《左氏》，擇之《公》、《穀》氏，述之胡氏，而本之程子，而為是義。益不為義例所拘，不為以一字為褒貶，所蔽雅與湛同，而欲盡去所謂鑿者而未能也，辟之易，風雷之相薄，水火之不相射，固能演之，而先天之奧、之神，後天之蘊、之精，則有望於世之立言君子。」（《鳥鼠山人小集》後集卷二）

案：《經義考》、乾隆《甘肅通志》著錄。

## 《春秋中的》一卷　　張復撰，〔佚〕

張復，正德時期，浙江淳安，字明善，學者稱書隱先生，據雍正《浙江通志》云：「張復，《嚴陵志》字明善，淳安人。德性宏毅，博通五經，而尤邃於《春秋》。郡守親聘司訓郡庠，學者翕然宗之，稱為書隱先生，著有《春秋中的》一卷，至今論淳安《春秋》者，必曰吳朝陽、宋夢鼎、魯道源、張明善四先生云。」（卷一百七十七）

案：《千頃堂書目》、《明史》、《經義考》、雍正《浙江通志》著錄。

## 《春秋六傳》　　鄧庭曾撰，〔佚〕

鄧庭曾，正德時期，福建台江，字約齋，號約軒。

案：《經義考》作「鄧廷曾」。陳衍《大江草堂二集》有「題鄧約軒先生《禮記訂補》《春秋六傳》後」。

## 《春秋傳說》　　鄧庭曾撰，〔佚〕

案：《福州市郊區志》收錄「春秋傳說」。

## 《春秋傳義》　　鄭佐撰，〔佚〕

鄭佐，1514前後，安徽歙縣，字時夫，據過庭訓云：「鄭佐，字時夫，歙巖鎮人。舉正德甲戌進士，授南刑部主事。數讞決疑事，庭中稱平，改祠部，奏立新安文公後博士世宗入繼大統，抗疏議禮，又極陳清寧宮後殿災變之由，出為福建按察僉事副使。……佐生平裁正耿介，于鄉鄰切切善導，推誠近人，里有言輒求平于佐，晚益究心濂、洛諸書，從弟子講論不輟，懸車二十年，當道累疏薦郡邑，造請不就，掃軌絕賓客之知。

嘗率鄉人建臺塔以障水口，既沒，祠祀其中，所著有《春秋傳義》、《周易傳義》、《四書語錄》、《五經集義》及它詩文。」（《本朝分省人物考》卷三十七）

案：《千頃堂書目》、《明史》、《經義考》著錄。

## 《春秋題意》　桑溥撰，〔佚〕

桑溥，1514前後，山東濮州，字汝公，據過庭訓云：「桑溥，字汝公，濮州人。父春，襄陽府推官，精《春秋》，飭法律，以經術。溥高才倜儻，恥齪齪曲謹，登正德甲戌進士。初守華州，民家有妖祟，溥符而遣之，人稱神明。嘉靖癸未，擢陝西按察司僉事，尋以總督楊一清薦，轉固原兵備副使。值虜入寇，督護將士邀擊于鎮戎堡，大破之，馘五百餘級，梟其酋首，捷聞，議陞大理寺卿。以兄濟尚襄藩郡主，改授浙江按察使，會桂太宰子自安仁如京凌，杭守溥語激而懟，又監試廉知貴人子通關節，黜之坐讒，落職歸居城東，搆萬綠亭，鑿池築山，賦詩彈棊自娛。山東副使某以事被逮，溥遺百金為槖饘費，人頌其義，子孫科第繩繩。」（《本朝分省人物考》卷九十六）

案：康熙《濮州志》著錄。

## 《春秋質疑》　林希元撰，〔佚〕

林希元，1482-1557，福建同安，字茂貞，號次崖，據李清馥〈僉事林次崖先生希元〉云：「林希元，字茂貞，號次崖，同安人。正德十二年進士，授南京大理寺評事。……提督學校，申明學政，訓士務在闡繹經傳。……先生慷慨鯁直，讀書遲鈍，而刻苦不懈，研理釋文，極其精專。束髮以來，慨然有志當世。一入仕路，執其所學，用之經濟。……晚年退歸，無日不以讀書解經為事，其學專主程、朱，嘗恨不得及虛齋先生之門，於良知新說，尤所不喜。晚復參訂諸儒所定大學、格物、致知之說，

附以己見，曰：更正大學經傳定本，并所著《四書》、《易經》二存疑，疏上之，且乞勑改正頒行，竟以此削籍。」（《閩中理學淵源考》卷六十三）

案：《千頃堂書目》、《明史》、《經義考》著錄。

## 《麟經臆見》　劉蓘撰，〔佚〕

劉蓘，1515前後，浙江涪州，字惟馨、朝佩，據雍正《浙江通志》云：「劉蓘，萬曆《金華府志》字惟馨，涪州人。正德初以給事中論劉瑾，去官起知金華府。政尚大體，重風教。」（卷一百五十五）

案：雍正《浙江通志》、光緒《慈谿縣志》著錄。

## 《春秋指要》一卷　梅鷟撰，〔佚〕

梅鷟，約1483-1553，安徽旌德，字致齋，據光緒《重修安徽通志》云：「梅鷟，字致齋，旌德人，正德癸酉舉人，著有《尚書譜》、《尚書考異》，力攻《古文》之偽。初，朱子嘗疑《古文》，吳澄繼之，至鷟始大放厥辭。近閻百詩作《尚書古文疏證》，惠棟作《尚書古文考》，皆原本於此書。又所著有《春秋指要》、《儀禮翼經》、《太元圓注》等書。」（卷二百二十）

案：《經義考》云：「一曰《讀經律》。」（卷二百一）

## 《春秋稽傳錄》　徐獻忠撰，〔佚〕

徐獻忠，1483-1559，江蘇華亭，字伯臣，號長谷，據嘉慶《大清一統志》云：「徐獻忠，華亭人，由鄉舉知奉化縣。居二年，罷歸。髮吳興山水，遂徙居焉。時棹小艇，扣舷吟弄，以天隨元真自況。初工時文，後肆力於九經，作《春秋稽傳錄》、《洪範或問》、《大易心印》、《四書

本義》，及《三江水利考》、《山房九笈》、《樂府原》、《唐詩品》，凡數百卷。為人孝友，內外淳備，自著述外，無他嗜好，工真、草書。卒，友人王世貞輩私諡之，曰『文惠』。」（卷八十四）

徐獻忠〈春秋稽傳錄序〉云：「庚申冬，予自吳興還抵浦南田舍，計浹月無自遣也，假籍于叔皮氏得《春秋》諸傳。往予見其義，精讀之三四過，至是再卒業，始見其說有所未安者數條，又《左氏》微瑣，不入傳者，弗隱括則弗著，遂感以臆說輔論之，名『稽傳錄。』夫傳《春秋》其大者三家，至胡氏始折其衷，故胡氏《傳》獨立于學官，博士弟子無不諷誦焉。至科士帖括，則有陳同父《屬辭》，發其義甚備，然則又何待予言也。夫理固有影匿易略，迹晦難剔者，師友相問辨，雖仲尼睿聖，不能無望于游、夏之徒也。至于傳義，雜出《左氏》綜其迹，《公》、《穀》申其辭，後來諸所撰論亦甚廣，《公》、《穀》自以輔《左氏》所不及，旨意盡矣，胡氏折衷其說，亦多所罷黜，然則《春秋》之義，辭簡而意深，其有窮盡耶？敢以是說併質之何子。」（《吳興藝文補》卷三十四）

案：《千頃堂書目》、《明史》、《經義考》、嘉慶《松江府志》著錄。

## 《春秋經世》一卷　魏校撰，〔存〕

魏校，1483-1543，江蘇崑山，字子才，號莊渠，師胡居仁，據乾隆《江南通志》云：「魏校，字子才，崑山人，弘治乙丑進士。歷官國子祭酒，改太常少卿，遷本寺卿致仕，卒諡恭簡。校幼有異質，私淑胡居仁，主敬之學，而貫通諸儒之說，折衷於六經，醇如也。貌朴訥簡重，言動以禮，學者稱莊渠先生。」（卷一百三十八）

《四庫全書總目》云：「《春秋經世》一卷，安徽巡撫採進本。明魏校撰……是編名『春秋經世』者，蓋取《莊子》『春秋經世先王之志』語也。所注惟隱公一卷，其注多從《左氏》。然如『公矢魚于棠』全錄臧僖

伯諫詞，惟移傳末『非禮也』、『且言遠地也』二句於傳首，此亦何需校、鈔錄耶？間有自出新意者，如謂『紀子伯、莒子盟於密』，當作『紀侯子帛』，以『子帛』為紀侯之名，又謂『俠卒』乃異姓之卿，則又皆杜撰之談矣。」（經部三十・春秋類存目一）

魏校〈春秋經世序〉云：「《春秋》，魯之策書也。其法受之周公，自伯禽撫封於魯，迄於頃公。而魯亡者，國史舊文也。斷自隱公為始，絕筆於獲麟。此則孔子所修，後世尊而為經者也。孔子所為修《春秋》者，明王不興，三綱五常大墜於地，是故撥亂世而反之正，垂憲百王。其名曰史，其實固夫子之政經也。」

案：收錄《四庫全書存目叢書》經部，第117冊，據北京大學圖書館藏明嘉靖王道行刻莊渠先生遺書七種本影印。《經義考》作「春秋經世書二卷」，《明史》亦作「二卷」。

## 《春秋疑義》三十餘篇　舒芬撰，〔佚〕

舒芬，1484-1527，江西進賢，字國裳，號梓溪，據過庭訓云：「舒芬，字國裳，進賢人。生而穎異不群，六歲授《孝經》、《論語》等書，輒了大義。……中正德丁卯鄉試，戊午卒業南雍。嘗夜分不寐，于書無所不讀，而實勵志于聖學，最喜濂溪，嘗稱之為中興之聖，所著有《太極通書繹義》，又作《易箋問》七十餘條，《書論》二十，《第詩稗說》三十餘條、《春秋疑義》三十餘篇，一時名士，咸推讓焉。丁丑，考官陸文裕深薦第一。……幼穎拔，日記數千言，貫穿經史百家，于天文尤精觀望星氣。……幼以聖賢自期，嘗悼異學之謬，曰：『空言無補，不若修其本以勝之』。因取周子學聖有要數語，書之座右，緇流羽客，悉毅然絕之，至于權倖奄宦有求通者，拒之甚力。……與朋友相劘切，無幾微矯飾，尤善成就後學。」（《本朝分省人物考》卷五十八）

案：《千頃堂書目》、《明史》、《經義考》著錄，皆不云卷數。

## 《春秋說》一卷　張邦奇撰，〔存〕

　　張邦奇，1484-1544，浙江鄞縣，字常甫，號甬川，諡文定，據《明史》云：「張邦奇，字常甫，鄞人。年十五，作《易解》及《釋國語》。登弘治末年進士，改庶吉士，授檢討。出為湖廣提學副使。下教曰：『學不孔、顏，行不曾、閔，雖文如雄、褒，吾且斥之。』在任三四年，諸生競勸。時世宗方為興世子獻，皇遣就試，乃特設兩案，己居北而使世子居南。文成送入學，世宗由此知邦奇。嘉靖初，提學四川，以親老乞歸。久之，桂萼掌銓，去留天下提學官，起邦奇福建。未幾，選外僚入坊局，改右庶子，遷南京祭酒。以身為教，學規整肅。就遷吏部侍郎。丁外艱歸。帝嘗奉太后謁天壽諸陵，語及擇相。太后曰：『先皇嘗言提學張邦奇器識，他日可為宰相，其人安在？』帝憬然曰：『尚未用也。』服闋，即召為吏部右侍郎，掌部事。推轂善類，人不可干以私。銓部升除，多受教政府，邦奇獨否，大學士李時銜之，郭勛家人犯法，畀重賄請寬，邦奇不從。帝欲即授邦奇尚書，為兩人沮止。尋改掌翰林院事，充日講官，加太子賓客，改掌詹事府。九載考績，晉禮部尚書。以母老欲便養，乃改南京吏部。復改兵部，參贊機務。帝猶念邦奇，時與嚴嵩語及之。嵩曰：『邦奇性至孝，母老，不樂北來。』帝信其言，遂不召。二十三年卒，年六十一。贈太子太保，諡文定。邦奇之學，以程朱為宗，與王守仁友善，而語每不合。躬修力踐，蹠步必謹。晝之所為，夕必書於冊。性篤孝，以養親故，屢起輒退。其母後邦奇卒，壽至百歲。邦奇事寡嫂如事母。所著《學庸傳》、《五經說》及《文集》，粹然一出於正。」（卷二百一）

　　案：收錄《張文定公養心亭集》，《續修四庫全書》集部，第1337冊，據中國科學院圖書館藏明刻本影印。張邦奇〈序〉云：「專主胡《傳》，凡胡《傳》所未安者辯之。《公》、《穀》、《左》三傳之說，有聖於胡《傳》者，取而易之。胡《傳》之說，未得聖經本旨，而疑莫能辯者，則姑置之。」

## 《春秋集傳》　王漸逵撰，〔佚〕

　　王漸逵，1517前後，廣東番禺，字用儀、鴻山，號青蘿，據過庭訓云：「王漸逵，字用儀，番禺人，父傳為泰州學政，祿俸悉以濟貧，比卒，室如懸磬。母謂漸逵曰：『貧至此，兒欲以讀書佐食，何異藝石田濟枵也。』漸逵泣曰：『兒力不任農圃，巧不任工商，惟劬學足代耕耳。』乃苦志鑽研，弱冠登正德丁丑進士，授刑部主事，未幾請告侍養，以臺首薦起刑曹，條陳四事，言極剴切，人皆危之，而書留中不報，再疏乞歸，與銀臺參議倫以諒相得甚權，為物外之遊，諸名勝無不足跡。逵登第三十年，貧如故，以諒歲周之尚書霍韜亦重其為人，嘗曰：『予平生莫逆交，惟王用儀、梁日孚耳。』漸逵多著述，有《水記正學》、《記四書邇言》、《學庸釋略》、《讀經記》、《春秋集傳》、《嶺南耆彥傳》、《王氏宗禮》、《青蘿集》行于世。」（《本朝分省人物考》卷一百十一）

　　王漸逵〈春秋集傳序〉云：「《春秋》者，大聖人所作之經，為天下古今禮義不易之公案也。而論《春秋》者乃有千載不決之疑二焉，曰凡例也、周正也。凡例見於三《傳》，漢、唐、宋之儒者皆從而附會之，雖以胡氏猶不免焉，惟朱子始破其說，以為非聖人之意，而猶未明言以闢之也。近得甘泉湛氏作《春秋正傳》乃深斥之，然後凡例之說始弗信於天下。周正亦起於《左氏》，而漢、唐、宋之儒亦從而附會之，雖以朱子猶不免焉，惟唐子西僅及之，而亦未得其詳也，近得周文安作《辨疑集》，始析而正之，而三正之說猶或遺焉。予謂三正之說古無是制，亦無是言也，求之《詩》、《書》，考之《周禮》，皆曰班朔事於諸侯，自此始耳，非謂改元也，自是而改時改月之言漸興，而天地陰陽之道乖矣，故予斷以周王無建子之制，夏曆為百王之書，而《春秋》無冠月之訓，自以謂足以破千載不決之疑，不知博古君子以為何如也？雖然得聖人之意，而出於凡例時月之閒，猶相千里之馬，而出於牝牡驪黃之外，此又讀《春秋》

者之所宜知也。予既為《春秋古經義》，以其辭簡奧，恐讀者晦焉，暇日
徧觀諸儒之論，亦有精確得聖人之意者，裒為《集傳》，俾學者一開卷而
知之，無事乎揣測牽強之勞，庶幾明白簡易，而聖人正大之情見矣。」
（《經義考》卷二百一）

案：《千頃堂書目》、《明史》、《經義考》著錄。

## 《春秋古經義》　王漸逵撰，〔佚〕

案：王漸逵〈春秋集傳序〉云：「予既為《春秋古經義》，以其辭簡
奧，恐讀者晦焉，暇日徧觀諸儒之論，亦有精確得聖人之意者，裒為《集
傳》。」；又同治《番禺縣志》、光緒《廣州通志》亦著錄焉。

## 《春秋心傳》　周臣撰，〔佚〕

周臣，1517前後，雲南縣，字蓋菴，據雍正《雲南通志》云：「周
臣，字蓋菴，雲南縣人，正德丁丑進士，知公安縣。性狷介，改常德府教
授，陞國子監助教。致仕，杜門讀書，手不停披，所著有《翼聖傳》及
《春秋心傳》、《蓋菴雜稿》。」（卷二十一）

案：《經義考》著錄。

## 《春秋取義》　周臣撰，〔佚〕

案：《大理府志》著錄。

## 《春秋曲言》十卷　姜綱撰，〔佚〕

姜綱，1517前後，浙江金華，字幼章，號方竹，據徐象梅〈工部郎
中姜幼章綱〉云：「姜綱，字幼章，大理司務芳之子。性剛介，力持古
道，由進士授南刑部主事，讞議詳明，時以為老吏不如。嘗請除方遜志奴

籍，理高介夫冤獄，尤為卓越。以議大禮與時宰異，獨立不阿，時以涇野官武選。一旦於稠眾中，問及同卿能詩文者，綱不應，以前席復問，答曰：『德行，本也。詩文，末也。本之則無，如之何以？』改容謝之，轉工部營繕司郎中，剔蠹斥奸，為史卒所憾，共誣以擅用官物下錦衣獄，尋得白，落職歸家。居澹泊自守，不預外事，亦不以背家為念，自號方竹，嘗為之讚曰：『方不就曲，竹不諧俗。知我罪我，方竹方竹。』所著有《鳳林類稿》、經史等記若干卷。」（《兩浙名賢錄》卷三十七）

　　案：《經義考》著錄。《明史》、雍正《浙江通志》作「姜綱」。

## 《春秋斷義》不分卷　王崇慶撰，〔存〕

　　王崇慶，1484-1565，河南開州，字德徵，號端溪，據雍正《畿輔通志》云：「王崇慶，字德徵，開州人。正德進士，授戶部主事。時劉瑾既得罪，下獄未誅，崇慶疏請即正法。嘉靖改元，上新政十三事，皆見嘉納。又以豹房回子余永以邪術惑武宗，及陝西總兵李隆陰主叛軍殺都御史許銘皆宜誅，歷擢四川布政使，以平白草蕃功，累官南京吏部尚書。」（卷七十三）

　　王崇慶〈春秋斷義序〉云：「昔者吾聞諸夫子曰：『吾行在《孝經》，志在《春秋》。』而孟子推廣仲尼則又曰：『其事則齊桓、晉文，其文則史，其義則丘竊取之。』吾是以知《春秋》，聖人之心經也，因史而寓吾義焉爾也。然而聖人之義，存乎取舍，聖人之取舍存乎是非，是故是非之來無恒，而後吾之取舍，應焉而何？嘗有心於其閒也，如此則聖人可窺，後人之鑒可惡也矣！今夫人倫莫大乎君臣、父子、夫婦、長幼、朋友；始終莫大乎冠昏、喪祭、弔賻、殯葬；交際莫大乎朝覲、會同、盟誓、聘問；內外莫大乎中國、四裔；潤色戡定莫大乎禮樂、征伐；省咎反躬莫大乎時之災祥、民之向背；巡行莫大乎省方、田狩，然而莫不有先王之法在焉！夫法，天之理也，人之紀也，不可亂也。理悖而紀亂，人之心

滅矣，吾乃今然後知仲尼之悲周也，夫悲周因之於魯，探其原也，是故言魯所以正列國也，舉列國所以例魯也，又從而參之周，所以互見也，為無窮防也。仲尼取舍之義微矣，然而經者綱也，史之文也有筆削焉，傳者目也，列國之事也，聖人取舍之心行乎其中矣，而謂字字而褒，字字而貶，豈所以論聖人也哉！故善觀《春秋》者，必以傳；善觀《傳》者，必以理，必自平心易氣。始平心易氣者，必自無欲，始仲尼復起，必從吾言矣，作《春秋斷義》，嘉靖戊戌。」（《經義考》卷二百一）

案：《明史》作「春秋析義二卷」，《經義考》作「一卷」。《千頃堂書目》作「二卷」。《四庫全書總目》在《五經心義》云：「合所著《書經說略》、《詩經衍義》、《春秋斷義》、《禮記約蒙》與《議卦》共為一編，唯《周易》無序，余皆有自序，大抵皆剽掇舊文，罕所心得。」（經部三四·五經總義類存目）

## 《春秋私考》三十六卷　季本撰，〔存〕

季本，1485-1563，浙江會稽，字明德，號彭山，師王守仁，據徐象梅〈季明德先生〉云：「季本，字明德，會稽人，少受《春秋》於其兄木，遂以經名諸生中。弱冠舉於鄉，尋丁父母憂，自是家居者十二年，未嘗一日釋卷，於書無所不讀，每讀一書，必究其顛末乃已。已而師事新建，獲聞致良知之旨，乃悉悔其舊學，而一意六經，潛心體究。久之既浸溢，懼學者騖於空虛，則欲身挽其弊，著書數百萬言，大都精考索務，實踐以究王文成未發之旨，歷仕與處，從游者數百人，時講學者多以自然為宗，而厭拘檢因，為〈龍惕說〉以反之大旨，以龍喻心，以龍之驚惕，而主變化，喻心之主宰常惺，其要歸于自然，而用功則有所先。間以質諸同志，或然或否，卒自信其說不為動。始以進士理建寧，務在平反無成心，及召為御史，以言事謫，升沉者二十年，止長沙守。其為政急大節，略小嫌，絕不知有世情，卒以是齟齬歸。歸二十餘年，家徒四壁立，借居禪

林，以著書談道為樂，卒之年七十有九矣。疾且革，猶進門人於榻前講《易》，孳孳如平時，其為人表裏洞達，無城府，人人樂親之。歿既十餘年，而鄉人士益思慕不已，相與建祠禹蹟寺西林，顏曰景賢，又買田若干畝，以供祭祀。所著有《廟制考義》、《春秋私考》、《讀禮疑圖》、《四書私存》、《孔孟圖譜》、《樂律纂要》、《律呂別書》、《蓍法別傳》、《說理會編》、《詩說解頤》、《易學四同》，凡百二十卷，藏祠中。」（《兩浙名賢錄》卷四）

唐順之〈季彭山春秋私考序〉云：「《春秋》之難明也，其孰從而求之？曰：『求之聖人之心。』聖人之心，其孰從而求之？曰：『求之愚夫愚婦之心。』《春秋》者，儒者之所累世而不能殫其說者也，而曰『求諸愚夫愚婦之心』，不亦迂乎？孔子嘗自言之矣，『吾之於人也，誰毀誰譽。』斯民三代所以直道而行者也。《春秋》者，聖人有是非而無所毀譽之書也，直道之所是，《春秋》亦是之。直道之所非，《春秋》亦非之。《春秋》者，所以寄人人直道之心也，人人之心在焉，而謂其文有非人人之所與知者乎。儒者則以為聖經不如是之淺也，而往往謂之微辭，是以說之過詳，而其義益蔽。且夫《春秋》之為《春秋》，以誅亂討賊而已，子而嚴父，臣而敬君，人人有不知其為是。而弒君篡父。人人有不知其為非者哉。人人知其為是非，而或陷于弒逆焉者，昔人所謂以意為之也，雖其以意陷于弒逆，而其直道而行之心，固隱然而在也。聖人早為之辨醒，其隱然而在之心，以消其勃然敢動於邪之意，是以亂臣賊子懼焉，而能自還也。其使之懼者，不逆之於勃然而動者之不可忍，而牖之於隱然，而在者之不容息，是以能使之懼也，非書其弒以懼之之謂也，其懼者但覺其隱然而在者之，忽露而不覺其勃然而動者之，暗消是以懼也。非懼其書我而不敢為之謂也，故曰：『孔子懼，作《春秋》。《春秋》成，而亂臣賊子懼。』孔子之懼心，斯人直道而行之心，一也。斯人直道而行之心，亂臣賊子之懼心，一也。人人之心在焉，而謂其文有非人人所與知者乎？善說《春秋》者則不然，曰：『無義戰。』人人可以知其為無義戰也，而奚問

其有鐘鼓，無鐘鼓云爾也，曰：『某三王之罪人，某五伯之罪人。』人人可以知其罪之在也，而奚問其功與過云爾也。曰：『亂臣賊子懼。』人人知其為討亂賊也，而奚問其君之有以取之，無以取之云爾也，以是說《春秋》，豈不簡約而易知也哉！可謂以愚夫愚婦之心求《春秋》，而不蔽於聖經者也。或曰：『然則游、夏何以不能贊也？』曰：『高與赤者，世傳以為游、夏氏之徒也，師說固宜有在焉者，其猶未免於說之過詳歟？其諸家之紛紛者，又可知矣。可謂蔽於聖經而不以愚夫愚婦之心求《春秋》者也。』余為是說久矣，儒者皆牽於舊聞，迂焉而莫予信也，間以語彭山季君，君欣然是之，于是出其所著《春秋私考》視余，則《公》、《穀》之義例，《左氏》之事實，諸家紛紛之說，一切摧破，而獨身處其地，以推見當時事情而定其是非。雖其千載之上不可億知，然以斯人直道而行之心準之，要無甚相遠者。余是以益自信余之說有合於君也。君嘗師陽明王先生，聞致知之說，為能信斯人直道之心，與聖人無毀譽之心同。其《春秋》大旨亦多本之師說。故其所見直截如此，至於地里古今之沿革、姓名氏族之流派、星曆之數度、禘郊嘗社、禮樂兵賦之纖悉，古今之所聚訟，皆辨析毫釐，務極核實，昔人所稱經師，莫之及也。以非大義所關，故不摘之序中，蓋余嘗聞李愿中言羅仲素說《春秋》，初未甚曉然，及住羅浮後，其說不知何如？夫羅浮何與於《春秋》也，豈不以此心空洞無物，而後能好惡與人同，好惡與人同而後能說《春秋》也歟？君老矣，方且隱雲門之邃，厭文字之支離，兀然洗心以游於無物，其所說《春秋》，又當有進於是者，余尚得而見之。」

　　錢謙益〈跋季氏春秋私考〉云：「近代之經學鑿空杜撰，紕繆不經，未有甚於季本者也。本著《春秋私考》，於『惠公仲子』則曰隱公之母，『盜殺鄭三卿』則曰戌虎牢之諸侯使刺客殺之，此何異於中風病鬼，而世儒猶傳道之，不亦悲乎！傳《春秋》者三家，杜預出而《左氏》幾孤行於世，自韓愈之稱盧仝以為『《春秋》三《傳》束高閣，獨抱遺經究終始。』世遠言湮，譌以傳譌，而季氏之徒出焉，孟子曰：『始作俑者，其

無後乎！」太和添丁之禍，其殆高閣三《傳》之報，與季於《詩經》、三《禮》皆有書，其鄙倍略同，有志於經學者，見即當焚棄之，勿令繆種流傳，貽誤後生也。」（《牧齋初學集》卷八十三）

　　《四庫全書總目》云：「《春秋私考》三十六卷，浙江汪啟淑家藏本。明季本撰……本不信三《傳》，故釋經處謬戾不可勝舉。如言『惠公仲子非桓公之母』，『盜殺鄭三卿，乃晉人使刺客殺之』，『晉文公歸國，非秦伯所納』，諸如此類，皆無稽之談。夫孫復諸人之棄《傳》，特不從其褒貶義例而已。程端學諸人之疑《傳》，不過以所記為不實而已。未有於二千餘年之後，杜撰事蹟，以改易舊文者。蓋講學家之恣橫，至明代而極矣。」（經部三十‧春秋類存目一）

　　季本〈晉江陳先生春秋題意序〉云：「余亦以《易》理說《春秋》，折衷諸家之言，以會於一，頗集成書。」（《季彭山先生文集》卷一）

　　案：收錄《續修四庫全書》經部，第134冊，據明嘉靖刻本影印。《明史》作「三十卷」。

## 《春秋地考》不分卷　　季本撰，〔存〕

　　案：臺北國家圖書館藏舊鈔本。此書不見諸志目錄記載，惟有臺北國家圖書館藏舊抄本孤本，彌足珍貴。

## 《麟經祕旨》八卷　　柳繒撰，〔佚〕

　　柳繒，1519前後，河北南皮，生平失考，惟據嘉靖《河間府志》云：「柳繒，正德己卯舉人，任隆德知縣。」（卷二十六）

　　案：光緒《重修天津府志》、民國《南皮縣志》著錄。

### 《左傳雋永》十卷　沈儀撰，〔佚〕

　　沈儀，1519前後，浙江仁和，字懋德，號兩湖，據徐象梅〈惠州府判沈懋德儀〉云：「沈儀，字懋德，仁和人，司寇銳之子。生長高華，恥習紈綺。正德己卯舉於鄉，每下第歸，即閉門讀書，廳事左右，列圖書古史，日婆娑其中，若將終身。其於聲利澹如也，如是者二十年。嘉靖戊戌，謁選授清江縣知縣，恬淡寡欲，安靜不擾，吏民大歡樂之。督學使者徐公階行部至清江，見其衣冠樸野，心頗易之，居數日，則察其六事修舉，所守卓然，乃歎曰：『設吾以皮相天下士，幾失賢令矣。』陞惠州府通判，遂投劾歸。始司寇公無厚遺儀，又不治生產，家窶甚，人不能堪，獨端居靜養，游心境外，若孤鶴高騫，有翩然之致。」（《兩浙名賢錄》卷四十二）

　　案：雍正《浙江通志》著錄。民國《杭州府志》作「左傳雋永十卷……沈宜懋德撰」，「宜」字蓋誤也。

### 《春秋易簡發明》二十卷　湯𣲍撰，〔佚〕

　　湯𣲍，1519前後，四川潼川州，號石池，據雍正《四川通志》云：「湯𣲍，州人。事母以孝聞，正德十六年進士，觀刑部政即乞終養歸，母強之仕，授溧陽令，多惠政。年饑，賑活數萬人。母卒，憂歸廬墓不仕，惟潛心著述，有《春秋易簡發明》二十卷、《石池集》二十卷行於世。」（卷十上）

　　案：《經義考》著錄。朱睦㮮《授經圖義例》作「春秋易簡四卷」。

### 《春秋論》　許仁撰，〔佚〕

　　許仁，1520前後，浙江仁和，字元夫，據徐象梅〈同安令許元夫仁〉云：「許仁，字元夫，仁和人。明經篤學，開門授徒，方嚴介特，翕然為時所宗。正德庚辰，以舉人授巢縣教諭，擢河南鄳城令，勤於撫字，

稱循吏，以狷執不能事上官，調德化。德化瘴，鄉民獷悍難治，仁一以簡重鎮之，調同安。治同未幾屬德化，豪右以舊憾騰謫，遂罷歸。仁樸茂質直，多介少通，執義而往，率多齟齬，然邃於經學，毅然以崇正闢邪為已任，諸所論著，皆折衷六經，多發前人所未發云。」（《兩浙名賢錄》卷二）

　　案：民國《杭州府志》著錄。

## 《春秋解》　霍韜撰，〔佚〕

　　霍韜，1487-1540，廣東南海，字渭先，號兀崖、渭厓，據黃宗羲〈文敏霍渭厓先生韜〉云：「霍韜字渭先，始號兀厓，後更渭厓，廣之南海人。目有重瞳，始就小學，即揭『居處恭』三字于壁，力行之。日誦數千言，一二歲間，諸經皆遍。登正德甲戌進士第。告歸，讀書西樵山中，無仕進意。嘉靖初，起為兵部職方主事，仍謝病歸山。丙戌陞少詹事兼侍讀學士，丁亥進詹事，戊子陞禮部右侍郎、禮部尚書，皆辭免。庚寅丁母憂。服闋起吏部侍郎，丙申出為南京禮部尚書，己亥改禮部尚書，加太子少保，掌詹事府事。庚子十月卒於位，年五十四。贈太子太保，謚文敏。」（《明儒學案》卷五十三）

　　案：《千頃堂書目》、《明史》、《經義考》著錄。

## 《春秋地名考》一卷　楊慎撰，〔存〕

　　楊慎，1488-1559，四川新都，字用修，號升庵，別號博南山人、博南戍史，據《明史》云：「楊慎，字用修，新都人。少師廷和子也，年二十舉正德二年鄉試，又四年舉會試第二，殿試第一，授翰林修撰。……幼而警敏，書寓目弗忘……肆力古學，既投荒多暇，書無所不覽，嘗語人曰：『資性不足恃，日新德業，當自學問中來。』故好學窮理，老而彌篤……記誦之博，著作之富，明興推為第一。詩文外，雜著至一百餘種，

並行于世。隆慶初贈光祿少卿，天啟中進諡文憲。」（卷三百八十七）

案：收錄《升菴雜刻》，臺北傅斯年圖書館藏明萬曆間刊本。封面題「春秋地名考」，書內卷首題「春秋左傳地名考」。《八千卷樓書目》作「左傳地名考」，《澹生堂藏書目》「春秋左傳地名考」。

## 《春秋經說》二卷　楊慎撰，〔存〕

案：收錄《升庵外集》，《雜著祕笈叢刊》第3冊。楊慎《升庵外集》卷三十為「春秋左傳附公穀」，卷三十一為「春秋左傳」。焦竑編、顧起元校。

## 《春秋輯略》　陸鈇撰，〔佚〕

陸鈇，1521前後，浙江鄞縣，字舉之，號少石子，據過庭訓云：「陸鈇，字舉之，吳縣人，副使俉季子。甫能言，母命之以字，百試不爽。稍長，慧智開發，一目輒數行下，為文精恪典雅，大為時輩所宗。己卯舉於鄉，庚辰會試中式，辛巳廷對，擢甲科第二，拜翰林編修，讀書中秘，銳志問學，盡覽經史百家，儕輩素以才名著者，皆詘下之，尤砥礪名節，以古人自期待。時議禮諸臣，故傾心於鈇，欲引以為重，鈇卒不應，其人以為少已，遂銜之。會預修武皇實錄成，進修撰，已而大禮告成，議禮者秉愬修宿憾，遂出為湖廣按察司僉事，職江防，時司署新設，除戎禦侮，簿書文牒，皆創為之，而飭敘振刷，憲度并并，諸僚竊相與議曰：『嗟！陸君老吏，殆不如矣。』已而，稍遷江西參議，職司糧儲，輒能釐革宿弊，盡徵諸所逋負，又酌諸郡之贏縮，驗物產之登耗，而損益上下之，人皆以為便。遷山東按察副使，職專學校，乃明章程、嚴品式、正文體，其雕蟲靡麗則黜抑之，期不詭於大道，所至敦尚孝弟，分別義利，才俊有篤行者，引之若肺腑，士習為之丕變，斥佛祠、道院，崇祀先哲。山東舊無《通志》，喟然歎曰：『海岱山川之宗也，孔孟人物之望也，六經

文章之祖也，惟茲一方之志，而天下古今之事備焉，志何可廢！」遂考古諏今，補遺正訛，窮日夕不懈，比踰年志成，而釴則病矣，遂上疏乞骸骨，不報，遂卒。釴性資溫厚，和而不流，口未嘗言人之短，而剛大之氣，侃侃不阿，犯履咥之戒，曾無回忌，卒坎坷以沒云。」（《本朝分省人物考》卷二十三）

　　案：《千頃堂書目》、《明史》、《經義考》著錄。

## 《夏周正辨疑會通》四卷　李濂撰，〔存〕

　　李濂，1489-1587，河南祥符，字川父，據雍正《河南通志》云：「李濂，字川父，祥符人。幼穎敏好讀書，九歲工古文，嘗作〈理情賦〉，為李夢陽所賞。正德癸酉，鄉試第一。明年舉進士，歷仕至山西按察司僉事，坐忤權貴，嗾言者論罷，年纔三十八。杜門謝客，日以著述自娛，又四十年卒，年九十九。所著有《嵩渚文集》一百卷、《外集》、《緒集》若干卷，《祥符文獻志》、《汴京遺跡志》諸書，並傳於世。」（卷六十五）

　　李濂〈夏周正辨疑會通序〉云：「濂聞之師曰：『《春秋》昭明如日月，簡易如天地，垂訓命辭，直書無隱。顧世之學者，每求之於深奧，而聖人筆削之旨荒矣！』謹按《春秋》隱公元年首書曰『春王正月』，《左傳》曰『王周正月』，謂建子之月也。伊川程子乃為之說曰：『周正月非春也，假天時以立義耳！』夫以程子之賢，豈懵於此，蓋泥於《論語》『行夏之時』之一言。今夫《論語》者，聖門論道之書也；《春秋》者，魯國紀事之史也，其為書固不同，而可以例觀邪？胡文定作《春秋傳》，乃曰『以夏時冠周月。』龜山之在當時已不能無疑，答書辨駁，冀其改正，而文定卒未之從，此所以啟後儒紛紛之議也。自是而後，眾論蠭起，或以為改月不改時，或以為時月皆不改，或以為時月皆改，甲可乙否，各持堅白不相下，於是『春王正月』之旨，遂為千古不決之疑矣！烏虖！生今之世，而反古之道，仲尼以為災及其身，矧《春秋》之作，將以誅僭亂、尊周室、正一王之大法，乃首改周之正朔，其何以服亂臣

賊子之心，而使之悚然以懼邪？斯理甚明無可疑者，今不復深思熟講，以窮至當之歸，而固執意見之偏，輒欲盡廢眾說，曷若姑守闕疑之訓，虛心研究，以徐求其得失之為善乎屬者。嘉靖丁酉，北畿鄉試主司嘗以此為策問，而力主葉時、戴良、周洪謨之說，刊刻程文，貽譏當世。逾三科丙午，南畿鄉試主司鑒北畿之誤，復以此為策問，大意謂孔子周人也，嘗曰『吾從周，苟無其位而改周之正朔，其何以訓天下。』試錄一出，海內有識之士咸是之。孰謂人心無真見，天下無公論哉！濂屏處山林，日長無事，凡六經疑義，竊嘗究心，而於『春王正月』之旨，尤數數焉。乃參考群言，就正有道，反覆思繹，久之有得，爰輯舊聞，釐為四卷，題之曰『夏周正辨疑會通』，其前二卷所載，雖於經旨有乖，聊復存之，欲使學者先覽，庸知其誤。後二卷所載，庶幾弗悖經旨，謹備錄之，以為讀《春秋》者之指南。所謂昭明如日月，簡易如天地者，始曉然于天下，而莫之能惑，亦古今之大快事也。區區自惟寡陋，夫何所知，詎敢仰測聖筆之萬一，博稽眾論，漫爾折衷，如曰不然，請俟來哲。」（《嵩渚文集》卷五十五）

案：臺北故宮博物院圖書文獻處藏明藍格鈔本。

## 《續春秋明經》十二卷　黃佐撰，〔佚〕

黃佐，1490-1566，廣東香山，字才伯，號泰泉，據光緒《廣州府志》云：「黃佐，字才伯，號泰泉。四歲受《孝經》，五歲能隨父畿執養親禮。……十二歲舉子業成，乃更學為古文詞，及究心皇極象數著座右銘正騷粵會賦。正德五年庚午，鄉薦第一。……十五年庚辰，登進士。明年世宗即位，始廷試，選庶吉士，授編修。……謁王守仁，與論知行合一之旨，數相辯難，守仁亦稱其直諒。……致仕家居九年，遠近學者，從遊日眾，闢粵洲草堂以居之。……佐學以程、朱為宗，惟理氣之說，獨持一論。教人以博約為宗旨，蓋佐得力於讀書，典禮、樂律、詞章無不該通，故即以此為教。……穆宗詔贈禮部右侍郎，諡文裕，所著有《詩文集》六

十卷、《樂典》三十六卷、《詩經通解》二十五卷、《春秋傳意》十二卷……學者稱泰泉先生。」（卷一百二十七）

案：《經義考》、光緒《廣州府志》著錄。《明史》作「續春秋明經」。

## 《春秋傳意》十二卷　黃佐撰，〔佚〕

案：《千頃堂書目》、《明史》著錄。光緒《廣州通志》兩書皆收錄。

## 《春秋日錄》一卷　黃乾行撰，〔存〕

黃乾行，1523前後，福建福寧，字大同，號玉巖，據李清馥〈郡守黃大同先生乾行〉云：「黃乾行，字大同，福寧人。父子厚，青田訓導，嚴直不阿，子四：長乾清，恂恂孝友，會試下第，製絹衣，父知詰之，跪伏自責。乾德知宣平，鋤強戢吏。乾行舉嘉靖三十二年進士，授行人，歷戶部郎中，出守重慶，誨士阜俗，卒于官，所著有《禮記》、《春秋日錄》，四方傳之。乾行倜儻負義，兄乾清病，夜覓醫于鄉，遇虎不顧。乾清子復早卒，為昏嫁其孫及孫女弟。乾道夭無子，養其嫠終身。」（《閩中理學淵源考》卷九十二）

案：日本國立公文書館藏明嘉靖三十四年序刊本。《千頃堂書目》、《明史》、《經義考》著錄。

## 《春秋測義》　葉良佩撰，〔佚〕

葉良佩，1523前後，浙江太平，字敬之，號海峰，據康熙《江西通志》云：「葉良佩，字敬之，浙江天台人。嘉靖進士，知新城縣，清節雅度，專務以德化民，延訪耆德，獎課生儒，訟簡獄空，且日焚香誦書，百

費省節，至有里役，一年止用八錢之謠，自署其楹曰『空庭不掃三分雪，太史常函一物春。』至今傳誦。」（卷六十二）

案：雍正《浙江通志》著錄。

### 《春秋合纂》　陳璣撰，〔佚〕

陳璣，1523前後，河南鄢城，字天儀，據嘉靖《鄢城縣志》云：「陳璣，天儀，姚淶榜，嘉靖癸未任縣新城知縣、戶部郎中、漢中府知府、湖廣按察司副使。」（卷之三）；又萬曆《開封府志》云：「嘉靖壬午科：陳璣，鄢城人，癸未進士，副使。」（卷十二）

案：民國《鄢城縣記》著錄。

### 《春秋傳彙》十二卷　董漢策撰，〔存〕

董漢策，1523前後，浙江烏程，字帷孺、芝筠，據雍正《浙江通志》云：「董漢策，鄞人。癸未進士，湖廣中式。」（卷一百三十七）又阮元云：「董漢策，字帷儒，一字芝筠，烏程歲貢生。……汪淮曰：康熙庚戌年，江浙大水，漢策創羅秈改折諸議，以寬民力，又捐貲賑米，遠近賴以存活者無算。范忠貞公撫浙，曾舉應才品優長，山林隱逸之詔，引見奉旨，以科道員缺試用，忌者誣奏，放歸。歸後益肆力經史以教後學，著《周易大成》、《讀古定本》等書。」（《兩浙輶軒錄》卷二）

案：日本廣島大學斯波文庫藏明刊本（存四卷）。《經義考》、雍正《浙江通志》、乾隆《烏程縣志》、《傳是樓書目》著錄。

### 《青田三傳》一卷　陳中州撰，〔佚〕

陳中州，1491-1556後，浙江青田，字洛夫，號太鶴山人、依樹老人、太崔山人，後號亢惕子，據徐象梅〈太崔由人陳洛夫中州〉云：「陳

中州，字洛夫，詔之曾孫也。敦樸好古，務為高奇。自弱冠應試，屢列前茅，所作文論，遠近誦法，貢為盧江教諭，復轉王山，以興起入文為任。往與永嘉張少師游，好及謁，銓選永嘉令，作〈清馥殿賦〉，將薦授館職，不屑就，作詩誚之曰：『上馬伏波還未老，下車馮婦也堪羞。』人稱其節氣。歸來結一室，依古木下，自號依樹老人，又稱太崔山人，每為詩文，抉搔腎胃，如孟郊、賈島須出不經人道語以自羨，又嘗自題其小像曰：『鬖白子生何暮，百請無一遇。動與世違，靜如泥塑。人以為痴。天然之素謝多峽之，迻取一竅之悟。大明平世之民，羲皇上人之步。』咸謂實錄云。」（《兩浙名賢錄》卷四十三）

案：雍正《浙江通志》、光緒《處州府志》著錄。

## 《白鶴春秋》四卷　陳中州撰，〔佚〕

案：雍正《浙江通志》、光緒《處州府志》著錄。

## 《春秋文會錄》　徐世望等撰，〔佚〕

徐世望，1526前後，廣東和平，據林希元〈春秋文會錄序〉云：「徐子世望，卒業南雍，率其友笪廷和輩十餘人為《春秋》之會，得義若干篇。金陵趙氏見之，請刻以惠同志，請序於余。夫《春秋》之難言也久矣，史稱孔子作《春秋》，筆則筆，削則削，游夏之徒不能贊一詞。夫游、夏以文學名，又親炙於聖人，於《春秋》一詞猶不能贊，後之學者乃欲得聖人之心於千載之上，顧不難與？然則學《春秋》者，亦各隨其人之所見，而為之說耳，欲盡得《春秋》之旨，未也。譬之江白岷峨，觀之江也；自漢陽觀之，江也；自建業觀之，亦江也。所見無非江，然欲盡江之觀，未也。學《春秋》者何以異是。國朝明經取士，《春秋》初主《左氏》、《公》、《穀》、《胡氏》、張治《傳》，今則惟《胡氏》，業是經者，固不敢越《胡》而自為說。愚則謂若能兼采三《傳》，旁及諸家，

會衷於道，縱不躡武、宣、尼，聞韶忘味，或可望塵商賜言詩起。予惜乎今之世，未見其人也。《春秋》之學既難，故業是經者亦少，坊間傳刻諸經義，無慮數種，是經獨闕焉寡見，學者無所於法，徐子獨會諸生而有是錄，可謂有功矣。觀其筆作，言隨人殊，要皆於胡《傳》有所發明，雖業尚專門，未必盡得孔聖之心，然所以抽關啟戶，而為升堂入室之助者，將不在於斯與。故不辭為之序。」（《林次崖文集》卷七）；黃宸〈新建和平縣儒學記〉云：「……嘉靖癸未，邑尹劉公琰蒞任，謁廟升堂，衣冠文物，罕接愀然，曰：『化本在是，容可緩乎！』遂白於當道，查發龍川河源里籍生員徐世望、古尚祿等二十名，肄業於斯，又委龍川訓導盧格領袖之，蓋以肇人文也。嘉靖乙酉、丙戌，訓導林增、教諭周煒繼至，而督學歐陽公鐸以歲校，亦臨視焉……」（嘉靖《惠州府志》卷十六）；又光緒《惠州府志》云：「明和平。嘉靖：徐世望五年拔貢。古尚祿七年。」（卷二十二）

## 《春秋世學》三十三卷　豐坊撰，〔存〕

豐坊，1494-1569，浙江鄞縣，字存禮、一字人叔，後改名道生，字人翁，號南禺外史，據乾隆《鄞縣志》云：「豐坊，字存禮，熙之子也。舉鄉試第一，嘉靖二年成進士，除禮部主事。從熙爭大禮，下獄廷杖，後出為南京吏部考功主事，大計謫通州同知，免歸。坊博學工文，兼通書法，而性狂誕。熙既卒，家居貧之思效張璁、夏言片言取通顯。十七年，詣闕上書，言建明堂事，又言『孝莫大於嚴父，嚴父莫大於配天。宜加獻皇帝廟號，稱宗以配上帝。』世宗大悅，未幾，進號睿宗，配饗元極殿，其議蓋自坊始。人咸惡坊畔父云，明年復進〈卿雲雅詩〉一章，詔付史館待命，久之竟無所進擢，歸家悒悒以卒。晚歲改名道生，別為十三經訓詁，類多穿鑿語，或謂世所傳《子貢詩傳》，亦坊偽纂也。」（卷十五）

《四庫全書總目》云：「《春秋世學》三十二卷，兩淮鹽政採進本。

明豐坊撰……是書自稱『即其先世宋御史中丞稷之《案斷》而為之釋義。故曰世學。』然案斷之名，宋人書目及《宋史‧藝文志》皆不著錄，向來說《春秋》者亦所未聞，其偽蓋無足辨也。」（經部三十‧春秋類存目一）

　　案：收錄《四庫全書存目叢書》經部，第118冊，據湖北省圖書館藏明鈔本影印。另一版為臺北國立故宮博物院藏朱絲欄鈔本。《經義考》作「三十八卷」。

## 《左傳拔尤》三卷　項喬撰，〔佚〕

　　項喬，1494-1553，浙江永嘉，字遷之，號甌東，據萬曆《溫州府志》云：「項喬，字遷之，永嘉人。嘉靖己丑進士，由郎署出守撫、盧、河間三郡，歷湖廣、福建、廣東藩臬。性純篤學務身心，遇事確然以理自斷，一無所徇。張少師當國，嘗欲引致華要，喬謝焉。歷官二十餘年，潔己愛民，興利除害，所至善政章，著多遺愛，卒于官。居鄉以表正為己任，尤樂以善道開誘人，少壯至老，未嘗一日廢書，研窮理奧，不主一家意見，所獨得輒箚記以自鏡，為文關世教，不事險棘靡豔，所著有《甌東文錄》、《私錄》、《政錄》數十卷。」（卷十一）

　　項喬〈左傳拔尤序〉云：「《左氏》浮誇，唐韓子有是論矣。近世學文者又類宗之，然或以艱深文淺近，非獨使人不能句，雖俾其人自讀之，亦莫繹其意。脈之所在，自以《左氏》名家也，不知《左氏》之文，雖或一字一句，一句一意，然上下接續，脈絡貫通，譬之高山大川，然人徒見其閒，怪石奇巖，絕潢斷港者，若散漫不可紀極，而其一碧萬頃，壁立萬仞之勢，所向自如也。閒如大兵壓境，聽一言以解甲，義有所激，雖丐人亦知勇于取焉，此其重禮崇信，猶有先王之遺風矣。嗚呼！是傳其可少耶。某幼癖好之拔其可法之尤者，手膳三卷，為敘事、為辭命、為議論，竊常展玩，未嘗敢以示人。守盧之五月，會九庠英俊，而稟食之時，出以

正其文藝。諸生曰：『是不可私也。』遂傳之梓，庶使廬陽文體，藉是少變焉耳。然善讀者得之章句之外，其所以謀身、謀國者，將無不在似，未可輒以浮誇病之也。」（《溫州經籍志》卷五）

## 《左傳附注》五卷　陸粲撰，〔存〕

陸粲，1494-1551，江蘇長洲，字子餘，一字浚明，號貞山，據《明史》云：「陸粲，字子餘，長洲人。少謁同里王鏊，鏊異之曰：『此子必以文名天下。』嘉靖五年成進士，選庶吉士。七試皆第一。張璁、桂萼盡出庶吉士為部曹、縣令，粲以才獨得工科給事中。勁挺敢言。疏言：『我朝太祖至宣宗，大臣造膝陳謀，不啻家人父子。自英宗幼沖，大臣為權宜計，常朝奏事，先日擬旨，其餘政事具疏封進，沿襲至今。今陛下銳意圖治，願每日朝罷，退御便殿，延見大臣；侍從臺諫輪日奏對；撫按藩臬廷辭入謝，召訪便宜；復妙選博聞有道之士，更番入直，講論經史，如仁宗弘文閣故事。則上下情通，而天下事畢陳於前矣。』帝不能用。既言資格獨重進士，致貢舉無上進階，州縣教職過輕，王官終身禁錮，皆宜變通。因陳久任使、慎考察、汰冗官諸事，而終之以復制科，倣唐、宋法，數歲一舉，以待異才：『高者儲之禁近，其次分置諸曹，先有官者遞進，庶人才畢出，野無遺賢。』尋偕御史郤元洪清覈馬房錢穀。抗疏折御馬太監閻洪，宿弊為清。與同官劉希簡爭張福獄。帝怒，俱下詔獄。杖三十，釋還職。事具熊浹傳。張璁、桂萼並居政府，專擅朝事。給事中孫應奎、王準發其私，帝猶溫旨慰諭。粲不勝憤，上疏曰：『璁、萼，兇險之資，乘僻之學。曩自小臣贊大禮，拔置近侍，不三四年位至宰弼。恩隆寵異，振古未聞。乃敢罔上逞私，專權招賄，擅作威福，報復恩仇。璁狠愎自用，執拗多私。萼外若寬迂，中實深刻。忮忍之毒一發於心，如蝮蛇猛獸，犯者必死。臣請姑舉數端言之。萼受尚書王瓊賂遺鉅萬，連章力薦，璁從中主之，遂得起用。昌化伯邵杰，本邵氏養子，萼納重賄，竟使奴隸小人濫襲伯爵。萼所厚醫官李夢鶴假托進書，貪緣受職，居室相鄰，中開便戶

往來，常與萼家人吳從周等居間。又引鄉人周時望為選郎，交通鬻爵。時望既去，胡森代之。森與主事楊麟、王激又輔臣鄉里親戚也。銓司要地，盡布私人。典選僅踰年，引用鄉故，不可悉數。如致仕尚書劉麟，其中表親也。侍郎嚴嵩，其子之師也。僉都御史李如圭，由按察使一轉徑入內臺，南京太僕少卿夏尚朴，由知府期月遂得清卿，禮部員外張敔假曆律而結知，御史戴金承風搏擊，甘心鷹犬，皆萼姻黨，相與朋比為奸者也。禮部尚書李時柔和善逢，猾狡多智，南京禮部尚書黃綰曲學阿世，虛談眩人，諭德彭澤貪緣改秩，躐玷清華，皆陰厚於璁而陽附於萼者也。璁等威權既盛，黨與復多，天下畏惡，莫敢訟言。不亟去之，兇人之性不移，將來必為社稷患。』帝大感悟，立下詔暴璁、萼罪狀，罷其相，而以粲不早發，下之吏。既而詹事霍韜力詆粲，謂楊一清嗾之。希簡言：『璁、萼去位由聖斷。且使犬謂之嗾，韜以言官比之犬，侮朝廷。』而帝竟納韜言，召璁還，奪一清官，下希簡詔獄，釋還職，謫粲貴州都鎮驛丞。稍遷永新知縣。前後獲盜數百人，姦猾屏跡。久之，以念母乞歸。論薦者三十餘疏，皆報罷。霍韜亦薦粲，粲曰：『天下事大壞憸人手，尚欲以餘波污我耶？』母歿，毀甚，未終喪而卒。」（卷二百六）

　　《四庫全書總目》云：「《左傳附註》五卷，浙江巡撫採進本。明陸粲撰，粲字子餘，長洲人，嘉靖丙戌進士。官至工科給事中，以劾張璁、桂萼，謫都鎮驛驛丞，終於永新縣知縣。事蹟具《明史》本傳。是編前三卷駁正杜預之注義，第二卷駁正孔穎達之疏文，第五卷駁正陸德明《左傳釋文》之音義。多旁采諸家之論，亦間斷以己意，於訓詁家頗為有裨。顧炎武《日知錄》於駁正《左傳注》後附書曰：『凡邵、陸、傅三先生所已辨者不錄。』邵者，邵寶《左傳觿》，傅者，傅遜《左傳屬事》，陸即粲也。蓋炎武亦甚重此書矣。粲又有《春秋左傳鑴》二卷，大意以《左傳》為戰國人作，而劉歆又以意附益，故往往卑賤不中道，或為奇言怪說，驚於末流。考粲以《左傳》為出戰國，蓋因程子謂臘為秦禮，庶長為秦官，已為膠固。其以竄亂歸之劉歆，蓋因林栗謂《左傳》凡言『君子曰』是劉歆之詞，尤無佐證，未免務為高論，仍蹈明人臆揣之習，所謂畫蛇添足者

也。故惟錄此編，而《左傳鐫》則別存其目焉。」（經部二八·春秋類三）

案：收錄《景印文淵閣四庫全書》經部，第167冊。

## 《春秋胡氏傳辨疑》二卷　陸粲撰，〔存〕

《四庫全書總目》云：「《春秋胡氏傳辨疑》二卷，江蘇巡撫採進本。明陸粲撰。前有自序謂：『胡氏說經或失於過求，詞不厭煩，而聖人之意愈晦，故著此以辨論之。』大旨主於信經而不信例。其言曰：『不以正大之情觀《春秋》，而曲生意義，將焉所不至矣。』又曰：『昔之君子有言，《春秋》無達例。如以例言，則有時而窮，惟其有時而窮，故求其說而不得，從而為之辭。』又曰：『《春秋》褒善貶惡，不易之法。今用此說以誅人，又忽用此說以賞人，使後世求之而莫識其意，是直舞文吏所為，而謂聖人為之乎？』其抉摘說經之弊，皆洞中癥結，其例皆先列胡《傳》於前，而以己說糾正於後。如以《春秋》始於隱公，獨取歐陽氏之說，以為遠而難明者不修，而不取胡氏罪平王之說。於『紀履緰來逆女』，以為為齊侯滅紀葬伯姬書，而不取胡氏逆女必親使大夫非正之說。於『遂以夫人婦姜至自齊』，以為聲姜、敬嬴、穆姜皆稱婦，以文、宣、成皆有母稱婦，以別於君母，而不取胡氏貶稱婦以見惡之說。於『齊人來歸鄆讙龜陰田』，以為魯及齊平而歸田，不必以夾谷之會悉歸功於孔子，《三傳》、《家語》及《史記》皆未足據，而不取胡氏所稱攝相卻齊兵之說。如此者凡六十餘條，大抵明白正大，足以破繁文曲說之弊。自元延祐二年立胡《傳》於學官，明永樂纂修《大全》沿而不改，世儒遂相沿墨守，莫敢異同。惟粲及袁仁始顯攻其失。其後若俞汝言、焦袁熹、張自超等踵以論辨，乃推闡無餘。雖卷帙不多，其有功於《春秋》固不少也。朱彝尊《經義考》作四卷，注云『未見』。此本祇上下二卷，實無所闕佚，殆彝尊考之未審歟。」（經部二八·春秋類三）

　　陸粲〈春秋胡氏傳辨疑序〉云：「昔仲尼作《春秋》，旨微而顯。至胡氏說經，庶幾得之，惜其或失之過求，辭不厭繁，委而聖人之意愈晦矣。余嘗欲著之論辨而未能也，今謫居多暇，復披誦其傳，遇有疑處，輒書焉。久而成帙，以示從遊之士，多有駭而問者，余語之曰：『吾為此非敢異於胡氏也，實不敢異於孔子耳！』雖然，余敢遽以為是哉！當質諸深於《春秋》者，儻取二三策乎，否則無惑乎諸君病吾言也。嘉靖辛卯春二月朔日。」

　　案：收錄《景印文淵閣四庫全書》經部，第167冊。《明史》作「胡傳辨疑」，《經義考》作「四卷」。

## 《左氏春秋鐫》二卷　陸粲撰，〔存〕

　　《四庫全書總目》云：「《左氏春秋鐫》二卷，浙江巡撫採進本。明陸粲撰……是編乃其由工科給事中，坐劾張璁、桂萼謫都勻驛丞時途中所作。皆糾正《左氏》議論之失，亦柳宗元《非國語》之類。然於《左氏》釋經之謬，闕之可也，至記事、記言，但各從其實。事乖言謬，咎在古人，與紀載者無與也。亦謂之『鐫左』，則非其罪矣，甚哉其固也！」（經部三十‧春秋類存目一）

　　陸粲〈左氏春秋鐫題辭〉云：「太史遷言：『仲尼成《春秋》，魯君子左丘明受之，為著《傳》。』余以為非也。《左氏》之文，閎麗鉅衍，為百代取則，然其指意所存，乃往往卑淺，不中於道，或為奇言怪說，頗駭乎末流矣。蓋戰國之初，有私淑於七十子之徒者，不得與仲尼並時，又其書遭秦伏，隱及漢世，晚立於學官，自劉歆始定其章句，吾疑歆輩以意附益之者多也，作《左氏春秋鐫》，以曉始學者，令觀擇焉。」

　　案：收錄《四庫全書存目叢書》經部，第119冊，據明嘉靖四十二年陸延枝刻本影印。《經義考》作「春秋左氏鐫」。

## 《春秋解》　馮良亨撰，〔佚〕

馮良亨，1528前後，浙江臨海，字子通，據民國《台州府志》云：「馮良亨，字子通，臨海人。弱冠淹博，游大理丞葉忠門，篤志正學。嘉靖七年舉於鄉，教授鄉里，識王宗沐於齠齔中，王既貴，終身北面，復使三子咸受《春秋》，俱魁多士。初授東烏知縣，陞泰州知州，勵介節士，民德之。秩滿轉慶遠同知，以清廉慈惠虛之，甚得蠻夷心，引年歸，著有《春秋解》、《政餘錄》。」（卷一百零九）；又《經義考》云：「《台州府志》馮良亨，字子通，臨海人。嘉靖戊子舉人，慶遠府同知。」（卷二百一）

案：《經義考》、雍正《浙江通志》著錄。

## 《春秋測》　廖暹撰，〔佚〕

廖暹，1528前後，江西高安，字曰佳，據康熙《江西通志》云：「廖暹，字曰佳，高安人，中嘉靖鄉試，任武康令，調詔安，政務寬平，尋罷歸。嘗從鄒東廓講學，構西郊書院，為筠士，發明良知之旨。郡邑名士若況叔祺輩皆出暹門。子性之，字道夫，嘉靖辛酉經魁。弱冠隨父從東廓先生學，篤信謹守。初授陽信教諭，轉松陽縣令，陞路南知州，致仕歸。」（卷七十一）

案：《經義考》著錄。

## 《左粹類纂》十二卷　施仁撰，〔存〕

施仁，1528前後，江蘇長洲，字宏濟，據《四庫全書總目》云：「《左粹類纂》十二卷，浙江巡撫採進本。明施仁撰。仁字宏濟，長洲人，嘉靖戊子舉人。茲編以《左傳》所紀之事，分十五門編載。變解經之書為類事之書，去《春秋》之義遠矣。」（子部四七·類書類存目一）

黃省曾〈左粹類纂序〉云：「近世好《左氏》者，若吳郡守溪王公、無錫二泉邵公、河南空同李公，皆游涉二《傳》，樂而忘疲。予友施宏濟，博古敦行，潛心下帷，以《春秋》舉，乃析別二《傳》之文，自制命至於夢卜，定為十有五目，以轄萃其言，凡十二卷，命曰『類纂』，於其隱而難通者，務酌諸家而曲暢其義，使學者不勞披觀，可以因類而求，沿文以討，若八音殊奏，聽之者易入而領也，其心可謂勤矣。」（《經義考》卷二百一）

案：收錄《四庫全書存目叢書》子部，第178冊，據揚州市圖書館藏明嘉靖錫山安國弘仁堂刻本影印。

## 《左粹題評》　施仁撰，〔佚〕

案：陳繼儒《陳眉公先生全集》有「左粹題評序」。

## 《春秋正傳辯疑》　高簡撰，〔佚〕

高簡，1529前後，四川綿州，字敬仲，據湛若水〈新泉問辨續錄〉云：「高簡竊校《春秋正傳》，見先生於是經真得千載不傳之秘，而孔子光明正大之心，如秋陽皜皜，不可得而支離穿鑿之，不可得而附會深刻之，燦然若星斗在天，而人之望之。咸知其孰為經，孰為緯，孰為災祥而無事乎，深為推測以累乎，天之無心焉耳也。於乎！孔子無心之心，晦之千餘年矣，而諸儒者不契之以其本來，而鑿之使深，宜乎先生之獨得之也，然中間有所請正……」（《湛甘泉先生文集》卷九）

案：湛若水《春秋正傳》卷末附錄〈答門人高簡春秋正傳辯疑〉。另外《湛甘泉先生文集》卷九〈新泉問辨續錄〉亦收錄湛若水與高簡《春秋正傳辯疑》的問答，可參看。

## 《左選》八卷　　栗應麟撰，〔佚〕

栗應麟，1529前後，山西潞州，字仁甫，據王兆雲〈栗仁甫〉云：
「栗應麟，字仁甫，山西潞安府人。栗氏固巨族，而應麟及其弟應宏，字
道甫，皆聰穎有文采望。應宏舉於鄉，嘗與大梁高叔嗣游，叔嗣為其集序
曰：『上黨栗道甫者，余識之，愛其文。』乙未，歲朝京師，翰林編修唐
君應德語余，曰：『道甫詩可傳復誦，其伯氏仁甫尤長歌詩，思見之，未
閑也。』仁甫登己丑進士，會試第三人，例以父尚縣，君不得備宿衛，補
為陳州知州。無何，遭讒口，棄官築舍五龍山下，屏跡不入城，兄弟講業
其間，人謂其負謫易白，而陳州辨不肯力，咸悲其不遇。余聞古之達人，
讓卿相之位，屠羊灌園有逃之沒齒者，世豈能度陳州之心耶？余始得陳州
詩，讀之終篇，察其身名之際，略亡所恨，其所得遠矣。予曩者嘗學于
斯，藝思所折衷，性弱復善忘，不能為弘麗之詞，每數日裁撰一篇，不喜
輒棄去，慢懶相乘願，自放於山林之間，聊作以抒憂耳。故睹于陳州之
述，益感焉。」（《皇明詞林人物考》卷五）

案：《千頃堂書目》、《明史》著錄。

## 《春秋書法考原》　　皇甫涍撰，〔佚〕

皇甫涍，1497-1546，江蘇長洲，字子安，號少玄子，據過庭訓云：「皇甫
涍，字子安，長洲人……舉於鄉，與二弟並登甲科，聲名文學之盛，三吳之
士，鮮其儷者。初授工部主事，尋改禮部，進員外郎郎中。……沉靜寡與，自
負高峻，人苟不當其意，終日相對，默無一語。居官任事，砥礪操切，不肯脂
韋，取容既多忤物，又稍稍與時崖異，故愛之者雖深，而卒不能勝夫嫉之者之
眾也。雅性閒靖，慕玄晏先生所為，自號少玄子……群經子史，莫不貫綜，而
酷喜《左氏》，著《春秋書法紀原》，《選唐文粹》，為文必古人，為師自兩
漢而下，咸有所擇，見諸論撰，居然合作。詩尤沉蔚偉麗，早歲規倣初唐，旋

入魏晉，晚益玄造鑄詞，命意直欲窺曹劉之奧，而軼之所作，有《皇甫少玄集》若干卷。」（《本朝分省人物考》卷二十三）

　　皇甫涍〈春秋書法考原序〉云：「《春秋》，天子之事，而聖人之用存焉！夫子之得邦家，則《春秋》廢，而為唐虞之治窮而在下，則《春秋》列而為垂世之經。所謂三代之禮，虞之樂，綏來動和之化，咸具乎。《春秋》，治天下者得其義而施之，則王道備矣。涍不度蒙頓，私懷願學之志，而病讀之未得其要也。竊謂三《傳》去聖不遠，原流端緒，確乎有承，遂采其書法，家自為卷，庶幾究其說之異，以會其旨之同，仰思之下，雖僅有所得，亦未能吐為緒論，以為狂僭者之所安也。或有罪之者曰：『今之《春秋》，粲如日星，蓋自胡氏之《傳》出，而學者有所歸一，吾子固有異聞乎？』曰：『惡乎！敢發是經之隱，而著為成書者，奚啻百家侈矣，其何異之云。以謂筆削之微，自游、夏不能贊一辭，習其讀者，華顛而矇焉，或求之不得其要，以陵厲躁急之心，為指摘膠切之論。窺執毫末以為奇，穿求崖穴以為工，使聖人洪大覆育之公，下同於法家苛覈之見，先儒病之久矣，然則擬《春秋》以一辭，例《春秋》以一節，失之遠矣！夫學莫貴於真，真莫出於近，三《傳》近者也，習而通之，巽而俟之，視夫私意小智，趨赴影響以失，夫垂世立教之大旨者，何如哉！』罪之者曰：『子之說有是夫？齊魯之民，習察泰岱之形，茫洋之水，濱於海者得之。子善學者歟？』吾無敢復議矣，遂括其言為序，同志者尚相與勉焉。」（《皇甫少玄集》卷二十三）

　　案：《經義考》作「春秋書法紀原」。


## 《春秋讀意》一卷　　唐樞撰，〔存〕

　　唐樞，1497-1574，浙江歸安，字惟中，號子一、一菴，師湛若水，據黃宗羲〈主政唐一菴先生樞〉云：「唐樞字惟中，號一菴，浙之歸安人。嘉靖丙戌進士。除刑部主事。疏論李福達，罷歸。講學著書，垂四十年。先生初舉於鄉，入南雍，師事甘泉。其後慕陽明之學而不及見也。故

於甘泉之隨處體認天理，陽明之致良知，兩存而精究之。卒標『討真心』三字為的。夫曰真心者，即虞廷之所謂道心也。曰討者，學問思辨行之功，即虞廷之所謂精一也。隨處體認天理，其旨該矣，而學者或昧於反身尋討。致良知，其幾約矣，而學者或失於直任靈明。此討真心之言，不得已而立，苟明得真心在我，不二不雜，王、湛兩家之學，俱無弊矣。然真心即良知也，討即致也，於王學尤近。第良知為自然之體，從其自然者而致之，則工夫在本體之後，猶程子之以誠敬存之也。真心蔽于物欲見聞之中，從而討之，則工夫在本體之先，猶程子之識仁也。陽明常教人于靜中搜尋病根，蓋為學胸中有所藏躲，而為此言以藥之，欲令徹底掃淨，然後可以致此良知云爾。則討真心，陽明已言之矣，在先生不為創也。」（《明儒學案》卷四十）

　　《四庫全書總目》云：「《春秋讀意》一卷，浙江汪啟淑家藏本。明唐樞撰……其論《春秋》，以為不當以褒貶看，聖人祗備錄是非，使人自見，蓋以救宋儒穿鑿之失。然謂《春秋》字字褒貶，固為偏論，謂《春秋》竟無褒貶，則數十特筆，亦灼然不可誣也。讀者知其矯枉之意可矣。」（經部三十・春秋類存目一）

　　潘季馴〈春秋讀意跋〉云：「《春秋讀意》者何？一菴唐夫子讀《春秋》而得其意也。孔子曰：『吾志在《春秋》。』孔子之志，遏人欲、存天理、教天下，興起其久泪之，良心觸動其暫萌之，天覺由此而察識之、由此而擴充之，則欲可遏、理可存矣，或者不察，乃曰：『《春秋》意在褒貶，夫竊褒貶之權，以賞罰天下，是僭也。』正孔子所謂罪我者，其惟《春秋》也，此《春秋讀意》所由作也。知其意則會盟、征伐之迹、創霸、紹霸之由、託始、絕筆之故，皆可指掌而得之矣。馴於是經童而習之，白首而未得其旨，瞶瞶然者逾三十年，讀此重有省焉。若濯熱之清風，蘇蟄之迅霆也。隆慶庚午。」（《留餘堂集》）

　　案：收錄《木鐘臺集》，《四庫全書存目叢書》子部，第162冊，據私藏明嘉靖萬曆間刻本影印。

## 《春秋管見》　陳大濩撰，〔佚〕

陳大濩，1498-1583，福建長樂，字則殷，號雙溪，據汪森云：「陳大濩，字則殷，古縣人，進士。嘉靖間思恩同守，思恩，故外地，十歲九反，前後游宦，無任行者，公單車往至，則攝郡事。城故無井，公乃闢水關，引溪流入之，民以無憂汲。又築菴廬六十，檻於睥睨間，以棲直者。公以王文成故法撫諸蠻，咸自縛請降，誓不復叛，復攝橫州，橫亦治，而公以倦遊，投劾歸。」（《粵西詩文載》文載卷六十六）

案：乾隆《福州府志》、民國《長樂縣志》著錄。

## 《春秋辨疑》　楊應詔撰，〔佚〕

楊應詔，1531前後，福建建安，字邦彥，號天游，師呂柟，據李清馥〈舉人楊天游先生應詔〉云：「楊應詔，字邦彥，建安人。嘗讀書武夷天游峰，因號天游山人。少時從其祖松宦學，祖試叩所欲為？應詔言：『欲盡讀天下好書，幹盡天下好事，做盡天下好人。』年二十，游庠序，謁朱文公祠，仰而嘆曰：『他日不俎豆是非夫也。』年三十一舉于鄉，十上春官不第，其時上春官。時崑崙山人張詩者見其文稱為：『司馬子長、李太白復生。』應詔不屑也。久之遍遊趙、齊、魯間，卒業南雍，得奉常呂涇野柟之學，喜其淵源有本，遂師事之，歸而創道宗堂，華陽山奉祀孔聖，并顏、曾、思、孟、周、程、張、朱諸賢及涇野，其中揭涇野所嘗著教壁間，日與參對。年友溫陵蔡元偉亦潛心斯道者，遂自泉往建相聚砥磨，而他諸名公若鄒東廓守益、王龍溪畿、唐荊川順之、魏莊渠校、章介菴袞或見而心合，或聞而神往也。應詔之學，以寡慾正心為立本，以不愧天為歸的，於古今壯猷、奇烈、忠義、慷慨之事，崚嶒激發，夢寐見之，雖沉潛深靜之，意少而心懷軒豁，殆亦聖門之為狂者，所著有《閩學源流》及《困學》二錄，又有《五經辨疑》、《四書要義》以發聖賢之，

有《衛道錄》以闢禪，有《日史》以自記。」（《閩中理學淵源考》卷八十六）

案：楊應詔《天游山人集》卷之十七經議，尚存「春秋許世子止弒其君買」、「春秋滕子來朝」、「春秋衛人立晉」、「春秋晉弒其君州蒲」等4條。

## 《春秋集解》八卷　譚尚禮撰，〔佚〕

譚尚禮，1532前後，江西永新，字陸可，生平失考。

案：光緒《江西通志》著錄。

## 《左傳要語》　常應文撰，〔佚〕

常應文，1532前後，山西榆社，字汝實，據雍正《山西通志》云：「常在，榆社人……子應文，字汝實，嘉靖壬辰進士，任上海知縣。公明仁恕，甫三月，政通人和，以不習水土辭歸，所著有《左傳要語》等書。」（卷一百二十六）

唐錦〈左傳要語序〉云：「《左氏》身為國史，博綜羣籍，當時如鄭《書》、晉《志》之類，靡不縱覽，不但魯《史》而已，遂采摭簡策，為經作傳，聖人筆削之旨，於是乎有徵而可按矣。或謂丘明親授經於仲尼，或謂其得之曾子，雖未敢以為必然，要或有自。而唐啖、趙氏獨立異論，謂非丘明何歟？夫丘明之是耶？非耶？未足深辨，然其書淵深博大，沉懿雅麗，寢寢乎！上薄典誥，而下軼秦漢，卓然為百代文史之榘矱者，固不得而少訾也。後學慕之者則曰『善於禮』，攻之者則曰『失之誣』，其間所載妖祥、夢卜、讖數之屬，誠有類於誣者，蓋舊史之失，而獨以之罪《左氏》，則冤矣。第其決擇弗勇，不無遺憾焉耳。雖然，二百四十二年，諸侯會盟、征伐、燕享、朝聘暨卿大夫往來詞命，始卒先後，燦若畫一，俾百世而下有所稽據者，誰之功耶？此編題曰『要語』□□耶。夫州郡之政，惠愛是先，然非濟之以威刑，則豪悍者無所示懲矣。監司之政，

威刑是先，然非濟之以惠愛，則孱懦者無由自愬矣。惠之、威之兼施而並用之，斯吾之所以奉職，所以修政也。錦聞而嘆曰：『偉哉！東江公之論也。居內居外，職若異矣，而所以舉其職者，則同居此居，彼政若異矣，而所以施諸政者，則同是不可為，奉職修政者，所取法乎哉！唯公具博大貞毅之德，負雄奇英敏之才，淵邃之學，足以名世，高朗之識，夐絕寡儔，而況閱歷諳練，明習典章，其於天下事，瑩徹迎解，蓋目中未嘗有全牛也。所謂運斤成風，游刃而恢有餘地者矣，將見梁魏之區，耳目一新，豺狼歛遁，鸞鳳翩舉，卓然稱為一道之福星者，非公其誰歟？』異時，登進巖廊，寅亮燮理直舉，而措之云耳。上海令望川孫侯，荷公教愛，自謂道合志同，豔公此行命錦致詞為贈，夫贈之為言，增也、益也。若公者，豈錦蕪陋之詞所能增益哉！然贈行之作古則有之，考之蒸民諸詩可睹已，蒸民所詠，詳於職業，說者謂得贈言之體。錦因竊附其義，舉公之所以奉職修政者，登之於簡，用為祖道之先聲云。」（《龍江集》卷三）

　　案：光緒《榆社縣志》著錄。

## 《麟經解義》　黃華撰，〔佚〕

　　黃華，1532前後，四川遂寧，據雍正《四川通志》云：「黃華，遂寧人，從遊湛甘泉之門。舉嘉靖十一年進士，歷戶部郎，知松江府，奏上正風俗等十二事，切中時弊。又督餉有功，陞江西副使，歷布政使，晉光祿卿。一日，內官奉旨取光祿寺銀十萬兩，華抗旨僅以半進，時論『偉焉』。告歸，昌明道學，激引後進，尋卒。帝悼惜，賜祭一壇，特予葬賻，著有《麟經解義》。」（卷九上）

## 《春秋題意》　陳讓撰，〔佚〕

　　陳讓，前1532-1555，福建晉江，字源禮，號見吾，據李清馥〈侍御陳見吾先生讓〉云：「陳讓，字源禮，號見吾。少從從兄紫峰氏遊，傳其

學。紫峰以《易》學名，讓以《春秋》名，一時學者師之。嘉靖十年，鄉試第一。十一年，登進士，授紹興推官，聽獄稱平，暇則進諸生，校藝講學，徵為監察御史。……居日靜坐讀書，孜孜學問，口不及當世事，惟地方利病，則亹亹為上官陳之，期有濟。讓為人剛方廉介，見者竦憚，然與之久處，談論慷慨，真意溢出，人信慕之。上自承天還，猶問其姓名，臺使者至閩，輒疏薦，而執政多忌之，竟不用。家食十五年而卒。」（《閩中理學淵源考》卷六十）

案：季本〈晉江陳先生春秋題意序〉云：「讀《春秋》，剖析胡康侯之說，極其精詳。比屬會題，發揮大義……乃即平日纂題，復加嚴覈。去俗尚之繁文，明聖經之要旨。漸次引導，以達本源，此先生誘人之善術也。」（《季彭山先生文集》卷一），依季本之說，則此書蓋為陳讓平日為科舉所作之擬題。

### 《春秋原義》　周滿撰，〔佚〕

周滿，1532前後，四川漢州，字謙之，據雍正《四川通志》云：「周滿，字謙之，漢州人。幼穎慧，登進士，初授主政。理事之暇，六經、書史、子集無不精研其說，為文富贍。累官都御史，宦途所歷，如滇南宣大汀處，皆有異績。後家居，益肆力於學，著有《周易象義》、《春秋原義》、《受庵文集》共若干卷。」（卷八）

案：嘉慶《漢州志》著錄。

### 《春秋分國便覽》　沈越撰，〔佚〕

沈越，1532前後，江蘇江寧，字中甫、韓峯，據乾隆《江南通志》云：「沈越，字中甫，江寧人，嘉靖壬辰進士，知羅田縣。令民墾汙萊地千餘畝，流庸附籍者數百戶，移平江羅田立祠祀之。擢御史巡按江西，執法峻整，以風力稱，查覈武員，冗濫旗役，冒替者數千人。疏請落職罷

役，嚴嵩意有所不悅，授越指使劾之，越不從，左遷開州判，稍遷德安同知，告歸。杜門撰述，意致簡遠，子朝陽為池州教授，著《通鑑紀事前編》、《嘉隆聞見記》。」（卷一百三十九）

案：乾隆《江南通志》著錄。顧起元《客座贅語》卷七亦云：「沈侍御越……《春秋分國便覽》」。

## 《春秋經傳集解》　　沈越撰，〔佚〕

案：乾隆《江南通志》著錄。顧起元《客座贅語》卷七云：「沈侍御越……《春秋傳集解》」，蓋缺「經」字耳。

## 《春秋左傳考例》　　李舜臣撰，〔佚〕

李舜臣，1499-1559，山東樂安，字懋欽、夢虞，號愚谷、未村居士，據《明史》云：「李舜臣，字懋欽，山東樂安人也。嘉靖二年，會試第一，授戶部主事。……舜臣官南京尚寶時，取《易》、《詩》、《書》、《儀禮》、《禮記》、《左傳》，分日讀之，每六日一易。初苦漢、唐人註疏難入，已知其指歸在《爾雅》，《爾雅》本六書，乃質以篆、隸、《廣韻》，及陸德明《音義》，有所纂述，功未竟，及是益鍵戶窮探，乃著《易卦辱言》、《尚書說》、《詩序考》、《春秋左傳考例》、《穀梁三例》，《易》、《詩》、《書》三經『考古』，《文考》、《籀文考》諸書。一時經學文士，未有出其右者，為古文有法度，晚年過於繩削，其友李開先戲之曰：『君作文原去皮存肉，去肉存筋，今并筋肉俱盡，而獨存其骨，必如羲皇畫卦而後已乎！』家居二十年，撫按屢荐，竟不復起，年六十卒。」（卷三百八十四）

李舜臣〈春秋左傳考例自序〉云：「孔子之作《春秋》，至矣！而何說者索其言于例乎？蓋方之天苟求其故何也？言之于物，如為之形，迨其有形，物可諦視。是故寸短則尺長，此善則彼惡，《春秋》所以有例爾。

然又有非《左氏》所及,至杜而始見者,亦通曰例,能不失其指,不必親《左氏》出,可矣。故曰:『周禮,盡在魯矣!』敢以周禮為先,京師次之。二者,《春秋》所由作也。」(《愚谷集》卷六)

案:民國《續修廣饒縣志》著錄。雍正《山東通志》著錄李舜臣《春秋三傳考例》六卷,此書或即《春秋左傳考例》、《穀梁三例》、《左傳讀》,合此三書而以「考例」總其名,但獨缺《公羊傳》,姑存疑待考。

### 《穀梁三例》　李舜臣撰,〔佚〕

李舜臣〈穀梁三例自序〉云:「三者,時、月、日也。自穀梁氏與公羊氏之說《春秋》,皆以時、月、日起例,然辟之纖,穀梁氏為益精爾,夫日詳于月,月詳于時,今考之經,其或日者,果非無以是。故或例時而月,或例月而日,毫忽之察,信非如穀梁氏,其孰能與于此。故曰于彼乎,于此乎,是以并考載焉。」(《愚谷集》卷六)

案:民國《續修廣饒縣志》著錄。

### 《左傳讀》　李舜臣撰,〔佚〕

李舜臣〈左傳讀自序〉云:「孟子曰:『《詩》亡,然後《春秋》作。』《詩》亡者,《雅》亡也,而《風》自邶,作者尚多。隱公以來,然則《風》未亡爾,《小序》可徵。吾往讀《詩》,因考之《左氏傳》,遂讀《左氏傳》不輟。丁、戊、己、庚四歲,畢卷,頗存所得,總若干條。」(《愚谷集》卷六)

案:民國《續修廣饒縣志》著錄。

### 《春秋主意》　劉采撰,〔佚〕

劉采,1500-1573,湖北麻城,字汝賢,號安峰,謚端簡,據萬曆

《粵大記》云：「劉采，字汝賢，麻城人。嘉靖己丑進士，初知宿州，歷官廣東左布政。納已裕民，守官肅度，改歷三十餘年，所至以廉能稱，而藩務清釐，尤足為諸僚表率。嘗以家學《春秋主意》授諸生，於是廣士，始有麻城之學，而梁王佐輩，相繼登第，遷南京吏部尚書，改兵部尚書，卒贈太子少保，諡端簡。」（卷之九）

案：道光《廣東通志》、光緒《廣州府志》皆作「春秋宗旨」，並云根據《粵大記》修纂，而《粵大記》此段文字雖稍漫漶，但實為「主意」，非「宗旨」明矣。

## 《左傳敘略》十卷　石琚撰，〔佚〕

石琚，1534前後，山東益都，字仲芳，據嘉靖《青州府志》云：「石琚，字仲方，益都人也。賦性質愨，喜施予，篤學不倦，至忘寢食，六經子史，靡不考索。歸宿遊黌校，屢試第一，登嘉靖甲午魁，業成均。涇野呂公校之，擢居第一，曰：『狀元才也。』時新崇志堂遂屬代筆為記，鐫石太學都下，從遊者甚眾，至今科第不絕，所著有《六子要》、《左氏敘略》藏于家。」（卷十五）

案：《千頃堂書目》、《明史》作「左傳章略三卷」，《經義考》作「左傳敘略三卷」，雍正《山東通志》作「左氏敘略十卷」。

## 《春秋左氏經傳別行》六卷　李景元撰，〔佚〕

李景元，1534前後，海南崖州，生平失考，惟據乾隆《廣東通志》云：「嘉靖十三年甲午鄉試榜：李景元，崖州人。」（卷三十三）

案：《經義考》云：「經一卷，傳五卷」。

## 《春秋集傳》三十卷　楊時秀撰，〔存〕

楊時秀，1535前後，安徽懷遠，字叔茂，據光緒《重修安徽通志》云：「楊時秀，字叔茂，懷遠人。嘉靖乙未進士，知海寧縣，調歸安，杜詭寄以均賦，興學校以育才，擢戶部主事。榷稅淮安，禁剔宿弊，歷郎中，升山東僉事，分巡東兗，平女妖紅羅之亂，以艱歸，遂不起。」（卷一百九十七）

楊時秀〈春秋集傳序〉云：「今世之業《春秋》者，皆宗胡氏，蓋遵明制也。窮鄉下邑之士，讀胡《傳》矣，而鮮能復讀《左傳》，一或詰之，則茫然不知事之本末，謂之通經可乎哉？予錄是編，先之以《經》，繼之以《左傳》，俾欲通經者，得以見事之本末，然必與經相發明者錄之，否則不錄也。至於《左氏》不備者，然後《公》、《穀》得兼錄，《左傳》難訓者，亦參用杜《解》於下，而胡《傳》前後屬比，及旁引諸經，初學或未遽通者，亦略注之，庶一開卷間，大義曉然，於誦習之餘矣。嘉靖乙巳，司農留都諸寮案，見之輒手錄焉，且勸之以共諸四方同志者，因鏤板行之。」

案：北京國家圖書館藏明嘉靖二十六年汪秋卿刻本。

## 《春秋質疑》四卷　陳暹撰，〔佚〕

陳暹，1535前後，福建福州，字光進、序進，一字德輝，據嘉靖《嘉興府圖記》云：「陳暹，字序進，莆田人。舉人海鹽教諭，有儀範，洞達義理，審世故，工筆翰，嘗修《縣志》。」（卷十一）；汪森《粵西詩文載》云：「陳暹，字德輝，閩縣人。嘉靖間，廣西參政，曾攝藩事數月，司庫官以羨餘例進，公令貯帑中為司公費，其人相視不肯去，公曰：『爾得無慮盜侵邪？』隨署數字封識。尋擢江西按察使，方伯以前金為贐，卒不受。性喜為詩，又明象緯，製辟穀丸，適大饑，聞者詣暹乞丸，賴以全活甚眾。」

（文載卷六十五）

案：乾隆《福州府志》著錄。

## 《讀左瑣言》　黎邦彥撰，〔佚〕

黎邦彥，1537前後，湖南桃源，字玉子，號泉山，據光緒《桃源縣志》云：「黎邦彥，玉子，號泉山，嘉靖丁酉鄉薦。學問淵博，不樂仕進，著有《五經質疑》、《讀左瑣言》、《綱鑑拾遺訂正》、《經史劇談》等書。」（卷之十）

案：光緒《湖南通志》著錄。另著有《五經質疑》、《經史劇談》，皆亡佚。

## 《春秋筆記》　宋延年撰，〔佚〕

宋延年，1537前後，山東益都，字仁夫，據嘉靖《青州府志》云：「宋延年，字仁夫，益都人。幼奇穎，從父宦遊，讀書易水之上。弱冠，歸青州，文名驟起，以《毛詩》遊鄉校，繼從安丘黃禎受《春秋》。嘉靖丁酉魁東省，善古文辭，出入秦漢。行誼高潔，動以古道自持，見重鄉評。謁銓天曹，當領劇職，辭不就，選魏縣教諭。文章德望，師範一方，遷禮部司務留都，縉紳傾心推服。乙丑，考績過青展，謁卒於家門，人哀刻《一川遺稿》以傳。」（卷十五）

案：康熙《益都縣志》、咸豐《青州府志》著錄。

## 《春秋疑》十二卷　陳言撰，〔佚〕

陳言，1537前後，浙江海鹽，字獻可，號東涯，據徐象梅〈孝廉陳獻可言〉云：「陳言，字獻可，雁洲處士謙之子。生而秀穎，稱神童。稍長，以尚書為諸生祭酒，試輒冠軍。徐太守盈推為七校之選，遣幣使從吳

南溪先生游，吳門多俊士，而尤器重，言每歎曰：『此子海上鳳麟也。』辛卯，以選貢，卒業南雍。丁酉，領應天鄉薦，旋罹外艱。辛丑，計偕不第，卒于邸，年僅四十有一。……雖篤志舉于業，然博綜經傳，探索子史，凡所研解，即蠅書於眉間，辱透髓綮，人服其精，作《五經疑》若干卷，出入傳註，酌以己義，多先儒所未發，端居慕古，慨然以經濟為己任，作策百餘篇。」（《兩浙名賢錄》卷二）

陳言〈春秋疑序〉云：「《春秋》，聖人之史也，而曰經者，文史而義經也。經之為義，原於聖心，將以賞罰之衡，寄之筆削，禮樂之典，代乎天王，吾無疑焉爾。吾獨疑乎聖人之言如日星，而何其文之隱，迄於今而猶莫之裁也？吾又疑乎孔氏一私書耳，例不得與魯之史並行於時，安在其為見諸行事，而明周公之志於天下也？吾又疑乎非其位而託之乎南面，以誅奪之不少讓也？彼謂《左氏》受經，作傳者吾無據焉，而吾又疑乎其言之實相表裏也，《公》、《穀》之義例，非經也。然而經亦自有義例也。而吾又疑其何所祖也？不寧惟是其他以字、以事、以日、以月，參錯而互異焉者，吾又不能無疑也。嗚呼！聖典之湮，傳疏為之也，專門者固名家者，鑿同異、駁糅說者，徒欲取調人之義以平之，此不然，吾信吾是而已，吾所是者，經而已。聖人之經，紫陽所云『直書其事，而美惡自見』是已。吾惟據經以說經而已，經者經也，不得已而救世立法者，其權也。權而不失其為經也，尼父曰：『斯民也，三代之所以直道而行也。』由是觀之，謂《春秋》為聖人直道之書可也，作《春秋疑》。」（《經義考》卷二百二）

案：《經義考》無卷數，雍正《浙江通志》作「《春秋疑》十二卷，《海鹽縣圖經》陳言著。」

## 《春秋錄疑》十六卷　趙恆撰，〔存〕

趙恆，1538前後，福建晉江，字志正、志貞，號特峰，父趙瑞，據

李清馥〈郡守趙特峰先生恒〉云：「趙恒，字志正，號特峰，晉江人。祖瑞，弘治元年進士，歷官皆有清望，著《春秋管見》。恒警穎負奇，十三充弟子員，家傳《春秋》學，謂胡氏《春秋》闡素王心法，功令標以錄士，而末學穿求崖穴，繁綴枝條，如捕風射影，奮然以推明經術為己任，著《春秋錄疑》。讀書武夷山中，建州士多就問業。嘉靖十七年成進士，乞就教職得教授。袁州督學使者延主白鹿洞，集諸郡攜義而師之，遷國子監丞，尋改南都。南中辟雍士請所著《錄疑》梓之。」（《閩中理學淵源考》卷七十二）；顧復《平生壯觀》云：「晉江趙先生名恒，作《春秋錄疑》，訓顳心屏氣，以纊塞兩耳，然後執筆搆思，書既成去其纊，耳竟聾矣。」《明史》卷一百三十三云：「嘉靖戊戌進士，官姚安知府，有耳疾，故仕不久。」（卷五）

　　《四庫全書總目》云：「《春秋錄疑》十六卷，浙江范懋柱家天一閣藏本。明趙恆撰。恆字志貞……是書本胡氏《傳》而敷衍其意，專為科舉而設。故經文可為試題者，每條各於講義之末，總括二語，如制藝之破題。其合題亦附於後，標所以互勘、對舉之意。」（經部三十・春秋類存目一）

　　案：收錄《四庫全書存目叢書》經部，第119冊，據北京圖書館藏清鈔本影印。《千頃堂書目》作「十二卷」，《明史》、《經義考》作「十七卷」。

## 《春秋全意》十二卷　翁大立撰，〔存〕

　　翁大立，1538前後，浙江餘姚，字道生，號見海，據何三畏〈大中丞見海翁公傳〉云：「翁大立，字道生，號見海，浙之餘姚人也。嘉靖戊戌進士，三十八年以右僉都御史提督軍務，巡撫應天。蓋東南自島夷倡亂，祲歲相仍，有司告急，方以安攘大計屬主，上宵旰憂，而公嘗以參政督餉蘇、松，至是命為江南巡撫，既下車，爰檄郡邑，求閭閻疾苦，軍國

機宜所當釐舉者，條上之無不當，旨一一見諸施行。」（《雲間志略》卷二）

案：日本前田育德會尊經閣文庫藏明嘉靖間刊本。光緒《餘姚縣志》著錄。《晁氏寶文堂書目》不著姓氏。

## 《春秋說》　鄭廷鵠撰，〔佚〕

鄭廷鵠，1505-1563，海南瓊山，字元侍，號篁溪，據道光《廣東通志》云：「鄭廷鵠，字元侍，瓊山人。少警敏，從塾師海貞範學。宏博辨麗，海奇之妻以女。《粵大記》：登嘉靖戊子鄉薦，戊戌進士，授工部都水主事，陞吏科左給事，改工科。以地震上四事，俱關至計。庚戌分校禮闈，有人倫之鑒，擢江西督學副使。廉公有威，裁抑僥倖，嘗修《白鹿洞志》，增置書院田，尋遷江西參政，以母老乞歸，築室石湖，著書自娛，累薦不起，所著有《薖膾集》、《瓊志稿》，《易》、《禮》、《春秋說》、《蘭省》、《掖垣》、《學臺》、《石湖》等集，祀鄉賢。」（卷三百二）

案：道光《瓊州府志》著錄。

## 《春秋管》十二卷　劉繪撰，〔佚〕

劉繪，1505-1578，河南光州，字子素、汝素、少質，號嵩陽，據張佳胤〈中憲大夫重慶府知府嵩陽劉公暨配胡孺人墓誌銘〉云：「先生諱繪，字汝素，一字少質……十六補郡弟子員……喜讀《左》、《國》、縱橫家言，擊劍通俠以自豪。嘉靖辛卯，領省解。……乙未，成進士，肄政戶部……集徒數十人講經義，撰《易勺》四卷、《春秋管》十二卷……學者尊為嵩陽先生。」（《明文海》卷四百三十六）

## 《春秋論因》　劉繪撰，〔佚〕

案：劉繪〈春秋輔傳序〉提及嘗作此書。且書名同上所列《春秋管》差異頗大，故別立一書。

## 《春秋內傳列國語》　許應元撰，〔佚〕

許應元，1506-1565，浙江錢塘，字子春，號茗山，據侯一元〈廣西右布政使許公應元墓志銘〉云：「公諱應元，字子春。生而絕敏，數歲日誦數百言，為諸老先生所賞異。年十五為博士弟子，二十而舉嘉靖乙酉鄉試。……壬辰舉進士……所著曰《水部稿》、曰《陭堂稿》。所撰次曰《春秋內傳列國語》、曰《史記抄》、曰《漢語今》若干卷。」（《國朝獻徵錄》卷一百一）

案：《千頃堂書目》、《明史》、《經義考》皆作「春秋內傳列國語」，雍正《浙江通志》作「春秋內傳抄」。

## 《春秋伸義》二十九卷　馬森撰，〔佚〕

馬森，1506-1580，福建懷安，字孔養，據《經義考》云：「森字孔養，福建懷安人，嘉靖乙未進士，歷戶部尚書。子㷆曰：『《書傳敷言》，先恭敏為諸生時所著也，三山故鮮習是經者。嘉靖乙酉，督學邵公銳拔取進士內，二十有八人改習之，延莆田林公學道受業，先公師承其說，鑽研敷衍，浹期成帙，及官大司徒明農後，方付梓行於世。崇禎丙子，鄰弗戒於火，收拾煨燼之餘，得《敷言》若干，版付際明藏之，際明蒐補，復為完書。』孫際明曰：『先恭敏所著有《四書口義》、《春秋伸義》、《春秋辨疑》、《易經說義》，輯《禮》、《書傳敷言》、《奏疏》、《地理》、《正宗文集》若干卷。』」（卷八十九）

馬森〈春秋伸義序〉云：「《春秋》何為而作也？孟子曰：『王者之迹

熄而《詩》亡，《詩》亡然後《春秋》作。』是《春秋》之經，孔子因王迹熄而後作也。誅亂臣、懼賊子以正王法，孔子之意，淵乎微矣！孟子去孔子未遠也，其私淑諸人能得孔子之心印者，即其歷敘往聖見知、聞知之實，曰：『然而無有乎爾？則亦無有乎爾？可以見其自許，非顏、曾下矣？』其言曰：『其事則齊桓、晉文，其文則史。孔子曰：其義則丘竊取之矣！』此三言者足以破諸《傳》之惑矣！秦漢以來，言《春秋》者，不下數十家，大抵多祖《左氏》、《公羊》、《穀梁》三家之說，然公、穀在七十子後，諸弟子所傳聞而授之，與左丘明親見夫子，自是詳略不同，即左氏或疑非是丘明，而為當時魯國史官，則確也，國史策書，藏在太廟，其簡牘本末，孔子非由史官，何能得見？趙汸氏謂：『《春秋》一經，出於史官。先稟命魯君，而後得成其事，似非臆說。』今詳三《傳》，獨《左氏》頗具本末事實，然已不能無文勝之弊，若《公》、《穀》以所傳聞於諸弟子，雜之已見，其所病，又豈但亥豕魯魚之訛哉！至於義例之論，有求其說而不得者，又託為變例，以附會於夫子之經，因而後儒諸家紛然異同，蓋不能不背於《春秋》之大義矣！《春秋》大義，尊王黜僭，以律諸侯；誅亂臣賊子，以正人倫者也。今《經》首『元年春王正月』，《公羊》曰：『加王於正者』，言『大一統也。』胡氏宗之，則曰：『書元年者，祖二帝，明三王，正次王，王次春，乃立法創制，裁自聖心。』不知此元年者，乃魯隱公紀國之元年，實周平王之四十九年也。以諸侯之元年，冠周天子春王正月，是得為夫子創制？明大一統乎？否也，弒隱寫氏，實羽父謀諸桓也，經反書薨而為之說，曰隱公見弒，魯史舊文，必以寔書。其曰公薨者，仲尼親筆也。古者史官，以直為職，不諱國惡，仲尼削而不書，斷自聖心，謂國史一官之守，《春秋》萬世之法，其用不同，此非厚誣聖人，以不道者哉。許世子止，親疾不嘗藥，而書弒；楚公子圍假問疾，縊殺其君，而書卒。若非魯史舊文，是何深刻於許止，而曲穢於子圍耶？此可以例其餘矣。陳恒弒其君，孔子時已致仕，猶沐浴請討，況於《春秋》明百王之大法者乎！此又可以仰窺聖人之心，而知其不諱、不宥之必然矣。蓋《春秋》之修，皆據魯史舊文

而筆削之，並未有特筆、變文以增改於其間也。其曰筆者言，因之而書也；其曰削者言，去之而不書也。若外加筆削，而又增改於其中，則與孟子其文則史之言異矣。其曰天子之事者，非以褒貶予奪，屑屑焉於事事求詳，而托為命德討罪之權也。以王者政教，號令不行於天下，禮樂征伐，皆自諸侯出，故因魯史之文，竊取其義，以正其失而明之，使知有百王之大法焉耳。至謂知我、罪我云者，我謂我眾人也，言天下後世之善惡者，讀《春秋》之所善、所惡，若美我、刺我者也，故曰『孔子成《春秋》，而亂臣賊子懼。』惟知我、罪我，故懼也。若如後儒之說，則孟子又自與『其文則史』之言若相矛盾，而孔子亦必不曰『竊取』，以嫌於僭耳。今考《經》所載朝聘、會盟、侵伐、戰爭、兼攻、取侮之類，莫非列國之所謂事也，編年以著代，紀時日月以敘事，錄列國文告以登諸簡筴，莫非魯史之謂。文也有詳略異同，有書、有不書者，有彼善於此者，或據事直書而義自見，或屬辭比事而義因以明，則孔子之所竊取者也。是故以此求之於心，而不必鑿之於文；以此攷之於事，而不必泥之於經，信其所可通，闕其所可疑，以《經》證《經》，而不屈《經》以伸《傳》；以《傳》證《經》，而不屈《傳》以伸《經》，則庶幾於《經》，可以得聖人取善之心，於《傳》可以知聖人所以取義之旨。《春秋》大義，燦然可求，諸家紛說，抑亦少訂矣。某也鹵莽之，學猶在面牆，未洗心淬，固知寡陋，不足以上探《春秋》微奧，而低昂乎眾說也。竊自登籍之後，曾兩乞身，臥病林間，耽玩墳集，掇拾諸《傳》，參考見聞，輒自紀錄。今曆有歲月，漫成篇卷，名之曰『春秋伸義』，蓋取王仲淹氏論述作而曰：『吾於道屢伸，而已之義也。』極知謬妄，無所逃罪，或緣管蠡一得之愚，以俟後之君子，冀能味醇醪於糟粕中焉耳。」（《明文海》卷二百二十六）

　　案：《經義考》作「春秋伸義二十九卷」，《千頃堂書目》、《明史》作「春秋伸義辨類二十九卷」，《閩中理學淵源考》作「春秋伸義辨疑」。「辨類」、「辨疑」，蓋訛誤也，《千頃堂書目》、《明史》則混入《春秋辨疑》一書。

## 《春秋辨疑》二卷　馬森撰，〔佚〕

馬森〈春秋辨疑序〉云：「《春秋》之學，雖因諸《傳》以明；《春秋》之義，亦因諸《傳》以晦。胡氏之說，愚竊惑之，九江黃楚望氏固極其辨析之詳矣，新安趙子常氏又師其說而分為屬辭八體，自謂能得聖人之旨，愚亦不敢以為盡然也。愚本淺陋，上不能遡聖人之淵源，下不能究諸儒之詳說，疑之闕也久矣。近獲乞身，養疴林下，因日記所見異同而錄之，積有歲月，彙萃凡二十有九卷，竊不自量而存之，名曰『春秋伸義』，復撮其大相牴牾於胡《傳》者，錄為辨說，以證其必非改魯史之舊文，以求正於四方之賢，冀一參駁之，俾有所考訂而不陷於妄誕之罪，則庶幾可存，以補一家之言，而所以說經者於此，未必無少補云爾。」

案：《經義考》云：「二卷，存」，可見朱彝尊親見原書，《千頃堂書目》、《明史》作「春秋伸義辨類二十九卷」，當是兩書矣，今書雖亡佚，而序文尚存，書名「辨疑」者，蓋疑於胡《傳》。

## 《春秋本義》　黃光昇撰，〔佚〕

黃光昇，1506-1586，福建晉江，字明舉，號葵峰，據李清馥〈恭肅黃葵峰先生光昇〉云：「黃光昇，字明舉，別號葵峰，晉江人。……登嘉靖八年進士，為吏部選。人即明法律書，數考論國家掌故，授長興令，理煩治劇，紀綱肅然，擢刑科給事中，以艱歸。服闋，起兵科，以剛介不阿時相，出為浙江僉事，遷參政。……生平論學，一以考亭為主，重實踐而擯玄虛，故其褆身居官，確有榘矱。……著有《四書紀聞》、《讀易私記》、《讀書愚卷》、《讀詩蠡測》、《春秋采義》……數百卷藏于家。」（《閩中理學淵源考》卷六十一）

案：《千頃堂書目》、《明史》、《經義考》皆作「春秋本義」，乾隆《福建通志》、乾隆《泉州府志》作「春秋采義」。

## 《春秋明志錄》十二卷　熊過撰，〔存〕

熊過，1507-1529後，四川富順，字叔仁，號南沙，據清鈔本《明史》云：「熊過，字叔仁，富順人，瀚同年進士，累官祠祭郎中，坐事貶秩，復除名為民。過學通經術，文章簡古，著《周易象旨決錄》諸書，談經者尚之。」（卷三百八十四）

丁丙《善本書室藏書志》云：「《春秋明志錄》十二卷，精鈔本。後學熊過著。按：過字叔仁，富順人，嘉靖己丑進士，官至禮部祠祭司郎中。《明史・文苑》附陳束傳，與陳束、王慎中、唐順之、趙時春、任瀚、李開先、呂高為嘉靖八才子。研思經訓，不僅以文章名，此錄盡廢三《傳》，而亦不遵胡《傳》，於說《春秋》者，別開蹊逕，瑕少瑜多，亦如所著之《周易象旨決錄》也。」（卷三）

《四庫全書總目》云：「《春秋明志錄》十二卷，浙江吳玉墀家藏本。明熊過撰。過有《周易象指決錄》，已著錄。其著《周易》，頗不主先儒舊說。此書亦多自出新意，辨駁前人。於《公羊》、《穀梁》及胡安國《傳》俱有所糾正，而攻《左傳》者尤甚。如以『刑遷于夷儀』為邢自遷，非桓公遷之；以『城楚丘』為魯備戎而城，非桓公城以封衛；以『晉人執虞公』為存於其國，制之使不得他去，而非執以歸；以『寧母之會辭子華』為不實；以『洮盟謀王室』為誣說；以『用鄫子』為出自邾人，非宋公之命；以晉懷公為卓子之諡，文公未嘗殺子圉；以趙盾並未使先蔑逆公子雍于秦；以衛石惡為孫氏黨，非寧氏黨；以楚殺慶封非以罪討，無負斧鉞徇軍事，俱不免鑿空立說。又如以郭公為鳥名，謂如螟蜮之類，書以紀異；以梁亡為魯大夫會盟所聞，歸而言之，不由赴告，故不著其亡之由，亦多出於臆斷。大抵務黜三《傳》，如程端學。端學不過疑傳，過乃至意造事蹟，其弊更甚於端學。然端學多繳繞拘牽，格格然不能自達，過則斷制分明，紕繆者極其紕繆，平允者亦極其平允。卓爾康《春秋辨義》謂其『頗出新裁，時多微中，亦《春秋》之警策者』，語固不誣。故今糾

其廢傳之失，以彰炯戒，而仍不沒其所長焉。」（經部二八·春秋類三）

熊過〈春秋明志錄自序〉云：「三《傳》而下，庶言紛如，而聖人之經，由之明晦。因舉其說，本於良知，並加折衷。」（《南沙先生文集》卷一）

案：收錄《景印文淵閣四庫全書》經部，第168冊。卓爾康曰：「南沙熊過《春秋明志錄》一書，頗出新裁，時多微中，亦《春秋》之警策者。然於《左氏》牴牾，實有未安。」（《經義考》卷二百二）；錢謙益〈與嚴開正書〉曰：「明朝富順熊過有《春秋明志錄》，援據該博，而于彭山季氏杜撰不根之說，亦有取焉，則亦好新說之過也。」（《牧齋有學集》卷三十八）；丁丙云：「《春秋明志錄》……盡廢三《傳》，而亦不遵胡《傳》，於說《春秋》者，別開蹊逕，瑕少瑜多。」（《善本書室藏書志》卷三）；朱睦㮮《授經圖》作「一卷」。

## 《唐荊川先生編纂左氏始末》十二卷　唐順之撰，〔存〕

唐順之，1507-1560，江蘇武進，字應德，號荊川，師魏校，據凌迪知云：「唐順之，字應德，武進人。嘉靖己丑會試第一，二甲進士，授翰林院編修，歷春坊司諫。以上言罷歸，潛心理道，家食二十餘年。己未，以知兵荐起兵部主事，歷通政，巡視兩浙，禦倭海上，歷淮揚巡撫，右僉都御史，卒于官。順之博學通古今，練達經濟，為世名儒，士林高其德行文章，無不欽仰，特晚年晉用人，每有疵議云。所著有《荊川文集》、《史纂左編》、《文編》、《雜編》、《左氏始末》等書行於世。」（《萬姓統譜》卷四十九）

唐一麟〈左氏始末序〉云：「族大父荊川先生治《春秋》，謂聖人有是非無毀譽，一本之人心，直道之自然。其於《左氏》，務使學者反覆參究，融會聯絡，以得乎所以見乎行事之實，且夫先經以起義，與後經以終事，是《左氏》之所以善於考證也。而事或錯出，文或別見，則執經以求

其斷案者，每病於條理之難尋，而屬辭比事之旨，因以不白於世。於是乃合其始末而次序之，以為一書，然後事歸其類，人繫其事，首尾血脈，通貫若一，而聖人善善、惡惡之大法，所以榮黼黻而威斧鉞者，不待考之，義例之紛然，一開卷而瞭然如在目中矣，豈非讀《春秋》者之一大快也哉！《始末》以《左氏內傳》為主，而纖悉委曲，有逸出於《外傳》、《史記》者亦入焉，君子之於經籍之遺文，與其過而廢也，寧過而存之，在讀者慎取之而已，先生之弟應禮甫，嘗預聞纂輯之大意，而謂是書不可以無傳也，故刻之家塾，而命一麟序其首。嘉靖壬戌。」

　　案：臺北國家圖書館藏明嘉靖四十一年唐氏家刊本。《千頃堂書目》云：「分為十五門：曰后、曰宗、曰官、曰倖、曰奸、曰殺、曰逐、曰亂、曰盜、曰鎮、曰戰、曰戎、曰名臣、曰禮樂、曰方技。《始末》以《左氏內傳》為主，而纖悉委曲，有逸出于《外傳》、《史記》者，亦入焉。」（卷二）

## 《左氏始末》十二卷　唐順之撰、徐鑒評，〔存〕

　　徐鑒，1601前後，江西豐城，字觀父，據《四庫全書總目》云：「鑒字觀父，豐城人。萬曆辛丑進士，官監察御史，提督應天學政。」（子部四八·類書類存目二）

　　徐鑒〈刻左氏始末序〉云：「《左氏始末》者，毘陵荊川唐先生所手編也。起自后妃，終乎禮樂方技，人繫其事，事歸其彙，蓋取《左氏》所傳《春秋》二百四十二年行事，與夫《國語》、《史記》、《外傳》所錯出者，悉連屬而比，合之凡十四目，為卷十二。嗚呼！前事之不忘後事之師也，尼父裁其義，《左氏》核其事，先生輯其全。善雖小不遺，言無微不采，周之所以王，周之所以衰，華袞之所由榮，斧鉞之所由辱，上下千載，洞若觀火，是《左氏》羽翼乎聖經，而先生又羽翼乎《左氏》也，功顧不偉與。余既探先生之大旨，而校讎以廣其傳，間出管見，用資揚搉，

庶幾不失先生編次之意云爾。萬曆甲寅。」

　　案：臺北國家圖書館藏明萬曆四十二年劍江徐氏刊本。

### 《春秋論》一卷　唐順之撰，〔佚〕

　　案：《千頃堂書目》、《明史》、《經義考》、光緒《武進陽湖縣志》著錄。《唐荊川文集》收錄有「讀春秋」一卷，未知和此書關係為何，姑存疑待考。

### 《獲麟考》　唐順之撰，〔佚〕

　　案：光緒《武進陽湖縣志》著錄。

### 《精選東萊呂先生左氏博議句解》十六卷　瞿景淳撰，〔存〕

　　瞿景淳，1507-1569，江蘇常熟，字師道，號昆湖，據乾隆《江南通志》云：「瞿景淳，字師道，常熟人。嘉靖甲辰會試第一，殿試第二，歷官禮部侍郎，有大度能容物，而遇事確不可奪，與嚴嵩、陸炳慷慨爭事，力持大體，於書無所不窺，尤好《左傳》，攻制科業與王鏊齊名，學者宗之，稱昆湖先生。」（卷一百六十五）

　　案：山東省圖書館藏明刻本。《傳是樓書目》作「左氏博議句解六卷」。另外《日藏漢籍善本書錄》著錄「東萊呂先生左氏博議句解四卷」。

### 《春秋釋例》四卷　王應鍾撰，〔佚〕

　　王應鍾，1541前後，福建侯官，字懋復，據李清馥〈參政王懋復先生應鍾〉云：「王應鍾，字懋復，侯官人。嘉靖二十年進士，授庶吉士，改浙江道監察御史，巡鹽長蘆。東廠太監馬廣貪而虐，應鍾疏論之，詔切

責廣，一時中貴斂跡。按順天糾郡，縣不職者三十餘人，嚴嵩柄國，十監錦衣妄指奸細，誣殺人，應鍾立白其冤，守備昌平太監王敏朘削軍士，應鍾數其罪，世宗為逐敏。河套事起，應鍾以前與議，逮詔獄，十監錦衣修前隙，幾斃杖下。按浙江，所至墨吏解綬去，入掌河南道，會大計吏，嵩欲蔽其私人，應鍾弗許。出督學河南，宗室有凌辱諸生者，必繩以法。轉山東參政，竟為嵩所中，罷歸，環堵蕭然，講明正學，學使者宋儀望為建書院於道山，從游者雲集。應鍾性端毅，居官以嚴，見憚於鄉黨，則謙恭樂易，引掖後進，常若不及，年九十卒。」（《閩中理學淵源考》卷四十四）

　　案：乾隆《福州府志》著錄。

## 《春秋筆意》一卷　　王崇儉撰，〔佚〕

　　王崇儉，1541前後，山東曹縣，字叔度，據焦竑〈右副都御史王公珣傳〉云：「崇儉，字叔度，珣第七子也，舉嘉靖辛丑進士。會考選庶吉士，有達官見其詩翰者，謂曰：『以君才學，宜居上選，惜年踰三十，若稍減一二，入選必矣。』崇儉正色曰：『天下豈有未事君，而先欺君者乎！』達官愈重之，觀政通政司，未除官而卒，所著有《五桂堂稿》、《春秋筆意》等書。」（《國朝獻徵錄》卷六十一）

　　案：《經義考》無卷數，雍正《山東通志》作「一卷」。

## 《春秋春王正月周正考》一卷　　林懋和撰，〔存〕

　　林懋和，1541前後，福建閩縣，字惟介，號雙臺，弟林懋舉，據陳鳴鶴云：「林懋和，字惟介，閩縣人。六歲喪父，家赤貧，好讀書，不肯事事。伯父炳為會稽令，數止懋和毋讀書、事事，懋和愈益讀書不輟，炳諸子厭之，不以兄弟數。每聞懋和至，輒藏其圖籍，亡令竄人子窺也。懋和嘗數從諸生會文，而寄食飲，諸生厭之，乃陰移其期絕去之。懋和是時

贏身，與母居甚困，去抵其姑，姑嫁。為懷安孝廉，茆齋先生陳坴妻，姑家使懋和監穫，懋和帶經往伊吾，田中穫竟人盡去，懋和不知也，姑家又厭之。獨茅齋先生知懋和賢，厚奉給之。懋和諸大母謂茅齋先生曰：『吾孫貧不治生，奈何予金？』先生曰：『懋和非庸人也，即數奇至歿身，亦不失為揚雄、劉向，吾終不望報矣。』懋和以治《春秋》，舉嘉靖辛丑進士，選為庶吉士，年四十為廣東左方伯，歸絧帙益富，乃閉戶徧觀之，盡通十三經、百家之言，與客譚皆墳素秘文，而不及他。年八十餘，卒。所著有《櫟寄集》及《雙臺詩選》。」（《東越文苑》卷六）

案：收錄《櫟寄集》，日本東京內閣文庫藏明萬曆十七年序刊本，臺灣傅斯年圖書館藏有影印複本。

## 《春秋摘要》二卷　魏謙吉撰，〔存〕

魏謙吉，1509-1560，河北柏鄉，字子惠，號槐川，據《明史》云：「魏謙吉，字子惠，栢鄉人。嘉靖十七年進士，歷官御史，擢大理寺丞，進少卿。謙吉輕狂，不修士行，屬嚴嵩當國，遂依之以進。」（卷二百九十三）

案：北京大學圖書館藏明南郡曹氏刻本。

## 《春秋便覽集案》二卷　魏謙吉撰，〔存〕

魏謙吉〈春秋備覽序〉云：「《春秋》以《左傳》為案，《經》為斷，而諸家注疏大全斯備焉。予初讀是經，茫無旨趣，及取《左傳大全》與文定注解，互相考訂，始喟然歎曰：『緣是而求聖人之心，思過半矣！』復懼久而遺忘也，乃手錄其有關於經要且切者，積久成帖，命兒輩藏之巾笥，總名之曰『春秋備覽』，蓋恐經未易窺，俾覽是編而有得也，及督學曹君紀山請梓《春秋大旨》。予曰：『《大旨》既不敢私，是編宜並付諸梓，以翼《大旨》。』因引諸簡端，以見是編之所以梓云。」

（《經義考》卷二百二）

　　案：北京大學圖書館藏明嘉靖三十七年南郡曹汴刻本。《經義考》作「春秋備覽二卷」，《授經圖》作「春秋備覽四卷」，《續修四庫全書總目提要》作「春秋備覽二冊」。

## 《春秋大旨》十卷　　魏謙吉撰，〔佚〕

　　案：《經義考》、雍正《畿輔通志》著錄。另著有《周禮略》、《大學衍義摘要》、《五經類語》。

## 《春秋彙書》　　成相撰，〔佚〕

　　成相，1543前後，江蘇海門，生平失考，惟據乾隆《江南通志》云：「嘉靖二十二年癸卯科：成相，海門人。」（卷一百二十八）

　　案：康熙《通州志》著錄。

## 《麟經祕旨》　　劉東璧撰，〔佚〕

　　劉東璧，1543前後，湖北咸寧，號南山，又號可休子，據光緒《咸寧縣志》云：「劉東璧，號南山，原名如璧，臨海蔡學憲更易之者也。性醇謹，折節讀書，五經淹貫，入學後遠涉吳會，從豫章沈內翰學麟經之旨，專治《春秋》。嘉靖丁酉，選拔癸卯科，沈主楚鄉試，得璧〈麟經文〉四篇，擊節歎賞，已中式矣。及折號見名東璧，疑非其門人，置副車。及揭曉相見敘，蔡更名之故，已懊悔無及，璧自是絕意科名矣。授《春秋》於次瑞唐時舉，中嘉靖丁未科進士，先璧以明經坐南雍，屢為大司成首拔翰林院，官至給事中，李丕顯、丕承兄弟師事之，璧選授浙江衢州府同知，李專函促之行，璧以母老為憂，辭不赴任，覆以詩云：『寄語江南名利客，孝親原不讓忠君。』構亭於宅傍，以供游息，題曰『可

休」，以明其志，又號可休子，著有《麟經秘旨》、《詩序新編》、《經解輯要》諸書。晚年作《家誡》一卷，以訓子孫，皆天理、人心、倫常、物理、格言，已刊刻行世，匪直隱士，乃醇儒也。卒年七十有三。」（卷之六）

## 《春秋國華》十七卷　嚴訥撰，〔存〕

嚴訥，1511-1584，江蘇常熟，字敏卿，號養齋，諡文靖，據《明史》云：「嚴訥，字敏卿，常熟人，既舉鄉試，以主司試錄觸忌，一榜皆不得會試，嘉靖二十年始成進士，改庶吉士，授編修。……訥少好王守仁學，及見學者遺棄事物，輒痛抑之，曰：『是非王氏旨也。』家居二十年卒，年七十有四，贈少保，諡文靖。」（卷三百三）；又趙用賢〈少保諡文靖嚴公行狀〉云：「最好讀《左氏傳》，至老未嘗去手，所緝有《春秋國華》若干卷。……居庭，每舉胡康侯訓子語曰：『立志當以明道希文自期』。」（《松石齋集》文集卷十五）

《四庫全書總目》云：「《春秋國華》十七卷，兩淮馬裕家藏本。明嚴訥撰。……是書以《春秋》所書周及列國之事，分隸其國，而仍以魯十二公之年編之，雜採三《傳》附於經下，亦間及《國語》、《史記》諸書。其甥陳瓚序，稱訥請沐三月，而成是書。則潦草編排，取盈卷帙，宜但鈔錄舊文，無所發明考證矣。」（經部三十‧春秋類存目一）

案：收錄《四庫全書存目叢書》經部，第119冊，據中山大學圖書館藏明萬曆三年活字印本影印。同治《蘇州府志》載「嚴訥《春秋左傳注解辨誤》」，疑誤植傳遜之書。《經義考》作「十八卷」、《續通志》作「十一卷」。

## 《春秋或問》二卷　林懋舉撰，〔佚〕

林懋舉，1544前後，福建閩縣，字直卿，號心泉，兄林懋和，據

《明史》云：「字直卿，懋和弟，嘉靖甲辰進士，廣東左布政使。」乾隆
《福州府志》卷三十九云：「在南省論邊事，彈劾貴要，終廣東布政
使。」（卷一百三十七）

案：乾隆《福州府志》著錄。

## 《春秋繁露》十七卷　　趙維垣撰，〔存〕

趙維垣，1544前後，江蘇江都，生平失考。

案：臺北國家圖書館藏明萬曆間勾餘胡維新刊本配補舊鈔本，此書乃
其刊刻諸名家評點之作。

## 《春秋辨疑》　　李先芳撰，〔佚〕

李先芳，1512-1547後，湖北監利，字伯承，號北山，據《明史》
云：「李先芳，字伯承，濮州人。生而早慧，風姿甚都，年十六，選尚公
主，已而却還，當補諸生，辭不受。弱冠舉嘉靖十年鄉試，又十六年成進
士。先芳早負詩名，及是與吳維岳、王宗沐、袁福徵、謝榛、李攀龍輩結
為詩社，招其同年生王世貞入之，文酒雍容相得。……初都下詩社，本倡
自先芳，其後李攀龍、王世貞名盛，互主文柄。七子、五子一目，皆不及
先芳，不能無憾。世貞後為廣五子，詩追錄先芳及吳維岳，而兩人皆諱言
之。酒後耳熟，少年用片語微挑，先芳輒怒目嚼齒，不歡而罷。鄉人邢侗
以御史按吳，訪世貞而歸，先芳與極論其本末，語已目直上視，氣勃勃發
頤頰間，拍案覆杯酒，衣沾濕其淺中，好勝如此，所著有《大學古本》、
《四書解》、《毛詩考正》、《春秋辨疑》、《東岱山房稿》四十卷，及
他雜著又十餘種。」（卷三百八十八）

案：《經義考》、《明史》、《千頃堂書目》著錄，維止《山東通
志》作二卷。

## 《春秋正旨》一卷　高拱撰，〔存〕

　　高拱，1512-1578，河南新鄭，字肅卿，號中玄，據《四庫全書總目》云：「《春秋正旨》一卷，安徽巡撫採進本。明高拱撰。拱字肅卿，新鄭人。嘉靖辛丑進士，官至吏部尚書、中極殿大學士，諡文襄，事蹟具《明史·本傳》。是編之作，蓋以宋以來說《春秋》者穿鑿附會，欲尊聖人而不知所以尊，欲明書法而不知所以明，乃推原經意以訂其謬。道論《春秋》乃明天子之義，非以天子賞罰之權自居。次論孔子必不敢改周正朔，而用夏時。次論託之魯史者，以其尚存周禮，非以其周公之後而假之。次論王不稱天乃偶然異文，滕侯稱子乃時王所黜，聖人斷無貶削天子降封諸侯之理。次論齊人歸鄆讙龜陰田，非聖人自書其功，深斥胡《傳》以天自處之非。次論《春秋》作於哀公十四年，乃孔子卒之前一歲，適遇獲麟，因而書之經，非感麟而作麟，亦非應經而至。次論說經以《左氏》為長，《胡氏》為有激而作，餘諸家之紛紛，皆由誤解『天子之事』一語。其言皆明白正大，足破說《春秋》者之痼疾。卷帙雖少，要其大義凜然，多得經意，固迥出諸儒之上矣。」（經部二八·春秋類三）

　　周中孚云：「《春秋正旨》……肅卿以諸家之說《春秋》，實有不安于心者，乃以吾心君臣之義，而逆孟子稱述之旨，遂有以得其大意，因為之敘其理而成此編，以正君臣之義，以明聖人之道，雖篇頁無多，而議論持正，足以匡從來諸儒之誤，末附〈麟說〉一則，亦足以息前人誣妄之論焉。」（《鄭堂讀書記》卷十一）

　　高拱〈春秋正旨序〉云：「莫大乎君臣之義，而天子天下之大君也；莫大乎聖人之道，而孔子天下之至聖也。則尊王之義，無或如孔子者，是故懼亂賊之有作，而《春秋》作焉，以植天經，以扶人紀，正所以尊王也，而後儒不察，以為孔子託南面之權以賞罰天下，其說既成，乃沿襲至今，無復能辨之者。然此何所始哉？孟子云：『《春秋》，天子之事也。』孔子曰：『知我者，其惟《春秋》乎！罪我者，其惟《春秋》

乎！』夫天子之事云者，謂其明文武之憲章，率諸侯以尊王室，非謂其假
天子之權也。知我者，謂我尊周也。罪我者，文武之法明，則僭亂之罪
著，諸侯惡其害已也如此夫，而後亂臣賊子懼也。其言固在，其理自明，
而乃謂孔子自為天子命德討罪以是知之，亦以是罪之，其亦誤矣。予昔也
讀諸家之說，實有不安於心者，既乃以君臣之義而逆孟子稱述之旨，遂有
以得其大意。顧方從宦，莫能筆之書也。歲壬申，歸田之暇，乃稍為之，
敘其理以正君臣之義，以明聖人之道。嗟乎！《春秋》果假天子之權，即
孔子之書，吾不敢謂然也，而況出於後人之誤乎，謂《春秋》假天子之
權，即孟子之言，吾不敢謂然也，而況出於後人之誤乎。尊王也而與竊柄
同，則竊柄者何誅？明法也而與干紀同，則干紀者何責？茲實萬古綱常攸
繫，予豈好辨哉，予不得已也。」

　　案：收錄《景印文淵閣四庫全書》經部，第168冊。另一版本為《北
京圖書館古籍珍本叢刊》經部，第2冊，書目文獻出版社據明萬曆刻本影
印。《石匱書》作「春秋正音」，字誤也。

### 《春秋誅意》　何熹撰，〔佚〕

　　何熹，1546前後，浙江麗水，字思仁，據同治《麗水縣志》云：
「何熹，字思仁，少以聖賢事業自期。督學萬公選入萬松書院，以鄉薦授
新喻教諭。教人務底實用，聘主湖廣鄉試，號稱得人。擢信豐令，以寬仁
為理，民常見思，居家未嘗干有司，所著有《四書集義》、《春秋誅
意》、《效颦》、《紀滄》、《螺錄》、《青桂軒集》。」（卷十一）；
又徐象梅〈信豐令何思仁熹〉云：「何熹，字思仁，麗水人也。少聰睿端
凝，加以父格教導之嚴，自志學即毅然以聖賢事業自期，雖習舉業，而洞
究性命本原，不為捷取計。以鄉薦授新喻教諭，教人務底實用，士多成
材。聘主湖廣鄉試，號為得人。令信豐，以寬仁為理，民常見思，居家孝
友，出諸天性。府縣改歲一謁外，未嘗干以私，所著有《四書集義》、

《春秋主意》……若干卷藏於家。」（《兩浙名賢錄》卷二）

　　案：同治《麗水縣志》、光緒《處州府志》著錄。雍正《浙江通志》作「春秋至意」，《兩浙名賢錄》作「春秋主意」，皆形音相近而誤也。

## 《春秋解》　沈束撰，〔佚〕

　　沈束，1514-1581，浙江會稽，字宗安，號梅岡，據徐象梅〈禮科給事中沈宗安束〉云：「沈束，字宗安，會稽人。嘉靖癸卯浙江鄉試第一人，甲辰成進士，出理徽郡，三年拜禮科給事中。……獨掃一室，左右經史，日夕研討其中，所著有《易圖洪範》、《律呂諸說》、《書》、《詩》、《春秋》、《周禮》諸解，及《潮候集》、《雜詩稿》，惜多逸者。……束少好讀〈蘇武傳〉，每讀輒掩卷欷歔，當食或廢箸。……束之勁節介行，雖所自樹，亦其婦妾能成之也。山陰令徐貞朋表其里曰：『一門風節。』蕭太守良幹請祀束於學官。」（《兩浙名賢錄》卷二十五）

　　案：雍正《浙江通志》著錄。

## 《春秋大旨》　殷子義撰，〔佚〕

　　殷子義，1514-1577，江蘇嘉定，字集卿，號方齋，徒徐學謨，據陸元輔曰：「殷子義，字集卿，嘉定人，隆慶二年貢生，為淮安儒學訓導。其學出入朱陸，務溯孔孟之傳。著書必根理要，學者稱方齋先生。所撰《易解》外，有《春秋大旨》、《詩經疏解》、《家禮纂要》諸書。」（《經義考》卷五十七）

　　案：乾隆《江南通志》著錄。

## 《春秋事義全考》十六卷　姜寶撰，〔存〕

　　姜寶，1514-1593後，江蘇丹陽，字廷善，號鳳阿，師唐應德，據焦

竑〈姜尚書寶小傳〉云：「姜寶，字廷善，丹陽人。同兄㝊力學，及遊荊川唐先生之門，所聞益進，荊川深期許之。會試第三人，選入翰林，為庶吉士，丁母憂歸，服闋除編修。時嚴相當國，趨附之人昕夕如市，廷善獨與同志數人約，不時會聚相見，各以身心世務相與，請求切磋，期于不負此日，權門惡之。出為四川提學僉事，轉河南參議，陞福建提學副使。其兩任提學，敦尚行誼，崇雅黜浮，士風、文體皆為之一變。在河南處，伊庶人事，潛消不逞，洛人賴之。陞南太常少卿，改右通政，尋轉國子祭酒，申飭監規，建復積分之法，欲不失國初養士之意，期有實用，會高捐素嗛廷善，至是因其駁查魏國公家一事，遂中以危法聽勘，家居十餘年始得白，薦起南太常卿，刑部右侍郎，改吏部，陞刑部尚書，改禮部，皆在南京。以二品考滿，貤贈蔭子，皆如制，尋引年乞骸骨，詔加太子少保。致仕家居，置義田、立義學、申宗法以統理族人，年八十以壽終。」（《國朝獻徵錄》卷三十六）

　　《四庫全書總目》云：「《春秋事義全考》十六卷，浙江巡撫採進本。明姜寶撰。……大旨雖以胡《傳》為本，而亦頗參以己意。襄公、昭公以下，胡《傳》多闕，亦胥為補葺。中間地名以今證古，雖間有考訂，皆無以甚異於諸家。惟向來說《春秋》者以筆削褒貶為例，故如『王不稱天』、『公不書即位』之類，皆謂孔子有意貶絕，是褒譏之法，且將上施於君父，揆諸聖人明倫垂教之本意，當必不然。寶獨謂孔子於周王、魯侯事有非者，直著其非而已，後人說經用『惡』字『罪』字譏貶，字皆非聖人之意。其言明白正大，為啖、趙以來所未及，可謂闡筆削之微意，立名教之大防。雖頗近科舉之學，不以害其宏旨也。」（經部二八‧春秋類三）

　　姜寶〈春秋事義全考序〉云：「我國家列《春秋》於學官，主胡文定公安國所著《傳》，俾士子肄業焉以應制舉。予寶少由業《詩》，改業是經也，且讀且心疑，蓋謂孔門以來說是經者惟孟氏能得其宗旨，其言曰：『王者之迹熄而《詩》亡，《詩》亡然後《春秋》作。』既推本《春秋》

之所由作，又述孔子所嘗自言，有曰『其事則齊桓、晉文，其文則史，其義則丘竊取之矣。』夫聖人因史為文，文在也而事與義往往多失之。當時桓文以有功王室，稱霸主故，事屬二公，將以二公該他公，非謂二公之事即可盡《春秋》之事也，事貴詳貴核，詳且核又貴，連絡而通貫，《左氏》詳矣，中有浮誇失實，前後不相蒙者，是固有待於後之人因事以考其全義，而謂之竊取，蓋其寓褒貶於筆削，不惟游、夏所不能贊，即聖人亦不敢抗然自任矣。義在褒善貶惡，而經世之法如所謂尊君父、討亂賊，敦典庸禮、內安外攘云者，亦即於朝聘、往來、會盟、侵伐、郊望、禘雩之類，見之蓋多，直書而義自見，即有筆削，其褒貶亦多於直書中概見焉，初未嘗因一字以求一義，予人以爵，奪人以爵，甚至周大君，魯父母國，亦例以予之、奪之，如胡氏所云，是又有待於後之人，因文以求事，因文與事以求義，要之至當，求其精蘊之所在而兼亦有以考其全也。予寶，隆慶初罷官還山，時手是經因所疑求之心，求之諸家之傳註，以我之心求合乎聖人之心，以我所自為說參互諸家之說，又以求合乎聖人之說，如射覆家探物而祈中，中肯綮者手錄之，而仍以胡氏《傳》為主，事詳且核矣，求其連絡而通貫，義昔未妥今求妥，傳昔闕今求不闕，地里昔主《指掌圖》，謂時代有沿革而不便稽考也，今悉準《皇明輿地圖考》，一開卷而方輿所屬亦了然在目矣。近代說《春秋》數家，如新安趙氏汸之《屬詞》、會稽季氏本之《私考》、周藩宗正西亭公睦㮢之《辨疑》，與金壇王氏樵之《經世》，似能窺見聖人之心，不悖謬於其說，足以發胡氏及諸儒之所未明，與補其所未備。而王氏為予寶姻友，地相近，志相同，又同時去國而家居，時時往來印證，尤足以相發而相取也，以此參訂，久若有合焉，乃始繕寫成帙，攜入留曹，侍御同郡李君一陽見而謂可以傳，遂鋟之梓。予惟《春秋》為聖人傳心之要典，又百王不易之大法，皆在此書，而胡氏《傳》乃本朝所主以課士，予寶何所知，敢有可否其間哉！寶聞程子云：『《春秋》大義數十，炳如日星，一句一事，是非便見。』於此朱子云：『《春秋》，是是非非、善善惡惡，誅亂臣、討賊子，內中國而外

四夷，貴王賤伯，其大旨如此，未必字字有義也。」故予又謂孟氏以來，惟程、朱二大儒能得聖人之宗旨，至於學是經而說之之法，亦惟二大儒能得之。程子云：『以傳考經之事迹，以經別傳之真偽。』朱子云：『《左氏》，史學也，記事者取焉。《公》、《穀》，經學也，窮理者取焉。』予寶嘗據是以求之諸家，久而遂成此編也。謬以為學是經者，不當於一句一字求聖人之褒貶，第觀其所書之實以求是非善惡之至當，考之《詩》所由亡，由成周政治之衰，而為《春秋》之所由作，考之《左》之所以史，考之《公》、《穀》之所以經，又考之經於以別傳之真偽，於以求聖人所謂知我、罪我者，在因筆削以寓褒貶，嫌於天子之賞善而罰惡，為聖人所不敢當，故自於其義為竊取，而非如胡氏所謂託二百四十二年南面之權，聖人自以其褒貶敢於代天子賞善而罰惡也，如是以求，庶可以得聖人之心，於是是非非、善善惡惡之中，即是是非非、善善惡惡以求聖心之所以傳，王法之所以不易，義其或在茲乎！義其或在茲乎！胡氏自成、襄而後多無傳，今悉纂著之，庶幾未明者明，未備者備，因名之曰『事義全考』云，夫謂之全考似矣，若謂全考之可以傳，如侍御君所云則，非予寶所能知，所敢必也。萬曆乙酉冬十有二月，丹陽姜寶自序。」

　　李一陽〈春秋事義全考序〉云：「予讀姜先生所著《春秋考》，嘆其能立言不朽云。先生蚤從晉陵唐中丞應德學，中丞博學能文，年少魁天下，為一時學士宗，先生受其指，亦以《春秋》魁天下，名家既晉讀中秘書益精博，天下稱鳳阿先生而不名，天子察先生可師，遂先後勑視學閩、蜀，入為南國子祭酒，於是先生經術傳四方。先生於《春秋》深，故其教指嚴，一時師道為尊，比家食日事，檢閱有自得，悉著於書。暇則集其宗，及邑中俊弟子開決之。先是雲陽闕賢書者二十年，自先生里居厥嗣，若諸從相繼取科名，里中踵興，後出者濟濟，郁郁人文，遂為吾郡冠。蓋先生在國國重，在鄉鄉重，則明經之教為功矣！先生著書成，不以陽不肖，授而習之，見其取覈詳，援引正文無遺事，事無怫義，間出己意，悉契聖心，觀其自序曰：『孔子作《春秋》，義在褒善貶惡，而經世之法如

所謂尊君父、討亂賊、惇典庸禮、內安外攘云者，亦即於朝聘、往來、會盟、侵伐、郊望、禘雩之類見之，蓋多直書而義自見，未必盡以一字求一義，遂自予奪，貶絕人爵。甚至周天子，魯父母國，亦例以予之奪之，如胡氏所云也，其自謂竊取者，亦因筆削以寓褒貶，嫌於天子之事所不敢當，亦非如胡氏所云託南面之權自以其褒貶，敢於代天子賞罰也。』嗟乎！知我者《春秋》千載之下，先生其人與客有私，於陽曰：『今制業《春秋》者，宗《胡氏》是書將無戾邪？』陽應之曰：『康侯常以己見釋經，而先生說經旁引折衷，各有其本，間有所異於康侯，正以明經義，為康侯忠臣，何戾也？』客為解頤。未幾先生進大司寇，執法南中矣！司馬遷曰：『《春秋》辨是非，故長於治人。』漢庭吏重經術，常以《春秋》、《尚書》折大獄，今先生以《春秋》之義平天下獄，當人人自以不冤。而陽故治《尚書》，為侍御，按部治獄，雖有意乎伯夷、皋陶，未能也。得先生所為說《春秋》者，而王道之條紀、法律粲然矣，豈不偉與陽鄉里承學，喜而贊其後，不自知其言之不文也。浙江道監察御史李一陽序。」

鄭良弼〈春秋事義全考後跋〉云：「《春秋事義全考》乃鳳阿姜太史公所著，以行於世者也。公少負奇抱，博綜羣籍，魁南宮，歷官大司寇，即宦成猶志《春秋》不輟，每公餘輒按經蒐傳，齟者駁、闕者補，積春累秋，輯成而名之曰『事義全考。』弼嘗負笈侍遊吳門，得聞其概，乃今李侍御諸君有深契焉，卷分十六帙，為之剞劂以永世。世弼抵金陵，始克睹其全，每章章讀，輒章章嘆，曰：『自漢來談《春秋》者亡慮數十家，言人人殊，即康侯說著，頒置黌宮，豈無闕齟者，有未盡耶？士習相沿久矣，疇肯一正之。公獨抱遺經索奧典，諸所發明，炳炳足稱，大義有味哉！俾傳、註之未備者具備，考究之未詳者獨詳，素王心法昭昭然，與海內士共知之，以補康侯之未逮者非淺尟也。紹往開來，詎不為魯史全經一快，藉令康侯而作，必為公首肯稱謝矣。』弼何似亦業是經，嘗謬為《續義》為《或問》以酬夙志脫也，早獲觀焉，弼當安享其成，二十年探討之

力，可勿事矣。卓彼先覺示我周行，此誠大雅宮商宜奏之，清廟以和人神者也，如弼云云瓦缶耳，敢列之堂下哉，仰企法門，方圖退舍第，沐公德教有日誼，難默默不揣僭次，一言敬附之簡末以誌誦，法之私云。淳安鄭良弼撰。」

　　案：收錄《景印文淵閣四庫全書》經部，第169冊。《經義考》作「春秋事義考」。《千頃堂書目》、《明史》作「二十卷」。

## 《春秋讀傳解略》十二卷　　姜寶撰，〔佚〕

　　姜寶〈春秋讀傳解略序〉云：「《春秋》為聖人傳心之要典，百王不易之大法皆在此書，而胡氏《傳》乃本朝所主以課士，子何敢有可否於其閒哉？聞之程子云：『以傳考經之事迹，以經別傳之真偽。』朱子云：『《左氏》，史學也，記事者取焉；《公》、《穀》經學也，窮理者取焉。』予嘗據是以求之，以為學是經者，不當於一句一字求聖人之褒貶，第觀其所書之實，以求是非善惡之至當。考之《詩》所由亡由，成周政治之衰，而為《春秋》之所由作，考之《左》之所以史，《公》、《穀》之所以經，又考之經於以別傳之真偽，於以求聖人所謂知我、罪我者，在因筆削以寓褒貶，嫌於天子之賞善而罰惡，為聖人所不敢當，故自於其義為竊取，而非胡氏所謂託二百四十二年南面之權，聖人自以其褒貶敢於代天子賞善而罰惡也。如是以求，庶可以得聖人之心乎？胡氏自成、襄而後多無傳，今悉纂著之，庶幾未明者明，未備者備，因名之曰『事義全考』云。萬曆乙酉冬。」（《經義考》卷二百三）

　　案：《明史》云：「疏胡《傳》之義，意以辨學者。」（卷一百三十三），《授經圖》、《千頃堂書目》、乾隆《江南通志》、光緒《重修丹陽縣志》皆作「十二卷」，獨《經義考》作「二十卷」，且註「未見」，蓋訛誤也。

## 《春秋貫玉》四卷　顏鯨撰，〔存〕

顏鯨，1515-1589，浙江慈谿，字應雷，號沖宇，據黃宗羲〈副使顏沖宇先生鯨〉云：「顏鯨字應雷，號沖宇，寧之慈谿人。嘉靖丙辰進士。授行人。選為御史，巡按河南。華亭以伊庶人事囑之，先生不動聲色，卒定其亂。海忠介下獄，特疏救之。沈青霞冤死，拔其子襄於太學。出提學政，先風化而後文藝。在楚則忤江陵，在中州則忤新鄭，其守正如此。鄒南皋曰：『予讀先生所論孔、孟、顏、曾，乃「原人」、「原性」諸語，其學以求仁為宗，以默坐澄心為入門，以踐履操修為見性，而妙於慎獨，極於默識，既殫厥心矣，而總於悟格物之旨盡之。』世儒以一事一物為物，而先生以通天下國家為物，為格，其力久，故其悟深。其悟深，故其用周。真從困衡中入，而非以意識承當之者。先師蕺山曰：『先生於學問頭腦，已窺見其大意，故所至樹立磊落。』先生與許敬菴皆談格物之學，敬菴有見於一物不容之體，先生有見於萬物皆備之體。蓋相反而相成者，總之不落訓詁窠臼者也。」（《明儒學案》卷五十四）

顏鯨〈春秋貫玉序〉云：「嘉靖己酉冬，讀禮山中，檢閱遺經，至《春秋左氏》，患其博記錯陳，得劉蘆泉《左傳類解》，深有契於衷，又取《公羊》、《穀梁》、《胡氏》，采其文古而義美者，又取諸家注疏，得其事核而意明者手抄之，凡三閱寒暑，始就名之曰『春秋貫玉』，藏之巾笥。」（《經義考》卷二百三）

楊守勤〈刻顏應雷先生春秋貫玉序〉云：「明興著作大備，學士大夫浸淫經術，靡不探賾鈎玄以窺聖賢之奧，抉性命之微，而體裁義例亦往往人自為政，要以發明典義，羽翼鼓吹，令後之學夫得有所遵途，而宅秘總之有功聖經，相輔而行非曼衍也。《春秋》一經，夫子因魯史舊文而筆削之，所謂華袞鈇鉞寓於一字者，其旨甚微，《左氏》博採列國事實附經為傳，俾讀經者緣傳遡旨，而聖人之心法炳然耳。月閒期於使自得之，毋事繁稱然，以編年為體，一事之始末而不無前後紛見，一國之舉動而不無彼

此錯出，義為重，事為輕，其體然也。我高皇帝覽讀至此，意有未厭，爰命儒臣傅藻編摩彙萃，按各國而臚列之，以便稽考，顧其本不流傳，學者罕得睹焉。侍御顏沖宇先生邃學名儒，潛心經傳，曾於居廬日輯為《春秋貫玉》，以周崇大統，以魯貫列國，旁採《公》、《穀》諸傳，有裨於經者，因《左》附見，而當時諸侯群辟行事之實，一披閱若按圖而可覆也，斯不亦窮經之指南，而窺聖之階梯乎哉！余惟作經之體，主約附經之傳，主詳傳依經以成文其體方，《貫玉》隨傳以輯事其體員，是故《左氏》之文網羅國乘，組織異聞，近讔近誣，世多所譏，而文告、辭命、攻伐、機權，或點綴于經文之中，或遊戲於經義之外，諷詠之際，情景躍如，以詳輔約，胡可少也。《貫玉》之書，引繩披根，串令終始，程日程歲，事多希闊，而成敗、得失、興亡、治亂，若影響之立符，若首尾之相應，循環之頃，始末昭如，以員輔方，胡可少也。《左氏》為有功於《春秋》，則《貫玉》有功於《左氏》信矣！世之慕說是書也已久，乃其板獨存中州，所及非廣，方岳史公慨想前賢嘉惠後學，特為損貲刻之浙署，令讀《春秋》者，得此如遇津梁，德意甚美。撫臺尹公聞其事曰：『余故從顏先生遊也，樂觀厥成，爰捐俸助之，克竣斯役，無何聖天子銳意經籍，稽古右文，以《春秋》為聖人經世之書，命儒臣撰述講章，日進帷幄，適與事會，史公若默契聖衷，而預備詢訪也者。異日，主上剖悉經義，考核故事，問昔儒者亦有所纂輯，可便觀覽者乎？其必首《貫玉》矣！是□也豈特廣流藝苑，人將鄰佐睿思乎哉！』顏先生，吾邑人，以直道著聲。嘉隆間挽彎中州，剪除悍藩，督學三楚，抗忤權貴，解組林下，惟以談道、讀書為樂，著述極富，《貫玉》其一班也，余既夙嚴事顏先生，重以史公之命，喜是書且大行於世，遂不揣固陋，僭為數語弁其端。」（《寧澹齋全集》文集卷二）

　　案：收錄《四庫未收書輯刊》第6輯，第3冊，據明萬曆三十三年刻本影印。阮元云：「是書以國為類，貫之以事。以《左氏》貫《公》、《穀》，諸傳每篇，各有要語。」（《文選樓藏書記》卷五），光緒《慈

谿縣志》著錄。《經義考》作「六卷」。今書卷末附錄《世系》一卷。

## 《春秋三傳解詁》十九卷　陳深撰，〔存〕

陳深，前1549-1601，浙江吳興，字子淵，號潛齋，據《明史》云：「字子淵，嘉興人。嘉靖乙酉舉人，雷州府推官。」（卷一百三十三）；又同治《長興縣志》云：「陳深，字子淵，號潛齋，霖孫。嘉靖二十八年舉人，隆慶五年知歸州，剔煩理劇，游刃有餘，定條鞭而逋逃，樂生清民屯而豪強斂迹，譙樓館宇整治一新，而民間秋毫無擾，薦調荊門州，未期丁艱歸，出補以違例降雷州推官，屬海康令，沈汝良貪墨激變，守貳皇遽深往慰數語而寢，性嗜古不喜爱書，致仕後纂輯忘倦，年八十餘，篝燈至丙夜不輟，尤遂於經學，折中條貫，粹然大儒。」（卷二十三上）

《四庫全書總目》云：「《十三經解詁》五十六卷，兩淮鹽政採進本。明陳深撰……《左傳》十四卷，《公羊傳》三卷，《穀梁傳》二卷……。《左傳》主夏正之說，謂用周正為誣。」（經部三四·五經總義類存目）

丁元薦〈十三經解詁序〉云：「陳先生曰：使吾于漢儒病其□，及讀宋人之書，輒掩卷□□□何也？丁長孺曰：漢儒之解經，非必盡出於漢儒也。於時去古未遠，專門之士各有所承襲以授諸弟子，諸弟子轉相授受各成一家之言。……宋儒起五季後，乃銳然舉千聖不盡之言、不盡之意，蘄以一人發其藏而畫一，以示天下萬世，凡漢儒所肆力者，宋儒弗屑也。夫經，吾取其布帛菽粟，終身而不厭也，二曜中天，人人指而觀之，欲逃焉而無非是也，解經者亦若是則已矣。昔七十之徒通六藝而遊聖門，才穎什伯後世也，親聆咳唾，然不可得而聞者何限，而況影響於三千載之下乎？陳先生曰：吾取傳合之於經而不得，而弗敢強也。吾又取宋儒合之乎漢而不得，而弗敢強也。久而索之得者半，求之而得，吾兩存焉，求而不得，衷其近古者因其解而解之，烏知夫一臠之非嘗鼎哉？陳先生諱深，字子淵，吳興長興人，一再官不得意，老而喜讀

書，年八十餘，籌燈至丙夜不輟語。予曰：老夫所苦心者，經也。將易簣，以此執手見託曰：幸辱一言，比於挂劍之義。予心許之。又三年而序成，先生更有《周易》、《周禮》、《春秋然疑》若干卷，惜散佚不盡傳。萬曆辛丑冬日，故鄣後學丁元薦拜手書。」

　　案：收錄《十三經解詁》，《四庫全書存目叢書》經部，第147–148冊，據浙江圖書館藏明萬曆刻本影印。陳深乃嘉靖己酉二十八年舉人，《明史》作「乙酉」，蓋「乙、己」形近而誤也。

## 《春秋然疑》　陳深撰，〔佚〕

　　案：同治《湖州府志》著錄。《經義考》云：「陳先生諱深……更有《周易》、《周禮》、《春秋然疑》若干卷，惜散佚不盡傳。」（卷二百四十八）

## 《北虞先生春秋稿》　邵圭潔撰，〔佚〕

　　邵圭潔，1549前後，江蘇常熟，字伯如、茂齊，號北虞，據同治《蘇州府志》云：「邵圭潔，字伯如，世居虞山北麓，學者稱北虞先生。瞿景淳、嚴訥輩，結社會文，時稱十傑。圭潔為領袖，孫樓其高弟也，工制舉業，策論尤攻練，詩文不斤斤繩削，而清婉淒切，參軌名家。嘉靖己酉舉於鄉，五上公車不第，選德清教諭，卒。為人篤行孝弟，留心經濟。」（卷九十九）

　　案：王衡《緱山先生集》有「北虞先生春秋稿序」。

## 《說春秋記》一卷　蔡汝楠撰，〔存〕

　　蔡汝楠，1516-1565，浙江德清，字子木，號白石，與鄒守一、羅洪先游，據《四庫全書總目》云：「《說經箚記》八卷，浙江巡撫採進本。

明蔡汝楠撰。汝楠字子木，號白石，德清人。嘉靖壬辰進士，官至南京工部侍郎。《明史‧文苑傳》附見高叔嗣傳中。是編《說易》、《說書》、《說詩》、《說春秋》、《說禮記》、《說論語》、《說學庸》、《說孟子》各為一卷，末附《太極問答》數則。史稱汝楠以憂歸，聚諸生石鼓書院，講求經義，此書即是時作也。汝楠少嘗從湛若水游，晚更友鄒守益、羅洪先。其學皆本於良知，欲以治經為治心之功，故所說多如語錄，罕博考之功云。」（經部三四‧五經總義類存目）

案：收錄《說經箚記》，《四庫全書存目叢書》經部，第149冊，據浙江圖書館藏明天啟三年蔡武刻本影印。

## 《春秋異文》一卷　陳士元撰，〔存〕

陳士元，1516-1597，湖北應城，字心叔，號養吾、江漢潛夫、環中迂叟，據丁宿章云：「士元少蹶弛，負幹濟才，牧灤州，有能聲，旋棄官徧游五嶽，所至輒為記述，及歸，閉門博考者垂四十年，所著有《歸雲集》、《論語類考》、《孟子雜記》、《古俗字略》、《韻苑考遺》、《五經異文》、《易象鉤解彙》、《解夢占逸旨》、《灤州志》、《姓滙》、《姓觿》、《名疑》、《象教》、《皮編》、《釋氏源流》，書目載《明史‧藝文志》。又《新宋史》、《新元史》、《楚故略》、《楚絕書》、《隄疾恒言》、《五嶽記氏疑》、《俚言解》、《江漢叢談》、《荒史世曆》、《彝語音釋》共三百八十餘卷，皆已刊行，其他散佚不傳者，尚十餘種，有明一代撰著之富，若升庵楊氏凡二百餘種，鬱儀朱氏凡百餘種，士元賅博與兩家等，而不苟同，則鄭仲漁所云『後十五略人未之聞者，蓋兩家不如也。』節在《山堂文集》。」（《湖北詩徵傳略》卷二十三）

《四庫全書總目》云：「《五經異文》十一卷，浙江巡撫採進本。明陳士元撰。……是編考訂五經文字異同，大抵以許慎《說文》、陸德明

《經典釋文》為主，而捃摭雜說附益之，所援據頗為寒窘。」（經部三四‧五經總義類存目）

陳士元〈五經異文序〉云：「暴秦焚書，漢興屢下購書之令，而經文竟多殘逸，所立博士各家師授轉錄不同，況漢初文字兼行篆、隸，後世易以今文，豈得盡同。又漢儒稱引經語，皆出自記憶，非有鏤本可校，且撰著各成一家言，其文自不能同。予讀《十三經注疏》及秦、漢、晉、唐書所載經語，有與今文異者，輒私識之，輯十一卷，用示塾童，俾得擇取焉。」

案：收錄《五經異文》，《四庫全書存目叢書》經部，第149冊，據北京大學圖書館藏明萬曆刻歸雲別集本影印。

## 《春秋類編》三十二卷　秦瀚撰，〔存〕

秦瀚，1516-1583，江蘇無錫，字季新，號慎庵，據《江蘇藝文志‧無錫卷》云：「秦瀚，字季新，號慎庵。明無錫人。爽孫，諸生。博通典籍，談修嘗從其問學。萬曆十一年與秦梁等主持纂修宗譜，書未成而卒。」；阮元云：「是書仿《史記》：『本紀』、『世家』、『列傳』之例，分人編。」（《文選樓藏書記》卷三）

案：北京國家圖書館藏明抄本。乾隆《江南通志》著錄。《文選樓藏書記》作「三十一卷」，光緒《無錫金匱縣志》作「三十六卷」。

## 《麟經律解》八卷　李慎撰，〔佚〕

李慎，1550前後，福建惠安，字光念，號少峰，據嘉慶《惠安縣志》云：「李慎，字光念，號少峰，副使愷弟，以麟經魁嘉靖庚子鄉試第五名，庚戌進士，主事南京戶部，榷稅杭州，不盡利以惠商，歷郎中，出守瓊州，陞廣東西臬副，却土官饋女，將黃氏知署中，獨宿獻三女子不納，遷遼東苑馬寺卿，疏陳邊宜八事，一招流民、二實營伍、三墾荒田、

四修屯政、五均徭役、六繕墩堡、七甦郵傳、八練兵器，院使交薦，將大用之，有憾慎者，遂解綬歸。慎起家《春秋》，病學者棄經任傳，棄傳任意，著《麟經律解》。」（卷之二十四）

案：乾隆《泉州府志》無卷數，嘉慶《惠安縣志》作「八卷」。

### 《左傳節錄》二卷　朱安期撰，〔佚〕

朱安期，1550前後，福建晉江，字子和、士和，據隆慶《臨江府志》云：「朱安期，字子和，福建晉江人。嘉靖二十九年進士，令清江，政尚寬平，里甲徭役務均，民有訟可原，釋之法弗輕入，嘉惠學校，陞任三道蕭，灘民遮留信宿，人方之何武云。」（卷十一）

案：乾隆《泉州府志》、道光《晉江縣志》著錄。

### 《春秋稽疑》　陳耀文撰，〔存〕

陳耀文，1550前後，河南確山，字晦伯，號筆山，據過庭訓云：「陳耀文，字晦伯，確山人。生而穎異，日記千言，目視數行俱下，鄉里號為神童。十二補邑庠生，登嘉靖庚戌進士，授中書舍人，官有餘閒，得博極群書，自經史外，若《丘索》、《竹書》、《山海經》、《元命苞》、《穆天子傳》等類，以及星曆、術數、禆官、齊諧無不該覽，時有撰造，或思不屬夜，輒夢一叟，共相擬議，蓋鬼神通之也。陞工科給事中，感慨時事，數上危言，忤時相意，謫魏縣丞，量移淮安推官，寧波、蘇州同知，遷南京戶部郎中，淮安兵備副使。淮楊多盜，其里中豪恣為奸利，往往稱逋逃，主耀文悉擒治之，民為立德政碑，尋陞陝西行太僕寺卿，耀文故倦遊，不樂邊塞，遂請告歸，有指揮饋以造船餘金千兩，麾而却之，抵家杜門，日以著述為事。初，不問家人產，即干旄在門，猶高臥不起，年八十二卒。所著有《天中記正》、《楊學林正》、《學圃萱蘇》、《經典稽疑》、《花草粹編》諸書行於世。」（《本朝分省人物

考》卷九十三）

　　《四庫全書總目》云：「《經典稽疑》二卷，江蘇巡撫採進本。明陳耀文撰。耀文字晦伯，確山人。萬曆庚戌進士，官至按察司副使。此書取漢、唐以來說經之異於宋儒者，分條輯載。……耀文欲存諸經古訓，便當採鄭、王、賈、孔遺言，不應雜以明人議論。……蓋耀文因當時帖括之士，墨守方隅，稍為裒集異同，以存古義，而不必一一悉從其朔，故所採亦未盡精純。然嘉、隆之間，心學盛而經學衰，耀文獨能遠討遐搜，潛心訓詁，亦可云空谷之足音矣。」（經部三三・五經總義類）

　　陳耀文〈經典稽疑序〉云：「余幼業專經，竊於餘經有志焉，若未逮也，入官多暇，優游典籍之場，凡其不詭於經，有裨於傳者，咸筆識之，久之遂成此編，得魚忘筌，誠知遺誚，然師承各異，見以人殊，亦起予之志也，貽之同好，庶裁其狂斐云。萬曆丁丑仲春之吉。汝南陳耀文書於藝蘇山舍。」

　　陳耀文〈經典稽疑後語〉云：「夫石經之前行賂定字石經之後，遷徙散落，則私意求通，信如德甫之說，故余不嫌固陋，僭輯數條，如右且巡，白靈帝使伯喈得行求正之志，其有功經學誠足多也，因併識之。丁亥夏五陳耀文書。」

　　案：收錄《經典稽疑》，《景印文淵閣四庫全書》經部，第184冊。

## 《春秋疏義》　丁鈇撰，〔佚〕

　　丁鈇，1551前後，江蘇通州，字君武，據光緒《順天府志》云：「丁鈇，南通州人，監生，嘉靖三十年任平谷知縣，巡鄉或以食進，却之曰：『此賂媒也。』勤事輒不避風雨，終始一致，疾致仕。」（卷七十三）；又萬曆《通州志》云：「丁鈇，字君武，年十二遭父喪，哀毀如老成人，事諸昆弟敬讓。十六博極群書，尤長於胡氏《春秋》，作為文章，有歐、蘇風。督學御史才之選充弟子員，每試輒先多士，久之不中第，以

貢入南廱，所養益邃，後以選入上吏部，得東明縣縣丞，清苦自勵，修舉
職業，檄署旁縣事如內黃、南河，屢著名蹟，凡繡衣使者行縣，率署上
考，乃擢平谷縣知縣，平谷邊地也，數被虜患，民用大困，鈇撫摩治之，
八月而頌聲作，明年遂致事歸，所居在城東北隅，地極幽僻，會足疾，日
坐小齋中，以文史自娛，縕袍素食晏如也。為人慷慨負氣，喜說時務，隱
然以豪傑自許。常考通州屯田、馬政、水利、鹽法諸事，著為論以干郡守
蔣、夏兩君，兩君奇之，稱為國士。嘉靖初，皇帝嗣位，上恭穆興獻帝徽
號，乃纂大禮一書，其議與張桂合，或勸上之，朝笑而不答，蓋自諸生
時，志操已如是，及居官廉白，家無餘資，巡鹽御史黃國用，故東明令，
乃其舊僚也，重之請修《郡志》，鈇曰：『《志》，史類也。當美惡並
載，故孔子作《春秋》而亂臣賊子懼，於前史有穢跡者，直書其事。』書
成出貲刻之，不煩有司一錢，諸不便者，譁而攻之。鈇執不變，直聲聞於
一時。同知陳性坐法當黜，以百金為壽，祈言於黃御史，鈇叱而麾之。自
六經、野史外，凡醫卜、星相，及天文、堪輿、孫吳諸書，靡不精究，所
著有《海津論草》、《雲海聯珠判》、《春秋疏義》、《過庭錄》共若干
卷藏于家。祭酒費公寀常命集《春秋會同》，藏在國學。論曰：『予嘗讀
平谷丁先生《志》矣，喜其核而不誣，美惡具見，有良史才。惜也考訂
唐、宋史不確，不無違誤，予業已彈射之矣，然瑜瑕正自不掩，連城之價
奚損哉。』」（卷第七）

　　案：萬曆《通州志》、《千頃堂書目》、《明史》、《經義考》著
錄。

### 《春秋會同》　丁鈇撰，〔佚〕

　　案：萬曆《通州志》云：「祭酒費公寀常命集《春秋會同》，藏在國
學。」（卷第七）

## 《春秋合傳》十二卷　高自卑輯撰，〔存〕

高自卑，1552前後，山東歷城，生平失考，惟據道光《濟南府志》云：「嘉靖三十一年壬子科：高自卑，歷城人，官邳州知州。」（卷四十）

案：上海圖書館藏手稿本。

## 《麟經獨斷》　吳淮撰，〔佚〕

吳淮，1552前後，貴州貴陽，字徐川，據乾隆《貴州通志》云：「吳淮，字徐川，貴陽人。舉嘉靖壬子第一，授銅陵令，六載以清節聞，擢刑部主事，轉工部員外，戶部郎中，歷諸曹，多所釐剔，以憂歸，遂堅臥不起，優游林下三十餘年，為一時月旦所重，著有《銅江集》、《邊籌集》、《壁經一葦》、《麟經獨斷》、《長嘯集》。」（卷之二十八）

案：道光《貴陽府志》著錄。

## 《春秋提意》　賴梅撰，〔佚〕

賴梅，1552前後，江西豐城，字汝和，據同治《豐城縣志》云：「賴梅，字汝和，邑郭人。博通經籍，工古文詞，領嘉靖鄉薦，授太湖知縣，有宦豪強某，以非法誣家人，死罪羅織已成，梅得實力伸豁之。甫三月，丁內艱歸，卜葬廬墓三年，起補桂陽，蒞任訪周濂溪故跡，修飭祠祀，撫輯流徙，峒民獷悍者悉歸附，豪民何曰苹以弟殺兄當論死，重賂求釋，梅卒按如律，按院上其績以應給，拂當道意，致政歸。囊篋蕭然，著有《春秋題意》、《耕讀野稿》。」（卷之十三）

案：光緒《江西通志》著錄，一作「春秋題意」。

## 《武春秋必讀》九卷　李材撰，〔存〕

李材，1519-1595，江西豐城，字孟誠，號見羅，據《明史》云：「李材，字孟誠，豐城人，尚書遂子也。舉嘉靖四十一年進士，授刑部主事。素從鄒守益講學。自以學未成，乞假歸。訪唐樞、王畿、錢德洪，與問難。隆慶中還朝。由兵部郎中稍遷廣東僉事。羅旁賊猖獗，材襲破之周高山，設屯以守。賊有三巢在新會境。調副總兵梁守愚由恩平，遊擊王瑞由德慶入，身出肇慶中道，夜半斬賊五百級，燬廬舍千餘，空其地，募人田之。亡何，倭五千攻陷電白，大掠而去。材追破之石城，設伏海口，伺其遁而殲之，奪還婦女三千餘。會奸人引倭自黃山間道潰而東。材聲言大軍數道至以疑賊，而返故道迎擊，盡殺之。又追襲雷州倭至英利，皆遁去，降賊渠許恩於陽江。錄功，進副使。萬曆初，張居正柄國，不悅材，遂引疾去。居正卒，起官山東。以才調遼東開原。尋遷雲南洱海參政，進按察使，備兵金騰。金騰地接緬甸，而孟養、蠻莫兩土司介其間，叛服不常。緬部目曰大曩長、曰散奪者，率數千人據其地。材謂不收兩土司無以制緬，遣人招兩土司來歸，而間討抗命夷阿坡。居頃之，緬遣兵爭蠻莫，材合兩土司兵敗緬眾，殺大曩長，逐散奪去。緬帥莽應裏益兵至孟養，復擊沈其舟，斬其將一人，乃退。有猛密者，地在緬境，數為緬侵奪，舉族內徙，有司居之戶碗。至是，緬勢稍屈，材資遣還故土。亡何，緬人驅象陣大舉復讎，兩土司告急。材遣遊擊劉天俸率把總寇崇德等出威緬，渡金沙江，與孟養兵會遮浪迎擊之。賊大敗，生擒繡衣賊將三人。巡撫劉世曾、總兵官沐昌祚以大捷聞，詔令覆勘。未上，而材擢右僉都御史，撫治鄖陽。材好講學，遣部卒供生徒役，卒多怨。又徇諸生請，改參將公署為學宮。參將米萬春諷門卒梅林等大譟，馳入城，縱囚毀諸生廬，直趨軍門，挾賞銀四千，洶洶不解。居二日，萬春脅材更軍中不便十二事，令上疏歸罪副使丁惟寧、知府沈鈇等，材隱忍從之。惟寧責數萬春，萬春欲殺惟寧，跳而免，材遂復劾惟寧激變。詔下鈇等吏，貶惟寧三官，材還籍候勘。時十五年十一月也。御史楊紹程勘萬春首亂，宜罪。大

學士申時行庇之，置不問，旋調天津善地去。而材又以雲南事被訐，遂獲重
譴。初，有詔勘征緬功，巡按御史蘇酇言斬馘不及千，破城拓地皆無驗，猛
密地尚為緬據，材、天俸等虛張功伐，副使陳嚴之與相附和，宜並罪。帝
怒，削世曾籍，奪昌祚祿一年，材、嚴之、天俸俱逮下詔獄。刑部尚書李世
達、左都御史吳時來、大理少卿李棟等，當材、天俸徒，嚴之鐫秩。帝不
懌，奪郎中、御史、寺正諸臣俸，典詔獄李登雲等亦解官。於是改擬遣戍。
特旨引紅牌說謊例，坐材、天俸斬，嚴之除名。大學士時行等數為解，給事
中唐堯欽等亦言：『材以夷攻夷，功不可泯。奏報偶虛，坐以死，假令盡虛
無實，掩罪為功，何以罪之？設不幸失城池，全軍不返，又何以罪之？』帝
皆不聽。幽繫五年，論救者五十餘疏。已，天俸以善用火器，釋令立功，時
行等復為材申理，皆不省。亡何，孟養使入貢，具吝緬人侵軼，天朝救援，
破敵有狀，聞典兵者在獄，眾皆流涕，而楚雄士民閻世祥等亦相率詣闕訟
冤。帝意乃稍解，命再勘。勘至，材罪不掩功。大學士王錫爵等再疏為言，
帝故遲之，至二十一年四月，始命戍鎮海衛。材所至，輒聚徒講學，學者稱
見羅先生。繫獄時，就問者不絕。至戍所，學徒益眾。許孚遠方巡撫福建，
日相過從，材以此忘羈旅。久之赦還。卒年七十九。」（卷二百二十七）

　　張夏云：「李材，字孟誠，江西豐城人。嘉靖壬戌進士，授刑部主
事，歷兵部員外郎。萬曆初，出為廣東僉事，尋轉副使，以論學兼立功，
稍見忌于當路，遂引疾求退，精學問者十年。……講學不倦，四方學者尊
為見羅先生。嘗患世之學者，每以朱、王兩家『格物致知』之說，爭衡聚
訟，其流至於身心割裂，知行離叛，為斯道病因，揭『修身為本』一言，
以明孔、曾宗傳所在，欲使學者皆知反求諸身，即吾彝倫日用，動靜出處
之間，實修實踐，精神收斂，心志凝一，更無恍惚支離，則其道乃有補于
天下國家。又曰：知止即知本，知修身為本，而止之乃為止于至善，格、
致、誠、正、修、齊、治、平，皆所以止乎至善之實事，本末終始，一以
貫之者也。於此參究分明，合下知得止於至善，則《大學》之樞杻在我，
故曰：知止而后有定，此其闡學大指。自以為直扼一貫宗傳，與足以劑救

兩家偏弊者也。然謂通篇格至善似矣，而欲散置『格物』於八條之中，說者病其失之於支焉。所著有《大學古義》、《道性善編》、《論語大意》、《崧臺講義》、《觀我堂摘稿》、《斅學錄》、《經正錄》等書行於世。」（《雒閩源流錄》卷十七）

案：日本前田育德會尊經閣文庫藏明刊本。雍正《雲南通志》云：「暇則講學，復刊『修身為本』四字流布，尤喜談兵。」（卷十九）

## 《見羅經旨》一卷　李材撰，〔佚〕

案：《千頃堂書目》、《明史》著錄。光緒《江西通志》作「春秋經指一卷」。

## 《羲麟經旨》四卷　李材撰，〔佚〕

案：光緒《江西通志》著錄。同治《南昌府志》云「羲麟徑旨四卷」一作「見羅麟經旨」。

## 《春秋諸傳辨疑》四卷　朱睦㮮撰，〔存〕

朱睦㮮，1520-1587，河南開封，字灌甫，號西亭，據雍正《河南通志》云：「明朱睦㮮，字灌甫，周藩鎮平恭靖王四世孫。至性孝友，自幼端穎，李夢陽一見即奇之，徧謁名儒受經學，悉通大義，訂正秦漢以來諸家經解，凡所發明，多得之。世儒箋註之外，于書無不窺，尤精于《易》、《春秋》，即第建萬卷堂，訪購圖籍，讎校精細。萬曆間舉『文行卓異』，為周藩宗正十餘年，復領宗學，孜孜講說，雖寒暑不輟，卒年七十，著有《五經考疑》、《授經圖》、《陂上集》、《遜國褒忠錄》、《中州人物志》等書。」（卷六十二）

　　《四庫全書總目》云：「《春秋諸傳辨疑》四卷，浙江范懋柱家天一閣藏本。明朱睦㮮撰……是編凡一百八十八條，《明史‧藝文志》著錄卷數，與此本相合。然與睦㮮所撰《五經稽疑》中說《春秋》者文並相同。據睦㮮〈五經稽疑自序〉，蓋此書先成別本行世，後乃編入《五經稽疑》中。今《五經稽疑》已別著錄，則此本無庸複載，故附存其原名，備考核焉。」（經部三十‧春秋類存目一）

　　《四庫全書總目》云：「《五經稽疑》六卷，浙江巡撫採進本。明朱睦㮮撰。……據《明史‧睦㮮傳》，稱其萬曆五年舉雎藩宗正，領宗學，約宗生，以三、六、九日午前講《易》、《詩》、《書》，午後講《春秋》、《禮記》，雖盛寒暑不輟。所撰有《五經稽疑》六卷……外又載睦㮮《春秋經傳辨疑》四卷。其《春秋稽疑》又有別行之本，析為四卷，乃與《明史》所稱《春秋經傳辨疑》合。考睦㮮自序，稱『少靡所好，游心《六經》，嘗作《春秋稽疑》，餘未及為也。癸未四月（案《明史》稱，睦㮮以萬曆五年舉宗正，又三年卒。則其卒當在萬曆八年。癸未乃萬曆十一年，與史文不合，疑史誤也，杜門謝客，乃取四經，時披閱焉。或有疑者，參訂諸家而折衷之。且述且作，得若干卷』云云。據其所言，絕不及《春秋經傳辨疑》一字，殆初註《春秋》四卷，名以『經傳辨疑』先行於世，後乃足成五經，併為一帙，統改今名。著錄家各據所見之本，遂析而為二耳。《明史‧睦㮮傳》但稱作《五經稽疑》六卷，不及《春秋經傳辨疑》，從其最後之定本也。《春秋》乃其初稿，蓋以全力為之，大旨取『直書其事，美惡自見』之義。其中如誤以備儀父為邾命卿，蓋沿程端學之曲說，不思『及晉處父盟』，經自有例，未免傷於武斷。然如『春正月』不書王，『王使榮叔來錫桓公命』不書天，『譚子』不書名，『柯之盟』不書日，『祭叔來聘』不書使之類，以為傳寫脫誤，非孔子有意筆削，旁引曲證，足破穿鑿附會之論。又謂『穀伯綏來朝』，『鄧侯吾離來朝』，二『朝』字當作『奔』。『鄭游速帥師滅許』，『滅』、當作『入』。又辨《左氏》以城小穀為城穀之非，《公羊》謂晦不書事之誤，

則精核者居多。……鈔本不分卷帙，今約其篇頁，以四經各為一卷，《春秋》為兩卷，仍合於《明史》所載之卷數焉。」（經部三三‧五經總義類）

朱睦㮮〈五經稽疑序〉云：「屈平者，楚之同姓也，仕於懷王，為三閭大夫。屈平職掌三姓，敘其譜屬，率其賢良，以勵國人言行職修，王甚珍之，為同列上官靳尚所 ，王乃疏平。平含忠履潔，而遽見放，遊於江潭，行吟澤畔，鬱伊易感作《離騷》，以此知古之三百篇，皆非無感而作也。余少靡所好，遊心六經，嘗作《春秋稽疑》，餘未及為也。癸未四月，余病在告，杜門謝客，頗多餘暇，因思古人實有慨於余心，乃取四經，時披閱焉，或有疑者，參訂諸家之說而折衷之，且述且作，得若干卷，雖不敢比跡昔賢，然鬱伊之感，庶幾同焉！萬曆十一年十月既望，周府宗正奉旨督理宗學汴上睦㮮題。」

王世貞〈五經稽疑序〉云：「大梁周宗正灌甫氏，少負異質，以古文辭名中原，顧意殊不屑之汎瀾百氏且徧，於是盡治六經，取諸傳疏訓故，無慮數十百家，臚列於目，而惟吾之汰，苟其是則不以世之所忽遺者而廢吾是，苟其非則不以世之所趨沿者而廢吾非，其所治經文，訛者正之，衍者去之，錯者理之，若《禮》經而非出於聖人之筆則 之，今所行六卷，彬彬焉，足稱《爾雅》矣！」（《經義考》卷二百四十九）

案：收錄《四庫全書存目叢書》經部，第120冊，據北京大學圖書館藏清鈔本影印。阮元云：「是書依經辨釋，發明大義」卷三云：「是書不主以例解經之說，隨條辨證，凡一百八十二則。」（《文選樓藏書記》卷一）。《千頃堂書目》、《明史》、《傳是樓書目》作「二卷」。《春秋諸傳辨疑》本有單行本行世，後合編入《五經稽疑》中，此二書一被《總目》「五經總義類著錄」收錄，一被「春秋類存目」收錄。張居正《新刻張太岳先生文集》有〈答周府宗侯西亭言春秋辨疑〉。

## 《左選》四卷　朱睦㮮撰，〔佚〕

案：《萬卷堂書目》著錄。

## 《春秋訂疑》十二卷　林命撰，〔佚〕

林命，1553前後，福建建安，字子順，據李清馥〈推官林子順先生命〉云：「林命，字子順，建安人，嘉靖癸丑進士，令溧陽、金壇有聲，擢諫垣首，疏議革冗官，復條閩中致寇六事，得借留都積帑，及閩中屯鹽之賦肆拾萬餘以充軍餉，出參楚藩，晉廣東。廉訪尋有忌者，左遷金華推官，量移南部，遂解組歸。命禔身高潔，居常撮集古人嘉言懿行，為《正氣錄》。自警歷官十餘年，一秉清白，而憂國公忠，議論封駁，不以詞色假人，遇公正輒發憤，所著有《正氣錄》十卷、《春秋訂疑》十二卷、《陽溪堂集》十六卷。」（《閩中理學淵源考》卷八十六）

案：乾隆《福建通志》作嘉靖癸丑（32年）進士，《四庫全書總目》訛誤作嘉靖甲辰（23年）。

## 《左傳評林》　劉堯誨撰，〔佚〕

劉堯誨，1553前後，湖南臨武，字君納，據光緒《湖南通志》云：「劉堯誨，字君納。少喜泰州王艮之學，舉嘉靖癸丑進士，知新喻縣，擢南京刑部郎，轉給事中。時東南倭寇肆橫，浙江統制胡宗憲師久無功，堯誨抗疏論其失策，且言功罪不明，賞罰惟貨，天下事大可憂，疏入嚴嵩銜之，又浙直以備倭，故凡均徭銀，俱先三年辦名提編法，民困甚，堯誨疏論，巧取民不若拙省費，因請罷興，作汰冗兵，裁覈內外供應，及尚衣寺人冒濫，權貴側目，引疾歸。粵寇犯縣，親率子弟禦之，復募兵為外援，從閒道奪賊所幟，賊驚引去，起上海同知，遷尚寶司丞，補順天府丞，晉僉都御史，巡撫福建，平巨寇林鳳，禽倭朵麻里，奏設總兵扼南澳一島，移撫江西，疏蠲積逋二十九萬，除兩

廣總制，疏請申明軍法，禁餽遺汰浮冗，覈名實、懲貪冒，遂平鬱林、木頭等十砦，東西粵以寧，積羨餘至三十八萬，以佐軍興費晉兵部尚書，參贊機務，致仕歸，卒贈太子少保。」（卷一百七十四）

案：同治《臨武縣志》、光緒《湖南通志》著錄。

## 《左史評議》　　劉堯誨撰，〔佚〕

案：乾隆《清泉縣志》、光緒《湖南通志》著錄。

## 《春秋四傳私考》二卷　　徐浦撰，〔存〕

徐浦，1553前後，福建浦城，字伯源，據光緒《續修浦城縣志》云：「徐浦，字伯源，嘉靖癸丑進士。授弋陽令，奸民葉世豪等聚眾煽亂，浦設方略擒其渠魁三十三人，餘黨悉散去，擢工科給事中，以言事為權貴所忌，尋丁母憂，服除，補廣西按察司僉事，隨俞大猷剿廣東饒平賊張璉，賊平解綏歸，歲時一謁邑長令，閒日不投一刺也，每關涉邑利弊，則侃侃爭之，吏攢造黃冊，飛洒舊額，力言於當道，復其舊。流賊侵縣境，以身為鄉勇先，卒年四十六，所著有《春秋四傳私考》十二卷、《諫垣奏議》、《歸閒吟稿》若干卷。」（卷之二十二）

《四庫全書總目》云：「《春秋四傳私考》十三卷，兩淮鹽政採進本。明徐浦撰。浦字伯源，浦城人，官監察御史。是書舉《左氏》、《公》、《穀》、胡《傳》之異同，衷以己意。於胡《傳》之深刻者，多所駁正，持論頗平允。然每就事論事，不相貫串。如『宋公和卒』，謂『不書葬以示褒』。不知外諸侯經，皆書卒也。又凡浦無所論斷之條，皆不存經之原文，似乎刪節聖經，亦非體制。」（經部三十·春秋類存目一）

案：收錄《續修四庫全書經部》經部，第135冊，據清嘉慶十六年祝氏留香室刻本影印。《四庫全書總目》作「十三卷」，今本為二卷，分上

下，起至隱公，終至哀公，首尾俱全，蓋完書矣。書前有姜寶〈序〉，祖之望〈題後〉。

## 《春秋傳》十卷　趙祖鵬撰，〔佚〕

趙祖鵬，1553前後，浙江東陽，字宗南，號太沖，據雍正《浙江通志》云：「趙祖鵬……字宗南……有《海雲亭漫稿》……癸丑進士。」；沈德符《萬曆野獲編》卷二十六云：「嘉靖中，翰林編修趙祖鵬者，號太沖，浙之東陽人。居京師，有女嫁緹帥陸武惠炳為繼室，倚陸聲勢張甚，富貴擅一時，然為士林所不齒。」（卷二百五十）

案：雍正《浙江通志》、道光《東陽縣志》著錄。

## 《春秋輯傳》十三卷　王樵撰，〔存〕

王樵，1521-1599，江蘇金壇，字明逸、明遠，號方麓，據乾隆《江南通志》云：「王樵，字明逸，金壇人，臬子。嘉靖丁未進士，授行人，遷刑部主事。嘗曰：士大夫以留心案牘為俗吏，文墨詩酒為風雅夫？飽食官祿，受成胥吏，謂之風雅可乎？乃著《讀律私箋》，甚精核。萬曆初，分巡浙西，入為尚寶卿，轉鴻臚卿……歷官南京右都御史致仕。樵素簡默，至談經學，則娓娓不倦。……卒諡恭簡，所著有《周易私錄》、《尚書日記》、《春秋輯傳》、《四書紹聞編》、《方麓居士集》。」（卷一百六十三）

《四庫全書總目》云：「《春秋輯傳》十三卷、《宗旨》一卷、《春秋凡例》二卷，直隸總督採進本。明王樵撰。是編朱彝尊《經義考》作十五卷，又別出《凡例》二卷，注曰『未見』。此本凡《輯傳》十三卷，前有《宗旨》三篇、《附論》一篇，共為一卷，與十五卷之數不符。蓋彝尊偶誤。又《凡例》二卷，今實附刻書中，彝尊亦偶未檢也。其《輯傳》以朱子為宗，博采諸家，附以論斷，未免或失之冗，然大旨猶為醇正。其

《凡例》則比類推求，不涉穿鑿，較他家特為明簡。明人之說《春秋》，大抵範圍於胡《傳》，其為科舉之計者，庸濫固不足言，其好持議論者，又因仍苟說，彌用推求，巧詆深文，爭為刻酷，尤失筆削之微旨。樵作此書，差為篤實，其在當日，亦可云不移於俗學者矣。」（經部二八・春秋類三）

秬璜云：「樵說《春秋》其有裨于經者，如『隱公九年冬，會防。』樵云：『是時未有霸也，而已為霸之漸，前此惟兩君相會，至此而參會矣。前此惟敵國相攻，至此而連諸侯伐宋矣。自參盟而有主盟，自連諸侯而遂摟諸侯以伐諸侯。故五霸，三王之罪人也，而放恣之諸侯，又五霸之罪人也，此《春秋》之大旨也。』又『莊公二十七年秋，公子友如陳葬原仲。』樵云：『此直書其事，不待貶而義自見者也。胡《傳》謂季子私行而無貶者，乃《春秋》端本之意，謂王臣私交而始亂，末流乃至大夫交政于國中，若諸侯大夫則無譏，非經本旨。』此皆得《春秋》之正者。」（《續文獻通考》卷一百五十四）

王樵〈春秋私錄序〉云：「《春秋》自三《傳》之後，惟啖、趙、陸氏可謂通經，不泥于專門之陋，訂正三《傳》得失，為《集傳》、《辨疑》，又為《纂例》一編，條理燦然，其有功于《春秋》多矣。前後諸家未有過之者也，程子嘗作《傳》而未成，朱子以此經未易言，故未暇為書。然其因司馬文正公所輯《資治通鑑》而修《綱目》，實倣吾夫子因魯史而修《春秋》之法，綱以著道法，目以備事辭，其於《春秋》之旨，不強測以空言，而默見以行事，雖不為《春秋》而作，然以愚見言之，謂善發明《春秋》，莫如朱子可也。故愚嘗因《綱目》而識《春秋》，誠以古今世變不同，而事之得失未嘗不同，在觀者通悟何如爾。《綱目》事辭皆備，〈凡例〉又出朱子手筆，故後人得以考見書法之意，而不至於繆誤，惟《春秋》經傳，元各孤行，《左氏》之於事，《公》、《穀》之於義，各記所聞，時多抵捂，或以己意穿鑿，不皆得聖人之意。然要之三家，去聖門未遠，其間合義理，當人心者，必有所傳，擇而取之，十恒得五六。

今居千載之下，而謂三《傳》真可束高閣，欲以己意立說者，非通見也。胡文定公作《傳》，謂事按《左氏》，義采《公羊》、《穀梁》之精者，大綱本孟子，而微辭多取徵程氏，其言當矣。雖然理明義精如程子，固猶謂其微辭奧義，時措從宜者為難知矣！其間多所闕而未言，與夫言而尚略者，蓋難之也。則文定其肯自謂皆已得聖人之意乎？此非一家之學也，不厭于講，故愚自三《傳》以下，采輯異同，以資研討，頗不主一家，其有未合，不敢臆決，大概皆本朱子之意，朱子之意固即程子之意也，夫不繆於程、朱二夫子，而有裨于文定，則愚區區《私錄》之意乎！又因文定綱領七家之說，而廣之為《宗旨》三篇、《附論》一篇，因陸氏《纂例》而修之為《凡例》二十篇，雖於聖人筆削之意，先王經世之法，不敢妄議，然程子曰：『善學者，求言必自近，易於近，非知言者也。』今言則備矣，誠不以其近而忽之，豈無有因言而得者乎？雖非所及，願與同志者共之。」（《方麓集》卷二）

　　案：收錄《景印文淵閣四庫全書》經部，第168冊。《方麓集》作「春秋私錄」，乃與《春秋輯傳》為同書異名耳。《千頃堂書目》云：「一名春秋經世」。

## 《春秋宗旨》一卷　王樵撰，〔存〕

　　案：收錄《春秋輯傳》，《景印文淵閣四庫全書》經部，第168冊。王樵〈春秋私錄序〉云：「因文定綱領七家之說，而廣之為《宗旨》三篇、《附論》一篇。」《宗旨》、《附論》皆存於《春秋輯傳》卷首，《附論》則列於《宗旨》之卷末。

## 《春秋凡例》二卷　王樵撰，〔存〕

　　王樵〈春秋凡例序〉云：「孔子因魯史而作《春秋》，孔子未之言也，而孟子言之。《春秋》之要，非孟子不能知也。傳之者三家，《左

氏》見國史，多得其事。《公》、《穀》經生講授，多得其義。雖各紀其近聞，時有舛駁，要皆去孔門未遠。今居千載之下，謂三《傳》可束高閣，欲以己意立說者，非通見也。三《傳》之後，惟啖氏、趙氏、陸氏可謂通經，不泥於專門之陋，為《輯傳》、《辨疑》、《纂例》各若干卷，條理燦然，其有功於《春秋》多矣。程子嘗作《傳》而未成，朱子以此經未易言，故未暇為書，而其平日講論所及，皆闡《春秋》大義，至其因《通鑑》而修《綱目》，綱倣《春秋》，目依《左氏》，綱以著道法，目以備事辭，其書法之義固皆《春秋》之旨也。然則朱子雖未為書，而於聖人竊取之義，可謂繼程子而得其心者矣，其未為書之意，亦以胡文定公作《傳》，謂事按《左氏》，義采《公羊》、《穀梁》之精者，大綱本孟子，而微辭多取徵程氏，其言當矣！雖然理明義精如程子，固猶謂其微辭隱義，時措從宜者為難知。其閒多所闕而未言，與夫言而尚略者，蓋難之也。則文定其肯自謂皆已得聖人之意乎？此非一家之學也，故愚自三《傳》以下，采輯異同，以資研討，頗不主一家，其有未合，不敢臆決，大概皆本朱子之意，朱子之意固即程子之意也，夫不繆於程、朱，而有裨於文定，則愚區區《私錄》之意乎？又因文定綱領七家之說，而廣為之《宗旨》三篇、《附論》一篇，因陸氏《纂例》而修之為《凡例》二十篇，雖於聖人筆削之意，先王經世之法，不敢妄議。然程子曰：『善者求言必自近，易於近，非知言者也。』今言則備矣，誠不以其近而忽之，豈無有因言而得之者乎？雖非所及，願與同志者共之。」（《經義考》卷二百二）

　　案：收錄《春秋輯傳》，《景印文淵閣四庫全書》經部，第168冊。《千頃堂書目》作「三卷」，疑合《春秋宗旨》一卷而言。朱彝尊《經義考》收錄〈序文〉一篇，與今〈春秋私錄序〉大同而兼存小異，其書或曾別行，故兼錄之。

## 《春秋要旨》　方一木撰，〔佚〕

方一木，1555前後，安徽休寧，字近仁，生平失考，惟據《經義考》云：「《休寧名族志》：一木，字近仁，嘉靖乙卯舉人，官台州府同知。」（卷二百三）

案：《經義考》著錄。

## 《讀左傳箚記》一卷　李貴撰，〔存〕

李貴，1522-1571，江西豐城，字廷良、廷貴，號浣所，據過庭訓云：「李貴，字廷良，豐城人。年十五入郡庠，嘉靖壬子舉鄉試第一，登癸丑進士，選入翰林，讀祕書。乙卯授編修，戊午滿考。己未丁母憂歸，癸亥復官翰林。丁卯隆慶改元，出為四川按察司副使。幼穎敏，書過目成誦。初下筆為詩文，即軼老成者，出其上。稍長，潛心性命之學，嘗讀《論語》，所謂『參前倚衡者』，躍然有悟，即日務靜養，非禮不行。及在祕館，即編集古名臣相業，日自省覽，慨然欲身任天下之重。既入史局，益講求天下治理，自鍾律、刑賦、兵車、陣法，靡不綜覈，著為《圖論》。己未、乙丑兩校南宮士，有為郡縣者，手編濂溪、明道、橫渠、紫陽、象山五先生政績，授之曰：『治民當法，此無愛民之實心者，治終不古若也。』蓋志甚大，材甚高，未少出其端緒，為忌者所搆，失當路意，歸未二年，以乙亥九月十八日卒，年五十五。所著《讀經史雜記》若干卷、《豐乘》、《思齊錄》及《五先生政績》，嘗語呂光洵曰：『方癸丑將選館，時李西野宗伯欲介予謁嚴相，公予謝不往，亦竟以入館命，固非人所能尼使也。』嚴於先貴為同鄉，且不肯一往謁，及嚴既去國，時忤嚴者悉被顯擢，而貴又獨自免歸。光洵自南宮為貴所識拔，入翰林，貴戒之曰：『官于此有三：隆文聲以起世譽上也，勤趨承以愜時好次也，下乃守廉恥待歲月耳。』雖然，爾必為其下者。」（《本朝分省人物考》卷五十

八）

案：收錄《浣所李公文集》，臺北國家圖書館藏明萬曆十年湖廣刊本。同治《豐城縣志》作「左傳箚記」。

## 《春秋原經》十七卷　詹萊撰，〔佚〕

詹萊，1522-1547後，浙江常山，字時殷，號範川，據乾隆《福州府志》云：「詹萊，常山人，嘉靖丁未進士。任長樂令，下車即明法令，申教戒，期於戢暴詰姦，風裁英果，應事如流。時浙東島夷陸梁，巡撫都御史王忬，檄城長樂，萊遂以身任之，多方經畫，俾費不及民，民亦樂於趨事。城成，萊旋改任，寇亦奄至。自乙卯迄癸亥，每春汛，烽警無虛日，民有所恃，以為歸者，萊之功也。官至湖廣僉事。」（卷四十八）

案：其書雖佚，明代卓爾康《春秋辯義》引錄其言尚多，可參看。《澹生堂藏書目》、《明史》、雍正《浙江通志》、《千頃堂書目》、《授經圖》著錄。另撰有《七經思問》。

## 《春秋億》六卷　徐學謨撰，〔存〕

徐學謨，1522-1593，江蘇嘉定，字叔明、叔成、思重，號太室，據乾隆《江南通志》云：「徐學謨，字叔明，嘉定人，嘉靖庚戌進士。為職方主事……汰去冗冒，忤仇鸞意，又嚴嵩屬以青詞，辭不為，銜之。浮沉郎署者十年，出為荊州守……所著有《南宮奏稿》、《老子解》、《世廟識餘錄》、《湖廣總志》、《春秋億》、《宗藩要例》、《文集》，合二百五十二卷。」（卷一百四十五）

《四庫全書總目》云：「《春秋億》六卷，江蘇巡撫採進本。明徐學謨撰。……是編序題『春秋億』，而卷首題曰『徐氏』，《海隅集》目錄又題曰『外編』，蓋其全集之一種。十二公各為一篇，不載經文，而一一排比年月，隨經詮義。蓋漢代經傳別行，原不相屬，似乎創例實古法也。

大旨以《春秋》所書，皆據舊史，舊史所闕，聖人不能增益。如隱、莊、閔、僖不書即位；桓三年以後，不書王；衛人、陳人、從王伐鄭，不稱天；以及日、月之或有或無，皆非聖人所筆削。一掃《公羊》、《穀梁》無字非例之說，與孫復、胡安國無事非譏之論。夫《春秋》之作，既稱筆削，則必非全錄舊文，漫無褒貶。學謨持論雖未免矯枉過直，然平心靜氣，不事囂爭，言簡理明，多得經意，實勝宋、元諸儒之穿鑿。其駁夏時周月之說曰：『為下而先倍，烏在其為《春秋》也！』可謂要言不煩者矣。」（經部二八‧春秋類三）

　　徐學謨〈春秋億序〉云：「說經者宜莫難於《春秋》，匪說之難，能明聖人之意之難也。蓋自秦人滅學之後，六經之闕佚者十六七矣，獨《春秋》哉？而《春秋》為甚。漢儒喜以其意補經，即於他經悖理亂真者不少，苟以理紬之，其誣可立辨也。《春秋》，事詞也。事詞在千載之前有無疑似，即有增損，無從質之矣，故曰『說經者宜莫難於《春秋》也。』今之說《春秋》者，類以《左氏》為之證，而參以《公》、《穀》二家，彼其因事以屬詞，緣詞以命例，事同則詞同，詞同則命例宜無不同，然而正變相錯，權衡互異，若繼弒，一也；或書即位，或不書即位，紀元一也；或書王正月，或不書王正月，或單書春王而不書正月，伐國一也；或名或不名，或爵或不爵，專將帥師，一也；或去其公子，或不去其公子，弒君一也。或明其為弒，或不明其為弒，乃三家各就其詞而為之說，求之《春秋》之本義，其說皆無有也，即以《春秋》之本義獨行於世，千載之下，雖聖人復起，不能指其詞之所之也，故學者不得不據傳以求經，夫經之為言常也，簡易明達之謂也，聖人作之，將以垂憲于無窮，而乃故為微曖難明之詞，若置覆焉，而須傳以為之射，則何異于日月之借光於爝火乎？必不然矣。按班固《藝文志》云：『仲尼傷杞、宋之亡，徵以魯周公之國，禮義備物，與左丘明共觀史記而修《春秋》。當其時，祇以口授弟子，左氏懼其異言失真，乃因本事以作《傳》。』信斯言也，則經與傳有輔車之倚焉，不當獨推尊孔氏矣；即令附《春秋》而作，其事詞已無不可

信，而又何有于《公》、《穀》？二家乃漢初鼎列於學官，而尹氏君氏、盟蔑盟與、築郿築微、厥愁屈銀之文，又輒與《左氏》相齟齬者，不可勝紀。夫經文一也，然且彼亦一是非，此亦一是非，況其有無疑似微曖難明者乎？故知三家各受師承，以口說流行，即《左氏》亦孔子以後之書，自漢以來，經從傳出，馬端臨以意增損之，疑不為無謂，而南宋大儒顧復取其以意增損之詞，為之懸想臆度，斷以聖人之特筆在，是以其可解者謂之正例，而以其不可解者，強名之曰變例，至謂仲尼見諸行事之實，以天自處，削天于王，奪位于國，去氏族于卿大夫，略無顧忌，雖一時進御之言，意在納約，然謂之說《傳》則可，謂之說《經》則不可，亦何怪乎求之愈深，而失之愈遠也？聖人之意，其尚可得而見耶？聖人之意，簡易明達，要以仍人道、正王法，善善惡惡、是是非非，刪繁舉要，據事直書，如斯而已者也。故繫王于天，則文武之威靈猶在；托筆於史，則周公之袞鉞具存。即有所褒諱貶損，皆天子之事，史官之職也。而舉不以己與焉。夫是以二百四十二年諸侯、卿大夫之功罪，不必屑屑焉衡較于爵氏名族之予奪，而其情固莫之能遁矣，故曰『其事則齊桓、晉文，其文則史，其義則丘竊取之。』於乎盡之矣，說《春秋》者孰有深切著明於孟氏者哉？愚故以《易》起家，少不自揆，間嘗旁窺是經，輒苦其難通，迄今三十餘年，髮鬖鬖短矣，茲以填郿之隙，因感杜征南在襄陽時箋釋《左氏》，乃重掇三氏併范、楊、何、孔諸家疏解，與胡氏之《傳》，猥加裒輯，稍略其正變之例，缺其有無疑似之文，祇采其說之不詭于理者，以符會孔氏竊取之義，而彙為一書，名之曰『春秋億』，凡如干卷，亦知其不可以幸中，第無敢徇《傳》蔑《經》，隨人射覆，以坐失聖人之意云爾。萬曆丁丑夏。」

　　案：收錄《景印文淵閣四庫全書》經部，第169冊。

## 《左國腴詞》八卷　　凌迪知撰，〔存〕

凌迪知，1556前後，浙江烏程，字稚哲，號繹泉，子凌蒙初，據《四庫全書總目》云：「《左國腴詞》八卷，內府藏本。明凌迪知撰。迪知字稺哲，烏程人。嘉靖丙辰進士，官至兵部員外郎。是編採《左傳》、《國語》字句，分類編輯。凡《左傳》五卷，為類四十；《國語》三卷，為類四十有三。所摘皆僅存一二語，既不具其始末，又不標為何人言，且註與正文，混淆不辨。非惟不足以資考證，併不可以供搗撦，與所撰《太史華句》、《兩漢雋言》、《文選錦字》諸書，體例皆仿林越《漢雋》，而冗雜破碎，又出《漢雋》之下。如以『從欲鮮濟』一語，列之潤溪類中，蓋誤以為濟川之濟也，是尚足與論乎？」（史部二一・史鈔類存目）

周中孚云：「《左國腴詞》八卷。……洪景盧有《左傳法語》，其書不傳，稺哲為之補編，益以《國語》一書，總曰『左國腴詞』。左集分四十類，凡五卷；國集分四十三類，凡三卷。門類大同小異，蓋以兩書文詞有判，然不相同也。其標明門類，摘字為綱，而注正文於下，頗便於檢閱，以供修詞之用，殊勝於景盧所編者矣。」（《鄭堂讀書記》卷二十五）

案：收錄《四庫全書存目叢書》史部，第138冊，據首都圖書館藏明萬曆四年至五年吳興凌氏桂芝館刻文林綺繡本影印。

## 《春秋左傳註評測義》七十卷　　凌稚隆撰，〔存〕

凌稚隆，嘉靖–萬曆，浙江烏程，字以棟，號磊泉，兄凌迪知，據雍正《浙江通志》云：「凌稚隆，《崇禎烏程縣志》：號磊泉，承先世家學，篤於典故。所輯有《史記》、《漢書評林》、《左傳評注測義》、《五車韻瑞》等書行世。」（卷一百七十九）

《四庫全書總目》云：「《春秋左傳評注測義》七十卷，浙江吳玉墀

家藏本。明凌稚隆撰。稚隆字以棟，烏程人。是書詮釋《左傳》，以杜預《注》為宗，而博採諸說增益之，其於《左氏》之不合者，亦間有辨正。又取世次、姓氏、地名、諡號、封爵，標於卷首，以便檢閱，然皆冗碎不足觀。」（經部三十・春秋類存目一）

王世貞〈春秋左傳注評測義序〉云：「為《春秋》而著者凡四家，左氏最先出，而其大要在紀事與言，時時有所發於經，而不盡為經役。公羊、穀梁氏乃以其所得於夫子之門人者，而各出其意以釋之，蓋終其書為經役，而不能盡得經之旨，第《公》、《穀》之為弟子者，能世世守其說，至於漢而益盛，而《左氏》不復能，然自胡母生、董仲舒始治之，劉歆獨超乎其父之見，而尊明其學，太常之移，幾糜躪於羣喙而不之顧，嗣後寖有聞，至杜預而益精，詳於訓故，參伍諸家之說而訂正之，然其意實先《傳》而後《經》，是故其合者或以《傳》而證《經》，而其不合者，多飾《經》以從《傳》，精識之士，猶有所未滿。至宋胡安國氏之《傳》出，宋儒隆而尸之，右文之代乃邊用以頒學官，式多士而三氏皆絀矣，《左氏》雖絀，然以其事之詳而言之妙且豔也，纂史者用其凡，摛文者擷其奧，如日星之麗霄，愈久而愈煜如，顧杜預之治《左氏》，不必悉當，而諸家之翼之者，又多散見錯雜，不可編究。凌以棟少習《春秋》，而於《左氏》尤稱精詣，中年以來，乃盡采諸家之合者而薈蕞之，發杜預之所不合者而鍼砭之，諸評騭《左氏》而嬹者皆臚列之，《左氏》之所錯出而不易考者，或名、或子、或諡、或封號，咸寘之編首，一開卷而得之，不唯《左氏》之精神血脈不至闃索，而吾夫子之意，十亦得八九矣。夫經以志，史以記，此自古兩言之，然而文中子猶曰：『史之失，自遷固始也。』記繁而志寡，其獨不訾《左氏》者，志與記，不偏勝也，左氏臣《春秋》而素，杜預臣《左氏》而忠，以棟之忠於《左》、於《杜》，其尤炳然哉！蓋以棟之於太史公、班氏皆有書曰『評林』，而茲獨曰『注評測義』，曰『注』、曰『測義』，則進於『評』矣！余故得而序之，異日《左氏》之鄉，有巋然而宮者，以棟不在兩廡，而在堂坫之間矣。」

（《弇州山人四部續稿》卷五十二）

　　案：收錄《四庫全書存目叢書》經部，第126–127冊，據湖北省圖書館藏明萬曆十六年刻本影印。丁丙云：「是書以杜《注》為宗，博采羣書說，增益而辨證之，復取其世次、地名，錯出難辨者，標於編首：曰世系譜、曰名號異稱便覽、曰地名配古籍、曰列國圖說、曰總評、曰引用書目、曰古今賢達姓氏、曰凡例。」（《善本書室藏書志》卷三）。《四庫全書總目》作「春秋左傳評注測義」，《千頃堂書目》、《明史》作「左傳測義」，雍正《浙江通志》作「左傳評注測義三十卷」。

## 《權書止觀》十二卷　　潘曾紘撰，〔存〕

　　潘曾紘，嘉靖–萬曆，浙江烏程，據曹于汴〈書權書止觀〉云：「語云：權非聖人不能用，而聖人亦不輕以權許人。即學人可與立，猶未遽與以權也，何也？水止成照，學無止奚。以觀無觀，則民冥冥，奚以權？是以難也。昔賢以《春秋》為仲尼之權書，權生於觀，觀生於止，通乎是可以誦此書矣！潘生曾紘，世業《春秋》，錄其所得，命曰『權書止觀』，其知用心於止也乎。止則觀，觀則可與權，雖然！余嘗有言：賢有止，聖無止。聖無觀，故無止，學未至於無止，猶然未可與權也。」（《仰節堂集》卷三）

　　案：北京大學圖書館藏明萬曆刻本。《明史》、《千頃堂書目》、《澹生堂藏書目》皆作「八卷」，蓋後來增補者。

## 《春秋世譜》十卷　　吳國倫撰，〔佚〕

　　吳國倫，1524-1593，湖北興國，字明卿，號川樓子、南嶽山人、惟楚山人，後七子之一，據過庭訓云：「吳國倫，字明卿，原貫嘉興，以祖戍湖廣興國州，遂家焉。生而穎異，善屬文。年二十六，省試第一，次年登進士。是時都下有七才子，齊李攀龍、謝榛、吳王世貞、宗臣、徐中

行、南越梁有譽,而國倫則楚才也。以著述自喜,籍甚縉紳間。歷宦燕、楚、閩、粵、貴、竹、大梁,足跡半天下。以故詩文獨雄,年五十四謝。方岳歸臥林下,所著有《甋甀洞稿》若干卷,行于世。」(《本朝分省人物考》卷七十六);又《明史》云:「吳國倫《春秋世譜》十卷:以《春秋》列國事實,見于《史記》他書者,分國為諸侯、世家。」(卷一百三十三)

### 《春秋三傳鳧乙集》　顧起經撰,〔佚〕

顧起經,1557前後,江蘇無錫,字長濟,更字玄緯,號九霞山人,據王世貞〈顧參軍玄緯先生志略〉云:「君諱起經,字長濟,更字玄緯,別號九霞山人。……讀五《經》、諸子,日誦千餘言,不拘拘訓故,而所結撰,時出人意表。……始治《書》,改治《春秋》……亡軼者曰《易囈語》、《詩解頤》、《竈觚餘談》、《素臣翼》、《三傳鳧乙集》。」(《弇州史料》後集卷二十一)

案:《經義考》著錄。《千頃堂書目》作「三傳鳧乙集」。

### 《素臣翼》　顧起經撰,〔佚〕

案:《經義考》著錄。

### 《竈觚餘談》　顧起經撰,〔佚〕

案:《經義考》著錄。

### 《春秋左傳節文》十五卷　汪道昆撰,〔存〕

汪道昆,1525-1593,安徽歙縣,字伯玉,號南溟、南明、太函、函翁,據過庭訓云:「汪道昆,字伯玉,歙人。兒時讀書知大義,即厭薄時

習，喜《墳》、《索》、《韜鈐》、《左》、《史》，間擬作多奇語，補郡博士弟子，學益進。……嘉靖甲午舉于鄉，明年成進士，時年二十三。……進戶部主事，改職方，歷武選郎，咸舉其職。時歷下李攀龍、東吳王世貞為文章倡和，諸名士皆守曹郎相與修西京大曆，業則無不傾重，道昆其文日閎博，力追古作者，海內知與不知，咸稱慕之，出守襄陽，政多德惠。……壬戌，倭據閩橫嶼為巢，沿海城堡相繼陷，興化府城亦陷，全閩大震，將軍戚繼光將浙，步兵八千赴援，戚有良將才，道昆一見與深，相結運籌決策，先後蕩掃賊巢，收復郡縣城堡，鹵斬三千餘級，奪回男女輜重無算，倭自是不復向閩。……為文高擅一世，與王弇州並稱，人推當代文章第一，晚號函翁。……著《太函集》、《副墨》若干卷行世，卒年六十有九。論者謂其文章高古，功烈炳烺，節概表于立朝，淳德孚于鄉黨，蓋實錄云。」（《本朝分省人物考》卷三十七）；《明史》云：「汪道昆，字伯玉，世貞同年進士。大學士張居正亦其同年生也，父七十壽，道昆文當其意，居正亟稱之。世貞筆之藝苑卮言曰：『文繁而有法者于鱗，簡而有法者伯玉。』道昆由是名大起。晚年官兵部左侍郎，世貞亦嘗貳兵部，天下稱『兩司馬』。世貞頗不樂，嘗自悔獎道昆為違心之論云。」（卷二百八十七）

汪道昆〈春秋左傳節文引〉云：「作者之謂聖，非聖不經。夫聖，孔子不居。猥云不作於時，王迹熄矣，則曰『吾志在《春秋》』。《春秋》，王者事也，抑亦聖者事也。故位在則禮樂征伐，道在則經士無當於道而齮聖經是無將也。說《春秋》莫良於《左氏》，夫非聖人之徒與？其時紛爭，其人倬詭，其辭葆大，其事奇邪，比事屬辭燦然不倍於道，猶之百揆三事，奉天子之禮樂征伐以紀四方，謂之素臣有以也。後有作者宜居亞旅之間，近世祧之而躋康侯，知管晏而已矣。不佞誦法《左氏》亦既有年，年始及衰，不遑卒業，乃撮居常所膾炙者，省為《節义》，蓋存者五之三，衰者二，大較以經統傳，故惟因傳引經，義取斷章，即離經勿恤矣。三體則取諸真氏，諸品則倣畫史，以為差其法則，不佞竊取之。其間

往往概見，觀者謂是舉也，猶旅幣之有特達也，戎行之有選鋒也，故登簡璧則庭實下陳，建前茅則五兵受命，藉第令取節，其誰曰不宜。不佞瞿然曰：『嘻！此時過力訕者之為殆，不任而分重者耳！有全力者務舉其贏，不則將以是為朝三。』不佞過矣。」（《太函集》卷二十三）

《四庫全書總目》云：「《左傳節文》十五卷，兵部侍郎紀昀家藏本。……明萬曆中刊版也。取《左傳》之文略為刪削，每篇之首分標『敘事』、『議論』、『詞令』諸目，又標『神品』、『能品』、『真品』、『具品』、『妙品』諸名，及『章法』、『句法』、『字法』諸字。前有慶曆五年修自序，序中稱胡安國《春秋傳》及真德秀《文章正宗》，是不足與辨矣。」（經部三十‧春秋類存目一）

案：收錄《四庫全書存目叢書》經部，第116冊，據福建師範大學圖書館藏明刻本影印。

## 《春秋左傳節文註略》十五卷　汪道昆撰、周光鎬注，〔存〕

周光鎬，1536-1616，廣東潮陽，字國雍，號耿西、國祚，據乾隆《潮州府志》云：「周光鎬，潮陽人，字國雍，號耿西。隆慶辛未進士，授寧波推官，有聲，從銓部郎守順慶。萬曆丙戌，西南不靖，邛筰陸梁，中丞徐固知其能，疏請監軍，光鎬輕騎飛渡，傳呼所至，賊眾驚匿，抵越嶲，部署諸軍，三路並進，所向無前，直搗賊巢，擒獲賊酋安守，大小三十餘戰，斬首四千有奇。壬辰，寧夏哱拜告變，全陝震動，朝廷以臨鞏為彝夏咽喉，擢臬司移駐賀蘭，值歲饑，帥屬賑濟，活者萬計。諸酋亦帖然無敢乘釁構禍，洎寧夏平城郭殘破，奸人反側，非聲望大僚不足以資彈壓，晉鎬僉都，駐節寧夏，先撫綏修城堡，簡卒乘，備芻糧，規模一新，尋晉階大理寺卿，以老乞休，著《明農山堂集》，年八十一卒，以子篤貴，贈通議大夫。」（卷二十八）

汪道昆〈左傳節文注略引〉云：「《十三經》故有注，《春秋》居其

三，三者以《傳》當《經》，自《左氏》始。注《左氏》者以什數，杜氏、林氏特聞，昔稱丘明素臣，二氏則其掌故也，不佞經術蹇淺，第求之離合之間，苟有概于中，惡用勸說，敦諸剞劂，廢諸注而筆削之，或者核其不然，毋示人以太樸，浸假渾沌氏為政，竅奚以觀？即不佞未始有成心，未之或改，竊嘗評品《左氏》，挾之都市中，元美肱篋見之，耳語敬美，其取材也富，其取法也精，是足賅矣。爰及斑白，《節文》出焉！徒屬厭于割烹，視醴薦則已儉，是則小儒曲技，將見距于大方之家，周國雍守，天官朗誦，法《左氏》心視莫逆應以同聲，復節杜、林之業以足之，綱紀具在，蓋約而達，廉而該，譚者之善物也。夫《傳》以翼《經》，《注》以翼《傳》，三而廢一，是余之闕也。夫國雍為之彌縫，其益弘多矣。經猶鵬之翼也，吾不知其修，傳其六翮乎？《注》則《傳》之毛矣，毛羽未具，疇能天蜚，《傳》、《注》何可廢也！抑或秋毫必察，吹一毳而翔九天，羽翼不存，毛將安傅，燧人氏殆將燎之矣。國雍博極載籍，尤嫻于經，安得起元美于九原，相與憑軾而寓目，圖南而上，有若垂天之雲，則國雍也。」（《太函集》卷二十六）

案：收錄《四庫未收書輯刊》第2輯，第10冊，據明萬曆十二年刻本影印。

## 《左氏纂》二卷　王良臣撰，〔存〕

王良臣，1558前後，江西德興，字汝忠，據康熙《江西通志》云：「王良臣，字汝忠，德興人。戊午舉於鄉，時懷玉書院初闢，鄒東廓、錢緒山後先主盟，良臣負笈從之，屢上春官，因念母春秋高，無意仕進，朝夕承顏。丁丑，以母命謁選，得景陵學，士林以為得師，署邑篆素礪，冰蘗當路，廉其賢，交章薦之，竟不起。」（卷九十）

案：中共中央黨校圖書館藏明刻本。

## 《春秋正意》　黃嘉賓撰，〔佚〕

黃嘉賓，1559前後，福建崇安，字子揚，號士礵，據同治《蘇州府志》云：「黃嘉賓，崇安人，嘉靖三十八年以進士知常熟縣，頻遭倭患，繼以旱潦，嘉賓撫綏瘡痍，輸賦者布縷、雞豚皆收納，發摘姦伏如神會，捕治海寇，吳宗鹽使袁某八宗賄，誣逮嘉賓，幸輿論保持之，然未及給由，量遷戶部，既去民思之，至萬曆丁未，始祀名宦祠，時有一父老扶杖匍匐云：『少遭冤獄，遇公得釋。』望木主，且泣且拜，哀動路人。」（卷七十二）

案：民國《崇安縣新志》著錄。

## 《麟經考》　沈啟原撰，〔佚〕

沈啟原，1526-1591，浙江秀水，字道初、道卿，號霓川，據盛楓云：「啟原，字道初，一字道卿，號霓川，嘉靖丙午舉人，己未進士，原家自祖父以來，以貲雄里中。申寅、乙卯間，倭警迫，督撫俱駐郡城，文武將吏，廩餼不繼，原立出千金助之，登第後名在二甲十七，故事第十七名，當得北部，前一人欲之，選司不可，卒並授南曹。原為屯田主事，司儀真水利，轉本司郎中，改南儀制。甲子充應天同考，出為川南道參議，天全土司高定、楊時譽相讎殺，原移檄諭之，不煩兵而服。丁母憂，服除，補山東右參議，分守濟南，遷陝西關南道副使，一歲罷歸。家居嘗手一編伊吾至丙夜，雖醫藥、卜筮之書，無不探討，著《麟經考》、《鷃園近草》、《巢雲館詩》、《紀星卦論》等書，所藏經籍甚富，有《存石草堂書目》十卷。」（《嘉禾徵獻錄》卷二十二）

案：萬曆《秀水縣志》、萬曆《嘉興府志》、雍正《浙江通志》，光緒《嘉興府志》著錄。

## 《春秋論》一卷　王世貞撰，〔存〕

　　王世貞，1526-1590，江蘇太倉，字元美，號鳳洲、弇州山人，據《明史》云：「王世貞，字元美，太倉人，右都御史忬子也。生有異稟，書過目，終身不忘。年十九，舉嘉靖二十六年進士。授刑部主事。世貞好為詩古文，官京師，入王宗沐、李先芳、吳維岳等詩社，又與李攀龍、宗臣、梁有譽、徐中行、吳國倫輩相倡和，紹述何、李，名日益盛。屢遷員外郎、郎中。奸人閆姓者犯法，匿錦衣都督陸炳家，世貞搜得之。炳介嚴嵩以請，不許。楊繼盛下吏，時進湯藥。其妻訟夫冤，為代草。既死，復棺殮之。嵩大恨。吏部兩擬提學皆不用，用為青州兵備副使。父忬以灤河失事，嵩搆之，論死繫獄。世貞解官奔赴，與弟世懋日蒲伏嵩門，涕泣求貸。嵩陰持忬獄，而時為謾語以寬之。兩人又日囚服跽道旁，遮諸貴人輿，搏顙乞救。諸貴人畏嵩不敢言，忬竟死西市。兄弟哀號欲絕，持喪歸，蔬食三年，不入內寢。既除服，猶卻冠帶，苴履葛巾，不赴宴會。隆慶元年八月，兄弟伏闕訟父冤，言為嵩所害，大學士徐階左右之，復忬官。世貞意不欲出，會詔求直言，疏陳法祖宗、正殿名、廣恩義、寬禁例、修典章、推德意、昭爵賞、練兵實八事，以應詔。無何，吏部用言官薦，令以副使涖大名。遷浙江右參政，山西按察使。母憂歸，服除，補湖廣，旋改廣西右布政使，入為太僕卿。萬曆二年九月以右副都御史撫治鄖陽，數條奏屯田、戍守、兵食事宜，咸切大計。有奸僧偽稱樂平王次子，奉高皇帝御容、金牒，行游天下。世貞曰：『宗藩不得出城，而讀張如此，必偽也。』捕訊之，服辜。張居正枋國，以世貞同年生，有意引之，世貞不甚親附。所部荊州地震，引京房占，謂臣道太盛，坤維不寧，用以諷居正。居正婦弟辱江陵令，世貞論奏不少貸。居正積不能堪，會遷南京大理卿，為給事中楊節所劾，即取旨罷之。後起應天府尹，復被劾罷。居正歿，起南京刑部右侍郎，辭疾不赴。久之，所善王錫爵秉政，起南京兵部右侍郎。先是，世貞為副都御史及大理卿、應天尹與侍郎，品皆正三。世貞通理前俸，得考滿廕子。比擢南京刑部尚書，御史黃仁榮言世貞先被劾，不當計俸，據故事力爭。世貞乃三疏移疾

歸。二十一年卒於家。世貞始與李攀龍狎主文盟，攀龍歿，獨操柄二十年。才最高，地望最顯，聲華意氣籠蓋海內。一時士大夫及山人、詞客、衲子、羽流，莫不奔走門下。片言褒賞，聲價驟起。其持論，文必西漢，詩必盛唐，大曆以後書勿讀，而藻飾太甚。晚年，攻者漸起，世貞顧漸造平淡。病亟時，劉鳳往視，見其手蘇子瞻集，諷玩不置也。世貞自號鳳洲，又號弇州山人。其所與遊者，大抵見其集中，各為標目。曰前五子者，攀龍、中行、有譽、國倫、臣也。後五子則南昌余曰德、蒲圻魏裳、歙汪道昆、銅梁張佳胤、新蔡張九一也。廣五子則崑山俞允文、濬盧柟、濮州李先芳、孝豐吳維岳、順德歐大任也。續五子則陽曲王道行、東明石星、從化黎民表、南昌朱多煃、常熟趙用賢也。末五子則京山李維楨、鄞屠隆、南樂魏允中、蘭谿胡應麟，而用賢復與焉。其所去取，頗以好惡為高下。」（卷二百八十七）

　　案：收錄《鳳洲筆記後集》，《四庫全書存目叢書》集部，第114冊，據北京大學圖書館藏明黃美中刻本影印。嘉慶《直隸太倉州志》、《經義考》著錄，皆作「四篇」，今本合此四篇為一卷。

## 《左逸》一卷　王世貞撰，〔存〕

　　《四庫全書總目》云：「《左逸》一卷、《短長》一卷，兩江總督採進本。是書凡《左傳》逸文三則，《戰國策》逸文三則。二書各有小引。前稱『嶧陽樵者獲石篋，得竹簡漆書古文《左傳》。讀之中有小牴牾三，余得而錄之，或謂秦、漢人所傳而託也，余不能辨。』後稱『耕於齊野者地墳，得大篆竹策一裘，曰《短長》。』劉向敘《戰國策》，一名《短長》。所謂《短長》者，豈戰國逸策歟？然多載秦及漢初事，意文景之世，好奇之士，偽託以撰。前題延陵蔣謹手次，及子世枋重訂。又冠以世枋序，稱『二帙為其先人手錄，貯篋中者四十年，未詳作者誰氏，並所序嶧陽、齊野二說，亦不知何人。惟是紀事用意，筆法遒古，非秦漢以下，所能道隻字』云云。漆書竹簡，豈能閱二千年而不毀，其偽殊不足辨也。」（史部八‧雜史類存目

一）

　　王世貞於《左逸》前有一〈小引〉云：「嶧陽之梧糵樵者窮其根，獲石篋焉，以為伏藏物也，出之有竹簡漆書古文，即《左氏傳》，讀之中有小牴牾者凡三十五則，余得而錄之，或曰其指正，正非《左氏》指也，或曰秦漢人所傳而托也，余不能辨，聊以辭而已。」（《弇州四部稿》卷一百四十一）

　　茅元儀云：「元美作《左逸》以擬《左》，作《短長》以擬《國策》，其《左逸》也，無一篇可以等其《短長》也，可者幾過半也，何也？蓋《左氏》葩而奇，學之者不能以它采易，是再染繒也，不能以它奇僻，是道聽也，故弗及也。《短長》因事之情，事可以變而不窮，情不窮而文亦因之矣！然二者俱文之聖也，而其可及、不可及，亦於此見矣。」（《暇老齋雜記》卷二十五）

　　沈懋孝云：「集中所擬《左逸》、《短長》文二種，自其力所入處，獨不敘古事，不述成語，不廣設喻，不作頭訖過接，渾然一筆，言之得文字三昧，能變千餘年舊習，可謂才也。已近時《左》、《國》、班、馬等作，俱被後生指點、批評、題評、評林之屬紛紛，災木幾乎塗塞離曠矣。《南華》，神理也，子玄得其環中，大約誦古人書，宜玩味宗指，不宜遽題以己意，宜深入其樊，不宜紛紛評論，乃若訓詁字義，慎所師承，則西漢近之矣！南宋來口吻淺薄，所為愈多彌俗。」（《長水先生文鈔‧長水先生賁園草》）

　　案：收錄《弇州山人左逸短長》，臺北國家圖書館藏明刊本。《經義考》著錄此書。《四庫全書存目叢書》史部第44冊收錄蔣謹輯其父抄《左逸》一卷（三則），《四庫全書總目》云「不知何人」所作，經與此書對比，蓋節抄王世貞書矣。另外臺北國家圖書館藏黃禹金、邵闇生《覆古介書》，書中有《左逸》一文，經對比，亦是節抄王氏此書耳。

## 《新刻王鳳洲先生課兒左傳文髓》二卷　王世貞撰，〔存〕

案：東北師範大學圖書館藏明刻本。此書不見諸志目錄收錄，觀其書名，乃科舉類書籍。

## 《春秋節要》　孫應鰲撰，〔佚〕

孫應鰲，1527-1586，貴州清平衛，字山甫，號淮海，據張夏云：「孫應鰲，字山甫，貴州清平衛人。生之日，適衛人饋六鯉，因以名。幼就塾，日誦數千言，正襟危坐，求解大義。年十九以儒士應鄉試，督學波石徐公一見大奇之，許必解額，榜發，果以《禮》經中第一人。嘉靖癸丑成進士，入翰林，改戶垣，出補江西僉事。……著有《易談》、《四書近語》、《教秦語錄》、《雍諭彙稿》《續稿》、《春秋節要》、《律呂分解》等書行於世。」（《雒閩源流錄》卷十六）

案：《千頃堂書目》、《經義考》著錄。

## 《左粹題評》十二卷　孫應鰲撰，〔佚〕

黎庶昌〈刻孫淮海先生督學文集序〉云：「孫淮海先生。先生當明中世，傳陽明王氏之學於貴谿、徐樾、波石，即能洞徹良知之弊，嗣又討論於蔣道林，其學以求仁為宗，以誠意慎獨為要，以盡人合，天為求仁之終，始其於成己成物。……晚歲築學孔精舍以居，尤致精於《易》理，生平難進易退，不以依違徇人，亦不以激烈取異。匡君德、鑣巨瑠、論革除、清國學，兢兢焉！惟以維持風教，作育人才為急務。……咸豐中，獨山莫友芝子偲，搜求邦故，竭數十年之力，僅得《易譚》四卷、《四書近語》六卷、《左粹題評》十二卷……」（《拙尊園叢稿》卷二內編）

案：秦懋德《淮海吏隱稿‧左傳粹序》有言「孫氏左粹」應即此書，穆文熙《春秋左傳評苑》收錄評語尚多，可參看。

## 《春秋通》一卷　鄧元錫撰，〔存〕

　　鄧元錫，1527-1593，江西南城，字汝極，號潛谷，據《明史》云：「鄧元錫，字汝極，南城人。十五喪父，水漿不入口。十七行社倉法，惠其鄉人。已為諸生，遊邑人羅汝芳門，又走吉安，學於諸先達。嘉靖三十四年舉於鄉，復從鄒守益、劉邦采、劉陽諸宿儒論學。後不復會試，杜門著述，踰三十年，五經皆有成書，閎深博奧，學者稱潛谷先生。休寧范淶知南城時，重元錫。後為南昌知府，萬曆十六年入覲，薦元錫及劉元卿、章潢於朝。南京祭酒趙用賢亦請徵聘，如吳與弼、陳獻章故事。得旨，有司起送部試，元錫固辭。明年，御史王道顯復以元錫、元卿並薦，且請倣祖宗徵辟故事，無拘部試。詔令有司問病，痊可起送赴部，竟不行。二十一年，巡按御史秦大夔復並薦二人，詔以翰林待詔徵之，有司敦遣上道，甫離家而卒。鄉人私諡文統先生。元錫之學，淵源王守仁，不盡宗其說。時心學盛行，謂學惟無覺，一覺即無餘蘊，九容、九思、四教、六藝皆桎梏也。元錫力排之，故生平博極羣書，而要歸於六經。所著《五經繹》、《函史上下編》、《皇明書》，並行於世。」（卷二百八十三）

　　《四庫全書總目》云：「《五經繹》十五卷，江西巡撫採進本。明鄧元錫撰。是書凡……《春秋》一卷……此編惟摘錄其中自作發明之語，而刪其經文及註……《春秋》亦不載經文，惟存篇目，其所詮釋，多屬空談。……憑臆杜撰。」（經部三四·五經總義類存目）

　　顧憲成〈五經繹序〉云：「盱江鄧潛谷先生著有《五經繹》十五卷，其門人心源左公來按兩浙，持以示嘉禾曹司理，爰授錢塘令聶侯，校而梓之，侯將公之命屬予為序，予受而卒業焉，作而嘆曰：『美哉洋洋乎！其思深、其識正、其指遠，其詞文出入今古，貫穿百氏，不主一說，不執一見而卒自成一家言，粹如也，斯已偉矣！』則又曰：『是先生之所為繹也，非其所以繹也！吾聞先生研精性命，卓有領會，而不為玄譚眇論，高自標榜，歸而修諸日用之間，庸德之行、庸言之謹，如臨如履，尺寸靡

弐，孝友孚於家庭、忠信孚于井里，久之名實充溢，遠邇傾嚮，當宁聞之，徵書儼然，及衡門焉。崇仁新會以來，于斯為烈，天下傳而豔之，而先生方逡巡謝不克，其自視彌下，其切磨於德業彌篤，《易》之精微、《書》之疏通、《詩》之思無邪、《禮》之毋不敬、《春秋》之深切著明，庶幾其身親體之矣。是先生之所以繹也。』則又曰：『是先生之所以自為繹也，非吾儕之所以為先生繹也！』吾嘗一再侍心源公於虞山、梁水之間，竊見其坦而莊，詳而不迫，敦愨而有章，諸所提唱，一切本諸自得，津津沁人，退而考其行事，惟是興教正俗，為黌黌旌淑別慝，風規皎如，先生之道於斯著矣！而今而往，覽者果能由公以達於先生，由先生以達於五經，又能一引而十，十引而百，百引而千，相漸相磨，人人身親體之，不僅作訓詁觀是，吾儕之所以為先生繹也。嗟乎！五經一心也，其在古先聖賢者猶之乎？其在先生也，其在先生者猶之乎？其在公也，其在公者猶之乎？其在各人也，無毫髮餘也，反而求之其在各人者猶之乎？其在公也，其在公者猶之乎？其在先生也，其在先生者猶之乎？其在古先聖賢也，無毫髮欠也，而其究判然懸絕至倍蓰無筭何也？夫先生之為是繹，將以闡往詔來，聯絡千古之上下，而為一胥入於聖賢之域者也。今先生不可作已，而遺編具在，以承以啟，實公之責，夫豈惟公之責，實吾儕之責，因備論其指，期共勗焉。鄧先生名元錫，左公名宗郢、曹司理名光德、聶侯名心湯。」（《涇皋藏稿》卷六）

　　姚舜牧〈敘鄧潛谷五經繹〉云：「余向聞新城有鄧潛谷先生著《五經繹》若干卷，求一見讀之不可得，昨從粵西來廣昌，薛欽宇道尊謂余亦知讀書者，悉出潛谷所著書示余，余公餘出笥讀之，味其所探討處，則深究指歸，會其所自得處，則冥契淵奧，攬其所發揮處，則悉軌真指，不妄立意見，不過為穿鑿，不貢加附會，如人之代，而本其所自生曰正傳。如水之流，而本其所自來曰嫡派。如絲之抽，而本其所自吐曰真緒。而於《易》尤備且精，蓋潛谷專門於《易》故爾，而引伸觸類，則俟其人之自悟也。其以繹名者，正謂已以意繹聖賢之真緒，而尤深望後之人皆以意繹

已言，尚得聖賢之真脈絡耳！余探繹不忍釋，而恨不得一過其廬，訪識其所為踐履者，今夏承委試儒童於新邑，得盡識潛谷之素行，一一皆如其所繹。而其孫恭來視余，氣雅而語醇，似有得於潛養者，克稱潛谷之後也，渠且因余之訪，乞一言於經繹後，余曰：『潛谷之著述，諸名公序之詳矣，余何敢及。』而子復爾云者，豈以尒撰《五經疑問》能發爾祖之精蘊耶？昔楊子雲著《太玄》云：『後世復有子雲，當必知之。』潛谷之著，寧啻《太玄》而余非後之子雲也。但就學業論，則必嘗涉獵經義，思討其指趣者，乃可知紬繹經旨者之用心耳。潛谷之紬繹，余略知之矣，獨恨生也，晚不及見潛谷得以所杜撰一一印證於左右耳。雖然，五經之繹不朽也，余倘藉此言附《繹》後，俾世知余亦有《疑問》，或與此《繹》相發明，未必不與此《繹》並傳於後也，是又余之大幸也。」（《來恩堂草》卷三）

　　案：收錄《經繹》，《四庫全書存目叢書》經部，第149冊，據中國科學院圖書館藏明刻本影印。《經義考》作「春秋繹通」，《明史》、同治《建昌府志》作「春秋繹」，然書名雖為《五經繹》，而《春秋》獨標「通」矣。

## 《春秋經傳略》二卷　鄧元錫撰，〔佚〕

　　張師繹〈春秋經傳略敘〉云：「建武鄧潛谷先生隱居不仕，含經咀史，其為人也勇於自信，能堅持其說而不變，故所至輒有成書，江藩刻行其《五經》、《三禮繹》，及《國朝名臣記》，予皆及見而不能讀也。門人朱爾玉告予曰：『先生帳中《鴻寶》，是尚未發二十之一。爾玉貧力不能舉其贏，乃刻最小者于茲，為《春秋經傳略》云。』予嘗上下先生之意，若以《春秋》為經，以《左》為緯，以《公》、《穀》、《國》、《胡》為輔，然服虔題『左氏傳解註』，不題『春秋石經書』，《公羊》無經文也，至杜預始取《傳》與《經》分年相附其書，或有《經》無《傳》，或有《傳》無《經》，多牽合附會之病，而《經》、《傳》別

行，不能復其舊物矣！且夫《春秋》者，孔氏之書也，《集解》、《釋例》以《春秋》為此書大名，遂冠於其上，公羊高、穀梁赤專本釋《經》，附麗此名，莫之能易。三《傳》列《十三經》已久，《國語》名為外傳，外傳者，外之也，一概揖而躋之堂廡間，所謂其義則某竊取之矣！《左氏》，汪司馬有《節文》、許司馬有《詳節》、孫司馬有《芟》《四傳》、雲杜李太史有《童習內外傳》，有《異同此編》，汎取四氏，獨成一家，無大官賣餅之嫌，有調人和鼎之意，日月麗天，繁星環衛，晉師一出，將佐畢陳。屬辭比事而不亂，深於《春秋》者，教則然耶？聞之先輩《易》、《彖》、《象》、《繫辭》本不系經，晉王弼始合之，馬融注《周禮》，欲省學者兩讀，具載本文，先生將無倣此意而然耶？古書無無序者，正使人人喻著書之本意耳，先生序既無徵，而予佔畢小儒，耳目若封、若蔀，爾玉驟以刻本見示，委以弁言，若涉大川，茫不睹崖涘，竊意夫《傳》可略也，《經》出聖裁不可略也，《公》、《穀》、《國》、《胡》可略也，《左》主記事不可略也，家治生治《春秋》有聲，幸以予言質之，為此書發微，主臣幸甚。」（《月鹿堂文集》卷一）

案：同治《建昌府志》著錄。

## 《春秋竊義》一卷　章潢撰，〔存〕

章潢，1527-1608，江西南昌，字本清，號斗津，據《明史》云：「潢，字本清，南昌人。居父喪，哀毀血溢。搆此洗堂，聯同志講學。輯羣書百二十七卷，曰『圖書編』。又著《周易象義》、《詩經原體》、《書經原始》、《春秋竊義》、《禮記箚言》、《論語約言》諸書。從游者甚眾。數被薦，從吏部侍郎楊時喬請，遙授順天訓導，如陳獻章、來知德故事，有司月給米三石贍其家。卒於萬曆三十六年，年八十二。其鄉人稱，潢自少迄老，口無非禮之言，身無非禮之行，交無非禮之友，目無非禮之書，乃私諡文德先生。自吳與弼後，元錫、元卿、潢並蒙薦辟，號

『江右四君子』。」（卷二百八十四）

　　章潢〈學春秋敍〉云：「名分在天地間，正則世治，紊則世亂，《春秋》成而亂賊懼，義在正名分也，傳《春秋》者乃以亂天下名分加諸仲尼，而咸莫之覺於心忍乎哉！若曰仲尼欲行夏時，故以夏時冠周月。又曰仲尼以天自處，故黜天王，貶斥當時諸侯、卿大夫，以其權與魯，是為亂賊之尤矣。且魯史未經聖筆已前，其篇章不知幾何，仲尼於每歲特筆，其有關名分者數條云耳，餘則削之，使其辭相屬、事相比，一展卷而大義了然，非故簡奧辭旨，俾人莫之測識，然後知所懼也。諸家或覈其事，或精其義，或定為正例、變例，以表章之，未必無小補，特于從周，不倍之仲尼，使之冒大不諱之名，於心有不安也。故敢冒罪，竊義以暴白之云。」（《圖書編》卷十二）

　　案：收錄《圖書編》，《景印文淵閣四庫全書》，第968冊。同治《南昌府志》著錄。《經義考》云章潢《春秋竊義》「未見」，今章潢《圖書編‧學春秋敍》云：「故敢冒罪，『竊義』以暴白之云」，可知此一卷即為《春秋竊義》矣，今觀其文，首論〈春秋四傳〉，終至〈詩亡然後春秋作〉，共二十篇。

## 《春秋測義》十二卷　章潢撰，〔存〕

　　案：北京大學圖書館藏明萬曆十八年王佐等刻本。張夏云：「章潢……《春秋測義》皆獨抒心得。」（《雒閩源流錄》卷十）；又沈佳《明儒言行錄》續編卷二亦著錄此書。

## 《春秋左傳評苑》三十卷　穆文熙撰，〔存〕

　　穆文熙，1527-1591，山東東明，字敬止、敬甫，號少春，據吳國倫〈明吏部考功員外郎敬甫穆公神道碑〉云：「文熙，字敬甫，世為魏之東明人……嘉靖丁亥正月十一日生。……辛酉，敬甫果舉於鄉，壬戌成進

士，授行人，奉使齊、魯、宣、雲、江、漢間，所過名山大川，無不周覽。……晚年尤好著述，而傳行藝林者已十餘種。……去時辛卯十二月三日，得年六十有四。」（《甌甀洞稿》續稿文部卷一）；又趙南星〈穆仲裕詩序〉云：「東明有穆敬甫先生者，忠孝節信，行名白著，天下莫不聞，朝家用之銓曹，將大任之，而為權奸所害，終身禁錮，以其盛年，讀書萬卷，為文萬牒以上。」（《趙忠毅公詩文集》卷八）；李維楨〈逍遙園集序〉云：「公益肆力於學，六經、史、子、百氏之書無不研精，竹素碑版，流播江南北，而海內所宗，文章家至王元美先生推許……公家居好賑人之急，千里誦義無窮，高才盛年，沉淪抑鬱，而無一切憂讒畏譏、牢騷不平之感，署其園曰『逍遙』，惟以翰墨自娛，丹鉛雌黃，朝夕不輟，有《春秋》、《戰國評苑》，《左傳》、《國語抄評》，《七雄策纂》、《史記節略》、《四史鴻裁》……」（《明文海》卷二百五十）

《四庫全書總目》云：「左傳國語國策評苑六十一卷，江蘇巡撫採進本。明穆文熙編。……是編凡《左傳》三十卷……《左傳》用杜預《註》、陸德明《釋文》，而標預名不標德明之名……均略有所刪補，非其原文。蓋明人凡刻古書，例皆如是。謂必如是，然後見其有所改定，非徒翻刻舊文也。其曰『評苑』者，蓋於簡端雜採諸家之論云。」（子部四四·雜家類存目一一）

案：收錄《四庫全書存目叢書》子部，第163–164冊，據復旦大學圖書館東北師範大學圖書館藏明萬曆二十年鄭以厚光裕堂刻本影印。《經義考》作「春秋左傳評林測義」。書末附鄭以厚識文云：「以為見輩舉業之一助耳，書成而識者佳悅之，皆曰不當私也，故梓之。而公之四方，與同志者共也，志青雲者，幸其鑒諸」，蓋亦科舉用書矣。

## 《左傳鈔評》十二卷　穆文熙撰，〔存〕

案：臺北國家圖書館藏清雍正二年朝鮮錦城刊本。全書以國分卷。卷

首題明魏郡吏部考功司員外穆文熙評、南太僕寺卿石星校閱、長洲知縣劉懷恕刊刻。

## 《春秋經傳集解》十六冊　穆文熙撰，〔存〕

案：臺北國家圖書館藏明萬曆間刊本。書中附穆文熙評語。卷首題明魏郡吏部考功司員外穆文熙編纂、兵部左侍郎石星校閱、河南道監察御史劉懷恕參閱、江西道監察御史沈權同閱。

## 《國概》一卷　穆文熙撰，〔存〕

案：臺北國家圖書館藏明萬曆間刊本。《明史》作「六卷」。正文卷端題「國概一卷」。魏郡穆文熙批輯，晉陵張弘道校閱。萬曆甲申（1644）沛國劉鳳撰〈國概序〉、〈國概跋〉。

## 《左傳鴻裁》十二卷　穆文熙撰，〔存〕

《四庫全書總目》云：「《四史鴻裁》四十卷，通行本。明穆文熙編。……是編選錄《左傳》十二卷，《國語》八卷，《戰國策》八卷，《史記》十二卷，皆略註字義，皆所發明，批點尤為夆陋。其括此四書曰『四史』，亦杜撰無稽也。」（史部二一·史鈔類存目）

案：收錄《四史鴻裁》，《四庫全書存目叢書》史部，第139冊，據清華大學圖書館藏明萬曆十八年朱朝聘刻本影印。

## 《春秋疏義》二卷　沈一貫撰，〔存〕

沈一貫，1531-1615，浙江鄞縣，字肩吾、不疑，號龍江、蛟門，據《明史》云：「沈一貫，字肩吾，鄞人。隆慶二年進士。選庶吉士，授檢討，充日講官。進講高宗諒陰，拱手曰：『託孤寄命，必忠貞不二心之

臣，乃可使百官總己以聽。苟非其人，不若躬親聽覽之為孝也。』張居正
以為刺己，頗憾一貫。居正卒，始遷左中允。歷官吏部左侍郎兼侍讀學
士，加太子賓客。假歸。二十二年起南京禮部尚書，復召為正史副總裁，
協理詹事府，未上。王錫爵、趙志皋、張位同居內閣，復有旨推舉閣臣。
吏部舉舊輔王家屏及一貫等七人名以上。而帝方怒家屏，譙責尚書陳有
年。有年引疾去。一貫家居久，故有清望，閣臣又力薦之。乃詔以尚書兼
東閣大學士，與陳于陛同入閣預機務，命行人即家起焉。會朝議許日本封
貢。一貫慮貢道出寧波為鄉郡患，極陳其害，貢議乃止。未幾，錫爵去，
于陛位第三，每獨行己意。一貫柔而深中，事志皋等惟謹。其後于陛卒
官，志皋病痺久在告，位以薦楊鎬及憂危竑議事得罪去，一貫與位嘗私致
鎬書，為贊畫主事丁應泰所劾。位疏辨激上怒罷。一貫惟引咎，帝乃慰留
之。時國本未定，廷臣爭十餘年不決，皇長子年十八，諸請冊立冠婚者益
迫。帝責戶部進銀二千四百萬，為冊立、分封諸典禮費以困之。一貫再疏
爭，不聽。二十八年命營慈慶宮居皇長子。工竣，諭一貫草敕傳示禮官，
上冊立、冠婚及諸王分封儀。敕既上，帝復留不下。一貫疏趣，則言：
『朕因小臣謝廷讚乘機邀功，故中輟。俟皇長子移居後行之。』既而不舉
行。明年，貴妃弟鄭國泰迫輿議，請冊立、冠婚并行。一貫因再草敕請下
禮官具儀，不報。廷議有欲先冠婚後冊立者，一貫不可，曰：『不正名而
苟成事，是降儲君為諸王也。』會帝意亦頗悟，命即日舉行。九月十有八
日漏下二鼓，詔下。既而帝復悔，令改期。一貫封還詔書，言『萬死不敢
奉詔』，帝乃止。十月望，冊立禮成，時論頗稱之。會志皋於九月卒，一
貫遂當國。初，志皋病久，一貫屢請增閣臣。及是乃簡用沈鯉、朱賡，而
事皆取決於一貫。尋進太子太保、戶部尚書、武英殿大學士。自一貫入內
閣，朝政已大非。數年之間，礦稅使四出為民害。其所誣劾逮繫者，悉滯
獄中。吏部疏請起用建言廢黜諸臣，并考選科道官，久抑不下，中外多以
望閣臣。一貫等數諫，不省。而帝久不視朝，閣臣屢請，皆不報。一貫初
輔政面恩，一見帝而已。東征及楊應龍平，帝再御午門樓受俘。一貫請陪

侍，賜面對，皆不許。上下否隔甚，一貫雖小有救正，大率依違其間，物望漸減。迨三十年二月，皇太子婚禮甫成，帝忽有疾。急召諸大臣至仁德門，俄獨命一貫入啟祥宮後殿西煖閣。皇后、貴妃以疾不侍側，皇太后南面立稍北，帝稍東，冠服席地坐，亦南面，太子、諸王跪於前。一貫叩頭起居訖，帝曰：『先生前。朕病日篤矣，享國已久，何憾。佳兒佳婦付與先生，惟輔之為賢君。礦稅事，朕因殿工未竣，權宜採取，今可與江南織造、江西陶器俱止勿行，所遣內監皆令還京。法司釋久繫罪囚，建言得罪諸臣咸復其官，給事中、御史即如所請補用。朕見先生止此矣。』言已就臥。一貫哭，太后、太子、諸王皆哭。一貫復奏：『今尚書求去者三，請定去留。』帝留戶部陳蕖、兵部田樂，而以祖陵衝決，削工部楊一魁籍。一貫復叩首，出擬旨以進。是夕，閣臣九卿俱直宿朝房。漏三鼓，中使捧諭至，具如帝語一貫者。諸大臣咸喜。翼日，帝疾瘳，悔之。中使二十輩至閣中取前諭，言礦稅不可罷，釋囚、錄直臣惟卿所裁。一貫欲不予，中使輒搏顙幾流血，一貫惶遽繳入。時吏部尚書李戴、左都御史溫純期即日奉行，頒示天下，刑部尚書蕭大亨則謂弛獄須再請。無何，事變。太僕卿南企仲劾戴、大亨不即奉帝諭，起廢釋囚。帝怒，并二事寢不行。當帝欲追還成命，司禮太監田義力爭。帝怒，欲手刃之。義言愈力，而中使已持一貫所繳前諭至。後義見一貫唾曰：『相公稍持之，礦稅撤矣，何怯也！』自是大臣言官疏請者日相繼，皆不復聽。礦稅之害，遂終神宗世。帝自疾瘳以後，政益廢弛。稅監王朝、梁永、高淮等所至橫暴，奸人乘機虐民者愈眾。一貫與鯉、賡共著論以風，又嘗因事屢爭，且揭陳用人行政諸事。帝不省。顧遇一貫厚，嘗特賜敕獎之。一貫素忌鯉，鯉亦自以講筵受主眷，非由一貫進，不為下，二人漸不相能。禮部侍郎郭正域以文章氣節著，鯉甚重之。都御史溫純、吏部侍郎楊時喬皆以清嚴自持相標置，一貫不善也。會正域議奪呂本諡，一貫、賡與本同鄉，寢其議。由是益惡正域并惡鯉及純、時喬等，而黨論漸興。浙人與公論忤，由一貫始。三十一年，楚府鎮國將軍華越訐楚王華奎為假王。一貫納王重賄，令通政司格其疏

月餘，先上華奎劾華越欺罔四罪疏。正域，楚人，頗聞假王事有狀，請行勘虛實以定罪案。一貫持之。正域以楚王饋遺書上，帝不省。及撫按臣會勘并廷臣集議疏入，一貫力右王，嗾給事中錢夢皋、楊應文劾正域，勒歸聽勘，華越等皆得罪。正域甫登舟，未行，而妖書事起。一貫方銜正域與鯉，其黨康丕揚、錢夢皋等遂捕僧達觀、醫生沈令譽等下獄，窮治之。一貫從中主其事，令錦衣帥王之禎與丕揚大索鯉私第三日，發卒圍正域舟，執掠其婢僕乳媼，皆無所得。乃以皦生光具獄。二事錯見正域及楚王傳中。始，都御史純劾御史于永清及給事中姚文蔚，語稍涉一貫。給事中鍾兆斗為一貫論純，御史湯兆京復劾兆斗而直純。純十七疏求去，一貫佯揭留純。至歲乙已，大察京朝官。純與時喬主其事，夢皋、兆斗皆在黜中。一貫怒，言於帝，以京察疏留中。久之，乃盡留給事、御史之被察者，且許純致仕去。於是主事劉元珍、龐時雍，南京御史朱吾弼力爭之，謂二百餘年計典無特留者。時南察疏亦留中，後迫眾議始下。一貫自是積不為公論所與，彈劾日眾，因謝病不出。三十四年七月，給事中陳嘉訓、御史孫居相復連章劾其奸貪。一貫憤，益求去。帝為黜嘉訓，奪居相俸，允一貫歸，鯉亦同時罷。而一貫獨得溫旨，雖賚右之，論者益訾其有內援焉。一貫之入閣也，為錫爵、志皋所薦。輔政十有三年，當國者四年。枝拄清議，好同惡異，與前後諸臣同。至楚宗、妖書、京察三事，獨犯不韙，論者醜之，雖其黨不能解免也。一貫歸，言者追劾之不已，其鄉人亦多受世詆諆云。一貫在位，累加少傅兼太子太傅、吏部尚書、建極殿大學士。家居十年卒。贈太傅，諡文恭。」（卷二百十八）

案：收錄《五經纂注》，北京大學圖書館藏明讀書坊刻本。

## 《羲麟經旨》六卷　李栻撰，〔佚〕

李栻，1565前後，江西豐城，字孟敬，據金桂馨云：「李栻，字孟敬，號石龍，豐城人。……嘉靖進士，授魏縣知縣。……外遷浙江按察副

史……歸里後常慕西山之勝，與鄧定宇、張洪陽兩先生講學於萬壽宮逍遙靖廬。」（《逍遙山萬壽宮志》卷二十二）

案：《澹生堂藏書目》著錄。

## 《左粹》　游應乾撰，〔佚〕

游應乾，1565前後，江西婺源，字順之，據過庭訓云：「游應乾，字順之，婺源人。嘉靖乙丑進士，授戶部主事，親老，請改南便養，遂改比部，讞獄皆傅情法，晉郎中，以憂歸。讀《禮》之暇，編次律例備檢閱，服除守故官益明習舉職，出守寧波，不動聲色而理絀抑舞文吏，置之法，郡庭肅然。浚陂塘，通水利，與諸生講經術，一時所識拔，皆取高等，入詞林，以事忤江陵，移兩浙運使，精心釐剔，鹺政一清，滿六載，晉廣西參政，守桂平，轉雲南按察使，廣東右布政，尋轉左歲鍰，發廩以賑，捐俸助弟子員，時加督課，士咸感奮，任滿奇羨廛賑貯公帑，擢南太常卿，陞南大理，故以比部起家，于法家言尤習，冤滯多昭雪，攝戶部并糧儲皆以精敏稱入，晉戶部右侍郎，總督倉場，會計精密，京倉主事故無關防、特疏，給之詐偽悉絕，先後條上四十餘事，著為令，竟卒于官。生平篤慎，貌樸言訥，恬澹無競，自留曹及鹽司，與遠方藩臬皆淹迴，轉徙卒用功名壽考終，所著《五經約義》、《讀律真詮皆規》、《左粹》、《奏議》、《文集》若干卷。」（《本朝分省人物考》卷三十七）

案：民國《重修婺源縣志》著錄。

## 《春秋義例》三卷　袁黃撰，〔佚〕

袁黃，1533-1606，浙江嘉善，初名表，字坤儀，號了凡，父袁仁，據徐允祿云：「袁黃，字了凡，浙江嘉興府嘉善縣人。萬曆丙戌科進士，官至兵部員外郎。了凡甫成進士，中外望若宿老鉅人，蓋其知名天下久矣。出仕不久，無所建明施設，獨喜攻擊朱《傳》，講究制科。」（《思

勉齋集》卷九）

　　案：光緒《重修嘉善縣志》著錄。

## 《春秋左傳釋義評苑》二十卷　王錫爵撰，〔存〕

　　王錫爵，1534-1610，江蘇太倉，字元馭，號荊石，據《明史》云：「王錫爵，字元馭，太倉人。嘉靖四十一年舉會試第一，廷試第二，授編修。累遷至祭酒。萬曆五年以詹事掌翰林院。張居正奪情，將廷杖吳中行、趙用賢等。錫爵要同館十餘人詣居正求解，居正不納。錫爵獨造喪次切言之，居正徑入不顧。中行等既受杖，錫爵持之大慟。明年進禮部右侍郎。居正甫歸治喪，九卿急請召還，錫爵獨不署名。旋乞省親去。居正以錫爵形己短，益銜之，錫爵遂不出。十二年冬，即家拜禮部尚書兼文淵閣大學士，參機務。還朝，請禁詔諛、抑奔競、戒虛浮、節侈靡、闢橫議、簡工作。帝咸褒納。初，李植、江東之與大臣申時行、楊巍等相搆，以錫爵負時望，且與居正貳，力推之。比錫爵至，與時行合，反出疏力排植等，植等遂悉去。時時行為首輔，許國次之，三人皆南畿人，而錫爵與時行同舉會試，且同郡，政府相得甚。然時行柔和，而錫爵性剛負氣。十六年，子衡舉順天試第一，郎官高桂、饒伸論之。錫爵連章辨訐，語過忿，伸坐下詔獄除名，桂謫邊方。御史喬璧星請帝戒諭錫爵，務擴其量，為休休有容之臣，錫爵疏辨。以是積與廷論忤。時羣臣請建儲者眾，帝皆不聽。十八年，錫爵疏請豫教元子，錄用言官姜應麟等，且求宥故巡撫李材，不報。嘗因旱災，自陳乞罷。帝優詔留之。火落赤、真相犯西陲，議者爭請用兵，錫爵主款，與時行合。未幾，偕同列爭冊立不得，杜門乞歸。尋以母老，連乞歸省。乃賜道里費，遣官護行。歸二年，時行、國及王家屏相繼去位，有詔趣召錫爵。二十一年正月還朝，遂為首輔。先是有旨，是年春舉冊立大典，戒廷臣毋瀆陳。廷臣鑒張有德事，咸默默。及是，錫爵密請帝決大計。帝遣內侍以手詔示錫爵，欲待嫡子，令元子與兩

弟且並封為王。錫爵懼失上指，立奉詔擬論旨。而又外慮公論，因言『漢明帝馬后、唐明皇王后、宋真宗劉后皆養諸妃子為子，請令皇后撫育元子，則元子即嫡子，而生母不必崇位號以上壓皇貴妃』，亦擬論以進。同列趙志皋、張位咸不預聞。帝竟以前論下禮官，令即具儀。於是舉朝大譁。給事中史孟麟、禮部尚書羅萬化等，羣詣錫爵第力爭。廷臣諫者，章日數上。錫爵偕志皋、位力請追還前詔，帝不從。已而諫者益多，而岳元聲、顧允成、張納陛、陳泰來、于孔兼、李啟美、曾鳳儀、鍾化民、項德禎等遮錫爵於朝房，面爭之。李騰芳亦上書錫爵。錫爵請下廷議，不許。請面對，不報。乃自劾三惧，乞罷斥。帝亦迫公議，追寢前命，命少俟二三年議行。錫爵旋請速決，且曰：『曩元子初生，業為頒詔肆赦，詔書稱「祇承宗社」，明以皇太子待之矣。今復何疑而弗決哉？』不報。七月，彗星見，有詔修省。錫爵因請延見大臣。又言：『彗漸近紫微，宜慎起居之節，寬左右之刑，寡嗜欲以防疾，散積聚以廣恩。』踰月，復言：『彗已入紫微，非區區用人行政所能消弭，惟建儲一事可以禳之。蓋天王之象曰帝星，太子之象曰前星。今前星既耀而不早定，故致此災。誠速行冊立，天變自弭。』帝皆報聞，仍持首春待期之說。錫爵答奏復力言之，又連章懇請。十一月，皇太后生辰，帝御門受賀畢，獨召錫爵煖閣，勞之曰：『卿扶母來京，誠忠孝兩全。』錫爵叩頭謝，因力請早定國本。帝曰：『中宮有出，奈何？』對曰：『此說在十年前猶可，今元子已十三，尚何待？況自古至今，豈有子弟十三歲猶不讀書者。』帝頗感動。錫爵因請頻召對，保聖躬。退復上疏力請，且曰：『外廷以固寵陰謀，歸之皇貴妃，恐鄭氏舉族不得安。惟陛下深省。』帝得疏，心益動，手詔諭錫爵：『卿每奏必及皇貴妃，何也？彼數勸朕，朕以祖訓后妃不得與外事，安敢輒從。』錫爵上言：『今與皇長子相形者，惟皇貴妃子，天下不疑皇貴妃而誰疑？皇貴妃不引己責而誰責？祖訓不與外事者，不與外廷用人行政之事也。若冊立，乃陛下家事，而皇三子又皇貴妃親子，陛下得不與皇貴妃謀乎？且皇貴妃久侍聖躬，至親且賢，外廷紛紛，莫不歸怨，臣所不忍聞。臣六十老人，

力捍天下之口，歸功皇貴妃，陛下尚以為疑。然則必如臺少年盛氣以攻皇貴妃，而陛下反快於心乎？』疏入，帝頷之。志皋、位亦力請。居數日，遂有出閣之命。而帝令廣市珠玉珍寶，供出閣儀物，計直三十餘萬。戶部尚書楊俊民等以故事爭，給事中王德完等又力諫。帝遂手詔諭錫爵，欲易期。錫爵婉請，乃不果易。明年二月，出閣禮成，俱如東宮儀，中外為慰。錫爵在閣時，嘗請罷江南織造，停江西陶器，減雲南貢金，出內帑振河南饑。帝皆無忤，眷禮逾前後諸輔臣。其救李沂，力爭不宜用廷杖，尤為世所稱。特以阿並封指，被物議。既而郎中趙南星斥，侍郎趙用賢放歸，論救者咸遭譴謫，眾指錫爵為之。雖連章自明且申救，人卒莫能諒也。錫爵遂屢疏引疾乞休。帝不欲其去，為出內帑錢建醮祈愈。錫爵力辭，疏八上乃允。先累加太子太保，至是命改吏部尚書，進建極殿，賜道里費，乘傳，行人護歸。歸七年，東宮建，遣官賜敕存問，賚銀幣羊酒。三十五年，廷推閣臣。帝既用于慎行、葉向高、李廷機，還念錫爵，特加少保，遣官召之。三辭，不允。時言官方厲鋒氣，錫爵進密揭力詆，中有『上於章奏一概留中，特鄙夷之如禽鳥之音』等語。言官聞之大憤。給事中段然首劾之，其同官胡嘉棟等論不已。錫爵亦自闔門養重，竟辭不赴。又三年，卒於家，年七十七。贈太保，諡文肅。」（卷二百十八）

案：陝西省圖書館藏明萬曆十八年嘉賓堂刻本。乾隆《江南通志》、《明史》著錄。《經義考》作「左氏釋義評苑」。

## 《春秋日錄》三十卷　王錫爵撰，〔佚〕

案：《經義考》、《明史》、《千頃堂書目》、嘉慶《直隸太倉州志》著錄。

## 《春秋源流紀略》一卷　應德成撰，〔佚〕

應德成，1567前後，浙江平陽，字遐進，據康熙《平陽縣志》云：「應德成，字遐進，居金鄉。生而穎敏，博洽經史，嘗從學博劉魯橋講明

良知之學，逞逞象外有見，中嘉靖甲子、隆慶丁卯浙闈，庚午南闈副車，後以選貢授桂平令。桂為褊邑，民疲賦逋而多盜，乃嚴保甲，先撫字而後催科，遇歲凶力為請賑，存活甚眾，更立鄉學，創義倉，課士崇文，政務悉舉，當道嘉異之。才思敏捷，隨處題詠，時藩司徐孺南公署發二並蒂蓮為題，索諸名人賦，德成立就，一時西粵紙貴，政績文望，縉紳交重，以母老力請歸養，行李蕭然，邑父老子弟多泣送，有直抵蒼梧者。歸惟杜門養母、課子，以簡編自娛，壽九十八卒。所著有《春秋源流紀略》、《古今名臣言行》、《蓍鑑錄》、《時令紀》、《周易序卦反對義》、《彙踦履集》等書行世。」（卷之十）

　　案：康熙《平陽縣志》著錄。乾隆《溫州府志》作「應成德」，誤也。

## 《春秋愚得》四卷　盧堯典撰，〔佚〕

　　盧堯典，1567前後，廣東東莞，字唐憲，據宣統《東莞縣志》云：「盧堯典，字唐憲，章村人。隆慶元年鄉薦，母喪三年，不離苦次。初授南直青陽令，民有訟債者，以玉碗請償，訟者不受，逋者益困，堯典為代償之，籍玉碗於庫，去官日，吏以為獻，命碎之，民作〈碎玉碑頌〉焉。尋調廣西博白，舉能理繁。補沙縣，旋被謫，復遷至博白令，所歷皆有聲績。性剛直，不能容人，故卒轗軻以歸。」（卷五十九）

　　案：宣統《東莞縣志》著錄。

## 《左氏摘繁》三卷　盧堯典撰，〔佚〕

　　案：宣統《東莞縣志》著錄。道光《廣東通志》、光緒《廣州府志》作「左史摘繁」。

## 《春秋釋義》　　耿鳴世撰，〔佚〕

耿鳴世，1568前後，山東新城，字茂謙，號敬亭，據雍正《山西通志》云：「耿鳴世，新城人，萬曆間以進士官御史，左遷潞安推官。性耿介，見有不可，即正色糾列，上官咸虛懷受之，陞主事。」

案：道光《濟南府志》著錄。

## 《春秋蠡測》四卷　　余懋學撰，〔佚〕

余懋學，1568前後，江西婺源，字行之，據焦竑〈大司空余公傳〉云：「司空余氏，諱懋學……歸田自為約，非賓燕不四簋，他酬應一，以儉樸為閭里先。間褒衣緩帶延見儒生，談推今古，雍雍如也；子姓臧獲，訢訢如也，惟謹性嗜書，饒著述，而尤明習國家典故，議論娓娓而不詭於道，所撰有《尚書折衷》、《春秋蠡測》……論公世儒術、行誼、政事、氣節，蓋僉兼之，謂隆、萬間名臣，不虛耳。」（《焦氏澹園集》卷二十四）；又《明史》云：「余懋學，字行之，婺源人。隆慶二年進士。授撫州推官，擢南京戶科給事中。萬曆初，張居正當國，進〈白燕〉、〈白蓮頌〉。懋學以帝方憂旱，下詔罪己，與百官圖修禳。而居正顧獻瑞，非大臣誼，抗疏論之。已，論南京守備太監申信不法，帝為罷信。久之，陳崇惇大、親賢謣、慎名器、戒紛更、防佞諛五事。時居正方務綜覈，而懋學疏與之忤，斥為民，永不敘錄。居正死，起懋學故官，奏奪成國公朱希忠王爵，請召還光祿少卿岳相、給事中魏時亮等十八人。帝俱報可。尋擢南京尚寶卿。……懋學夙以直節著稱，其摘季馴不無過當。然所言好勝之弊，必成朋黨，後果如其言。累遷南京戶部右侍郎，總理漕儲。疏白程任卿、江時之冤，二人遂得釋。二十一年以拾遺論罷。卒，贈工部尚書。天啟初，追諡恭穆。」（卷二百三十五）

祝世祿〈春秋蠡測序〉云：「紫陽氏博論諸經，於《春秋》獨少論

著，觀其語魏元履謂：此乃學者後一段事，莫若止看《論語》，且曰：自非理順義精，則止是校得失、考同異，與讀史傳、摭故實無異，如《論語》看得有味，則他經自迎刃而解，其言如是，毋亦以筆削大義，游、夏所不能贊者，有非後世淺學所可管窺而蠡測耶？婺源余行之先生，於從政之暇，按經依傳，立論不詭於前人，而實卓然自得於聞見之外，其言曰：『吾創者非敢為繆悠，而因者非敢為踵襲，惟以鳴吾見焉。蓋史迹吾能持衡，聖心吾不能懸度，即有度者，如以蠡測海，此吾蠡測所以作也。』先生於書無所不讀，至國家典故更覃力研究，予嘗得其《南垣論世考》及《三史隨筆》諸編，皆精核詳鑿，至於《論語》則有《讀論勿藥之編》，得意疾書，見解超邁，蓋以其讀之有味者發為成言，若默契紫陽所謂前一段事者，宜乎其於此書若迎刃而解也。《春秋》、《論語》義不相蒙，而紫陽視之則若一貫，先生撰著雖富，而發明聖緒惟此二書，然則《春秋》、《論語》固可以合一說乎？非也，上辛雩，季辛又雩，先儒皆謂旱，《公羊》則謂昭公聚民以攻季氏，或者信其說，遂以夫子答樊遲遊於舞雩之言當之，謂為逐季氏發也，迂鑿附會，一至於此。烏乎！合合故迎刃而解，則為先生；泥《傳》而談，則為或人而已矣。」（《經義考》卷二百五）

　　案：《澹生堂藏書目》、《明史》、《經義考》、乾隆《江南通志》、民國《重修婺源縣志》著錄。《千頃堂書目》云：「一作二卷」。

## 《麟經羽翼》　房寰撰，〔佚〕

　　房寰，1568前後，浙江德清，號心宇，據同治《湖州府志》云：「房寰，號心宇，德清人。隆慶二年進士，知漳浦縣，卓犖有治才，常罷權鹽，召商之命清，考校假冒之弊，任五載，召為御史。」（卷七十二）

　　案：同治《湖州府志》著錄。

## 《春王正月辨》　翁金堂撰，〔佚〕

翁金堂，1568前後，浙江錢塘，據民國《杭州府志》云：「翁金堂，錢塘人，隆慶二年進士。知廣東鎮平縣，毀淫祠為書院，與強藩爭反復陽之田，邑人賴之。徙江南銅陵有善政，遷廣東廉州府同知。」（卷一百三十四）

案：《經義考》、民國《杭州府志》著錄。

## 《左國列傳》　葉明元撰，〔佚〕

葉明元，1568前後，福建同安，字可明，號星洲，據民國《同安縣志》云：「葉明元，字可明，號星洲，孝友，喜讀書。隆慶丁卯、戊辰聯登進士，授石埭令，時政尚嚴，元獨以教化寬易為理，省浮費、清治獄、裁減差，使以節夫馬。遷南刑部郎，有百戶者，張居正同鄉人，殺人於市，主者欲庇之，明元執不可，竟抵法。出守南安，設約要束，巡行勸課，禁溺女敝俗，先是天順間大庾學併入郡學中，而道源書院為居正所裁，明元入覲具疏奏復大庾學及書院，詔下撫按，竟如其請。遷貴州按察副使，諸苗怙亂，潛畫方略，逆首相次受縛，因為建衛設防，浚河徙民，諸綢繆甚具。遷廣西參政，卒於官，所治皆立祠。明元性孝友，父母有疾，終夜抑搔，篤愛弟妹，俸入悉共之，卒後家中饘粥幾不備，嗜學好古，官暇輒焚香展卷，有評注《國語》、《檀弓》行世，祀鄉賢。」（卷二十八）

案：民國《同安縣志》著錄。

## 《左氏詳節》八卷　許孚遠撰，〔存〕

許孚遠，1535-1604，浙江德清，字孟中，號敬菴，師唐樞，據《明史》云：「許孚遠，字孟中，德清人，受學同郡唐樞。嘉靖四十一年成進

士，授南京工部主事，就改吏部。已，調北部。尚書楊博惡孚遠講學，會大計京朝官，黜浙人幾半，博鄉山西無一焉。孚遠有後言，博不悅，孚遠遂移疾去。隆慶初，高拱薦起考功主事，出為廣東僉事，招大盜李茂、許俊美擒倭黨七十餘輩以降，錄功，賚銀幣。旋移福建。神宗立，拱罷政，張居正議逐拱黨，復大計京官。王篆為考功，誣孚遠黨拱，謫兩淮鹽運司判官。歷兵部郎中，出知建昌府，暇輒集諸生講學，引貢士鄧元錫、劉元卿為友。尋以給事中鄒元標薦，擢陝西提學副使，敬禮貢士王之士，移書當路，并元卿、元錫薦之。後三人並得徵，由孚遠倡也。遷應天府丞，坐為李材訟冤，貶二秩，由廣東僉事再遷右通政。二十年擢右僉都御史，巡撫福建。倭陷朝鮮，議封貢，孚遠請敕諭日本擒斬平秀吉，不從。呂宋國酋子訟商人襲殺其父，孚遠以聞，詔戮罪人，厚犒其使。福州饑，民掠官府，孚遠擒倡首者，亂稍定，而給事中耿隨龍、御史甘士价等劾孚遠宜斥，帝不問。所部多僧田，孚遠入其六於官。又募民墾海壇地八萬三千有奇，築城建營舍，聚兵以守，因請推行於南日、彭湖及浙中陳錢、金塘、玉環、南麂諸島，皆報可。居三年，入為南京大理卿，就遷兵部右侍郎，改左，調北部。甫半道，被論。乞休，疏屢上，乃許。又數年，卒於家，贈南京工部尚書，後諡恭簡。孚遠篤信良知，而惡夫援良知以入佛者。知建昌，與郡人羅汝芳講學不合。及官南京，與汝芳門人禮部侍郎楊起元、尚寶司卿周汝登，並主講席。汝登以無善無惡為宗，孚遠作九諦以難之，言：『文成宗旨，原與聖門不異，以性無不善，故知無不良。良知即是未發之中，立論至為明析。無善無惡心之體一語，蓋指其未發時，廓然寂然者而言之，止形容得一靜字，合下三語，始為無病。今以心意知物，俱無善惡可言者，非文成之正傳也。』彼此論益齟齬。而孚遠撫福建，與巡按御史陳子貞不相得，子貞督學南畿，遂密諷同列拾遺劾之。從孚遠遊者，馮從吾、劉宗周、丁元薦，皆為名儒。」（卷二百八十三）

　　案：廣州中山大學圖書館藏明萬曆刻本。《千頃堂書目》、《明史》著錄。《經義考》作「春秋詳節」。

## 《胡傳是正》　呂坤撰，〔佚〕

呂坤，1536-1618，河南寧陵，字叔簡，號新吾、心吾，據黃宗羲〈侍郎呂心吾先生坤〉云：「呂坤字叔簡，號心吾，河南寧陵人。隆慶辛未進士。授襄垣知縣，調大同，有人命坐抵，王山陰家屏欲緩其獄，不聽。山陰入為吏部，語人曰：『天下第一不受請托者，無如大同令也。』特疏薦也。陞吏部主事，轉至郎中，出為山東參政，歷山西按察使，陝西布政使，以右副都御史巡撫山西，入協理院事，陞刑部右侍郎，轉左。每遇國家大議，先生持正，不為首鼠，以是小人不悅。先生嘗為《閨範圖說》，行之坊間，神宗喜小說院本及出像諸書，內侍陳矩，因以《閨範》進覽。神宗隨賜皇貴妃鄭氏。貴妃侈上之賜，製序重刊，頒之中外。時國本未定，舉朝方集矢於鄭氏，而不悅先生者，謂可藉手中以奇禍。給事中戴士衡劾先生假托《閨範圖說》，包藏禍心。好事者又為憂危竑議，言先生以此書私通貴妃，貴妃答以寶鏹五十，采幣四端，易儲之謀，不幸有其迹矣。戚臣鄭承恩上疏辯冤，戍士衡。先生亦致仕不起，家居四十年。年八十三卒，贈刑部尚書。」（《明儒學案》卷五十四）

呂坤〈胡傳是正序〉云：「《春秋》代天討罪之書也，卑賤有罪，尊貴者討之；尊貴有罪，無敢討之者，討以刑天不能也，周天子不敢也立成案定罪名，討以萬世之是非，雖斧鉞不及，訶詬不及，萬世之是非而在，使既往之凶魂奸魄聞之寒心，猶為悔禍之鬼，後世之賊子亂臣讀之奪氣，不為稔惡之人，其權之重重於天與君，何者？天能禍福，人而爽其善惡之實。人曰『天道無知。』某君子也禍，某小人也福，禍福之所爽者有，是非以明之，則是非者，贊天以操禍福之權者也，君能刑賞而乖其善惡之實。人曰『國法無當。』某賢也刑，某不肖也賞，刑賞之所乖者有，是非以明之，則是非者，贊君以昭刑賞之公者也。故曰：『是非之權，大於天與君。』以其大於天與君者，而徇愛憎之情，恣行胸臆，以失萬世之真，是曰私，是曰公論之賊，天與君之所必誅者也，以其大於天與君者而舞，

予奪之文以趨避毀譽以傷萬世之公，是曰懦，是曰公論之蠹，亦天與君之所必誅者也。昔者二《雅》在而周存，刑賞之權在天子，在天子則栖自天子操，故亂賊猶有所忌而不敢肆，〈黍離〉降而周亡，刑賞之權在諸侯，在諸侯則栖自己操，故亂賊無所忌而逞。《春秋》借天子之權以刑逞者也，不任其權則非在亂賊，天下無懲創之資，萬世失是非之實，任其權而私耶？懦耶？則是非在我，而使百世有遺奸、千古有遺恨，是置此身於《春秋》之中，而付他人以是非之口矣。夫惟置其身於《春秋》之外，而後敢作《春秋》。春秋之時，亂賊橫行，周且懸命於亂賊手矣，惡能刑賞？孔子，卑賤者也，安得刑賞？故天子以刑賞為刑賞，《春秋》以是非為刑賞，以是非為刑賞雖代君行事，而刑賞以是非，則代天討罪者也。代天討罪者天之，天何者？天之禍福，未必當於善惡，而《春秋》之褒貶，不敢爽其是非。天有定、有未定，《春秋》者既定之天也，故曰『天之。』天矣猶有所徇，而私有所避，而懦天也。君也如之何？天下萬世又得以是非其是非而討之矣，此孔子之《春秋》所以為萬世史臣之準也。」（《去偽齋文集》卷五）

## 《春秋繁露直解》一卷　宋應昌撰，〔存〕

宋應昌，1536-1606，浙江仁和，字思文，號桐崗，據徐象梅〈兵部左侍郎宋思文應昌〉云：「宋應昌，字思文，仁和人，登嘉靖乙丑進士。……少有大志，自為諸生，時即以匡濟時艱為己任。……揆事圖策，出人意表，每當百司使者咨請輻輳，昌隨事裁決，初若不經思，退而熟議之，則老吏宿將，終不能易也。」（《兩浙名賢錄》卷二十）

案：臺北國家圖書館藏明萬曆十五年刊本。正文卷端題「春秋繁露求雨止雨直解求雨法」。序文：「明萬曆丁亥冬日洧陽陳文燭撰」、「萬曆甲申仲秋汴上睦㮚頓首撰」、「萬曆甲申秋吉李天麟頓首拜書」。跋文：「武林宋應昌跋」、「萬曆丙戌年拾月望日周嘉賓頓首百拜謹書」、「朱

勤冀跋」。康熙《江西通志》卷六十二云:「周嘉賓,內江人,萬曆進士,知金谿縣。禔身嚴而用法寬,境內晏然。歲旱,步禱持《春秋繁露直解》一編,遵行其法澍雨,立應,仍梓其書。」周嘉賓所持之書即是此書,故重新梓行時,亦撰跋文,《千頃堂書目》亦作「春秋繁露禱雨法」。

### 《春秋懸旨》　陳壽麓撰,〔佚〕

陳壽麓,1569前後,湖南長沙,字端方,據康熙《長沙府志》云:「陳壽麓,長沙人。居恒端方廉潔。隆慶三年,舉恩選,仕前陽丞,賑藥有聲,工詩賦,恒為同寅忌,不以五斗折腰,挂冠歸隱,著有《春秋懸旨》、《左傳旁訓》、《唐詩王林》、《聽雨堂》、《選頤季艸》、《家禮簡要》諸集。當事恒造盧談焉,結耆英會,與鄉達十老賦詩飲酒,訓予若孫,咸蜚聲藝林,年八十舉鄉大賓,至九十燈下猶工楷書,杖履蹁躚,賦詩自壽,越兩月,正寢整冠危坐,如登仙去。」(人物志)

案:光緒《湖南通志》、嘉慶《長沙縣志》著錄。

### 《左傳旁訓》　陳壽麓撰,〔佚〕

案:光緒《湖南通志》、嘉慶《長沙縣志》著錄。

### 《春秋玉笈》　祝鳴謙撰,〔佚〕

祝鳴謙,1569前後,浙江西安,字貞吉,據康熙《衢州府志》云:「祝鳴謙,字貞吉,西安厚川人,以選貢授理問,不赴,與布衣欒惠同請業于陽明先生之門。少保胡宗憲聞其名,禮聘至再,不赴,未幾少保罷變,人服其先幾之哲。年八十三,預知考終時日,無疾而逝。(所著有《周易鈎佽》、《春秋玉笈》藏于家,曾孫庠彥有倬,得而傳之。)」

（卷三十七）

案：西安縣今為衢縣。康熙《衢州府志》著錄。

## 《春秋萃藪錄》二十卷　彭大翱撰，〔佚〕

彭大翱，1570前後，江蘇海門，字雲健，號二樓、方壺，據乾隆《江南通志》云：「隆慶四年庚午科：彭大翱。」（卷一百二十九）

案：萬曆《揚州府志》、乾隆《江南通志》著錄。

## 《左國摘語》　尹瑾撰，〔佚〕

尹瑾，1571前後，廣東東莞，字崑潤，據光緒《廣州府志》云：「尹瑾，字崑潤，萬家租人。嘉靖四十三年甲子鄉薦，隆慶五年辛未進士，授福建漳州府推官。誅劇盜鍾乾華等，號二十八將，聲譽大震，擢工科給事中，轉兵科。劾尚書王崇古，晉吏科都給事中。申救同官郭惟賢，風節矯矯，疏陳海防八議，全粵賴之。尋晉南太僕少卿，工詩，有集行世。」（卷一百二十四）

案：宣統《東莞縣志》著錄。

# 第二章　正德元年至嘉靖四十五年
## （明代中葉：1506-1566）

### 《春秋孔義》　華子憲撰，〔佚〕

華子憲，1572前後，江蘇無錫，生平失考，惟據同治《蘇州府志》云：「明貢生：〔府學〕，隆慶間，華子憲，長洲。六年。」（卷六十二）

案：光緒《無錫金匱縣志》著錄。

### 《左紀》十一卷　錢應奎撰，〔存〕

錢應奎，1573前後，江蘇無錫，字汝父，據嘉靖《霸州志》云：「錢應奎，貫之子。任錢塘主簿，卓有政聲。」（卷七人物志）；錢應奎云：「《左傳》易編年為紀事。一，每國分三類：一敘本國之政，二敘邦交之政，三敘本國諸臣言行。事詞有未備者，則借經文以足之。甲乙不混，初終畫然，不加損增，隻詞罔逸。今選而錄之，列史傳之首，為班、馬之先鞭云。」（《文章辨體彙選》卷四百八十三）

案：天津市人民圖書館藏明萬曆三年華叔陽刻本。《經義考》著錄。《千頃堂書目》、《明史》作「左記」。

### 《春秋以俟錄》一卷　瞿九思撰，〔佚〕

瞿九思，1573前後，湖北黃梅，字睿夫，號慕川，師羅洪先、耿定向，據高世泰云：「瞿九思，字睿夫，黃梅人。從學羅洪先、耿定向。歷主鹿洞、濂溪、岳麓、石鼓、四書院中。萬曆癸酉舉人，罷冤獄得解為民，還里尋論學於河南、廣東，作《中庸口授》、《中庸位育圖》、《中庸運卦》、《古樂測》、《孔廟禮樂考》、《至聖榮哀考》、《六經以俟錄》、《洪範衍義》、《曆正》諸書，徵授翰林院待詔，謝不赴詔，歲給米六十石，以資著述，乃撰《明詩擬》、《萬曆武功錄》，長吏為起江漢書院居之。」（《經義考》卷九十）

《四庫全書總目》云：「《春秋以俟錄》一卷，兩淮馬裕家藏本。明瞿九思撰。……是書多穿鑿附會之談，如十二公配十二月，二百四十年配二十四氣之類，皆迂謬不經，與洪化昭《周易獨坐談》，皆明儒之行怪者也。」（經部三十‧春秋類存目一）

案：《四庫全書總目》、《續通志》、《續文獻通考》著錄。

### 《春秋通鑑講章》　楊道賓撰，〔佚〕

楊道賓，1541-1609，福建晉江，字惟彥，號荊巖，諡文恪，據李清馥〈文恪楊惟彥先生道賓〉云：「楊道賓，字惟彥，晉江人。……萬曆十四年廷試，擢及第第二人，授翰林院編修。……每遇進講，盥頮焚香，端坐待旦，入視部務，退邸舍，作《春秋通鑑講章》，隨事發明，借古為喻。」（《閩中理學淵源考》卷七十七）

案：道光《晉江縣志》、乾隆《福建通志》著錄。

### 《春秋世業》　舒邦儒撰，〔佚〕

舒邦儒，1574前後，江西餘干，字真卿，據康熙《江西通志》云：

「舒邦儒，字真卿，餘干人，萬曆進士。少以德行重於鄉，事繼母以孝聞，後因艱子嗣，買妾得淮揚孫氏女，臨去，母不忍別，邦儒太息曰：『吾求男而使人以女，病乎。』遂厚贈金而遣之。初任徽州，司李刑獄平允。大司徒殷，歙人也，歙土故籍絲稅會下清丈之，令殷止均五邑，時搆爭力甚，邦儒正色裁之，事得息，陞南刑部主事，持法如初。」（卷九十）

案：《千頃堂書目》、同治《餘干縣志》著錄。

## 《左傳目錄》　舒邦儒撰，〔佚〕

案：同治《餘干縣志》著錄。

## 《批點左傳》　林兆珂撰，〔佚〕

林兆珂，1574前後，福建莆田，字孟鳴、懋忠，號榕門，據李清馥〈郡守林孟鳴先生兆珂〉云：「林兆珂，字孟鳴，富孫。嘉靖壬戌，倭陷郡城，與兄兆瓚俱被縶，倭刃磨兄頸，兆珂以身翼蔽，倭義釋之，萬曆甲戌進士，授蒙城知縣，改儀封教授，陞國子監助教，轉博士監丞，任成均。……禮名宿、拔寒畯，然性諒直，不能婉曲事人。辛丑大計，後假歸，遂為終焉。之計家居二十載，鍵戶讀書，丹鉛不輟，所著書宙合多識二種，其最著者又有《批點左傳》、《檀弓考工》、《參同契》、《楚詞》，《李杜王摩詰選詩》諸書。」（《閩中理學淵源考》卷五十六）

案：乾隆《莆田縣志》、乾隆《福建通志》著錄。

## 《春秋正解》　鄧鍭撰，〔佚〕

鄧鍭，1574前後，江西新城，字時雋，號中鵠，據同治《建昌府志》云：「鄧鍭，字時雋，號中鵠，新城人，錫之弟。為諸生有聲，萬曆

二年貢太學，授河南偃師丞，有王生為大豪搆陷，鍰訊實白令得釋，生夜持金為謝，鍰曰：『令自知若冤，奈何以不義金汙我。』居三年，投劾歸，究心經史，尤長於《春秋》，著有《春秋正辨》，以子渼貴，贈通議大夫。」（人物志卷八）

案：《經義考》著錄。同治《建昌府志》、光緒《江西通志》作「春秋正辨」。

### 《春秋翼附》四卷　黃正色撰，〔佚〕

黃正色，1541-1609，浙江秀水，字懋端，號貞所，弟黃洪憲、黃正憲，據盛楓云：「黃錝……子正色，次洪憲……次正憲。」又云：「正色，初名遵憲，中式後改今名，字懋端，號貞所，萬曆癸酉舉人，丁丑進士。釋褐中書舍人，考選南山東道御史。初視京營，再巡下江，以先籍蘇州引嫌辭，得改北山東道，出按廣東，陞漳南副使，外計論調歸。」（《嘉禾徵獻錄》卷二十二）；陳懿典〈福建按察司副使貞所黃公配陶恭人墓志銘〉云：「吾里中有三黃先生：長曰觀察公懋端，仲曰學士公懋中，季曰太學公懋容。兄弟才名相並，伯仲舉進士為顯官。」（《陳學士先生初集》卷十四）

案：此書惟康熙《秀水縣志》著錄。另外陳懿典〈福建按察司副使貞所黃公配陶恭人墓志銘〉所云：「沒時萬曆己酉（1609）九月念六日也，距生嘉靖癸卯（1543），享年六十有九。」則其生卒有誤矣。按理推論，其弟黃洪憲生於1541年，豈有弟生辰早於兄者。再者，陳懿典撰墓誌銘，卒年不應有失，故而以69歲反推回去，則黃正色應是1541年出生，如此也適符合兄弟之序。

### 《春秋左傳釋附》二十七卷　黃洪憲撰，〔存〕

黃洪憲，1541-1600，浙江秀水，字懋中、懋忠，號葵陽，兄黃正

色，弟黃正憲，據盛楓云：「洪憲，字懋中，號葵陽。嘉靖末文體猥濫，洪憲為諸生，獨刊落枝葉，根極名理。隆慶元年丁卯，有詔崇雅，斥浮遂舉鄉試第一，辛未會試第二名，……辛未，張太岳主會試，王荊石以右中允為第二。……著《朝鮮典志》、《周易集說》、《學詩多識》、《春秋左傳釋附》二十七卷。」（《嘉禾徵獻錄》卷二十二）

　　黃洪憲〈春秋左傳釋附序〉云：「予在史館時好讀《左氏春秋》，嘗考訂其全文，略采諸家箋釋，而擇《公》、《穀》之有文者，附之名曰『左氏釋附』。長兒承玄稍為增定而鍥其半，於安平署中。予巖居多暇因銓次，以卒業而并為之敘。予聞之孔子修《春秋》，皆約魯史策書，而又使子夏等十四人求周史記得百二十國寶書，又與左丘明乘，如周因老聃觀書柱下，歸而成書，而丘明則為之《傳》，其後齊公羊高、魯穀梁赤，受經於子夏，人自為說，於是有《公羊》、《穀梁傳》。漢武帝置五經博士，《公》、《穀》先後列學官，而《左氏》獨絀，兩家專門，弟子欲伸其師說，紛紛排擯，惟劉歆氏曰：『丘明親見孔子，好惡與聖人同。《公》、《穀》在七十二弟後，傳聞與親見詳略不同。』此三《傳》之斷案也。至其引《傳》以釋《經》，則不免牽合附會，而後世杜預集其說，為之分年相附，作《經傳集解》，見謂有功於《左氏》。而不佞竊有疑焉？蓋孔子因魯史而修《春秋》，以存王迹，惟提綱挈領，寓褒貶於片言隻字，其辭約、其旨微，誠以國史具在，文獻足徵，天下後世，自有可取以證吾言者，故曰『吾觀周道，舍魯何適矣？』而說者曰『孔子修《春秋》，口授丘明作《傳》，是欲杞、宋、魯也。』是謂孔氏之《春秋》，非魯之《春秋》也，且丘明身為史官，博綜羣籍，自成一家言，上自三代制度、名物，下至列國赴告、策書，與夫公卿大夫氏族、譜傳，大而天文、地理，微而夢卜、謠讖，凡史狐、史克、史蘇、史黯之所識，《檮杌》、《紀年》、《鄭書》、《晉乘》之所載，靡不網羅捃拾，總為三十篇，括囊二百四十年之事，大都如夏、殷《春秋》及晏、呂、虞、陸《春秋》之類，非有意於釋經也，他日孔子曰：『左丘明恥之，丘亦恥之。』

若有竊比老彭之意，又焉知非左史在先，聖人之筆削在後，故《左氏》之文或有《經》無《傳》，或有《傳》無《經》，或後事而先提，或始伏而終應，皆匠心獨創，逴豔千古，曷嘗拘繫為經役哉！大抵孔子修魯史未嘗自明其為《經》，而後人尊之為《經》，丘明作《傳》，未嘗有意於釋《經》，而後人傳之為經《傳》，故讀《左氏春秋》者，第《經》自為《經》，《傳》自為《傳》，其可相印證者，固在而不必牽合傅會，失夫作者之意也。乃若《公》、《穀》二《傳》，專以釋《經》為主，往往設為問答，執義例以立斷案，雖日月、爵邑、名氏皆以為衮鉞存焉，後人以其傳自西河，故相率宗之，不知孔子嘗言『《春秋》屬商』，而當時游、夏已自謂不能贊一辭，矧其後之為徒者，欲字訓句釋，據私臆以擬聖經，其孰從而受之？愚嘗反覆三《傳》，《左氏》以史家而核於事，《公》、《穀》以經生而辨於理，核於事者不失為實錄，辨於理者不免多臆見，臆見非聖人意也，而就其中若多名言奧義，可以垂世而立教者，故謂《公》、《穀》能傳聖意，不可；謂《公》、《穀》盡畔聖經，亦不可。昔人謂《春秋》素王，丘明素臣，彼二子者，其亦附庸之國乎？今國家功令業《春秋》者，率主宋儒胡安國《傳》，至欲屈《經》以就之，夫安國，經生，不加於《公》、《穀》，而況去聖人之世益遠，曷若反而求之《左氏》之為核？其次參之《公》、《穀》，猶為近古也。萬曆已亥暢月穀旦。」

案：收錄《四庫未收書輯刊》第7輯，第1冊，據明刻本影印。康熙《秀水縣志》作「十卷」。

## 《春秋翼附》二十卷　黃正憲撰，〔存〕

黃正憲，萬曆時期，浙江秀水，字懋容，兄黃正色、黃洪憲，據《四庫全書總目》云：「《春秋翼附》二十卷，浙江汪啟淑家藏本。明黃正憲撰。是書大旨，以胡安國《傳》未免過於刻覈，因博採舊聞，自唐孔穎達

以下，悉為折衷，於明世諸家，則多取山陰季本《私考》、金壇王樵《輯傳》二書。今觀其所論，如謂尹氏卒為吉甫之後，非即詩家父所刺者，仲孫蔑會齊高固於無婁，地非牟婁。亦間有考證，然核其大體，則未能悉精確也。」（經部三十・春秋類存目一）；阮元云：「是書折衷四《傳》，兼及唐、宋諸家，於明人王樵、季本之說，採錄尤多。」（《文選樓藏書記》卷一）

賀燦然〈春秋翼附序〉云：「自漢以來，說《春秋》者亡慮千百家，而四《傳》為最著，丘明與夫子生同時，按魯史為《傳》，當不甚謬刺，然不亡牽合附會之失，夫子以《春秋》屬商，公羊高、穀梁赤俱本自西河，宜不詭於筆削之旨，乃細瑣刻深若酷吏之斷獄，夫子不若是苛也。胡氏《傳》立於學官，士人類墨守其說，顧安國去古益遠，臆斷於千百年之後若射覆，然能一一懸中乎哉！善哉！懋容氏之說《春秋》也，夫《春秋》據事，筆削褒貶自見，非拘拘於日月爵氏以為衰鉞也，拘拘於日月爵氏之間，求所謂衰鉞者，而有合、有不合，於是曲為正例、變例之說，至云『美惡不嫌同辭』，說愈繁而愈晦矣，懋容氏之說有功四《傳》，羽翼聖經，即謂《春秋翼》可也，附云乎哉。」

案：四庫全書存目叢書經部120，據北京大學圖書館藏明刻本影印。光緒《嘉興縣志》作「十二卷」。盛楓《嘉禾徵獻錄》卷二十二云：「正憲，字懋容，著《易象管窺》十五卷……《春秋繹》一卷。見《明史・藝文志》」，蓋誤將《春秋繹》一卷歸於黃正憲，此乃《明史・藝文志》同行上文鄧元錫所撰。

## 《麟經直指》　陳第撰，〔佚〕

陳第，1541-1617，福建連江，字季立，號一齋，據李清馥〈遊擊陳季立先生第〉云：「陳第，字季立，連江人。少博極羣書，文名甚著，倜儻自負，喜談兵。嘉靖四十一年，戚繼光征倭至連，第與定平倭策，俞大

猷應召聘與俱隨，以邊事上書大司馬譚綸奇而薦之，起家京營，守古北口，歷遊擊將軍，屢有戰功，以忤巡撫吳兌，拂衣歸，時年近五十，絕意仕進，惟以著述自任，作〈伏羲圖贊〉，一筆圓成，不待奇耦離析，而萬千五百二十之策悉出自然，又作《毛詩古音考》、《尚書疏衍》、《麟經直指》、《屈宋音義》，皆考古證今，理解精醇。金陵焦竑老年好學，第聞之裹糧至白門與相辨析，竑嘆服自謂弗如，晚出遊五岳，足跡幾遍天下。閩巡撫屢行薦辟，皆不就，卒年七十七。門人彙集其所著《詞賦漫題》、《松軒講義》、《意言》、《謬言》、《寄心集》，書札燼。存《薊門兵事》、《防海事宜》、《東番記》、《塞曲》、《粵草》等書，並刻行世。」（《閩中理學淵源考》卷四十七）

案：乾隆《福州府志》、民國《連江縣志》著錄。此書雖佚，亦可見其學術旨趣，蓋明末漢學考據之學。

## 《新鐫翰林三狀元會選左胡玉壺冰》四卷　焦竑、翁正春、朱之蕃撰，〔存〕

焦竑，1541-1620，江蘇江寧，字弱侯，號澹園，據黃宗羲〈文端焦澹園先生竑〉云：「焦竑字弱侯，號澹園，南京旗手衛人。萬曆己丑進士第一人。京兆欲為樹棹楔，謝以賑飢。原籍山東，亦欲表於宅，改置義田。授翰林修撰。癸巳開史局，南充意在先生。先生條四議以進，史事中止，私成《獻徵錄》百二十卷。甲午簡為東宮講讀官，嘗於講時有鳥飛鳴而過，皇太子目之，先生即輟講，皇太子改容復聽，然後開講。取故事可為勸戒者，繪圖上之，名《養正圖解》。丁酉主順天試，先生以陪推點用，素為新建所不喜，原推者復擠之，給事中項應祥、曹大咸糾其所取險怪，先生言：『分經校閱，其所摘，非臣所取。』謫福寧州同知，移太僕寺丞。後陞南京司業，而年已七十矣。先生積書數萬卷，覽之略遍。金陵人士輻輳之地，先生主持壇坫，如水赴壑，其以理學倡率，王弇州所不如也。泰昌元年卒，年八十一。贈諭德。崇禎末，補諡文端。先生師事耿天

臺、羅近溪，而又篤信卓吾之學，以為未必是聖人，可肩一狂字，坐聖門第二席，故以佛學即為聖學，而明道闢佛之語，皆一一紲之。明道闢佛之言，雖有所未盡，大概不出其範圍。如言：『佛氏直欲和這些秉彝都消煞得盡。』先生曰：『如此是二乘斷滅之見，佛之所訶。夫佛氏所云不斷滅者，以天地萬物皆我心之所造，故真空即妙有，向若為天地萬物分疏，便是我心之障，何嘗不欲消煞得盡？即如《定性書》「情順萬事而無情」一語，亦須看得好。孔子之哭顏淵，堯、舜之憂，文王之怒，所謂情順萬事也。若是無情，則內外兩截，此正佛氏之消煞也。』明道言：『盡其心者，知其性也，佛所謂識心見性是也。若存心養性，則無矣。』先生曰：『真能知性知天，更說甚存養？一翳在眼，空花亂墜。夫存心養性，正所以盡心之功，《識仁篇》所言「存久自明」是也。若未經存養，其所謂知者，想像焉而已，石火電光而已，終非我有。存養其無翳之本體，無翳乃可謂之存養，安得以存養為翳乎？』明道言：『《傳燈錄》千七百人，無一人達者，臨死不能尋一尺布帛裹頭。』先生謂：『是異國土風是也。』然此千七百人者，生于中國而習異國土風，胡謂乎無乃服桀之服也？先生又謂：『明道嘆釋氏、三代威儀，非不知其美，而故為分異。』夫明道之嘆儒者不能執禮，而釋氏猶存其一二，亦如言夷狄之有，不如諸夏之無也，豈以三代之禮樂歸之哉！朱國禎曰：『弱侯自是真人，獨其偏見不可開。』耿天臺在南中謂其子曰：『世上有三個人說不聽，難相處。』問：『為誰？』曰：『孫月峰、李九我與汝父也。』」（《明儒學案》卷二十五）；又《明史》云：「竑博極羣書，自經史至稗官、雜說，無不淹貫。善為古文，典正馴雅，卓然名家。集名澹園，竑所自號也。講學以汝芳為宗，而善定向兄弟及李贄，時頗以禪學譏之。」（卷二百八十八）

翁正春，1553-1626，福建侯官，字兆震，號青陽，據陳鼎〈翁正春傳〉云：「翁正春，字兆震，侯官人，舉萬曆七年鄉試，屢上春官不第，循例署龍溪教諭，二十年舉進士第一，授翰林院修撰。……年踰七十，母近百齡，猶夜行不休，時正春罷歸久矣，袁鯨復論正春，呈身門戶，為東

林巨魁。……崇禎初諡文簡。……職舉政修，為人峻整，終日無狎語，倦不傾倚，暑不裸裎，目無流視，見者肅然起敬。……有明三百年間，職官領廷對者二人，曹鼐以典史，正春以教諭。」（《東林列傳》卷十七）

朱之蕃，1561-1626，山東荏平，字元价、元介，號蘭隅，據朱彝尊云：「朱之蕃，字元介，南京錦衣衛籍，荏平人。萬曆乙未賜進士第一，授翰林院修撰。以右春坊右諭德掌院印，以右春坊右庶子掌坊印。升少詹事，進禮部右侍郎，改吏部右侍郎，卒贈禮部尚書，有《使朝鮮稿》、《南還紀勝》諸集」（《靜志居詩話》卷十六）

案：日本前田育德會尊經閣文庫藏明萬曆刊本。此本蓋坊間為科舉所編，為營利販售而刊刻，為舉業用書。

## 《春秋左傳鈔》十四卷　焦竑撰，〔佚〕

案：《千頃堂書目》作「春秋左傳抄」。《傳是樓書目》作「左傳抄」。

## 《春秋左傳綱目定註》三十卷　李廷機評撰，〔存〕

李廷機，1542-1616，福建晉江，字爾張，號九我，據李清馥〈文節李九我先生廷機〉云：「李廷機，字爾張，號九我，晉江人。……隆慶四年，順天鄉薦第一，歸讀書永春山中，再詣公車，張居正延教子不赴。戊寅移家授經於毗陵。……萬曆十一年，會試第一，殿試第二人，授編修。……或諷以儒臣不宜親俗事，曰：『有俗人，無俗事，天下國家事，何可言俗也。』……三十五年，以禮部尚書，兼東閣大學士，入參機務。……四十四年卒，年七十五，贈少保，諡文節。廷機繫閣籍六年，秉政止九月，無大過。平生遇事有執，尤廉潔，自授徒至直閣，蕭然數椽中，角巾布履，不異儒素平居，言論動稱古人。……仕宦三十年，不敢以憚勞養安，失禮怠事。交游餽餉，一切辭却，第以節約當治生。……著有

《四書臆說》、《春秋講章》《通鑑性理》、《刪宋賢事略編》、《大明國史》、《國朝名臣言行錄》、《燕居錄文集》二十八卷。學者稱九我先生，九我者，廷機早失父母，取〈蓼莪〉之章以自號也。」（《閩中理學淵源考》卷七十一）

　　案：江蘇常州市圖書館藏明崇禎五年書林楊素卿刻本。美國哈佛大學燕京圖書館亦有此本，其「善本特藏資源庫」有全文掃描，可供利用。《經義考》作「左傳綱目定注」，並引俞汝言曰：「是書崇禎間刻於建陽書坊」。

## 《新鍥評釋東萊呂先生左氏博議》四卷　李廷機評撰，〔存〕

　　案：日本九州大學圖書館藏明萬曆十一年余良木刊本。

## 《新鍥李閣老評注左胡纂要》四卷　李廷機評注，〔存〕

　　案：浙江圖書館藏明書林劉蓮臺刻本。

## 《新刻翰林李九我先生春秋左傳評林選要》三卷　李廷機撰，〔存〕

　　案：南京圖書館藏明萬曆書林鄭以厚刻本。

## 《春秋纂注》四卷　李廷機編撰，〔存〕

　　案：收錄《五經纂注》，日本國立公文書館藏明刊本。另一版本為河南省圖書館藏有明書林余象斗刻本《刻九我李太史十三經纂注》，其中收錄「春秋二卷」、「春秋左傳二卷」。另外，丁仁《八千卷樓書目》卷三云：「《五經纂註》二十卷，明李廷璣、袁宗道、沈一貫、王萱、蕭良有同撰」。

### 《春秋日講章》六卷　李廷機撰，〔佚〕

案：乾隆《福建通志》著錄，一作「春秋講章」。

### 《春秋直解》　李廷機撰，〔佚〕

案：李廷機《李文節集》有「春秋直解序」。

### 《新鍥翰林精選注釋左國評苑》十二卷　李廷機輯、焦竑批點，〔存〕

案：陝西西北大學圖書館藏明萬曆刻本。

### 《閔氏分次春秋左傳》十五卷　孫鑛評點，〔存〕

孫鑛，1542-1613，浙江餘姚，字文融，號月峰，據過庭訓云：「孫鑛，號月峰，餘姚人，甲戌會試第一，二甲四名，授兵部主事，調禮部，尋調史部，歷稽勳驗封，考功文選，管內外大計，區別精詳，輿情貼服。甲申陞太常少卿，丁憂，復除常少右通政，擢都御史，巡撫山東，陞刑部左侍郎，改兵部，經略薊遼，加陞右都御史，陞南京兵部尚書，丙午加太子少保。回籍，文章事業卓然一時，固其識力之過人，至于忠孝大節，則得之家傳者素也。」（《本朝分省人物考》卷五十二）

《四庫全書總目》云：「《孫月峰評經》十六卷，江蘇周厚埪家藏本。明孫鑛撰。鑛字文融，月峰其號也。萬曆甲戌進士，官至南京兵部尚書。是編《詩經》四卷，《書》經六卷，《禮記》六卷，每經皆加圈點評語。《禮記》卷前載其所評書目，自經史以及詩集，凡四十三種，而此止三種，非其全書。然《詩經》前有慈谿馮元仲序，稱其舉《詩》、《書》、《禮》，鼎足高峙。蓋元仲所別刻者，以三經自為一類也。經本不可以文論，蘇洵評《孟子》，本屬偽書，謝枋得批點《檀弓》，亦非古

義，鑛乃竟用評閱時文之式，一一標舉其字句之法，詞意纖仄。鍾、譚流派，此已兆其先聲矣。今以其無門目可歸，姑附之五經總義類焉。」（經部三四‧五經總義類存目）

　　案：臺北國家圖書館藏明萬曆四十四年吳興閔氏朱墨套印本。韓敬〈孫月峰先生左評分次經傳序〉。

## 《左芟》　孫鑛撰，〔佚〕

　　案：李維楨《大泌山房集》有〈左芟序〉。

## 《重訂批點春秋左傳狐白句解》三十五卷　孫鑛批點，〔存〕

　　王鏊〈春秋左傳狐白解序〉云：「《春秋左傳狐白》三十五卷，宋魯齋、朱申、周翰注釋，今董南畿學政黃侍御希武，命翻刻以示後學者也。侍御以近世學者莫不為文，而未知為文之法，故授同知蘇州府事張幼仁俾刻之郡中。余敘之曰：文非道之所貴也，而聖賢有不廢，故冉牛、閔子、顏子善言德行。子夏、子游以文學名。孔子亦曰：『言之無文，行而不遠。』而善鄭國之為詞命也，則文豈可少哉！學者不為文則已，如為文而無法，法而不取諸古，殆未可也。《左氏》疏《春秋》，于孔子之旨，未盡得也，而載二百四十二年列國諸侯，征伐、會盟、朝聘、宴享，名卿大夫往來詞命則具焉，其文蓋爛然矣，丁時若臧僖伯、哀伯、晏了、了產、叔向、叔孫豹之流，尤所謂能言而可法者。下是則疆場之臣亦善言焉，有若展喜、呂飴甥、賓媚人、解揚、奮揚、蹶由。方伎之賤亦善言焉，有若史蘇、梓慎、裨竈、蔡墨、醫和緩、祝鮀、師曠。夸裔之遠亦善言焉，有若郯子、支駒、季札、聲子、沈尹、戌蔓、啟疆。閨內之懿亦善言焉，有若鄧曼、穆姜、定姜、僖負羈之妻、叔向之母。於乎！其猶有先工之風乎，其詞婉而暢，直而不肆，深而不晦，精而不假，鑱削或若剩焉，而非贅也，若遺焉而非欠也，後之以文名家者，孰能遺之。是故遷得其奇，固

得其雅，韓得其富，歐得其婉，而皆赫然名于後世，則《左氏》之于文亦可知也。已而，世每病其巫，蓋神怪、妖祥、夢卜、讖兆之類，誠有類于巫者，其亦沿舊史之失乎？雖然古今不相及，又安知其果盡無也？然余以哀公而後，文頗不類，若非左氏之筆焉，豈後人續之耶，未可知也？若是者，今多從削蓋幾于醇且粹矣，學者因是而求之，則為文之法，盡在是矣。若夫究聖人筆削之旨，以寓一王之法，自當求其全以進于經。正德癸亥。」

案：河南省圖書館藏明末刻本。《春秋左傳狐白解》三十五卷，乃宋代朱申注釋，此書經孫鑛批點，書坊重新刊印。再者，王鏊於弘治癸亥（1503）撰寫序文，非正德癸亥也。

## 《合諸名家評注左傳文定》十二卷　孫鑛評撰，〔存〕

案：安徽省圖書館藏明刻本。

## 《左傳評苑》八卷　孫鑛輯評、鍾惺註，〔存〕

案：北京清華大學圖書館藏明刻套印本。

## 《春秋繁露》十七卷　孫鑛評、沈鼎新、朱養純參訂，〔存〕

沈鼎新，天啟-崇禎，浙江錢塘，字自玉，生平失考。

朱養純，天啟-崇禎，浙江錢塘，字元一，生平失考。

案：臺北國家圖書館藏明天啟五年西湖沈氏花齋刊本。丁仁《八千卷樓書目》作「春秋繁露評」。另據《日藏漢籍善本書錄》記載，日本名古屋市蓬左文庫藏沈鼎新《諸大名家同訂春秋繁露註釋大全》十七卷（明粵東半偈菴刊本）。

## 《公羊傳》十二卷　孫鑛、張榜評，〔存〕

　　張榜，1603前後，江蘇句容，字賓王，據乾隆《江南通志》云：
「張榜，字賓王，句容人。萬曆癸卯舉鄉試。聰穎絕人，書史過目成誦，
落筆如風，雄談雅謔，沁人心腑。在南雍舉幡留大司成馮夢貞，上疏請伏
斧鑕以直先生，人皆義之。」（卷一百六十五）

　　案：北京故宮博物院圖書館藏明刻本。

## 《春秋疑問》十二卷　姚舜牧撰，〔存〕

　　姚舜牧，約1543-1628，浙江烏程，字虞佐，號承菴，據《四庫全書
總目》云：「《春秋疑問》十二卷，浙江巡撫採進本。明姚舜牧撰。……
是書不盡從胡《傳》，亦頗能掃諸家穿鑿之說，正歷來刻深嚴酷之論，視
所注諸經，較多可取，而亦不免於以意推求，自生義例。如列國之事『承
告則書』，《左氏》實為定說，舜牧於『宿男卒，不書名』，既云『告不
以名矣』，乃於『鄭伯克段』，則曰『此鄭事也，魯《春秋》何以書？見
鄭莊處母子、兄弟之間，忍心害理，凡友邦必不可輕與之。此一語專為後
日渝平歸枋、助鄭伐宋起，非謂此事極大，漫書於魯之春秋也。』是不考
策書之例，但牽引經文，橫生枝節。至於解『紀季姜歸京師』，謂『自季
姜歸後，周聘不復加於魯，乃知以前三聘，特在謀婚。』此無論別無確
據，即以年月計之，三聘之首是為凡伯，其事在隱公九年，距祭伯之逆十
四年矣。有天子求婚，惟恐弗得，謀於十四年之前者乎？此併經文亦不能
牽合矣。說經不應如是也。」（經部三十·春秋類存目一）

　　姚舜牧〈春秋疑問序〉云：「孔子曰：『吾志在《春秋》』，又曰：
『其義則丘竊取之矣』，斯義何義也？《書》曰：『無偏無陂，遵王之
義。無有作好，遵王之道。無有作惡，遵王之路。』道路即義也，而在人
心無偏陂好惡之，間周衰王道浸微，人心陷溺而不知義，為竊、為僭、為

瀆亂，或入于夷狄，而甚則幾淪于禽獸，有不忍言者，孔子有憂之，故因魯史作《春秋》，問指所謂道路者以示人，即《書》所云：『是彝是訓，是訓是行』者耳！孟子曰：『王者之迹熄而《詩》亡，《詩》亡然後《春秋》作』，又曰：『《春秋》，天子之事也』，正謂惇庸命討，此天子與天下公共之事，人人所宜共由，亦人人所可指，示以詔天下萬世者，是孔子所謂『其義則丘竊取』焉者也，竊取云者，亦謙不自居耳，而或者誤認遂有道在位在之說，甚謂託二百四十二年南面之權，以是非天下。嗟乎！使夫子而果託南面之權以是非天下，則經所書天王某事某事者，又將託何權以是非之哉？斷不然矣。顧《春秋》一經，斷也，其案在《傳》，《傳》莫尚《左氏》矣，去聖未遠，聽睹紀載甚詳，足備後代參考，是大有功于《春秋》者，然時或有闇于大義處，《公羊》、《穀梁》知求大義矣，而附會穿鑿時亦有之，宋諸儒輩出，胡氏而下互有發明，豈不燦然悉備哉！然千谿萬徑雖可適國，而周行大路要在折衷，程子曰：『《春秋》經不通求之《傳》，《傳》不通求之《經》。』朱子曰：『學者但觀夫子直書其事，其義自在，有不待《傳》而見者，此真善讀《春秋》者矣！』而惜皆無全書，百世而上，百世而下，豈無善讀《春秋》若程、朱二子者乎？牧非其人也，唯童穉時先贈君淳菴翁誨牧曰：『兒曹欲知大義，須讀五經。』竊志不忘，間取《易》、《書》、《詩》、《禮》次第讀之，輒筆所疑，請問海內大方，茲來粵西甚暇，得復從《大全》諸書，竊觀夫子之《春秋》，無有偏陂，無作好惡，真恍若見其心者，恨不敏不足以發也，因竊評諸儒之論，有合于經者錄之，而又輒筆所疑就正有道焉，亦謂涉獵斯道路也，仰慰先君子誨牧之遺意也云爾。若《春秋》制科，一稟胡《傳》，載在令甲，是即義之所在，諸士子所宜遵守而無歧者，余何敢及，而諸士子方習制義，請亦無視乎余言。」（《來恩堂草》卷一）

姚舜牧〈讀春秋者所宜知〉一文云：「凡讀《春秋》，先須認夫子作《春秋》本旨，明白孟子曰：『王者之迹熄而《詩》亡，《詩》亡然後《春秋》作。』是《春秋》本旨在存王者之迹也，王迹謂何？惇庸命討是

也。王者有此行事，即有此聲歌載之《詩》可睹，已乃東遷以後，惇庸命討，王者不能持于上，而僭亂叛逆幾盈于天下，《詩》由此亡矣。孔子有深懼焉，于是取魯史舊文加筆削，而《春秋》作焉。今觀《春秋》所載，大抵為惇庸命討，計然載之魯史中，則必其有關於魯而後書，故曰魯之《春秋》，非汎汎記他國之事，與魯初無關涉者。學者但先觀『鄭伯克段于鄢』一節為何而書，則知讀《春秋》矣。蓋魯娶于宋，世相好也，而宋與鄭世相讎也，故一隱公之身也，嘗及宋盟于宿矣，又及宋遇于清矣，又宋公和卒、葬宋穆公矣，又命翬帥師會宋公、陳人、蔡人、衛人以伐鄭矣，是其與宋、與鄭何如者，乃無故受鄭人來輸平，又受鄭使來歸祊，即會齊侯、鄭伯于中丘，命翬帥師會齊人、鄭人以伐宋，此何等反覆哉！是暗受鄭莊之傳，不覺為其所移耳，故夫子於隱元年第三條即筆『鄭伯克段于鄢』一語，見鄭莊處家庭、母子、兄弟間，若是其殘且忍也，友邦宜自知之，而弗輕與以入其陷穽，蓋為魯而書，以寓惇庸命討之大意，非汎汎為鄭而書者，是孔子所謂魯之《春秋》也，學者於此而不知其所書之旨，可稱讀《春秋》哉？若『其義則丘竊取』云者，牧已明辯之，前敘中唯『《春秋》，天子之事』一語，學者多未之識，故謂夫子託二百四十二年南面之權，以是非天下耳，南面之權可託哉？蓋一家之事、一家之人，任之他弗能與也；一國之事、一國之人，任之他弗能侵也。唯天子之事、天下之人，皆得分憂共理，以贊襄有不容自諉焉者。故當堯之時，即有禹共其事；當武之時，即有周公共其事，當衰周之時，孔子目擊臣子之叛逆，不共其事而誰共哉？故云『《春秋》，天子之事也。』蓋謂宜共其事以翼贊天子也，以存王者之迹也，非託天子之權之謂也。審得此一語明，則孔子所云『其義則丘竊取』云者，蓋謙不自居耳，非如今人誤認天子之事，夫子本不宜託無奈而假託，乃有『知我』、『罪我』之說也，故讀孟子『王者之迹熄而《詩》亡』等語，自可深得孔子『吾志在《春秋》』之旨。若牧今所云，亦或得孔子魯之《春秋》『其義則丘竊取』焉者之旨，併孟子所謂『王者之迹熄而《詩》亡』等語之意，若前人相沿至今，謂孔

子託天子南面之權以是非天下之說，恐或應改正無疑者。孔子曰：『知我
者其惟《春秋》乎！罪我者其惟《春秋》乎！』傷天下或未亮，已共天子
之事而加諸罪者，牧今所云亦竊謂得孔子作《春秋》之旨，及孟子論《春
秋》之意矣，若知我、罪我，則任之而已也。」（《來恩堂草》卷一）

　　姚舜牧〈讀春秋說〉一文云：「《春秋》是魯國一本日生帳，如元年
某國有某事，與某國做某事。二年某國有某事，又與某國做某事。三年、
四年以後皆然。學者但就某國某事，與某國做某事逐一與他算帳去，如齊
與齊合算，鄭與鄭合算，諸國皆若是其合算，自然枝枝葉葉，各有頭緒結
局，此皆於魯事為有關者，故載之魯史中，此極為分明，極為易曉。今訓
詁家不知是義，於前邊某國某事，與某國做某事，既如此解，於後邊某國
某事，與某國做某事，又如彼解，便失却夫子當日所書之大旨矣，且於魯
事何關也而書之哉？此牧於中獨有所見而云，非故為若說以啟後人之疑
也，高明君子幸虛心一裁訂焉。」（《來恩堂草》卷二）

　　案：收錄《續修四庫全書》經部，第135冊，據明萬曆刻本影印。
《千頃堂書目》、《明史》、《經義考》、同治《湖州府志》、乾隆《烏
程縣志》著錄。

## 《重訂春秋疑問》十二卷　　姚舜牧撰，〔存〕

　　案：收錄《四庫全書存目叢書》經部，第120冊，據南京圖書館藏明
萬曆六經堂刻五經疑問本影印。

## 《春秋大全疑問要解》　　姚舜牧撰，〔佚〕

　　〈春秋大全疑問要解序〉云：「《春秋》記事之書也，而實孔子傳心
之典也，如以記事論，即有事可書皆足以稱紀，而唯其傳心則有所書，必
有所以書之意在，況夫子曰『吾志在《春秋》』可 焉以為解哉，左氏生
春秋時，記事獨詳且覈，公羊、穀梁生於漢，則知評駁矣，而在宋胡文定

則著為《傳》，世共宗之。然自胡氏而外，如程子、張子、朱子、東萊呂氏、永嘉呂氏、盧陵李氏、臨川吳氏、茅氏、胡氏，及汪氏、宋氏、陳氏、杜氏數十家，皆各著書以發明夫子之心。成祖文皇帝命諸儒編為《大全》以牧之，然未有折衷之者，承菴姚先生繼起，默玩經文，潛討諸《傳》，著為《疑問》一書，務求見夫子之心於千載之上，其解悟亦精且邃哉，猶自以非令甲之所載也，藏之名山以俟後世之知，是固然矣。然取其書讀之，若『天王正月』、『鄭伯克段于鄢』、『天王使宰咺來歸惠公仲子之賵』、『公會宋公、衛侯、陳侯于袁，伐鄭』、『子同生』、『齊人歸』、『公孫敖之喪』、『吳子使札來聘』、『西狩獲麟』等條，辯正煞極有理，可終使湮沒而無傳哉！不肖某因輒忘固陋，取《大全》、程、朱而下數十家，與胡《傳》稍別者，分注於前，取《疑問》諸條，詳列於後，合為《要解》一書，以傳諸後，俾後之學者觀之，知夫子當日之心誠有在也，故其所以書有若此者，然後信諸儒之言非妄立意見者也，非曲加附會者也，非過為穿鑿者也。解經至此，斯可謂要言不煩也已矣，安知無史氏出採而獻之天子，著為今之令甲乎！是不肖某所深注望於其後者。」（《來恩堂草》卷二）

　　案：姚舜牧《來恩堂草・續年譜》卷十六：「乙卯，七十三歲，纂四書五經大全疑問要解成，付刻」。觀序文所言，此書乃其晚年取《春秋大全》、胡《傳》、程朱之說、先儒之言，并早年所撰《春秋疑問》合編而成。

## 《左氏詳略》　　姚舜牧撰，〔佚〕

　　姚舜牧〈左氏詳略序〉云：「夫文孰尚於《左氏》哉？其意邃，其語奇，驟讀不能句，而細味則雋且永，淵且腴，真有膾炙千古者。第其敘照編年，前後埋應處，後學未易通曉，余因撮其最佳者數條，提其顛究，其末以概其略，且旁轉字義以啟其知，使採《左氏》之華者，一攬可以炯

識，是則所以牖群蒙，而非所以呈達觀者。雖然，世嘗病《左氏》之浮誇矣，今搦筆者，更以此浮誇者，尚未足以厭其心，而必欲求進於《左氏》，不知其詰曲聱牙，將何底極，於古作者之意，竟何如也，其靈睇余之所採。」（《來恩堂草》卷一）

案：乾隆《烏程縣志》、同治《湖州府志》著錄。

## 《新鍥鄭孩如先生精選左傳旁訓便讀》四卷　鄭維嶽撰，〔存〕

鄭維嶽，1576前後，福建南安，字申甫，號孩如，據李清馥〈同知鄭孩如先生維嶽〉云：「鄭維嶽，字申甫，別號孩如，南安人。萬曆丙子經魁，銓遂昌教，轉五河知縣，立方田法，濬淮河，督役平均，陞曲靖府同知，以母老歸養。維嶽究心聖學，兼通禪理，每講經，論辨無窮。又於天文、樂律無不究心，有《知新錄》、《四書正脈》、《易經密義》、《意言》、《禮記解》諸書。」又云：「萬曆以後諸先生學派：按隆萬後，吾鄉宿望老成，接踵相起，惟時學術分離，鄉前輩尤守舊架，界限甚嚴，其扶樹世教，底柱狂瀾，諸家集中可證也，間嘗考當時所推者，如鄭孩如……之治《經》。」（《閩中理學淵源考》卷七十七）

案：武漢圖書館藏明楊九經刻本。《八千卷樓書目》著錄「左傳旁訓四卷：國朝鄭維嶽撰刊本」。

## 《春秋釋義》四卷　崔光玉撰，〔佚〕

崔光玉，1576前後，廣東南海，據光緒《廣州府志》云：「萬曆四年丙子，崔光玉，南海人，通判。」（卷三十九）

案：宣統《南海縣志》著錄。

## 《春秋會解》十三卷　　沈雲楫撰，〔存〕

沈雲楫，1576前後，浙江烏程，號濟川，據崇禎《烏程縣志》云：「萬曆丙丁：沈雲楫，字仲□，號濟川，歸安籍，烏程人。授清浦令天清慎，陞沛川守，請致仕，壽八十八。」（卷之六）

案：蘇州市圖書館藏明刻本。

## 《麟經心印》　　蔣承勛撰，〔佚〕

蔣承勛，1576前後，浙江臨海，字繼之，號蕙齋，子蔣典學，據康熙《臨海縣志》云：「蔣承勛，字繼之，號蕙齋，楚臬僉事公顯曾孫，年十歲能習《漢書》，客戲之曰：『子齠亂而手《漢書》，亦知漢高之所以帝乎？』應聲曰：『韓以戰，張以謀，蕭以餉。』客大奇之。萬曆丙子薦于鄉，上春官，屢中副車，授南涇諭，丁憂，補新城，署廣昌縣，歷有治蹟。丁酉陞東流令，首除供具，以甦里甲，清驛驛侵牟之弊，革兩造先納婚錢陋規，尤精於讞獄，浮梁黃士鳳與樂平何天俸並客於東，歸家而鳳橐饒俸，覬之中途，刃鳳腹，挈其篋而逃，公聞疾馳視之，微息尚存，稍稍言其狀而斃，賊犯于他郡，吏胥以為辭，公勿許，密移文饒州，遣役伺於娃館獲之，械至定獄，萬口稱快。郡豪汪一滄習符呪，立能死人，利兄貲斃四命，而盡奪其產，遺腹孫寄他姓獲全，冤久未雪，赴公愬，公戒勿泄，越日集丁壯，托他行候至滄家，備得符咀，狀按實坐大辟，悉還其貲，諸所擘畫，具載〈東流〉、〈遺愛碑〉中，兩臺交章薦，陞湖廣黃州同知。黃帆艘鱗集，狙獪出沒，下車清軍役，盤獲巨盜，招申棄市，一境肅然。荊府宗藩，驕縱凌民，巨璫李忠，奉旨謁陵，虐用民夫，公悉折以理，不為屈具，有乃祖清介風，治蹟為三楚冠，轉蜀藩長史，致政歸，卒年六十有六，所著有《麟經心印》、《吳楚讞存》、《覆缶集》。」（卷八）

案：康熙《臨海縣志》、民國《台州府志》著錄。

### 《麟經敷講秘意》　李廷槐撰，〔佚〕

李廷槐，1577前後，江蘇海門，據萬曆《通州志》第一卷云：「萬曆五年，李庭槐（恩貢）。」萬曆《揚州府志》卷之十五云：「萬曆六年，李廷槐海門，夢周子，文河知縣。」；又萬曆《江都志》卷十八云：「李夢周，字希道，海門人，中正德己卯鄉試，嘉靖癸未進士，除寧都知縣致仕，家江都。子庭桂，中丙午鄉試，庭槐由歲貢領縣交河，未幾乞還。」

案：康熙《通州志》著錄。據明代地方志，其本名應為「李庭槐」。

### 《春秋補傳》　李弘道撰，〔佚〕

李弘道，1577前後，山西襄陵，據雍正《山西通志》云：「李弘道，襄陵人。萬曆丁丑進士，授南陽知縣，補羅山，民祠祀之。擢兵科給事中，直言忤時，出為潁州僉事，時年尚壯，掛冠六載，起關西巡道，復推陞關南參議，乞休歸。後陝西御史林時疏薦，賚白金二十兩優異之，起潁州兵備，因治水與總河見左，改關南道，歷九月復告歸。所著有《遵道議》、《衛道議》、《易補傳》、《春秋補傳》、《周禮解》等書。」

案：雍正《山西通志》著錄。民國《襄陵縣新志》作「李宏道」。

### 《春秋心問》十二卷　劉守泰撰，〔佚〕

劉守泰，約1544-1571，湖北麻城，字交甫，號鳳嶼，據張弘道云：「湖廣劉守泰，麻城人，字交甫，號鳳嶼，治《春秋》。年二十八，辛未進士，授江陰知縣，遷吏部主事卒」（《明三元考》卷十一）；光緒《湖南通志》云：「嘉靖四十三年，甲子科解元，麻城劉守泰。」（卷一百四

十）

　　案：姜寶《姜鳳阿文集》卷之十七有〈刻春秋心問小序〉，但未明言撰著者為何人，其云：「今舉子業《春秋》者，往往難其傳專門名家之淵藪，舉海內悉數之不多有也，而湖廣之麻城居一焉。……交甫劉君既為麻城產……以是經領楚解，登辛未進士第，於是經尤為有名者，其所著《春秋心問》十二卷」，從姜寶序文中可以得知此人姓劉，字交甫，籍貫為湖北麻城，以《春秋》一經領湖廣解元，辛未年再登進士。而姜寶生卒為正德九年（1514）至萬曆二十一年以後（1593），其間會試只有隆慶五年為辛未年，查天一閣選刊：《隆慶五年會試錄》，其中以《春秋》登進士者三十人，湖北麻城人兩位，一為劉守泰，一為劉諧。再查《皇明貢舉考》，劉守泰正是嘉靖四十三年湖廣『解元』。再進一步由《明三元考》查尋，劉守泰其字號正是『交甫』，如此可以百分百確定《春秋心問》的作者正是劉守泰無疑。

## 《春秋左史捷徑》二卷　　劉守泰撰，〔存〕

　　康熙《常州府志》云：「劉守泰，字交甫，麻城人，進士。隆慶六年來知江陰，歲旱草履徒行，甘霖立霈，定冠、婚、喪、祭四則，附以律例，曰《諭俗》，編有《江城末議》、《春秋左史捷徑》諸書，陞吏部主事。」（卷之二十一）

　　案：天一閣文物保管所藏明萬曆元年刻本。《天一閣書目》、康熙《常州府志》著錄。

## 《春秋說》十一卷　　徐即登撰，〔佚〕

　　徐即登，1544-1626，江西豐城，字獻和、德峻，號匡嶽，據康熙《江西通志》云：「徐即登，豐城人，萬曆進士，師事同邑都御史李材。當材官滇南時，奏緬捷，中蘇御史之讒，逮繫獄，即登為禮部官，暇即獄

中受業，淹郎署垂十年始遷福建提學副使。閩舊為徽國教化之地，即登崇聖學、正文體，與諸生窮性命指歸，士風丕變。由福建參政晉河南按察使，辛丑考察調用既歸，杜門謝賓客，弟子益進，著《儒宗要輯》、《儒範正學堂稿》、《來益堂稿》，《易》、《書》、《詩》、《春秋》、《禮記說》、《遜國諸臣錄》，詩文若干卷，撫按薦章凡數十上。天啟六年卒，年八十有二。」（卷六十九）

案：《經義考》、同治《豐城縣志》著錄。

## 《春秋訓兒經說》　徐即登撰，〔佚〕

案：王畿《慕蓼王先生樗全集》有「徐匡嶽老師春秋訓兒經說序」。

## 《春秋質疑》四卷　任桂撰，〔佚〕

任桂，嘉靖時期，廣東寶安，師湛若水，據陸元輔曰：「桂，寶安人，從學湛若水，其書首為總義十六條，而後隨經文解之，一曰書法、二曰時月、三曰王、四曰諸侯大夫、五曰君臣父子、六曰適妾、七曰妾母、八曰五霸、九曰鑒衡、十曰慎獨、十一曰正朔、十二曰閏月、十三曰等第、十四曰朝聘、十五曰經傳考、十六曰復讎論，其說多有可采。序中『天親不可以人為實，非父子，名奚而取』未免趨合世宗，尊興獻之意矣。」；《千頃堂書目》云：「先之以總義十六條，而後隨經文解之。一曰書法、二曰時月、三曰天王、四曰諸侯大夫、五曰君臣父子、六曰適妾、七曰妾母、八曰五伯、九曰鑒衡、十曰慎獨、十一曰正朔、十二曰閏月、十三曰等第、十四曰朝聘、十五曰經傳考、十六曰復仇論。桂，寶安人，從學湛若水，其為書頗多牽合。」（卷二）

任桂〈春秋質疑序〉云：「《春秋》一經，斟酌萬變而不離乎常也，曷意擅改正月，則曰夫子『行夏之時』？貶斥侯王，則曰『《春秋》天子之事』？兄後其弟，則曰為人後者為之子？殊不知書王正月，以遵一王之

制，示萬世臣子以分也，分也者，所以訓實者也；楚子、吳子正以示班爵之則，示萬世臣子以名也，名也者，以臣覷君之謂，實非君臣，文將安施？天親不可以人為實，非父子，名奚而取？虛時之例，大義數十，正以示時政之缺，經世之略，實在於是，乃曰為天地備四時，四時果賴是而後備乎？天下固無擇母之子，經於風氏所以不屑夫人之稱；母以子貴也，則謂其為背禮，豈不陷人於不孝？君臣之義，無所逃於天地之閒，經於衛鱄，所以直攻其奔晉，晉乃保逆賊寧喜者也，則謂其合乎《春秋》，寧不陷人於不忠？予桓、文之霸，特取尊王，則譏侵楚為專兵，圍衛為報怨，是昧安周之義矣，何以勸後世之功？討趙盾、許止之罪，實誅邪謀，則但責盾以不越境，止以不嘗藥，是昧故殺之獄矣，何以訓後世之刑？外性以言道，是謂非道，外性以言學，是謂非學，宏綱大旨，是非失實，家傳人誦，趨向同風，本欲經正而庶民興，豈意道微而橫議起，此愚之所以恐，恐於懷而未之能釋然者也。使疑而妄焉，何損於人？使疑而是焉，寧不大可懼哉？吾為此懼，憤日月之蝕，抱嫠婦之憂，肆努蕘之言，就有道之正。竊謂彝倫倒置，不可以不慎，失則相從於昏，人心陷溺矣；賢否混淆，不可以不明，失則相從於偽，小人得志矣。儻承好學君子，察采於萬分之一，獲涓埃之益，補斯文之缺，則末學何幸。若夫莊公去年娶婦，今年嫁女，叔服今年卒，他年又有星孛之占，差錯小疵，無關於世教者，豈愚所屑屑哉？嘉靖乙巳。」（《經義考》）

案：《國史經籍志》、《萬卷堂書目》、《經義考》、宣統《東莞縣志》著錄。明史作「任柱」，蓋形誤耳。

## 《春秋左傳今注》四十卷　龔持憲撰，〔佚〕

龔持憲，嘉靖時期，江蘇太倉，字行素，據嘉慶《直隸太倉州志》云：「龔持憲，字行素，州學生，通《詩》、《春秋》。性耿介，不能忍人過。嘗為怨家所誣以貧，惟嗜古學，無所累。晚應詔，賜章服，退隱南

鄉，著述以老。」（卷三十五）

案：《經義考》，嘉慶《直隸太倉州志》作「春秋左傳合註」，乾隆《江南通志》、《千頃堂書目》作「龔時憲左傳合注」。

## 《春秋列國世家》二十七卷　龔持憲撰，〔佚〕

案：嘉靖《太倉州志》、《經義考》、嘉慶《直隸太倉州志》著錄。

## 《春秋胡傳童子教》十三卷　龔持憲撰，〔佚〕

案：嘉靖《太倉州志》、《經義考》、嘉慶《直隸太倉州志》著錄。

## 《春秋補傳》十二卷　董啟予撰，〔佚〕

董啟予，嘉靖時期，浙江海寧，字維忠，號三同，據沈懋孝〈董與免贈處之言〉云：「海寧有三同道人董與免者，從吾道人蘿石公從孫也，強學志道，乃恬於勢利，嘗於莫雲卿邸中見其詩歌，趯然欽之，業《春秋》以謂宋胡瑗氏所著《傳》弗盡得經義，著《補傳》以是正之。其書有王汝忠先生序行於世，萬曆元載走闕下，將以所著《春秋補傳》為獻，會當路意阻弗果，歎曰：『是予之命也夫！』即日擔簦去歸里中，其來無求，其去無必，此足發明與免為人矣。與免為存齋相公老友，又受經平泉宗伯庚同業同志同乎三同焉，二公相繼在事，與免浩焉無所跂乎其間可與淺鮮者，道乎瀕行，謂行李間宜有余言，余聞之孟軻《春秋》以繼周《雅》、《大雅》之志，文武之烈乎？《小雅》以下，西京之思乎？總之孔子思周公也，思周公者，思見周之盛王也。自經義敝于訓詁，靡所師承，在位君子，思挽淳古，莫得其時，更難其人，以是之故，周公、孔子之志，久欝不宣，世有舍已陳芻狗，獨得經術之微指者乎？此真有其人矣。既有其人，宜有其時，方今天子，沖睿敦敏嚮學，他日必且下詔講天祿石渠事，

倘論及《春秋傳》，求方聞之士，將必有更始、彭祖之徒應之，其不在斯人乎！余為君跂俟之矣，嘗論《春秋》筆義，大都扶天常，正王事，其實天下後世，是是非非，平平直直之正論，無甚艱深難解，而解經家嘗患析之太過，牽合比附，以鑿為精，故例愈嚴，法愈刻，語多□愈晦，如胡瑗氏之《傳》，蓋感概國仇，效忠君父，時激言之，往往以已意時事說經，析例繁複，半□本指，千載下若有人焉，虛心正之，補其偏平□刻，將非胡氏之益友哉！語有之晦不久光不大傳，不傳者道，遇不遇者時，卷懷俟時，可藏可行者，在我不在時。與免第蓄其業，他日必有傳之者，云誰之思，西方美人，周情孔志，宛如其在天壤下，豈當令此義寂寞無稱乎，必不其然。」（《長水先生文鈔》長水先生后林蕡草）；楊巍〈送董三同獻春秋補傳不遇還越中〉云：「嗟君萬里謁楓宸，又向江湖老此身。《補傳》抱來空泣玉，新詩賦罷浪驚人。愁中南國干戈在，雪裏長淮道路貧。薦士未如楊得意，綈袍雖贈亦沾巾。」（《存家詩稿》卷五）

　　陸樹聲〈春秋補傳序〉云：「海寧董子石龍者，自少通《春秋》學，游庠校，以父喪終慕棄去，不欲與少年舉子尋行墨也。君益邃意經學，既所輯《春秋補傳》成，持以謁予，會予赴召君命，辭去，久之，予從金陵歸，迓予檇李，舟從吳越之間，往返者三四，與予言輒避席以請也，予甚愧其勤。予聞董氏其先有從陽明先生於天泉，晚得聞道陽明先生，所為記從吾道人者，君從大父也，而君父郡博中山，陽明許其志道尤篤，乃知董氏世多賢者。以君之賢幼，得從游陽明，在弟子列，豈特以經生自命哉？乃今不遠數百里，手一編就予，佷佷問途，君可謂不遇矣。予生晚，不及掃陽明之門，求從吾中山者，與之質疑請益，晚獲與君游，盡聞其所得於先生長老者，以私淑則予方幸君，君亦何有於予也？是歲春仲，予生朝厪君遠來，燒燭夜坐，君起為壽，舉薛敬軒語，予拜且承之。予與君生同甲子，同習三《傳》，晚而志於道，又同好也，庶幾所謂二同者，因書贈君，以諗夫同社。」（《經義考》卷二百四）

　　案：乾隆《福州府志》、民國《閩侯縣志》著錄。《經義考》作「董

氏啟」，雍正《浙江通志》作「十五卷」。

## 《春秋補傳議》十卷　董啟予撰，〔佚〕

案：雍正《浙江通志》、乾隆《杭州府志》著錄。乾隆《海寧州志》作「春秋補傳義」。

## 《春秋補傳圖說疏》　董啟予撰，〔佚〕

案：民國《杭州府志》著錄。

## 《左傳纂》四卷　吳從周撰，〔佚〕

吳從周，嘉靖時期，福建邵武，字宗文，據嘉慶《大清一統志》云：「吳從周，字宗文，邵武人。嘉靖中以貢授慶元訓導。署邑篆以城西北當山之下，易窺探，改築外城六十餘丈於山上，民呼曰『吳公城』，擢國子學正，致仕。」（卷四百三十三）

案：《經義考》、光緒《重纂邵武府志》、民國《建甌縣志》著錄。

## 《左傳兵法》　吳從周撰，〔佚〕

崇禎《閩書》云：「吳從周，字宗文，賦性剛直有雄才，喜讀古書，凡三教、九流、六韜、三略，無不攻習，于兵法尤精。以貢授慶元訓導。嘉靖四十一年，署邑篆賊首劉大眼攻城甚急，從周與把總桂汝攀合力制敵，連七日夜不懈，敵遁去，以城西北當山之下，敵易窺淺深，改築新城六十餘丈於山上，慶人命曰『吳公城。』擢國子學正，乞致仕。所著有《備倭議》、《左傳兵法》、《綱目武覽》、《居官仰鑒》若干卷。」（卷之一百十六）；又《明史》云：「吳從周《兵法彙編》十二卷，又《左傳兵法》□卷，又《綱目武覽》□卷。字宗文，邵武府人，嘉靖中貢

士，南康縣訓導，有禦倭功，擢國子監博士。」（卷一百三十五）

案：《千頃堂書目》、乾隆《福建通志》著錄。萬曆時期另有一吳從周，撰有《春秋心印》一書，為不同之二人。

## 《春秋周正考》一卷　　汪衢撰，〔佚〕

汪衢，嘉靖時期，安徽祁門，字世亨，號韓溪道人，據嘉靖《徽州府志》云：「汪衢，字世亨，少補邑弟子員，已而曰：『是不足學，士當百世名耳。』乃去查山結廬韓溪上，取古典墳，秦、漢、晉、魏諸書，閉戶靜閱，十年不出，家甚窘，人問以生計，掉首不應，或攜書過訪，歷歷與語，竟日忘倦。中年徧遊九華、武當、太山諸名勝，學益閑肆，所與皆一時名流，著有《春秋周正考》、《韓漫稿》、《年稿》、《小石稿》」（卷之十九）

案：嘉靖《徽州府志》、《經義考》、同治《祁門縣志》著錄。

## 《春秋類集大成》　　徐晨撰，〔佚〕

徐晨，嘉靖時期，浙江壽昌，字鳳鳴，號竹軒，據康熙《新修壽昌縣志》云：「徐晨，字鳳鳴，號竹軒，莊之侄也。秀目美髯，器字俊偉，治《春秋》，為邑庠生，每試輒居最，以歲貢授宿州同知，兩督糧儲，悉洗宿弊，疏濬汴河，程功底績，且洞察奸隱，哀矜罪人，雖刑及者，愛之皆若父母。尋奔母喪，蕭然而歸，紳士父老及隸卒商販，莫不泣留。家居淡然，所接皆賢俊，所樂唯詩書，年八十餘，手不釋卷，非公事，官庭無私謁，鄉里中相遇，無不曉以理義，卒年八十四，所著有《春秋傳心要訣》、《春秋數集大成》各若干卷」（卷之七）

案：雍正《浙江通志》著錄。《千頃堂書目》作「春秋類集十成」，康熙《新修壽昌縣志》作「春秋數集大成」。

### 《春秋傳心要訣》　徐晨撰，〔佚〕

案：雍正《浙江通志》、康熙《新修壽昌縣志》著錄。

### 《左傳鈔》二卷　張鼎文撰，〔佚〕

張鼎文，嘉靖時期，浙江吳興，字澂伯，號椒蘗、順齋，據崇禎《嘉興縣志》云：「張鼎文，字徵伯，檇李人。多病，常咀椒蘗，久而不覺其味之辛苦，因自號椒蘗生，其父以明經入南雍，不仕而卒，鼎文家貧好學，有古書千卷，餒不能誦，目注而已，工詩文，屢困棘闈，棄去。一意工古，其詩文淵博，雄傑聲籍甚。嘉靖末，值倭亂，遂訪舊遊，梁又之楚，過釣臺，為鄉大夫黨以平中丞所知。徽國王府慕其名，延以訓子，遂久客不歸，所著有《椒蘗生文稿》行世。」（卷之十四）
案：《萬卷堂書目》著錄。

### 《春秋揆義》　詹滄撰，〔佚〕

詹滄（嘉靖時期，浙江常山，生平失考）
案：光緒《常山縣志》著錄。

### 《左國註》八卷　何文熙撰，〔佚〕

何文熙，嘉靖時期，江蘇丹徒，字景城，據乾隆《鎮江府志》云：「何文熙，字景城，丹徒人。天性孝友，年十二由邑郡至督學，凡三試皆第一，下筆刻就數百言，日披閱書盈四五寸，游其門者，率為名士，所著有《左國註》八卷、《讀史緒言》二十卷，以早卒未梓行，子伯仁亦好古博學。」（卷之三十七）
案：乾隆《江南通志》、乾隆《鎮江府志》、光緒《丹徒縣志》著

錄。

## 《春秋揆義》　徐騰霄撰，〔佚〕

徐騰霄，嘉靖時期，浙江常山，生平失考，惟據天啟《衢州府志》云：「嘉靖中，常山，徐騰霄，訓導。」（卷之十）；又光緒《常山縣志》云：「嘉靖年，徐騰霄，東鄉人教諭。」（卷四十二）

案：光緒《常山縣志》著錄。

## 《麟經辯疑》　余基撰，〔佚〕

余基，嘉靖時期，江西婺源，字士履，號洙源，據民國《重修婺源縣志》云：「余基，字士履，沱川人。有至性，事父母，曲意承歡，待異母弟極友愛，不屑生產，以古人自期，少治《春秋》，噪聲庠序，尋遊南雍，所交皆海內知名士，嘗與覺山洪公垣，辯析心性之理，洋灑數千言，覺山因師事之，以父命謁選，除南京英武衛參軍，條上清屯數事，釐剔夙蠹，屯院嘉之，著為令且薦於朝，會丁繼母艱，服闋，人勸之補官，基曰：『往日之捧，檄為親命也，今母沒而父且老，忍離膝下。』平乃治戲綵堂，奉親終焉，計日與其猶子世儒輩，講學明道，務求心得，遠近宗之，稱洙源先生。其宦業御史孫公居相紀之甚悉，邑紳士以理學孝德舉，督學熊公允祀郡邑，瞽宗所著有《洙源文集》、《戲綵堂詩》、《麟經辯疑》諸書。」（卷二十三）

案：民國《重修婺源縣志》著錄。

## 《春王正月辨》　朱應秩撰，〔佚〕

朱應秩，嘉靖時期，浙江義烏，字仲德，據嘉慶《義烏縣志》云：「朱應秩，字仲德，弱冠遊庠，性孝友。父湘恤刑西粵，道苦二豎，應秩

徒步侍湯藥，禱於斗，祈以身代。伯兄患痼疾，撫摩達旦無倦色。為文根根經史，晉陵周公士英來宰烏邑，延修邑乘，條八議以進。巨室有遺米乞傳者持不徇。諸若山川、形勝、人物傳敘，多出其手，所著有《養心歌》、《講學議》、《春王正月辨》、《忠質文考》。」（卷十五）

案：嘉慶《義烏縣志》著錄。

## 《春秋集注》　葉瑞齡撰，〔佚〕

葉瑞齡，嘉靖時期，浙江青田，字仁夫，據雍正《浙江通志》云：「葉瑞齡，《括蒼彙紀》字仁夫，青田人。任漳州經曆，學問該博，居官泣事，人稱廉介，乞歸，所著有《禮記粕說》、《杞憂略》、《春秋集》。」（卷一百八十二）；光緒《青田縣志》云：「葉瑞齡，字仁夫，嘉靖歲貢，任漳州經歷。素性剛方，學問該博，居官莅事，不色喜慍，嘗署邑事，盡心綜理，人稱廉介，乃行與世違，浩然乞歸，所著有《禮記粕說》、《杞憂略》、《春秋集注》，藏於家。」（卷十）

案：光緒《處州府志》著錄。雍正《浙江通志》作「春秋集」。

## 《左國合編》　黃洪鷺撰，〔佚〕

黃洪鷺，嘉靖時期，福建莆田，生平失考。

案：乾隆《福建通志》、乾隆《莆田縣志》著錄。

## 《讀左偶見》　侯任撰，〔佚〕

侯任，嘉靖時期，福建龍溪，字志尹，據乾隆《龍溪縣志》云：「侯任，宇志尹，博學能詩。家貧，授徒養親，婚其弟，葬其甬功五，六喪其子，不能婚不恤也。嘉靖已未，倭入寇，被執，素聞其名，釋歸。嘗與潘鳴時、施仁，往來講學，所著有《論學大旨》、《讀左偶見》、《霞山雜

錄》。」（卷之十六）

　　案：乾隆《龍溪縣志》、光緒《漳州府志》著錄。

## 《麟經要旨》　吳士翹撰，〔佚〕

　　吳士翹，嘉靖時期，江西東鄉，字求野，據光緒《撫州府志》云：「東鄉縣儒學，〔自正德始〕，……吳士翹。」（卷四十五）

　　案：同治《東鄉縣志》、光緒《撫州府志》著錄。

## 《左傳彙編》　劉派撰，〔佚〕

　　劉派，嘉靖時期，浙江慈谿，字百匯，號畏所，據天啟《慈谿縣志》云：「劉派，字□□，翰林本之孫也。博學強記，行有繩尺，門墻之桃李成蹊，身獨不偶，十試皆蹶，其讀史言志曰：『欲做忠臣無一命，願為孝子沒雙親。此生心事從何寄，空向西風洒淚頻。』其生平自許，蓋不止與五色蠹魚，爭食神仙字者，所著有《四書窺蘊》、《詩經衷說》、《左傳彙編》、《省躬長語》、《畏所集》如干卷。」（第八卷）；光緒《慈谿縣志》云：「劉派，字百匯，翰林本之裔。博學強記，行有繩尺，與同邑秦鍠齊名，以諸生老。」（卷二十八）

　　案：天啟《慈谿縣志》、雍正《浙江通志》、光緒《慈谿縣志》著錄。

## 《春秋要旨》　呂光演撰，〔佚〕

　　呂光演，嘉靖時期，浙江新昌，字有九，生平失考，惟據萬曆《紹興府志》云：「嘉靖年，呂光演，訓導。」（卷三十一）；又萬曆《新昌縣志》云：「國朝歲貢，呂光演，嘉靖四十四年，仕休寧縣訓導。」（卷之十）

案：光緒《新昌縣誌》著錄。

## 《春秋輯略》　劉錄撰，〔佚〕

劉錄，嘉靖時期，福建惠安，字廷紀，據乾隆《泉州府志》云：「劉錄，字廷紀，惠安人。為文學諸生，纂述疏義，教授生徒，所著有《學庸口義》、《詩經直解》、《讀詩記》，至《易》、《書》、《春秋》、大小《戴》諸篇，各為輯略。孝事父母，宗戚鄉里，處之得宜，人稱型範。嘗登眺蓮華山，絕頂嘆曰：『我見崇山曠野，風雨露雷，飛走草木，無一不與吾神相關。農山之登，雲谷之遊，古人胸次何如哉！』以子會貴，贈浙江道監察御史。萬曆二十五年，郡邑採輿論，稱錄闡述，參契乎前哲模範，表正乎後學，祀入鄉賢。」（卷之五十四）

案：乾隆《泉州府志》、道光《晉江縣志》著錄。

## 《春秋井鑑》　何永達撰，〔佚〕

何永達，嘉靖時期，甘肅河州，字成章，號拙菴，師馬理，據馮從吾〈谿田馬先生〉云：「……先生門人最盛，有河州何永達，字成章，自號拙菴，以歲貢為清豐縣丞，尋棄去。讀書講學，老而彌篤，壽九十有四，著《春秋井鑑》、《林泉偶得》、《聖訓補註》、《井鑑續編》諸書。先生嘗寄以詩云：『楊柳灣頭撫七絃，故人零落似飛綿。河濱尚有鍾期在，青鳥音來動隔年。』其見重如此。」（《關學編》卷五）；乾隆《甘肅通志》云：「何永達……幼穎敏，博極羣書，嘗從三原馬理受業……著《春秋井鑑》。」（卷三十四）

案：萬曆《臨洮府志》、乾隆《甘肅通志》著錄。

## 《春秋四傳》三十八卷　　無名氏撰，〔存〕

　　《四庫全書總目》云：「《春秋四傳》三十八卷，內府藏本。不知何人所編。首載杜預、何休、范寧、胡安國四序；次《春秋綱領》，述各家議論；次《春秋提要》，如周十二王、魯十二公，以及會盟、戰伐之數，並撮舉大凡；次《春秋列國圖說》；次《春秋二十國年表》；次《春秋諸國興廢說》。凡經本之下，皆分注《左氏》、《公羊》、《穀梁》三《傳》，而胡《傳》則別為標出，間加音注，別無發明參考之處。考元俞皋《春秋集傳釋義大成》始於三《傳》之後，附錄胡《傳》。吳澄序稱其『兼列胡氏，以從時尚』。而「四傳」之稱，亦即見於澄序中。知胡《傳》躋蹟三《傳》之列，自元初已然。此本驗其版式，猶為元槧，蓋當時鄉塾讀本也。」（經部三十・春秋類存目一）

　　案：收錄《四庫全書存目叢書》經部，第116–117冊，據北京大學圖書館藏明嘉靖吉澄刻本影印。

## 《春秋霸主源流》　　何夢麟撰，〔佚〕

　　何夢麟，嘉靖–萬曆，江蘇吳縣，生平失考。

　　案：乾隆《江南通志》著錄。康熙《常熟縣志》作「《春秋伯主源流》，何夢齡著」。

## 《周正考》一卷　　冷逢震撰，〔佚〕

　　冷逢震，嘉靖–萬曆，四川資縣，生平失考。

　　案：張萱曰：「冷氏《周正考》，雜引古今經史子傳，以證胡文定《春秋》『春王正月』，以夏時冠周月之誤，謂時與月皆未改，為是其說頗精。」（《經義考》卷二百十）。《千頃堂書目》、《明史》、《經義考》著錄。

## 《春秋正旨》　孟化鯉撰，〔佚〕

孟化鯉，1545-1597，河南新安，字叔龍，號雲浦，據雍正《河南通志》卷六十一云：「孟化鯉，字叔龍，新安人。年十六七時以古道自任，不屑沾沾為舉子業，師事同郡尤時熙，專心聖學，卓然獨立，萬曆庚辰成進士，授南京戶部主事，丁父憂，三年廬居，同志聚講者日眾，立為會約，自冠、婚、喪、祭，以及家庭日用服食好尚之類，大要以厚風俗、崇禮讓，返樸還淳為主。服闋補戶部主事，差榷河西務，剗剔宿弊，率士民講聖諭、明正學、旌節義、賑貧窮，潞河士民，依若父師，去之日為立生祠，歲時致祭。尋調吏部，歷銓曹，秉公持正，請託不行，以忤政府削籍歸，築書院，接引後學，成就者甚夥，著有《尊聞錄》、《讀易寐言》、《春秋正旨》、《諸儒要言》等書，學者稱為雲浦先生，歿祀鄉賢。」

案：《千頃堂書目》、《明史》、《經義考》著錄。

## 《春秋左氏心法》　釋德清撰，〔佚〕

釋德清，1546-1623，安徽全椒，俗姓蔡，字澄印，號憨山，據彭希涑云：「德清，字澄印，晚號憨山老人，金陵蔡氏子也。母夢觀音抱送童子而孕，及誕，白衣重胞。年十九出家，專心念佛，一夕夢中，見阿彌陀佛現身，立於空中，當日落處，面目光相，了了分明，自此聖相炳然，時時在目，尋至五臺，習定發明，本有刺血書《華嚴經》，每下一筆，念佛一聲，久之，動靜一如。……居廬山數歲之曹溪，天啟三年十月示微疾，謂人曰：老僧世緣將盡矣，沐浴焚香，危坐而逝，有光燭天，年七十八。」（《淨土聖賢錄》卷五）

釋德清〈春秋左氏心法序〉云：「《春秋》者，聖人賞罰之書也，何名乎《春秋》？古者賞以春夏，罰以秋冬，蓋象天地之生殺而順布之，故《春秋》者，賞罰之名也。賞罰明而人心覺，覺則知懼，故曰：『孔子成

《春秋》，而亂臣賊子懼。』周道衰，諸侯僭，禮義亡而綱紀絕，人之不淪於禽獸者鮮矣！天生德于仲尼，蹶然欲起而賞罰之，故曰『必也正名乎！』然而世卒莫之用也，乃因魯史以見志，故曰『吾志在《春秋》』。《春秋》云者，亦曰賞善罰惡云爾，善惡之機隱，而彰賞罰之權，志而晦，慮後世之難明也，故經成假手于丘明以為之《傳》，冀來者因《傳》以明《經》，因《經》以見志，而善惡之機凜焉，則反諸心而知懼，一懼而《春秋》之能吏畢矣。由是觀之，丘明之心即仲尼之志也，不求其心，而求之吏與詞之間無當也。先儒有言：『《左氏》豔而富，其失也巫。』譏其好言鬼神卜筮之史，斯言過矣。孔子曰：『君子有三畏，畏天命、畏大人、畏聖人之言。』畏之為言懼也，卜筮鬼神吉凶之先見，善惡之昭，明天命也，君父大人也。《經》，聖人之言也，《易》尊卜筮，《春秋》尊君父，皆聖人之言也。《易》治之於未萌，《春秋》治之於既亂，《易》言神道之吉凶以懼之於幽，《春秋》言人道之賞罰以懼之於顯。二者相須，如衣之有表裏，如木之有根株，豈有異哉！故韓宣子聘魯，見《易象》與魯《春秋》曰：『周禮盡在魯矣，吾今而後，知周公之德與周之所以王。』誠知言也。《左氏》以《春秋》之吏詞，闡易之旨，其所深譏者，違卜蔑祀，與僭君叛父同歸于敗，善惡必稽其所終，禍福必本其所始，所謂俟諸聖人而不惑，質諸鬼神而無疑者，知者畏之以為天命，而不知侮之以為巫，悲夫！《左氏》之心不明，而聖人之志急，亂臣賊子復何懼乎？某以丁年棄詩書，從竺乾氏業，將移忠孝于法工慈父也，既因弘法罹難，幾死詔獄，蒙恩宥遣雷陽，置身行伍間，不復敢以方外自居。每自循念，某之為孤臣孽子也，天命之矣，因內訟愆，尤究心于忠臣孝子之實，偶讀《春秋》，忽于《左氏》之心，有當始知巫之為言，未探其本也，觀其所載列國及諸大夫之叟，委必有源，本必有末，吉凶賞罰，不謀而符，俯而讀，仰而嘆，不啻設身處地，每于微言密旨，欣然會心，輒授筆識之，勒為一書，命曰『左氏心法』，非《左氏》之心法也，仲尼之心法也，非仲尼之心法也，千古出世，經世諸聖人之心法也。何以明之心

者？萬法之宗也。萬法者，心之相也；死生者，心之變；善惡者，心之迹，報應輪迴者。心之影響，其始為因，其卒為果，如華實耳，不出君臣、父子、兄弟、夫婦、朋友，人倫日用之際，而因果森然，固不待三世而後見也。《楞嚴》殫研七趣，披剝羣有，而總之所以心，《春秋》扶植三綱，申明九法，而總之所以傳心。《易》之吉凶利害，憂虞悔吝，《楞嚴》之四生、十二類，生天墮獄，《左氏》之興亡善敗，與奪功罪總，皆一心之自為感應而已，乃獨以《左氏》為巫，豈不冤哉！某用是深，慨憫末學之無聞，特攄愚見，著為是編。昔我高皇帝以《春秋》本魯史，而列國之史錯見，難究始終，乃命東宮文學傅藻等纂，分列國而類聚之，附以《左傳》，名曰『春秋本末。』某服膺聖訓，惜未見其書，竊師其意，妄以王霸二涂，通纂為七傳。周，王道之大統也；魯，王國之宗臣也，五霸雖假，其意在于宗周也，晉乃宗藩，故列五伯之首，以親非以功也。天王命二文專征不庭，命魯公夾輔周室，故晉主盟而魯主會，凡討罪必書，公如晉以魯先之，如伐鄭之史，仲尼之本意也，背于桓而服於襄百七十年，《左氏》因而終始之，此其凡也。暨于二國興亡之所係一人，善敗之所由，得失之難易，功罪之重輕，有一世、二世而斬者，有三世、五世而斬者，有百世祀而不絕者，皆令皎然，如眡黑白，其中報應，景響之徵，鬼神幽明，死生之故，隨史標旨，據案明斷，使亡者有知，爽然知聖人賞罰之微意以服其心，後世觀者凜然知懼，又不待辭之畢也，其或事涉數國，所重在一條，但以當國為主，或史在彼而始于此，或始于彼而終于此者，不避混淆併載，以見其因果。若他國之事無與者，則略而不錄，恐其枝也，以意在心法不在史，故不必具也。舊例附傳以通經，今則分經以證傳，以重在傳，非敢亂經以取戾也，注則因之斷則不敢讓，知我罪我，無辭焉。始于晉而終于周，猶冀枝之歸本也，亦如變風之終于豳，言變之可正也。或曰禪本忘言，何子之曉曉乎？某曰：不然，禪者心之異名也，佛言萬法，惟心即經以明心，即法以明心，心正而修、齊、治、平舉是矣，于禪奚尤焉。夫言之為物也，在悟則為障，在迷則為藥，病者眾，惟恐藥

之不瞑眩也；迷者眾，惟恐言之不深切也，某將持一得之見，以俟天下後世之知言者，雖多言，庸何傷。萬曆乙巳孟夏日，書于瓊海之明昌塔院。」（《憨山老人夢遊集》卷十）

　　案：觀序文所言，此書乃憨山大師藉《左傳》以明「因果」之書。宣統《番禺縣續志》著錄。

## 《左史纂要》　湯宏撰，〔佚〕

　　湯宏，1579前後，江西永新，字宇襟，據同治《永新縣志》云：「湯宏，字宇襟，以《春秋》領萬曆己卯鄉薦，初授湖廣彝陵州教授，聘入南闈，所拔多知名士，丁公紹軾，歷階宰輔，餘亦顯宦。後擢德清令，簿書之暇，文酒自娛，纂輯《左史》，及里居生涯文集傳世。」（卷十七）

　　案：同治《永新縣志》著錄。光緒《江西通志》作「左史」。

## 《春秋集傳》　沈堯中撰，〔佚〕

　　沈堯中，1580前後，浙江嘉興，字執甫，據雍正《浙江通志》云：「沈堯中，《檇李詩繫》：字執甫，嘉興人，萬曆庚辰進士，起家縣令，歷陞南刑曹。博學嗜古，明於典故，纂修郡志，著有《沈司寇集》、《治統紀略》、《邊籌七略》、《高士彙林》等書。」（卷一百七十九）；盛楓云：「沈堯中，字執甫，嘉興人，萬曆癸酉舉人，庚辰進士，知南陵縣，愛民如子，凡墾荒、築堰、濬川、瀦陂，以千百計量，移蘇州府同知，擢南刑部江西司員外，謫開州知州，歲饑請賑，增廣學田，葺先賢柳下惠及宋忠臣楊埭墓，一歲告歸，閉戶著書，撰述甚富，私輯郡志，十年三易稿，知府劉應鈳聞之，造請數四，乃重加考訂，閱六月而成，又為《嘉興志》，復編《燕居備覽》六卷，以為邑乘權輿，又《沈氏學弢》十六卷、《治統紀略》、《籌邊七略》、《春秋集傳》。」（《嘉禾徵獻

錄》卷十）

　　案：《經義考》著錄。康熙《秀水縣志》作「沈堯尹」。《沈氏學弢》中略存其《春秋》意見。

## 《春秋本義》四卷　　沈堯中撰，〔佚〕

　　沈堯中〈春秋本義序〉云：「孔子之修《春秋》也，據事采文，斷以大義，如趙盾弒君，教所存也，可無改也。晉侯召王，文有害也，所必改也。其諸筆削，凡以存王迹而已。史有文質，詞有詳略，不強同也。是故侵伐一也，或書人，或書爵，義係於侵伐，不係於人與爵也；會盟一也，或書名，或書字，義係於會盟，不係於名與字也。元年書即位，亦有不書；諸侯書葬，大夫書卒，亦有不書卒與葬；書日亦有不書王次春、正次王，亦有書時而不書月，書月而不書王；諸侯失國必名，亦有不名而名於歸國；殺大夫必名，亦有不名而但書其官，亦有併其官而不書者，非故略也，史闕文也。況經文從三《傳》中錄出，先儒遞相授受，不無承襲之誤，說《春秋》者，不達其義而為之說，《左氏》具載本末，猶不失紀載之體，《公羊》、《穀梁》各自為例，胡《傳》參用其說，說窮則曰『美惡不嫌同辭』，俄而用此以誅人，俄而用此以賞人，使天下後世莫識其意，是舞文吏之所為，而謂聖人為之乎？矧直以天子之權予仲尼，而以擅進退、亂名實，為史外傳心之要典。夫進退可也，擅進退不可也。實子而名之為子，實非王而不名之為王，此非擅與亂也，乃所謂義也；實伯而退之為子，實非子而進之為子，所謂擅與亂也，非所謂義也。然則天子之事奈何？周命為子則書子，周命為伯則書伯，周不命為王則不書王，如是而已；若謂擅與亂為天子之事，是身自為亂也，而何以為孔子？然則直書其事，其誰不能，而曰游、夏不能贊一辭，何也？蓋仲尼所據者事，所采者文，而其義則斷自聖心，隱、桓以下，詳在諸侯；文、宣以下，詳在大夫；而定、哀之際，并及陪臣，故其言曰：天下有道，禮樂征伐自天子

出；天下無道，出自諸侯，又出自大夫，又出自陪臣。見天下日入於亂，愈趨而愈下也。齊與晉較，恒予齊；齊與魯較，恒予魯，故其言曰：齊桓正而晉文譎。齊至魯，而魯至道，蓋欲撥亂世而反之治也。又有總十二公而見者，霸主未見，諸侯雖散，而猶知有王；霸主見，諸侯雖合，而不知有王；霸業衰，則諸侯奔走秦、楚，而王亦不見於《春秋》，是以五霸為終始也。有總一公而見者，如與邾儀父盟矣，而繼書伐邾，又及宋人盟矣，而繼書伐宋，是以一事為終始也。有重其終而錄其始者，將書取郜大鼎，則始之以成宋亂；有重其始而錄其終者，既書宋災，則繼之以宋災。故書天王遣使來聘，則知隱不朝王之為慢；書王人子突救衛，則知各國伐衛之為非；至若翬之弒隱也，而先書翬帥師；慶父之弒子般及閔公也，而先書慶父帥師；晉趙盾之弒夷皋也，而先書趙盾帥師；鄭歸生之弒夷也，而先書歸生帥師；齊崔杼之弒光也，而先書崔杼帥師，故其言曰：臣弒其君，子弒其父，非一朝一夕之故，其所由來者漸矣。此則聖人之精義也，先儒獨朱晦翁得之，而未有成書。中也不揣固陋，爰采各傳，附以己意，一以經義為主，而鑿者不與焉，非敢與先儒匹也，亦竊比晦翁之意云爾。萬曆庚子。」（《經義考》卷二百五）

　　案：《千頃堂書目》、光緒《嘉興縣志》著錄。


## 《列國志傳評林》八卷　余邵魚撰、余象斗評，〔存〕

　　余邵魚，嘉靖–隆慶，福建建安，字畏齋。

　　余象斗，約1560-1637，福建建安，字仰止，號文台、三臺館山人。

　　案：收錄《古本小說叢刊》第6輯，第1–3冊，北京中華書局據日本蓬左文庫藏明萬曆三十四年三台館余象斗重刊本影印，一名「春秋五霸七雄列國志傳」。

## 《左氏釋》二卷　馮時可撰，〔存〕

馮時可，1547-1617，江蘇華亭，字敏卿，號元成、文所、定菴，據雍正《浙江通志》云：「馮時可，《舊浙江通志》：字敏卿，松江華亭人，隆慶進士，分守溫處，廉明敦大，訟簡刑省，自放衙之外，庭虛無人，尤加意振作，士類士民思之。」（卷一百四十八）；何三畏〈馮憲使文所公傳〉云：「馮時可，字元成，號文所，華亭人，廷尉南江翁之第八子，而廷尉嘗以直諫有聲，世宗朝故所稱『四鐵御史』者也。公生有岐嶷異資，絕不似凡兒態，舞象之年，讀書一目數行下，而筆底淋灕，揮霍似挾風霜，而鼓雲雷者，所延師澌中，名士如王太史應選、高孝廉應銓，皆為避席，不敢以弟子禮畜之。……公所與遊，皆名流才雋。……庚午，以弱冠魁應天，旋成辛未進士。……公寓邸繞床皆圖書子墨，暇則漁獵前聞，如嬰兒嗷乳，惟恐不及也，而發為詩賦古文詞，不道晉、漢以後語，乃其中亦磊落有所自負者。……於政事之暇，出所攜篋中書，又遍購之楚越間，不下萬卷，丹經綠帙，怪牒秘文，靡不畢具。……所著有《超然堂集》、《吳閭集》、《西征集》、《選集》、《滇南集》、《筊茹稿》、《黔中稿》及《易解》、《春秋辨疑》行于世。」（《雲間志略》卷二十）

《四庫全書總目》云：「《左氏釋》二卷，內府藏本。明馮時可撰。……此書皆發明《左傳》訓詁。中如解莊公二十五年『秋，大水，鼓，用牲于社，于門』，謂『王者事神治民，有祠而無祈，有省而無禳，用鼓已末，何況於攻，董仲舒、杜預之說皆誤。』考《周禮・大祝》，六祈一曰類，二曰造，三曰襘，四曰祭，五曰攻，六曰說。鄭康成注謂：『攻，說則以辭責之，如其鳴鼓然。』則『攻』固六祈之一矣。時可所言殊為失考。至昭公二十九年『賦晉國一鼓鐵，以鑄刑鼎』，杜《注》、孔《疏》皆謂『冶石為鐵，用橐扇火謂之鼓，計會一鼓便足』，時可則引王肅《家語注》云：『三十斤為鈞，四鈞為石，四石為鼓。』蓋用四百八十

斤鐵以鑄刑書，適給於用，則勝《注》、《疏》說多矣。蓋雖間有臆斷，而精核者多，固趙汸《補註》之亞也。」（經部二八・春秋類三）

　　案：收錄《景印文淵閣四庫全書》經部，第169冊。《經義考》作「左氏待釋」。

## 《左氏討》二卷　　馮時可撰，〔存〕

　　案：收錄《四庫全書存目叢書》經部，第120冊，據北京圖書館藏明萬曆刻馮元成雜著九種本影印。

## 《左氏論》二卷　　馮時可撰，〔存〕

　　《四庫全書總目》云：「《左氏討》一卷、《左氏論》一卷，江蘇巡撫採進本。明馮時可撰。……是書前有自序，稱『先為《左氏討》，繼為《左氏釋》，後為《左氏論》』。其《釋》則訓詁為多，《討》與《論》則皆評其事之是非，不知分為二書，以何別其體例也。然所討論，皆以意為之，往往失於迂曲。如謂『陽虎之攻季氏，為必受命魯君。』是真信其張公室也。豈《春秋》書盜為曲筆乎？」（經部三十・春秋類存目一）

　　案：收錄《四庫全書存目叢書》經部，第120冊，據北京圖書館藏明萬曆刻馮元成雜著九種本影印。

## 《春秋衷異》六卷　　馮時可撰，〔存〕

　　案：北京國家圖書館藏明萬曆二十五年劉芳譽刻本。馮時可《馮元成選集》有「春秋衷異序」。

## 《春秋四傳童習》　　李維楨撰，〔佚〕

　　李維楨，1547-1626，湖北京山，字本寧，號大泌山人，據張岱〈李

維楨列傳〉云：「李維楨，字本寧，京山人，隆慶戊辰進士，選翰林院庶
吉士，除編修進修撰，出為陝西參議，浮沉外僚幾三十年，稍遷南太常，
拜南京禮部侍郎，陞尚書致仕，卒年八十。本寧在史館，博聞強記，與新
安許文穆齊名，同館為之語曰：記不得問老許，做不得問小李。自詞林左
遷，海內謁文者如市，洪裁豔詞，援筆揮灑，又能骩骳曲隨，以屬厭求者
之意，其詩文聲價，騰涌而品格漸下，為人樂易濶達，交游猥雜，有背負
者，窮而來歸，遇之反益，厚其左遷，在江陵時，江陵敗人，謂當抗疏，
自列本寧，慨然曰：『江陵遇我厚，左遷非江陵意，奈何利其死，以贄於
時世乎？』其為長者如此，所著《大泌山人稿》數百卷行世。」（《石匱
書》卷二百七下）

　　案：李維楨《大泌山房集》有「春秋四傳童習序」。

## 《左氏讀法》　李維楨撰，〔佚〕

　　案：李維楨《大泌山房集》有「左氏讀法序」。

## 《左氏內外傳同異》　李維楨撰，〔佚〕

　　案：李維楨《大泌山房集》有「左氏內外傳同異序」。

## 《春秋考》二卷　邢雲路撰，〔存〕

　　邢雲路，1580前後，河北安肅，字士登，據雍正《畿輔通志》云：
「邢雲路，字子登，安肅人，萬曆進士，歷官陝西副使，生有異慧，博極
羣書，尤究心天官家言，著《古今歷律考》七十二卷，臨終謂其子曰：
『四十年苦心，十一朝鉅典，可當茂林遺書，其善藏之。』」（卷七十
九）

　　《四庫全書總目》云：「《古今律歷考》七十二卷，浙江巡撫採進本。

明邢雲路撰。其論周改正即改月，大抵本於張以寧《春王正月考》。惟於《書》惟元祀十有二月，則指為建丑之月，謂商雖以丑為正，而紀數之月，仍以寅為首，與《春王正月考》之說不同。然均之改正，而於周則云改月，於殷則云不改月，究不若張以寧說之為允也。」（子部一六・天文算法類一）

案：收錄《古今律曆考》，《景印文淵閣四庫全書》，第787冊。

## 《通左》　詹思虞撰，〔佚〕

詹思虞，1580前後，浙江常山，字如甫，號睿源，據雍正《浙江通志》云：「詹思虞《衢州府志》字如甫，常山人，萬曆庚辰進士，為刑部主事，歷陞松江知府，歲荒民糶米以輸倉，每石價值三兩，思虞請改半折色，省民間銀數十萬，又以糧長解戶為收，戶縣不并封，府不覆兌，民咸便之。有金璉者，將嘯聚為盜，思虞以計散之，又擒劇盜三人，陞山東按察副使，再陞山西參政，分衛軍為五班，五年輪代，霍絳二州，有大姓橫恣，府縣莫能制，思虞治之，仕至山東按察使。」（卷一百七十）

案：康熙《衢州府志》、雍正《浙江通志》著錄。

## 《春秋質疑》十二卷　楊于庭撰，〔存〕

楊于庭，1580前後，安徽全椒，字道行，據光緒《重修安徽通志》云：「楊于庭，字道行，全椒人，萬曆庚辰進士，授濮州守，升戶部員外，歷兵部車駕職方郎中，時石繼芳拒命，御史請別遣重臣往，于庭以卒伍干紀，惟責督臣擒治何，煩別遣上嘉納之。倭寇之變，尤多贊畫，及事平而竟中察典歸，卒贈尚寶少卿。」（卷二百）

《四庫全書總目》云：「《春秋質疑》十二卷，安徽巡撫採進本。明楊于庭撰。于庭字道行，全椒人，萬曆庚辰進士，官至兵部職方司郎中。此書之旨以胡安國《春秋傳》，意主納牖，褒諱抑損，不無附會。於《春

秋》大義，合者十七，不合者十三。又於《左氏》、《公》、《穀》，或採或駁，亦不能悉當，因條舉而論辨之。如胡氏謂『春王正月』，乃以夏時冠周月。于庭則引《禮記》『孟獻子曰，正月日至，可以有事于上帝，七月日至，可以有事于祖』，證日至之為冬至，即知周以子月為正月。又胡氏謂《經》不書公即位，為未請命于王。于庭則引文公『元年，春，王正月，公即位。』越四月『天王使毛伯來錫公命』，成公八年『秋，七月，天子使召伯來賜公命』，據此則錫命皆在即位之後數年或數月，可知前此之未嘗請命，而皆書即位，胡說未可通。又胡氏以『從祀先公』為『昭公至是始得從祀于太廟』。于庭則謂：『季氏靳昭公不得從祀，其事不見於三《傳》。至馮山始創言之，胡氏不免於輕信。』凡此之類，議論多為精確，固非妄攻先儒，肆為異說者比也。」（經部二八·春秋類三）

　　楊于庭〈春秋質疑序〉云：「自《公羊》氏、《穀梁》氏出，而《左氏》絀，自《胡氏》列之學官，而《公》、《穀》亦絀，然其徵事不于盲史乎？其參訂不于二氏乎？而若之何華袞也？斧鉞也？一切尸祝胡氏，而亡敢置一吻也？蓋孔子晚而作《春秋》，其微者使弗知也，即知之弗使告也，而七十子竊聞之，則退而私論之盲史掌故，而高與赤亦西河之徒也，耳而目之，而猶以為如天地之摹繪焉而不得，而況乎生于千百世之下而姑臆之乎？胡氏矻矻摘三《傳》之類，而擷其華語多創獲，其于筆削之義邈矣！然其議論務異，而其責人近苛，間有勦《公》、《穀》而失之者，以王子虎為叔服，公孫會自鄋出奔之類是也；亦有自為之說而失之者，卒諸侯別于內而以為不與其為諸侯，滕自降稱而以為朝桓得貶之類是也。庭少而受讀，嘗竊疑之，歸田之暇，益得臚列而虛心權焉，權之而合者什七，不合者什三，則筆而識之，而質疑所緣編矣。博士家謂三《傳》出而《春秋》散，而《胡氏》執牛耳也，呂不韋懸書于市而詔之曰：『更一字者予千金』，此必不得之數也。夫既列《胡氏》于學官，而噤《左》、《公》、《穀》之口，是懸之市也，既懸之市，而余猶置一吻于其間，是吾家子雲老不曉事，而恨不手不韋之金以歸也。蓋漢人之祀天也以牛，夷

人之祀天也以馬，而天固蒼蒼也，祀以牛、以馬，不若以精意合也。夫不以精意求聖人，而執《胡氏》誚《左》、《公》、《穀》，是祀天而或以牛或以馬也，茲余所繇疑也。萬曆己亥，春王正月，穀旦，楊于庭序。」

　　邱應和〈春秋質疑序〉云：「宋王荊公疑《春秋》，經筵不以講，學宮不以列，萬世非之。荊公疑其所以治《春秋》者耳！《春秋》，孔子之刑書。筆則筆、削則削，雖其門人弟子，文學如游、夏，不使贊一辭。平居之雅言不及焉，必其鈇鉞華衮之微旨，有未易以語人者，而安在其後世諸儒盡管窺之，而蠡測之也。漢元康甘露之間，召名儒大議殿中，平《公》、《穀》異同，宗《公羊》者詘《穀梁》，尊《穀梁》者亦詘《公羊》，賈長沙獨訓故《左氏傳》，中壘校尉歆篤好之，白《左氏春秋》可立，至移書太常，責讓其屈，三者遞興廢，然《左氏》不得與《公》、《穀》並重矣。荊公之時，《胡氏》書未出，彼其睹漢以前儒為《公》、《穀》氏之學者，或用以繩下，或傅為峻文，雖以董江都之賢，治《公羊》與胡母生同業，不免于災異事應之說，而張禹之善《左氏》，其流為陳欽子佚以授王莽，陰移漢祚，其心竊非之，是以敢罷去之而不顧，疑其治《春秋》者而并以廢孔氏之《春秋》，此荊公之大失也。蓋至《胡氏》之學興，而三《傳》弗廢矣，非《胡氏》之能廢三《傳》也，《左氏》詳於事而略於義，後世讀之者，第好其文而已。《公》與《穀》則不幸而出於漢世也，吾以為左丘明生魯《春秋》之時，與夫子同恥，又身掌國史典故，其所著書即於義例未甚明，于事故詳，其譔述當不至大謬。《公》、《穀》及夫子之門人沿流得之子夏，蓋亦有傳授者，義例之興于《左氏》烈矣，至其二家之互相牴牾，則榮廣、眭孟之徒為之也。胡康侯當宋南渡之世，折衷《春秋傳》以進，其意主於納牖、褒諱、抑損，不無附會焉。核非不精，而精或以鑿，裁非不嚴，而嚴或以拘。其炳大義者，固多其不盡符者亦有之。孟子曰：『《春秋》，天子之事也。』又口：『《詩》亡然後《春秋》作，事則齊桓、晉文，文則史，義則竊取之矣！』摛事於文，《左氏》是已，《公》、《穀》義之所由興也，但孟氏稱天子之事，

諸儒稱孔子匹夫之事，孟氏不言假南面之權，諸儒言孔子假之夏時冠月之類，不啻多矣，故其書之所可疑者眾也。孔門惟子夏可與言《詩》，《詩序》子夏之所作也，宋儒黜以為非子夏之所作也，三百篇之詩無淫者，《詩序》廢而詩有淫矣，何者？《序》亦不幸而出於漢世也，則又何論《公》、《穀》乎，魯魚亥豕，其訛相似，其誤不遠，郢書燕燭，解之愈精，失之愈甚矣。楊先生於六籍，靡所不窺，讀《春秋》間，不滿胡氏說，輒置疑焉，彙而成帙，以質四方。楊先生者，《春秋》之孝子，《公》、《穀》之慈孫，而胡康侯氏之忠臣也，余故弁而論之，以為麟經鼓吹云。萬曆庚子五月，穀旦，邱應和序。」

案：收錄《景印文淵閣四庫全書》經部，第169冊。《經義考》收錄楊氏（名未詳）《春秋質疑》一書，觀李光縉所言，對照楊于庭《春秋質疑》一書，可知即為楊于庭本人無疑。《光緒重修安徽通志》作「二十卷」。

## 《左氏兵略》三十二卷　　陳禹謨撰，〔存〕

陳禹謨，1548-1618，江蘇常熟，字錫玄，號抱沖，據同治《蘇州府志》云：「陳禹謨，字錫元，瓚子。萬曆辛卯舉人，授獲嘉教諭，累陞兵部郎中，遷四川僉事，備兵川南。長珫盜起，夷亦煽動，禹謨擒斬其豪，移檄諭降涼山夷石波等萬餘人，尋遷貴州參議。分巡清都，撫臣議剿下衛苗禹謨偵知，平定諸夷，為之謀主誘斬之。遂分兵拔其寨，寨凡二十一，其一曰馬蹏寨，有洞險阻，賊所窟穴，用火攻殲焉。疊石封戶鑱其石，曰天焦紀功而還，振旅入賀，病卒於途，贈亞中大夫。禹謨記問該博，嘗撰《左氏兵略》，以《左》為經，諸史為緯，上於朝。」（卷九十九）

《四庫全書總目》云：「《左氏兵略》三十二卷，浙江巡撫採進本。明陳禹謨撰。……是編乃其任兵部司務時所撰，嘗疏進於朝。其例取《左傳》之敘及兵事者，以次排纂，仍從十二公之序。其事相類者，則不拘時

代，類附於前。又雜引子史證明之，而斷以己意，謂之『捫蝨談』，非惟無關於《春秋》，併無關於《左傳》，特借以談兵而已。考《五代史·敬翔傳》曰：『梁太祖問翔曰：「聞子讀《春秋》，《春秋》所紀何等事？」翔曰：「諸侯戰爭之事耳」。太祖曰：「其用兵之法，可以為吾用乎？」翔曰：「兵者應變出奇以取勝，《春秋》古法，不可用於今」』云云。是《左氏》兵法至五代已不可用，而禹謨進疏，乃請敕下該部，將副本梓行，俾九邊將領人手一編。是與北向誦《孝經》何異？明季士大夫之迂謬，至於如是，欲不亡也，得乎？」（子部十·兵家類存目）

清代姚覲元《清代禁燬書目四種》記載：「查《左氏兵略》，係明陳禹謨撰。書首進書疏內，語有違悖，應請抽燬。」

陳禹謨〈左氏兵略序〉云：「師出以律，兵安可無法也。世之談兵家，類祖孫、吳，而軼《左氏》，詎知孫、吳之法寄於言，《左氏》之法寄於事。徵言於事則虛，徵事於言則核。故舍《左氏》而言兵法，此不循其本者也。孫、吳以一家言行世世得述焉，《左氏》主說經，故談兵即工而分次十二公者，世徒指為富豔之緒論，與巫醫夢卜同類而忽之，如隗禧知為『相斫書』矣，猶云不足精意，則章縫之束於見也，況介冑士又安所得肆及之哉？予故特為表章，命曰『左氏兵略』，成一家言，稍證以《武經》諸書，及往代得失之林，俾與孫、吳並存焉。又進呈疏曰：臣聞《司馬法》曰：『天下雖安，忘戰必危。』故自古帝王未有能去兵者，恭惟我皇上御極以來，天下見為已治已安矣，抑臣猶切隱憂，不勝過慮，因濫竽樞寮之末，每究心韜略之編。竊謂今談兵者，輒祖孫、吳，乃《春秋左傳》一書，尤兵家祖也。丘明依經立傳，義無不該，至所敘當年戰攻事，則有金版六弢所未洩者，如兵首人和，則有以德和民、師克在和之訓。武不可黷，則有不戢自焚、止戈為武之詞。語正，則召陵、城濮諸師仗其義。語奇，則衷師夾擊，潛涉宵加妙其機。詭譎，則曳柴設旂、偽繻詐盟窮其幻。行陳，則鵝鸛、魚麗，左右勾拒善其法，勇敢則先登，免冑帶，斷桀石，昭其能。技藝，則用革、用木、用矛、用劍，程其巧。舟車步

騎，則餘皇乘廣、崇卒小駟詳其說。天官時日、蓍龜占候，則卜偃、史墨、徒父、師曠之儔通其奧。古今用兵家未有不出其彀中者，第其書不著於兵志，其詞散於全帙，而未別其指歸。介冑之夫於是知有孫、吳，竟不知有《左氏》，不幾遡流而忘源乎？臣特於《左氏傳》中，就其論戰攻者，表而出之，而成是編。姑舉一二：即如西北利車戰，乘廣之制不可考乎？東南利舟師，餘皇之式不可追乎？中國之長技莫如火攻，燧象不可倣乎？兵家之勝算莫如用奇，墮伏不可施乎？以說禮樂，敦詩書者謀帥，必無不識一丁者矣。以赦孟明復桓子者使過，必無掩於一胜者矣。以殺顛頡、戮揚干者，罰罪罰行，而孰不知懲？以魯銘鐘、晉賜樂者，賞功賞行，而孰不知勸？有所以恤軍士之寒，挾纊詎不知感？有所以濟軍士之飢，庚癸從此無呼。因壘可降以攻，則何弗克？不虞豫戒以守，則何弗固？大都兵家妙用潛于九天九地，幻于疑鬼疑神，疾于迅雷掣電，不可遙度，不可預設，不可以成案拘然，談兵者必曰兵法，夫斷木為棊，挍革為鞠，亦皆有法焉，況兵凶戰危何事也，豈可師心自用，而漫焉嘗試哉？臣謹輯《兵略》一編，凡三十二卷，謹用繕寫裝潢成帙，恭進御前，仰祈皇上于清燕之餘，俯垂睿覽。」

梁章鉅云：「紀文達師嘗言：明陳禹謨撰《左氏兵略》，取《左氏》之兵事以次排纂，又雜引子史證明之，謂之『捫蝨談』，蓋借《左傳》以談兵而已。考《五代史·敬翔傳》曰：梁太祖問翔曰：聞子讀《春秋》，《春秋》所紀何事？翔曰：諸侯戰爭之事。梁祖曰：其用兵之法可為吾用乎？翔曰：兵者，應變出奇以取勝，春秋古法不可用於今云云。是《左氏》兵法至五代已不可用。而陳禹謨疏進其書，乃請敕下該部將副本梓行，俾九邊將領人手一編。是與北向誦《孝經》何異乎？按古來名將實多精通《左氏傳》者，〈江表傳〉稱關公好《左氏傳》，諷誦略能上口。權德輿作〈渾瑊神道碑〉，謂雅好《左氏春秋》。《宋史·狄青傳》云：范仲淹以《左氏春秋》授之曰：將不知古今，匹夫勇耳。范傳云：熟此可以斷大事。青折節讀書，通秦漢以來將帥兵法，〈儒林·何涉傳〉：涉在軍

中，亦常為諸將講《左氏春秋》，狄青之徒，皆橫經以聽。〈岳忠武傳〉
云：家貧力學，尤好《左氏春秋》，然則《左傳》誠可通於兵法，特須平
時講習，而復能神明其意耳。」（《退庵隨筆》卷十三）

　　案：收錄《四庫全書存目叢書》子部，第32-33冊，據中國科學院圖
書館藏明萬曆吳用先彭端吾等四川刻本影印。臺灣國家圖書館亦藏有明萬
曆吳用先、彭端吾四川刻本，兩者版本相同。

## 《左氏兵略》三十二卷　　陳禹謨撰、左光斗刪訂，〔存〕

　　左光斗，1575-1625，安徽桐城，字共之、遺直，號浮丘生，諡忠
毅，據《明史》云：「左光斗，字遺直，桐城人。萬曆三十五年進士。除
中書舍人。選授御史，巡視中城。捕治吏部豪惡吏，獲假印七十餘，假官
一百餘人，輦下震悚。出理屯田，言：『北人不知水利，一年而地荒，二
年而民徙，三年而地與民盡矣。今欲使旱不為災，澇不為害，惟有興水利
一法。』因條上三因十四議：曰因天之時，因地之利，因人之情；曰議濬
川，議疏渠，議引流，議設壩，議建閘，議設陂，議相地，議築塘，議招
徠，議擇人，議擇將，議兵屯，議力田設科，議富民拜爵。其法犁然具
備，詔悉允行。水利大興，北人始知藝稻。鄒元標嘗曰：『三十年前，都
人不知稻草何物，今所在皆稻，種水田利也。』閹人劉朝稱東宮令旨，索
戚畹廢莊。光斗不啟封還之，曰：『尺土皆殿下有，今日安敢私受。』閹
人憤而去。光宗崩，李選侍據乾清宮，迫皇長子封皇后。光斗上言：『內
廷有乾清宮，猶外廷有皇極殿，惟天子御天得居之，惟皇后配天得共居
之。其他妃嬪雖以次進御，不得恆居，非但避嫌，亦以別尊卑也。選侍既
非嫡母，又非生母，儼然尊居正宮，而殿下乃退處慈慶，不得守几筵，行
大禮，名分謂何？選侍事先皇無脫簪戒旦之德，於殿下無拊摩養育之恩，
此其人，豈可以託聖躬者？且殿下春秋十六齡矣，內輔以忠直老成，外輔
以公孤卿貳，何慮乏人，尚須乳哺而彊負之哉？況睿哲初開，正宜不見可

欲，何必託於婦人女子之手？及今不早斷決，將借撫養之名，行專制之
實。武氏之禍再見於今，將來有不忍言者。』時選侍欲專大權。廷臣賤
奏，令先進乾清，然後進慈慶。得光斗賤，大怒，將加嚴譴。數遣使宣召
光斗。光斗曰：『我天子法官也，非天子召不赴。若輩何為者？』選侍益
怒，邀熹宗至乾清議之。熹宗不肯往，使使取其賤視之。心以為善，趣擇
日移宮，光斗乃免。當是時，宮府危疑，人情危懼，光斗與楊漣協心建
議，排閹奴，扶沖主，宸極獲正，兩人力為多。由是朝野並稱為『楊、
左』。未幾，御史賈繼春上書內閣，言帝不當薄待庶母。光斗聞之，即上
言：『先帝宴駕，大臣從乾清宮奉皇上出居慈慶宮，臣等以為不宜避選
侍。故臣於初二日具慎守典禮肅清宮禁一疏。宮中震怒，禍幾不測。賴皇
上保全，發臣疏於內閣。初五日，閣臣具揭再催，奉旨移宮。至初六日，
皇上登極，駕還乾清。宮禁肅然，內外寧謐。夫皇上既當還宮，則選侍之
當移，其理明白易曉。惟是移宮以後，自宜存大體，捐小過。若復株連蔓
引，使宮闈不安，即於國體有損。乞立誅盜寶宮奴劉遜等，而盡寬其
餘。』帝乃宣諭百官，備述選侍凌虐聖母諸狀。及召見又言：『朕與選侍
有仇。』繼春用是得罪去。時廷臣議改元。或議削泰昌弗紀；或議去萬曆
四十八年，即以今年為泰昌；或議以明年為泰昌，後年為天啟。光斗力排
其說，請從今年八月以前為萬曆，以後為泰昌，議遂定。孫如游由中旨入
閣，抗疏請斥之。出督畿輔學政，力杜請寄，識鑑如神。天啟初，廷議起
用熊廷弼，罪言官魏應嘉等。光斗獨抗疏爭之，言廷弼才優而量不宏，昔
以守遼則有餘，今以復遼則不足。已而廷弼竟敗。三年秋，疏請召還文震
孟、滿朝薦、毛士龍、徐大相等，并乞召繼春及范濟世。濟世亦論『移
宮』事與光斗異者，疏上不納。其年擢大理丞，進少卿。明年二月拜左僉
都御史。是時，韓爌、趙南星、高攀龍、楊漣、鄭三俊、李邦華、魏大中
諸人咸居要地。光斗與相得，務為危言讜論，甄別流品，正人咸賴之，而
忌者浸不能容。光斗與給事中阮大鋮同里，招之入京。會吏科都給事中
缺，當遷者，首周士樸，次大鋮，次大中。大鋮邀中旨，勒士樸不遷，以

為己地。趙南星惡之，欲例轉大鋮。大鋮疑光斗發其謀，恨甚。熊明遇、徐良彥皆欲得僉都御史，而南星引光斗為之，兩人亦恨光斗。江西人又以他故銜大中，遂共嗾給事中傅櫆劾光斗、大中與汪文言比而為奸。光斗疏辨，且詆櫆結東廠理刑傅繼教為昆弟。櫆恚，再疏訐光斗。光斗乞罷，事得解。楊漣劾魏忠賢，光斗與其謀，又與攀龍共發崔呈秀贓私，忠賢暨其黨咸怒。及忠賢逐南星、攀龍、大中，次將及漣、光斗。光斗憤甚，草奏劾忠賢及魏廣微三十二斬罪，擬十一月二日上之，先遣妻子南還。忠賢詗知，先二日假會推事與漣俱削籍。璫小恨不已，復搆文言獄，入光斗名，遣使往逮。父老子弟擁馬首號哭，聲震原野，緹騎亦為雪涕。至則下詔獄酷訊。許顯純誣以受楊鎬、熊廷弼賄，漣等初不承，已而恐以不承為酷刑所斃，冀下法司，得少緩死為後圖，諸人俱自誣服。光斗坐贓二萬。忠賢乃矯旨，仍令顯純五日一追比，不下法司，諸人始悔失計。容城孫奇逢者，節俠士也，與定興鹿正以光斗有德於畿輔，倡議醵金，諸生爭應之。得金數千，謀代輸，緩其獄，而光斗與漣已同日為獄卒所斃，時五年七月二十有六日也，年五十一。光斗既死，贓猶未竟。忠賢令撫按嚴追，繫其羣從十四人。長兄光霽坐累死，母以哭子死。都御史周應秋猶以所司承追不力，疏趣之，由是諸人家族盡破。及忠賢定三朝要典，『移宮』一案以漣、光斗為罪魁，議開棺僇屍。有解之者，乃免。忠賢既誅，贈光斗右都御史，錄其一子。已，再贈太子少保。福王時，追謚忠毅。」（卷二百四十四）

　　案：臺北第一文化社據明刊本影印。另一版本為臺灣大學圖書館藏有明天啟三年刻本一部，坊間影印本多皆依據此版。

## 《春秋通志》十二卷　蔡毅中撰，〔存〕

　　蔡毅中，1548-1631，河南光山，字宏甫，號濮陽，據雍正《河南通志》云：「蔡毅中，字宏甫，光山人。與同邑官安吾同事天臺耿先中，講

明正心、誠意之旨。登萬曆辛丑進士，授翰林檢討，奏進祖訓，礦稅二疏，擢春坊，充經筵講官。為祭酒，遵祖制，復監規。擢禮部右侍郎致政。崇禎時進呈《六經註疏》，卒贈禮部尚書，賜祭葬，謚文莊。」（卷六十）

案：旅大市圖書館藏明末刻本。

### 《易象春秋說》一卷　李光縉撰，〔存〕

李光縉，1549-1623，福建晉江，字宗謙，號衷一，據李清馥〈省元李衷一先生光縉〉云：「李光縉，字宗謙，號衷一，晉江人。父仁舉，光縉四歲而見背，稍長受業外傅，寓目輒誦，舉筆成章。為諸生，厭薄舉子業，閱覽博物，為古文辭。師事蘇紫溪先生，瀋每嘉歎，異日必為閩大儒。萬曆十三年，鄉薦第一，偕計後不問家人生產，不溷有司，日研經史，及朝章民隱以備經濟，尤喜敘述節烈忠義事，其文章悉嘔心而出，不輕下一語，又痛士之為制藝者，竄入二氏，擯棄紫陽，為文、毇文則以示之的。家居及北上時，就正者盈函席，歸益潛心大業，著書授徒以終，學者稱衷一先生，所著有《易經潛解》、《四書要旨》、《新志》，作臆說，《中庸臆說》及《景璧集》二十餘卷，平生行實詳所作，獨照醒言中，卒年七十五。卒之前十日為銘，授其子曰：文之不用，道之不行，不處不去，總以成仁。」（《閩中理學淵源考》卷七十）

案：收錄《李衷一先生文集》，日本東京內閣文庫藏明崇禎十年序刊本。

### 《左國書》一卷　李光縉撰，〔存〕

案：收錄《景璧集》，臺灣國家圖書館藏明崇禎十年溫陵諸葛羲刊本。

## 《春秋匡解》不分卷　　鄒德溥撰，〔存〕

　　鄒德溥，1583前後，江西安福，字汝光，號泗山，祖鄒守益，據康熙《江西通志》云：「鄒德溥，字汝光，號泗山，守益孫。萬曆進士，官至太子洗馬，所解《春秋》，士多宗之。掩關宴居，覃思名理，於《易》道多所發明。其京師邸寓為奄人張誠奴、霍文炳故居，以罪籍沒，有埋金在屋，德溥家人發之，不以聞官，事覺罪坐，主人革職追贓，門生為之醵金以償，著有《易會》、《學庸宗釋》、《雪山草》、《匐匐吟》。」（卷七十九）

　　《四庫全書總目》云：「《春秋匡解》六卷，浙江巡撫採進本。明鄒德溥撰。……是書專擬《春秋》合題，每題擬一破題，下引胡《傳》作注，又講究作文之法，蓋鄉塾揣摩科舉之本。德溥陋必不至是，疑或坊刻偽託耶。」（經部三十·春秋類存目一）

　　錢謙益〈春秋匡解序〉云：「余為兒時受《春秋》於先夫子，先夫子授以《匡解》一編，曰：『此安成鄒汝光先生所刪定也。』因為言鄒氏家學淵源，與先生之文章行履，冠冕詞垣，期它日得出其門墻。余鄉會二試，以先生之書得雋，雖未及親炙先生，而余之師固有出先生之門者，比於聞風私淑，猶為有幸焉耳矣。何子非鳴為令南昌，與先生之孫孝廉端侯游，相與是正其書，重付之梓人，而屬余為其序。余觀三代以後，享國長久，蓋莫如漢，當其盛時，政令畫一，經術修明，以《春秋》一經言之，自張蒼、胡母生、瑕丘江公以下三家之弟子，遞相傳授，各仞其師說，至數百年不相改易，而董仲舒作《春秋》，決獄二百三十二事，名儒蕭望之等大議殿中，各以經誼對，諸所以定大議、斷大疑，皆以《春秋》從事，何其盛哉！有宋之立國，不減於漢，自王氏之新學與新法並行，首絀《春秋》以伸其三不足畏之說，遂馴致戎狄亂華之禍，沒世而不復振，其享國之治亂，視漢世何如也？嗚呼！先王之世，有典有則，詒厥子孫，崇教立術，順詩、書、禮、樂以造士，變禮、易樂、革制度衣服者有罰，析言破

律，亂名改作，執左道以亂政者必誅，而不以聽士之選，於司徒而升於學者，於辯言亂政之戒，恒凜凜焉，是故經學與國政，咸出於一，而天下大治，及其衰也，人異學、國異政，公卿大夫競出，其聰明才智以變亂舊章，晉之刑鼎、魯之丘甲、田賦，鄭之竹刑，紛更多制，並受其敝，又其甚也。獲雁之鄙人，假田弋之說以干政事，而振鐸之後不祀，忽諸繇此言之，經學之不明，國論之不一，其關于存亡治亂之故，猶病之著於肌表，診視者可舉目而得之，不待醫和及緩，而後知其不可為也，是可視為細故哉！國家用胡氏《春秋》，設科垂三百年，而鄒氏之書，傳諸其祖父，至今百餘年，舉子傳習之不變，雖漢世儒者，仍其師說未有以過也。班固不云乎：『士食舊德之名氏，工用高曾之規矩，國家重熙，累洽考文，稽古之盛』。觀於《胡氏》、《鄒氏》之學，可謂信而有徵矣。天子方崇信是經，特命經筵進講，余衰病放廢，獨抱遺經以老，於荒江寂寞之濱，於非鳴之，刻是書也，喜而為之敘，或以為主文詭諫，自致其矇瞽之言，庶幾謀野則獲之，義則非野人之所敢知也。崇禎六年六月序。」（《牧齋初學集》卷二十九）

案：收錄《四庫全書存目叢書》經部，第120冊，據上海圖書館藏明藍格鈔本影印。《明史》作「八卷」。

## 《刻真傳安福諸名家麟經祕旨梅林臆見》十二卷　鄒德溥撰，〔存〕

案：日本名古屋市蓬左文庫藏明末葉南陽陽氏天台館刊本。

## 《新鐫鄒翰林麟經真傳》十二卷　鄒德溥撰，〔存〕

案：南京圖書館藏明沈演沈湑等刻本。

### 《麟經傳心錄》　鄒德溥撰，〔佚〕

劉孔當〈鄒先生麟經傳心錄敘〉云：「吾師鄒先生往在諸生，深憫此弊，慨然欲與學子一釐正之。即閉戶距躍，取《胡氏春秋》反覆熟玩，或日一傳，或二三傳，意所獨會，欣然手而筆之，要以發明奧義，義未盡雖累言不實勢，故不能盡概，比、擬等題，一切芟之，以從簡易，第次取其顯明有的據者，附載什三，以俟來學。」（《劉喜聞先生集》卷二）

### 《左國鈔》　查允元撰，〔佚〕

查允元，1583前後，浙江海寧，字虞皋，據康熙《江西通志》云：「查允元，字虞皋，海寧人，萬曆進士。歷禮部郎中，出為江西提學僉事，再任江西參政，持守廉介，蒞事六載，終始不移，衡文不爽毫髮，所拔士皆登上第，歷通顯。遜國忠臣練子寧八世孫練綺，自福建長樂回原籍，公訪得之，留綺家峽，且給衣巾，復給學租百石，令奉祀金川書院，性恬退，年未五十，以疾乞休。」（卷五十八）

案：民國《杭州府志》著錄。

### 《春秋左傳屬事》二十卷　傅遜撰，〔存〕

傅遜，1583前後，江蘇太倉，字士凱，師歸有光，據同治《蘇州府志》云：「傅遜，字士凱，嘉定人，徙崑山。萬曆間以歲薦為嵊縣訓導，授建昌教諭，選傅河南王以歸。遜長八尺，偉儀觀，喜談當世之務，少師事歸有光，嘗以《左傳》體本編年，而紀載繁博，讀者急不得其要領，乃仿袁氏《紀事本末》為一書，以事為主，首王室，次霸國，以類相從，顛委頭緒，開卷瞭然，讀者便之，又以杜《注》，時有未當，為之辨其訛謬，名曰『左傳屬事』行於世。同邑陳可言，字以忠，撰《春秋經傳類事》一書，與遜書相似，而遜獨傳。」（卷九十三）

　　《四庫全書總目》云：「《左傳屬事》二十卷，浙江巡撫採進本。明傅遜撰。遜字士凱，太倉人。嘗遊歸有光之門。困頓場屋，晚歲乃以歲貢，授建昌訓導。是書發端於其友王執禮，而遜續成之，倣建安袁樞《紀事本末》之體，變編年為屬事，事以題分，題以國分，傳文之後，各櫽括大意而論之。於杜氏《集解》之未安者，頗有更定。而凡傳文之有乖於世教者，時亦糾正焉。遜嘗自云：『傳中文義，頗竭思慮，特於地理殊多遺憾，恨不獲徧蒐天下郡縣志，而精考之。』又云：『元凱無漢儒，不能為《集解》；遜無元凱，不能為此注。』其用心深至，推讓古人，勝於文人相輕者多矣。」（經部二八·春秋類三）

　　傅遜〈春秋左傳屬事序〉云：「古史之存寡矣，唯左氏釋經以著傳，故魯二百五十五年之史獨完，而諸國事亦往往可以概見，雖當世衰季，篡弒攻奪，烝姣之醜，不絕於篇，而其間英臣偉士、名言懿行，猶足為世規准；至戰陳、射御、燕享、辭命、卜筮，皆非後世之所能及，蓋以去古未遠，而先聖之法尚有存焉故也。然體本編年，而紀載繁博，或一簡而幾事錯陳，或累卷而一事乃竟，或以片言而張本至巨，或以微事而古典攸徵，茲欲遡流窮委，尋要領而繹旨歸，蓋亦難矣。自司馬子長變古法以為紀傳、世家等言，而後之作史者卒不能易名；編年者，雖自荀悅以後無慮四十家，而書不多存，事無通會，至宋司馬文正始粹一千三百六十二年之事以為《通鑑》，而趙興智滅，實以上接《左氏》襄子碁智伯事。建安袁氏復因之，以纂紀事本末，使每事成敗始終之迹一覽而得，讀史者咸便而葆之。遜嘗欲祖其法以纂《左傳》事，而先師歸熙甫謂當難於《通鑑》數倍，遜頗悟其旨，取王敬文藏本而成焉。懼其事繁紊且遺也，故於諸國事各以其國分屬，而仍次第之。於時王道既衰，霸圖是賴，故以霸繼周，而凡盛衰、離合大故，皆使自為承續，而不列於諸國之中，以其文古，須註可讀，元凱好之，自謂成癖，而其《集解》乃多紕繆疎略，或傳文未斷而裂其句以為之註，如防川介山，失其奇勝，且意義亦難於會解，遜故竟其篇章，而總用訓詁於後，并參眾說，酌鄙意，僭為之釐正焉。又讀胡身之

註《通鑑》，時有評議，以發明其事之得失，輒慕而效之，其是非或不大誖於聖人，而微蘊亦因以少見。遜少好讀史，茲傳雖以釋經，而與後之言經者多牴牾，難合故經，不能強明而獨軌其文辭，視以古史，妄纂茲錄，名曰『春秋左傳屬事』，頗自謂得古人讀史之遺意，有助於考古者之便云。然袁氏書為世所好，而事多遺脫，稍有錯誤，若得為之補其遺、正其誤，而更益之，以宋與元，使數千百年成敗興衰之故，皆得並論而詳列之，豈非生平之一快也哉？而未敢必其能與否也。噫！理難至當，人莫自知，以古人之賢猶不能無失，矧遜於古人，無能為役，寧不百其失乎？唯祈知言之君子，不鄙而教之。時皇明萬曆十有三年，乙酉初夏日，吳郡後學傅遜士凱自序。」

　　王錫爵〈春秋左傳屬事序〉云：「史之體不一，而編年其正也。三代以前邈矣罕睹焉，唯《左氏》發夫子筆削之旨而著傳，司馬君實奉英宗命而修《通鑑》，上下二千餘年，蓋灝乎無不苞矣。司馬子長離腐刑之慘，發其忿毒，而為本紀、世家、列傳等言，似重乎其人。袁仲樞因《通鑑》以纂紀事本末，似重乎其事，至夫《藝文類聚》與《錦繡萬花》、《合璧事類》等書，似重乎其物，吾嘗評之，重乎人者，慕古尚友，考世之士，斯多取焉。重乎事者，經世制變，撥亂致理之士斯多取焉。重乎物者，則鉤句摘事，攦擿媲偶之士，斯多取焉，是皆魁人墨士，各任其志，好擿幽發粹，志實載往，以流惠乎後人者也。吾嬋黨傅遜士凱氏少抱志略，挫抑沉鬱於時，用袁氏體纂《左傳屬事》以稍自露其長，予謂《國語》、《戰國策》、《太史公八書》已類是非，始於袁氏也。而士凱之所自負者，尤在訓詁中，自謂能革千載之譌，予觀其明簡雅覈，多以意悟，於注家誠可稱善，若祧廟、七音、筮短、龜長數事，皆探前人微旨，抉其疑似，而暢衍之非，漫為臆說也。至弁髦下、二如身雖已較勝舊說，而士凱猶自懷疑，從予正之。予謂冠禮算位本如是，特弁髦句於文氣覺拗然，古人文字亦多有然者，其他大者無慮百餘條，小者數百，皆去杜之舛，以發《左》之意，其有杜本無謬，而為他說所註誤者，仍辨之以復於杜。左氏之詭於

正者，亦以義裁之，使無誖乎聖人之訓，誠亦可謂卓爾不羣者矣。會其左宦引歸，貧不自聊，亟欲此書之布於世，數遺予書曰：『公為序之，既冕其首，而尤附之翼也。』予謂：『凡古之立言以圖不朽者，孰不同是心哉！』顧其顯晦也，似有數焉。司馬《史記》，今家藏士習好之甚於六經，而更兩漢猶不顯，獨楊惲以其自出能讀之耳。韓昌黎文為七大家之冠，或以配孟子，亦更四百餘年至歐陽永叔而始大行。是編也蓋不與二書侔然，觀其比事而屬之也，俱有意義焉，如齊桓之霸，始以鮑之薦管，其不能勝楚也，以子文晉悼之，復霸始以荀罃之歸，而其後之失霸也，以范鞅諸臣之賄其他，事事必指要陳詞，昭為誡鑒，務思有益於世，非徒逞辨博、摽奇麗，為掤管濡翰之資已也，有天下國家之責者，俯而讀之，其必會於衷而發其志，智者多矣，使世之君子，惟榮顯之圖，或雕蟲之是工，則匪直是編，諸古籍皆覆瓿類耳，如以揩大自任，體國經治為懷，則是編也將靡翼而橫飛矣，序與不序也，奚與乎？予惟重有望於天下之士焉爾。吳郡王錫爵撰。」

王世貞〈春秋左傳屬事序〉云：「昔者夫子《春秋》成而三氏翼之，左氏嘗及事，夫子其好惡與之同，而又身掌國史典故，其事最詳，而辭甚麗，公、穀二氏私淑之子夏，而以能創義例，有所裨益於經學，士大夫多習之。其為《左氏》而顯者，漢丞相張蒼，諸王太傅賈誼，京兆尹張敞，太中大夫劉公子，丞相翟方進之屬，賈誼至為之訓故，然終不得與二氏並，而中壘校尉劉歆始篤好之，至移書太常博士明其屈，幾用此獲罪，其後獲並立於學官，而晉征南大將軍杜預，深究晰其學，復傳之而稱其或先經以始事，或後經以終義，或依經而辨理，或錯經以合義，自杜預之《傳》行，而《左氏》彬乎粲然，《公》、《穀》反不得稱並矣！宋有胡安國者，負其精識，以為獨能得夫子褒貶之微意，衷三氏而去取之，自胡氏之《傳》行，而三氏俱絀，獨為古文辭者，尚好《左氏》，不能盡廢之，而所謂好者，好其語而已爾。於是稱左史者，舍經而言史，大抵史之體有二，《左氏》則編年，而司馬氏乃紀傳、世家。編年者貴在事，而紀

傳、世家貴在人。貴在事則人或略而尚可推，貴在人則事易複，而於天下之大計不可以次第得。然自司馬氏之紀傳行，而後世之為史者，亡所不沿襲，當左氏時，所謂晉之乘、楚之檮杌，以至魏之汲冢，其簡者若倣經，而詳者則為左，其後奪於司馬氏，雖有荀悅、袁宏之類，然不甚為世稱說，而能法《左氏》之編年者，司馬氏之後人光也，光所著史曰《資治通鑑》，其文雖不敢望《左氏》之精鑿，要亦有以繼之，而上下千餘年，其事為年隔，而不能整栗。建安袁樞取而類分之，名曰『紀事本末』，而《左氏》其祖禰也，顧未有若袁樞者出，而吾鄉傅遜氏少有雄志，博涉曉兵，尤好推前代理亂大原，謂《左氏》足以發其奇，益覃思，詳索而融貫其義，用袁樞法而整齊之，其大體先王室、次盟主、次列國、次外夷、取事之大者，與國之大者，比而小者附見焉，不必如訓家之所謂張本為伏為應，一舉始而終遂瞭然若指掌，其它句為之故，字為之考，雖不能不資之杜氏，而杜氏之有舛僻者，亦掊而正之，必使之無負乎左氏而後已。故執杜氏以治《左氏》，十而得八，執傅氏以治《左氏》，十不失一，且也為杜而《左》者難，為傅而《左》者易，故夫傅氏者，《左氏》之慈孫，而杜氏之諍臣也，漢之時《左氏》故不能大重如《公》、《穀》，而為之者如嚮所稱，三張賈生輩，皆通達國體，而《公》、《穀》之學，公孫弘用以繩下，而張湯傅為峻文決理，又請用博士弟子，治之者補廷尉史，雖以董江都之賢，而不能免於決事比之刻，豈所謂屬事者，多達而析義者易深耶？使傅氏及是時而成此書，令三張賈生者見之，其有裨於漢治，當何如也？傅氏今雖尚墨，墨守學官，部使者已從守令科，三論薦矣，其將使之展而效之時哉，吳郡王世貞撰。」

　　潘志伊〈春秋左傳屬事後敘〉云：「先聖王經籍雖遭秦燬，而自西漢以後千數百年，名儒碩士，撰述敘紀，已汗牛充棟，雖稱博洽者，亦莫能殫閱。士生今世，若無庸復有所益矣，然事有剬要，而於古遺焉，其可漫焉而任其缺乎？往歲，余以遷補與諸同籍聚晤京邸，有謂袁仲樞《通鑑紀事本末》可便覽讀，而上有《左傳》，恨無有如其法而列之前者，余曰：

『某曾讀《宋學士集》，有《左傳始末敘文》，又近世毗陵唐荊川氏亦有此纂。』時，璽丞王敬文曰：『宋學士所敘藏諸秘府，某等未之見。荊川所纂，事頗不全，又少註難讀。』余向年有志纂之未竟，會將計偕以授吾同門友傅遜氏，渠因更張附益之，國以次敘，事以國分，先後相續，巨細相維，傳事既羅之無漏矣；又將杜氏《集解》變其體裁，而革其訛謬。余詳讀一二卷，及其辯誤精覈，必傳無疑，此真足以列紀事本末之前矣！余聞而心識之，惜未獲即睹其書也。去歲秋，秒傅君適補建昌學諭，甫及參謁，余因詢得前書，與王敬文所語符，遂諷令鋟之板以廣所傳，傅諭云：『雅有此志，而詘於力。』會建昌陳令縱與之且捐俸以資之，始既巡道施公聞而贍成之，余亦微有濟焉。然傅諭既以此為袁氏之前，又欲以宋元事繼其後，并取袁氏書釐其未允，而增其未備，瞿瞿焉恒以不克副其志為懼。余每慨近世科舉之習，日趨簡便，蘇子瞻所謂『束書不觀，遊談無根者，殆尤甚矣！』今臺省諸公識際弘遠，思挽其弊，屢建白欲得窮經讀史，博古通今之士以當科目之選，則斯編也其可幽伏而不使之播揚耶？使海內學者皆如其志，豈不以通博稱，而迺致夫寡昧之誚耶？但人情忽於近見而慕於遠聞，或誦古人遺書，而追憶其人，則不免有隔世之嘆，設遇其人而與之處，則安為故常而不見其殊異，使見其異，則又為眾所嫉而不容於世，此古今賢豪所以多伏櫟之悲也。吾於傅遜氏而深有感焉，既訖工持以請敘於余，余憐其居今而學古，力微而志遠，不欲拒其意，以鳳洲先生既敘其前矣，遂推敬文之意以繫之後。萬曆乙酉秋，九月朔日，守匡廬松陵潘志伊撰。」

傅遜〈春秋左傳屬事後序〉云：「竊觀古今學術，其始也有自，其成也有漸，其行也有藉，必天篤生睿聖，始能超悟，先物創制。遜弱冠至崑，獲師歸熙甫有光，子建有極，獲友周汝亨士淹、汝允士洵、俞仲蔚允文、徐道潛三省、與陳吉甫敬純、王敬文執禮，皆卑視時藝，交相淬礪，以博古高遠為務。中少許可，遜年輩獨後，皆推情分好開發予蒙今此纂與訓註粗成，而二師四友先已徂謝，吉甫潦倒家居，敬文官天朝無緣，一一

質之，良可恨也，尚幸焉稍後獲交今兵侍顧公觀、海刑侍、王公鳳洲，與
其弟學憲，陳霽巖公為內閣王公荊石禮，逮寒陋并得交其弟學憲和石，公
以歲賦至京，復得師掌經局，趙定宇公皆蒙，不以凡眾鄙夷此書，脫稿即
錄以求正六公，繼得以首冊正定宇師，幸留荊石公許最久，煩更定數條以
示，儗作序，適內召未果，定宇師與諸公並虛加賞詡，而鳳洲公為尤，以
雄作遠，惠兵書張公崛嵊公臭味也，撫浙時疏薦云：『註《左氏》而雅有
發明，又安居。』帥公視吾、臨桂張公念華、連州馬公連城，俱以名御史
按浙，俱辱薦揚有云：業精三《傳》，有云：見超色相，有云：具見淵源
之學，其他監司諸公，亦交口過譽，深愧蕪謬，得當世名公指訓品騭，如
此或可藉以不磨也，猶恐無以仰答諸公知遇，於傳中文義頗竭思慮，特於
地理殊有遺憾焉。幼聞天文、易學、地理難精，天象有常，運度躔次，亙
古不易，區域屢遭，易代割據，制度名號，務以相矯，并裂互錯，新故疊
更，紛紛籍籍，有難殫紀，前人偶遺，後終無證，而況所居樸野少蓄書
者，舊所藏地志皆不獲帶來，惟得《一統志》、《廣輿圖》及向所記憶
者，與《史記》、《漢書》參考而已，然已几案為盈，手翻目閱，形罷神
耗，而景晷易移，或旰不得一中焉，憒憒憶向年周汝允藏酈道元《水
經》，皆手自點竄校訂，又云：『東南非其身歷多錯。』曾會藝吉甫園其
書室，有地理圖如席許者數十幅，絲分疆里，曲直縱橫，吉甫云：予數十
年究意於此，猶不能精，今此不得與二友共之，痛九原之不起，嘆縮地之
無術，不知吾涕之潸然也。因圖付梓，遂濫叨兵憲施公、郡守潘公、邑令
陳侯腆賜刻工，一集事不容緩，其中訛舛，能必無乎？但以西晉至今千百
餘年，若不即為一更，恐後彌遠，彌難考失其真矣。故寧以疏略，取笑當
世，而不敢避焉。愚前語敬文云：『《通鑑》有何難解，吳三省安用註
為？』敬文曰：『不然！』先生云：『其註地理極可觀。』愚復讀之信，
先生蓋熙甫也，今此註有媿於吳氏弘多，如天假以緣，使遂遍蒐天下郡邑
志，而精考之，復見於《左氏》編年本，固大願也，此譬之築宅焉，以曠
野而頓為營構也，難既有堂室，而欲增易之也，易元凱無漢儒不能為《集

解》，遜無元凱亦不能為此註，今於元凱既有加焉，後人欲因此而更正之，當益易矣。歐陽子曰：『六經非一世之書，其將與天地無終極而存也。』夫既非一世之書，則豈一世之人所能定乎？今學校科舉皆襲宋儒一人一時之見為著令，遜雖不敢輕議，而中耿耿者難自泯也，則此書之陰望於天下後世者誠殷矣，敢識之卷尾以俟。萬曆乙酉，中秋，古婁後學傅遜書於江西南康府建昌縣學宮。」

案：收錄《景印文淵閣四庫全書》經部，第169冊。乾隆《江南通志》作「春秋屬事本末」。

## 《春秋左傳註解辨誤》二卷　傅遜撰，〔存〕

《四庫全書總目》云：「《左傳注解辨誤》二卷，江蘇巡撫採進本。明傅遜撰。……是編皆駁正杜預之解，間有考證，而以意推求者多。視後來顧炎武、惠棟所訂，未堪方駕。前有《古字奇字音釋》一卷，乃《左傳屬事》之附錄，裝緝者誤置此書中，頗淺陋，無可取。後附《古器圖》一卷，則其孫熙之所彙編，亦剿襲楊甲《六經圖》，無所考訂也。」（經部三十・春秋類存目一）

傅遜〈春秋左傳注解辨誤自序〉云：「遜編《左傳屬事》，以不可無注，雅愛杜《注》，舉筆錄之，既得吾郡先達陸貞山《附注》，皆正杜誤，與鄙意多合，又會眾說而折衷之，創以己意而為之釐正焉，實於心有不安，敢為忠臣於千載之下耳。萬曆癸未。」（《經義考》卷二百三）

案：收錄《四庫全書存目叢書》經部，第119冊，據清華大學圖書館藏明萬曆十三年日殖齋刻本影印。書末附錄《補遺》一卷。

## 《左傳古字奇字音釋》一卷　傅遜撰，〔存〕

案：臺北國家圖書館藏明萬曆十一年吳郡傅氏日殖齋原刊本。

## 《春秋古器圖》一卷　傅遜撰，〔存〕

案：臺北國家圖書館藏明萬曆十一年吳郡傅氏日殖齋原刊本。

## 《春秋類雅》不分卷　徐常吉撰，〔存〕

徐常吉，1583前後，江蘇武進，字士彰，號徼弦，據毛憲云：「徐常吉，字士彰，武進人。家貧，藉館穀養母。嘉靖甲子，舉于鄉，絕迹干請，貧益甚，署教上海。癸未，成進士，授中書舍人，遞南戶科給事，管湖冊，號稱脂膏之地，不一染指，第令諸胥，錄書數百卷而已。平生下帷攻苦，癖寐詩書，薪水之餘，輒以攻鐫刻，所著有《四書原旨》、《詩翼說》、《遺經四解》、《六經類雅》等書。性喜飲，與知己相對陶然乃已，不設城府，鄉人子弟多從之游，時有啟稱徼弦先生，官止浙江僉事。」（《毗陵人品記》卷十）

案：收錄《六經類雅》，《四庫全書存目叢書》子部，第198冊，據中國人民大學圖書館藏明萬曆十七年刻本影印。

## 《左傳彙編》　吳龍徵撰，〔佚〕

吳龍徵，1583前後，福建晉江，字堅孺，據乾隆《泉州府志》云：「吳龍徵，字堅孺，晉江人，喬柏長子。萬曆癸酉舉人，癸未進士，選翰林院庶吉士，授監察御史，督攢漕運，舊官旗運艘率附裝杉木雜物，艘重舷去水數寸，往往敗事，龍徵大行搜詰論指揮使二十五人于法，適颶發艘，以輕得濟。巡按山東，黃縣民聚訟其令，訊得諸墨狀疏褫其職。有豪紳子為暴於里，訟之者十五家，方飭訊而都御史書至，龍徵不願，卒置於法。東省饑，龍徵視賑，有民雞飛觸其冠，吏屬懼，龍徵神色自若，且曰：『無驚百姓。』己丑，請告。辛卯，補浙江道。疏乞寬宥，言官巡廣東，陞河南參議，以內察謫歸，蓋為前書宥有豪紳子者，所陰中云，起判

南通，遷四川順慶府推官，未任，擢南京戶部主事，歸家卒。龍徵性孝友，力學博奧，著《若脫集》、《枝繫集》、《卮螺集》及《左傳彙編》藏于家，後祀鄉賢。長子逢朔，崇禎戊辰進士，廣東高州道。次子嘉生，天啟丁卯舉人，廣西潯州知府。」（卷之四十九）

案：乾隆《泉州府志》、道光《晉江縣志》著錄。

### 《左氏春秋內外傳類選》八卷　樊王家撰，〔存〕

樊王家，1583前後，湖北潛江，字忠虞，據道光《廣東通志》云：「樊王家，潛江人，進士。天啟間知潮州，廉正執法，裁抑豪右，民賴安。輯繼之者有李杦，晉江人，治尚簡易，尤精讞政，不致於繁苛擾民，一嚴一寬，皆有功於潮郡。」（卷二百五十一）

《四庫全書總目》云：「《春秋內外傳類選》八卷，江蘇巡撫採進本。舊本題明進士楚潛樊王家撰。其始末無考。《太學進士題名碑》：『萬曆癸未有三甲進士樊王家，湖廣潛江人。』當即其人也。其書以《左傳》、《國語》各標題目，分編二十三門，以備時文之用。閒闕註音訓一二字，亦皆淺陋，與經學毫無所關。而又非《文章正宗》選錄《左傳》之例。無類可附，姑從其本志，入之類書類焉。」（子部四八‧類書類存目二）

案：收錄《四庫全書存目叢書》子部，第199冊，據中山大學圖書館藏明萬曆三十六年刻本影印。

### 《春秋輯要》　黃克纘撰，〔佚〕

黃克纘，1550-1634，福建晉江，字紹夫，號鍾梅，據李清馥〈襄惠黃鍾梅先生克纘〉云：「黃克纘，字紹夫，號鍾梅，晉江人。萬曆八年進士，授壽春知州，擢刑部郎，累官山東布政，陞巡撫。時稅礦病民，抗疏極論，并劾稅監陳增、馬堂不法事，嚴治其黨。蝗旱為災，復疏發帑賑

濟，蠲額外稅銀十餘萬。陞南戶部尚書，召理京營戎政，改刑部，受神光兩朝，顧命李選侍移宮，克瓚疏論內侍王永福等八人盜案，光宗謂其偏庇李氏，怒責之，乞休不許。天啟元年冬，加太子太保，明年復以兵部尚書協理戎政。廷議紅丸，克瓚述進藥始末，力為辨析，持議與爭三案者異，攻擊紛起，自是創要典者，率推附之，屢疏移疾，加太子太傅以歸。四年，魏忠賢盡逐東林，召為工部尚書，視事數月，與忠賢忤，復引疾歸。三殿成加太子太師。崇禎初，以薦起南吏部尚書，尋致仕歸，卒諡襄惠，著有《數馬集》、《杞憂疏稿》、《百氏繩愆》、《性理集解》、《春秋輯要》諸書，按黃之先有為宋學士者崖門之難，去妻子於海門居焉，人號沙堤，黃氏有山曰梅林山，故公別號曰鍾梅。云子道敬，戶部員外郎。道爵，刑部郎中，嘗劾巡撫熊文燦，及弁將趙庭貪懦狀。黃公道周稱之，著有《麗矚亭集》。姪道瞻，有風節。道杲，癸未進士。」（《閩中理學淵源考》卷七十七）

　　案：乾隆《泉州府志》、道光《晉江縣志》著錄。

## 《春秋箋疏》　　朱謀㙔撰，〔佚〕

　　朱謀㙔，1550-1624，江西南昌，字明父，鬱儀，據康熙《江西通志》云：「朱謀㙔，字明父，一字鬱儀，寧獻王七世孫，封鎮國中尉。萬曆辛卯，給諫葉初春以學行薦於朝巡，撫邊維垣，巡按陳傚交相推轂，得旨俾綰通侯之章，理石城王府事，公族有所紛競，無不請質，片言剖決，皆屈服而去。生而天資穎異，目所流覽，終身不忘，以先儒譚易尚理，而置象不能獲文、周、孔子立言之旨，作《易象通》八卷，以晦翁詩註於比興，微詞妙旨，多鬱而未章，乃原本小序，酌諸家得失，作《詩故》十卷。疾緯候之亂，三五典墳也，作《邃古記》八卷。以糾正圖讖之尨謬，疾李斯之變壞，頡誦舊文也，作《古文奇字輯解》。追述先聖之制作，以鍼砭漢世訓詁之沈痾。他若《書》、《禮》、《春秋》、《魯

論》、《大戴》各有《箋疏》，又著《金海》百二十卷，《異林》十有六卷，《駢雅》二卷，《六書本原》一卷，《說文舉要》、《水經注箋》四十卷、《豫章耆舊傳》二卷、《藩獻記》一卷，晚成《古今通歷》，用其法推《左傳》僖五年正月辛亥冬，至昭二十年二月己丑朔冬至，以為魯史所用，皆周正，故經書春王正月明非夏商之正也，於時諸侯僭竊，天下衰微，鮮行頒朔之禮，晉楚大國或用夏正，未能齊一，魯秉周禮，獨不敢變，故孟獻子稱正月日至可祀上帝是已。其論醫則有取於張子和，論壬遁則有取於祝泌，論陽九百六則有取於王希明，悉鑿鑿見於徵驗，而於堪輿之說尤精，嘗言祖墓病水，以語諸父兄弟，咸弗信，會羣從暴卒者十餘輩，埠不能忍，遂自發之墓中，果積水若溪澗，諸父始遜謝自咎，別移吉壤。太史焦竑嘗曰：『鬱儀制作精微宏博，一依六經，莫可簡選。』湖廣李維禎、山東邢侗、福建曹學佺，屈指江右人物，輒首及之。子統鋌，崇禎丁丑進士，詩澹遠高古，稿燼於兵，不傳。」（卷七十）

案：同治《南昌府志》作「春秋箋」。

## 《春秋注疏》　甘雨撰，〔佚〕

甘雨，1551-1613，江西永新，字子開，號義麓，據同治《永新縣志》云：「甘雨，字子開，公亮孫也。幼奇穎，以《春秋》領萬曆庚午鄉薦，與吉水鄒公元標讀書青原山，共相切劘。丁丑，魁南宮，改翰林院庶吉士。南皋劾張江陵奪情，廷杖瀕危，雨密託本里龍翊護救得不死，歷遷南兵部員外郎，禮部郎中。時，鄧文潔以侍郎署禮部，與雨為忘分交。癸巳，遷粵西督學，乞骸歸。淡然仕進，嗣郭公子章撫貴州，適學憲缺乃起。雨督貴州學，諸生納卷隨閱，隨取多士，慶得師焉。值苗酋未殄，撫軍移，雨赴行間理餉，時司道不一二人，雨綰十餘道事，印夾轂行，即都司篆亦雨，綰人不能一朝居，雨案無留牘，獄無滯情，問兵兵集，問餉餉足，黔人吐舌曰：『此非天人耶！』賊平序功，故有假督學以督餉，既論

文，復論兵之語。己酉，遷閩臬副使，閩司道缺八，雨縉九綬，亦如在黔時，閩人又神明之，雨笑曰：『吾老人，腰那堪此若若耶。』壬子，遷楚藩參政。癸丑二月，卒。鄒忠介公聞之，嘆曰：『子開能護余於丁丑，而余不能代子開於癸丑，誠有媿也。』所著有《春秋註疏》、《翠竹青蓮山房集》、《鷺州志》、《古今韻註撮要》。」（卷十六）

案：乾隆《吉安府志》、同治《永新縣志》著錄。《欽定春秋傳說彙纂》有引錄，可參看。

## 《旁注左傳芳潤》三卷　吳默撰，〔存〕

吳默，1551-1637，江蘇吳江，字因之，據乾隆《震澤縣志》云：「吳默，字因之，七都人。……資性沈敏，好靜悟。萬曆二十年，會試第一，授兵部主事，以艱歸。二十七年，補禮部，累進郎中。三十一年，遷尚寶司丞。又五年，進少卿。……四十二年，進太僕寺卿。天啟初，以病免。默立朝最淺，遷除皆不赴職，然時論高之，每會推必首及焉。……文震孟、姚希孟、孝廉朱陛宣、張世偉、楊廷樞輩，皆以文章氣節主持清議，默恒為之首云。崇禎十年，卒，年八十七。（參獻集文徵）」（卷十六）；乾隆《江南通志》云：「吳默，字因之，吳江人。文學為時所推重，尤工制舉義。」（卷一百六十五）

案：收錄《旁注左國芳潤》，河南師範大學圖書館藏明萬曆三十六年刻本。

## 《春秋膚說》　沈銓撰，〔佚〕

沈銓，1585前後，浙江奉化，字時中，號白峰，據光緒《奉化縣志》云：「沈銓，字時中，號白峰（忠義爵隩人）。父城，字子京，習《尚書》，嘗過菩提嶺，見道有槁屍，為搆亭嶺麓募資，設守以候行人。銓其次子，生磊落有大志，父奇之，延名師家塾，進里中問，學者切劘

之，銓發憤下帷，治《春秋》，都城以經學著者稱薛夢潮，銓受學其門，剖析經義甚精，時知縣蕭萬斛拔士之尤者，立文社，合項姓、陳姓及銓十餘人，親為品藻，銓屢居上列，項、陳先後登甲第，銓亦以能文饒於庠。萬曆十三年，歲貢詣京師，試禮曹，位居高等。十六年，授福建延平府學。司訓有言：『延平多反側，子難為教。』鄞沈一貫與銓同宗友善，擬請改，銓曰：『延平，宋多偉儒，龜山、豫章皆烺烺為古今山斗，得竊餘波，自潤快矣。』六月赴任，為己敦樸，校士尚實，與人不事矯飾，挹之者如坐春風，三載遷慶府教授，不赴。時，繼妻周先數月卒於官邸，喪不能歸，督府趙心堂資之行，卒年七十六，著有《田賦書上邑令喬》、《萬里議減》、《忠義連山二鄉稅》，又有《春秋膚說》若干卷。」（卷二十四）

案：光緒《奉化縣志》著錄。

## 《左氏摘豔》　詹惟修撰，〔佚〕

詹惟修，1585前後，江西婺源，字六宏，據光緒《重修安徽通志》云：「詹惟修，字六宏，婺源諸生。博學好古，著有《尚書代言》、《左氏摘豔》、《史記拔奇》、《漢書裒贍》、《六朝文膾》、《秦漢精華》、《雲寥雜疏》及樂府共百餘卷。」（卷二百二十四）；民國《重修婺源縣志》云：「詹惟修，字六宏，慶源人。修幹美髯，少時遇修道者，目以為僊，性耽奇嗜古，入郡庠為制義，頃刻數千言，不索而得，為古文蒼然古色，奇氣逼人，每謂婺承紫陽後，理學雖著，而古文詞風格萎苶，因力以李空同自命，識者許之，器宇岸然，雅不謁縉紳，惟好以古引後進，邑人士口先秦、談兩漢，率惟修力也。著書淘寫，天趣翩翩有仙致。五十餘，以痘疹卒。所著有《尚書代言》、《左氏摘豔》、《史記拔奇》、《漢書裒贍》、《六朝文膾》、《秦漢精華》、《雲寥雜疏》、《詹氏淵源錄》，并樂府共百餘卷行世。」（卷三十四）

案：光緒《重修安徽通志》著錄。民國《重修婺源縣志》作「詹維修左氏摘豔」。

## 《春秋要纂》一卷　鄒蒙撰，〔佚〕

鄒蒙，1585前後，湖南新化，字汝正，號育齋，據同治《新化縣志》云：「鄒蒙，字汝正，一字育齋，大僕卿廷望之子也。萬曆乙酉舉人，性穎敏好學，喜吟詠，有《育齋詩集》，邵陽車大任序行，廷望有重望於鄉里，蒙以名家子與其兄泰稟承庭訓，學有淵源，時東莞林培令新化，以循吏著，文而儒者也，與蒙唱和甚多，今縣西洋溪有鄒氏科第坊，培所書也。」（卷第二十四）

案：同治《新化縣志》、光緒《湖南通志》著錄。道光《寶慶府志》作「一卷」。

## 《春秋義》　劉幼安、陶懋禮、陶爾占撰，〔佚〕

劉幼安，1585前後，江西，生平失考。
陶懋禮，萬曆時期，浙江會稽，生平失考。
陶爾占，萬曆時期，浙江會稽，生平失考。
案：陶望齡《歇庵集》有「春秋義小引」。

## 《左傳摘議》十卷　楊伯珂撰，〔佚〕

楊伯珂，1586前後，江蘇淮安，字直甫，生平失考。
楊伯珂〈左傳摘議序〉云：「予自丁未，為時廢業，是非莫白，不能不悒悒於心。戊申之春，取《左傳》讀之，見後人之評者，多不察其心，漫為之說，竊歎古人之負冤，亦有久而不白者，乃取一事，綴以數語，或為人所未發，或為己發而未當者，皆原其情之本來，而究其勢所必至，善

惡功罪，昭然分別，使漏網者誅，負冤者雪，不欲人受溢美、溢惡之名，凡古今之成說，不敢偏徇，即胡氏一代成書有未確者，亦多為辨之，久而成百餘首，命曰『左傳摘議』，藏之笥中，曰摘議者，謂其或有一得，而非舉其全也。」（《經義考》卷二百五）

案：《經義考》著錄。《千頃堂書目》作「左傳摘疑」。

## 《左傳集要》十二卷　閔遠慶撰，〔存〕

閔遠慶，1586前後，浙江烏程，字基厚，號寧臺，據同治《湖州府志》云：「閔遠慶……字基厚，烏程人。萬曆丙戌進士，官至四川按察使僉事，纂是書，時繼高方為運使，遠慶方為運判，故三人以現行鹽法事例，參稽典故，其相酌定云。」（卷五十九）

案：收錄《四庫未收書輯刊》第6輯，第2冊，據明萬曆刻本影印。

## 《春秋遵懼篇》十卷　陳寶鑰撰，〔佚〕

陳寶鑰，1586前後，福建晉江，字大來、大萊，號蓼厓、綠厓，據道光《晉江縣志》云：「陳寶鑰，字大來，從督師李公荐授僉事，備兵青齊，輯兵安民，除嚮馬劇賊劉單刀、劉雙刀，地方以靖。丁內艱，服闋，補揚州分守道，兼確鈔關，嗣復主通省驛鹽，兼榷龍江關稅，抑豪橫、雪冤獄，清強占禁假銀，諸弊杜絕，歡聲雷動，秩滿擢貴州參議，督理糧儲，苗夷散巖谷，屢肆倭掠，寶鑰單車入寨，諭恩信皆投戈棄駕，願為良民，已乃退居家食，備列群書於草堂，口不絕今，年七十四卒，著有《春秋遵懼編》、《綠野堂論史詩文集》。」（卷之三十九）

案：乾隆《泉州府志》、道光《晉江縣志》著錄。

## 《左氏臆說》　王庭譔撰，〔佚〕

　　王庭譔，1554-1591，陝西華州，字敬卿，據《四庫全書總目》云：「庭譔，字敬卿，華州人。萬曆庚辰進士，官至翰林院修撰，年未四十而歿。」（集部三二·別集類存目六）；咸豐《同州府志》云：「王庭譔，字敬卿，華州人。年十七，隆慶庚午舉於鄉，越十年，萬曆庚辰年二十七，登進士，廷試策當上旨，擢第一甲第三名，授翰林院編修。丙戌，分校禮闈，所取多名士，與修《明會典》成，晉修撰，賜金幣，病不能謝，予告以歸。會丁亥、戊子歲薦，饑死骸枕藉，庭譔施繩席瘞之，又捐穀五百餘石以賑餓者，全活甚眾，告滿如京師復舊班，記注起居，管理誥勅，尋推經筵講官。辛卯春，疾復作，罷大故，馮文敏表墓之，辭謂：游道日廣，煦嫗取下，相為引重，而真意蔑如，悃款惻怛如公者，而意無年乎斯道也，將亡矣。其生平可概見云。庭譔為人坦夷真愨，無匿心之辭，無飾情之行，而遇事則委宛斡旋，周規折矩，曲當人意，所謂義以為質，而禮行孫出，信成者備有之矣。文法司馬子長，詩法杜規，後數十年張見平侍御讀其稿，云即一小存筍，若假之年，并美矣，蓋祖其意有當哉，著有《廷對策》、《松門稿》、《左傳臆說》、《十二家唐詩頗解》。」（卷三十一）

　　案：乾隆《再續華州志》、雍正《陝西通志》著錄。咸豐《同州府志》作「王廷譔」，一作「左傳臆說」。

## 《春王正月辨》　徐應聘撰，〔佚〕

　　徐應聘，1554-1616，江蘇崑山，字伯衡，號端銘，據同治《蘇州府志》云：「徐應聘，字伯衡，申曾孫，一元孫。應聘少有才名，舉萬曆癸未進士，改庶吉士，授檢討。在館搜討朝章典故，嘗條議西北水利，鑿鑿可見施行。二十一年，京察，中蜚語當譎，拂衣歸，座主沈一貫當國，數

招之不出，家居十餘年始起行人司副，遷尚寶司丞，陞光祿少卿，寺多浮費，一意釐飭，中官關請，概謝不行，所省冒破，以數萬計，進太僕少卿，意不欲出，久之始赴，時寺官俱缺，並絕四篆，閱馬措餉，日無寧晷，未四月，卒官。」（卷九十三）

案：同治《蘇州府志》著錄。

## 《春秋考異》一卷　周應賓撰，〔存〕

周應賓，1554-1626，浙江鄞縣，字嘉甫，據乾隆《鄞縣志》云：「周應賓，字嘉甫，萬曆十一年中進士，廷試已擬第一，余有丁以同里引嫌，置二甲。選庶吉士，授翰林院編修。神宗將立太子，復改傳三王並封，應賓率同官疏諫請，先正東宮，後封二王，不報。歷遷吏部右侍郎，在講筵多所諷諫，以憂歸里居。十六年，光宗立，召為南禮部尚書，五疏乞休，加太子太保，歸里卒，諡文穆。少嗜學，老而彌篤，詩人葉太叔負才氣，亢世不合，應賓獨與申布衣之好，鄉黨賢之。」（卷十六）

案：收錄《九經考異》，《四庫全書存目叢書》經部，第150冊，據北京大學圖書館明萬曆刻本影印。

## 《春秋說》十卷　錢世揚撰，〔佚〕

錢世揚，1554-1610，江蘇常熟，字士興，號景行，子錢謙益，據康熙《常熟縣志》云：「錢世揚，字景行，父順時，別有傳。世揚年十三，能闇記五《經》、《史記》、《文選》數萬言，世授《胡氏春秋》，妝拾旁魄，搜逖疑互，既成，以授學者，學者咸師尊之。志節激昂，好談古忠節奇偉事，每稱述揚忠愍、海忠介諸公，嚼齒奮臂，欲出其間，嘗戒子謙益必報國恩，以三不朽自勵，毋以三不幸自狃，屢試不就，作〈聱隅子自傳〉，所著有《古史談菀》等書行於世。」（卷之二十）

案：《千頃堂書目》、《明史》、同治《蘇州府志》著錄。

## 《麟經指月》　顧紹虁撰，〔佚〕

顧紹虁，1588前後，江蘇太倉，字和甫，號二懷、恬庵，據嘉慶《海州直隸州志》云：「顧紹虁，太倉州舉人，為海州學正，與州牧劉克修公餘遊覽，聯詠成帙，使海隅僻壤，藹然有儒雅之風焉。」（卷第二十二）

案：同治《蘇州府志》著錄。

## 《左胡纂》　陸夢履撰，〔佚〕

陸夢履，1589前後，江蘇崑山，字元禮，據同治《蘇州府志》云：「陸夢履，字元禮，萬曆己丑進士，授刑部主事，出為荊州知府。觀畢過家，父疾留侍湯藥者六月，而父歿服除，有修郤者持之，左遷山東運同，至則覈課，引追逋丁丈園，釐清編戶，鹽政一新，遷知雷州府，東人詣臺請留，改守東昌。時方旱蝗，河工復急，夢履一意拊循安集，歲不為災，尋遷沂州副使，東人又請留，再改東昌兵備，稅璫馬堂貪暴，士民聚眾焚其廨，擊殺其黨，夢履苦心調劑，請撫按奏減東稅三之一，而懲首亂一二人以彌禍，以兼攝三篆，積勞卒於官，東人立祠祀之。」（卷九十三）

案：同治《蘇州府志》著錄。

## 《春秋質疑》一卷　吳炯撰，〔佚〕

吳炯，1589前後，江蘇華亭，字晉明，號懷野，據光緒《重修華亭縣志》云：「吳炯，字晉明，號懷野……萬曆十七年進士，授杭州推官，民盛瀚得罪御史，誣繫三十年，炯辯釋之，入為兵部主事，乞假歸。沈靜端介，不騖榮利，家居十二年，始起故官，久之進光祿丞。天啟中，累遷南京太僕卿，魏忠賢私人石三畏追論炯黨庇顧憲成，落職閒住，崇禎初復官。炯家世素封無子，置義田以贍族人，郡中貧士赴舉者多所資給，又嘗

輸萬金助邊,被詔旌獎,卒祀鄉賢祠。」（卷十五）；乾隆《江南通志》云：「吳炯,字晉明,華亭人。萬曆庚辰進士,授杭州推官,擢南京兵部主事,進光祿丞。時徐兆魁騰疏攻顧憲成,炯力辨其誣,歷遷南太僕少卿,居鄉時置義田贍族,輸萬金助邊,被詔旌獎。」（卷一百五十八）

吳炯〈春秋質疑序〉云：「《春秋》,魯史之文也,因魯史以明王道,不以天子之權與。魯隱公不書即位,書天王歸賵,是以天王正魯之始也。始魯隱何也？平王之終也,王東遷而終不復,《春秋》所以作也。《春秋》繼王統也,故尊王於天,王不王有不稱天者矣。命曰天命,討曰天討,內命大夫書爵,外命大夫書字；不命於天子,不書大夫,不正其為大夫也。殺大夫必書爵,不正其專殺也。天子討而不伐,繻葛之戰,書三國從王伐鄭,不以天子主兵也。天子無出,出曰出居,居其所也,大一統之義也。王之降也,禮樂征伐自諸侯出,自諸侯出,尊王為重,召陵之師,責以包茅不入,王祭不供,存王室也；河陽之狩,不以臣召君；首止殊會,尊王子也；衛人立晉,晉非衛人所得立,許叔入許,許非叔所得入,正諸侯也,正王統之名分也。霸之衰也,禮樂征伐自大夫出；垂隴,大夫主盟之始,列士穀於宋公、陳侯、鄭伯之下,不與諸侯等也；伐沈,大夫主兵之始,列國稱人,退諸大夫也；扈之盟,書晉大夫於諸侯之下；棐林之役,書會晉師,不書大夫,不以大夫主諸侯之兵也,維王統之脈也。大夫失政,陪臣執國命矣。陽貨柄魯入讙,陽關以叛,書盜竊寶玉大弓；南蒯以費叛、侯犯以郈叛,書圍費、圍郈而不書其叛,不與陪臣專政也,王統所以不倒置也。尊王統者,外四裔,其號君與臣同詞,賤之也,進而稱人,又進而稱子,雖大不過曰子,微之也。盂之會,執宋公矣,書宋公於楚子之上,不與楚執也,薄之盟,釋宋公,書公會諸侯,不與楚釋也；宋之盟,楚駕晉矣,先書晉,存內外之防也；鍾離、黃池之會,殊會吳,不與中國同吳也,王統所以不裂也。《春秋》之事莫大於五霸；陘之次、葵邱之會、首止之盟,桓之功也；滅譚、滅遂、降鄣、遷陽,不與桓專滅；城楚邱、城緣陵,不與桓專封。桓之汰也,踐土之會、河陽之狩、

朝於王所、歸衛侯於京師，文之功也；城濮之戰，伐衛致楚，執曹畀宋，文之譎也。宋襄無功於中國，而有執滕子、用鄫子之罪；秦穆有功於納晉文，而滑之入，彭衙之戰，罪不可掩；楚莊有伐陳之功，而滅蕭、滅舒蓼，以至問鼎，罪不容誅，秦穆、楚莊功不敵罪者也，是以王統正五霸之功罪也。《春秋》之義，綱常為重：納衛世子蒯聵于戚，正父子也；忽出突入，忽繫鄭而突不繫鄭，正兄弟也；會于濼，與夫人姜氏遂如齊，正夫婦也；鄭申侯、陳轅宣仲相譖以敗書，齊執濤塗，鄭殺申侯，正朋友也；書子同生，重世子也；葬宋伯姬，明婦道也，是以王統正天下之父子、兄弟、夫婦、朋友也。《春秋》之始稱元、稱天王者，奉天體元之義。終以獲麟，王道之衰，天運之窮也。《春秋》始終以天，以天正王，以王正列辟百官萬民，故曰：『《春秋》，天子之事也。』」

　　案：《經義考》、同治《湖州府志》著錄。

## 《春秋左傳節文》六卷　吳炯撰，〔佚〕

　　案：《澹生堂藏書目》著錄。

## 《名公注釋左傳評林》三十卷　歐陽東鳳批評，〔存〕

　　歐陽東鳳，1589前後，湖北潛江，字千仞，號宜諸，據萬斯同〈歐陽宜諸先生傳〉云：「歐陽東鳳，字千仞，潛江人。年十四喪父，哀毀骨立，母病嘔血，跽而食之。舉於鄉，縣令憫其貧，遺以田二百畝，謝不受。萬曆十七年成進士，除興化知縣，大水壞隄，請賑於上官不應，遂自疏於朝，坐越奏停俸，然竟如所請，稍遷南京刑部主事，劾祭酒馮夢禎、兩廣總督侍郎陳大科不檢，兩人遂罷去。進郎中，擢平樂知府，撫諭生獞，皆相親如子弟，因白督學，監司擇其俊秀者入學，獞漸知禮讓，稅使橫行，東鳳力抗之，以才調常州，布帷瓦器，胥吏不能牟一錢，禽奸人劇盜且盡。憲成輩講學，為建東林書院，居四年，謝事歸。起山西副使，擢

南京太僕少卿，並辭不就，卒於家。其後閩人曾櫻知常州府事，復興東林，無錫人合祀東鳳、林宰、曾櫻，曰『三公祠』。」（鄒鍾泉《道南淵源錄》卷七）

案：日本前田育德會尊經閣文庫藏明刊本。

### 《春秋旁訓》　張居仁撰，〔佚〕

張居仁，1589前後，河北趙州，字叔廣，號育華，據魏裔介〈趙郡張育華先生傳〉云：「張公諱居仁，字叔廣，號育華，趙州人。生而穎異，七歲能賦詩，十三能文章，十八舉茂才，于書無所不讀，每試冠軍，有司咸器重之。順德司李隅陽陳公《春秋》名家，以公家世《春秋》，延為西席，蓋公父活泉公以《春秋》舉嘉靖甲子科，兄可齋公又以《春秋》舉隆慶丁卯科，故一時推公為麟經獨步數奇，凡應鄉舉者六。萬曆乙酉始舉于鄉，越己丑成進士。仕晉之高平，不善逢迎，失當事者意，陰中之降高郵州判，尋擢山左城武令，以倭警擢知膠州，不一載又為忌者所擠，降湖廣布政司照磨，時播酋楊應龍跳梁，西南大擾，大司馬長垣霖寰李公奏公參佐大將軍劉挺軍事，乃用火攻青龍囤，楊酋授首，公以督軍，勞瘁軍中，往來檄草，及露布文盡出其手，力疾磨盾，吐血如流，竟卒于蜀。敘功贈兵部職方，清吏司郎中予諡建坊，署曰：『平播精忠。』歲給粟十二石，養其妻子云。初公為諸生時，常遊長安，醉騎驢，行逢英國張公，高咏不下，為騶卒所呵，公夷然不屑也，觀者異之，既成進士，又出荊石王公、潁陽許公之門，在長安為時望所推。公之師友如茅公鹿門、李公九我、邢公子愿、趙公夢白、魏公崑溟，公之同年如焦公漪園、董公思白、黃公慎軒，莫不推引恐後，然而公高才絕學，睥睨一世，嗜酒謾罵，遇俗士多白眼，是以屢觸物忌，不獲躋公卿列，至其忠耿愛君，屢謫不怨，目擊不平，水火蹈之，不負知己，沒于王事，有古人風，著有《春秋旁訓》、《春秋酌意》，詩集刊有《十二家唐詩》、《三體唐詩》、《皇明

詩統》、《明雋》、《昭明文選》、《宋鶯池詩》于世。魏子曰：『趙郡人才淵藪，唐之諸李最為顯著，明代則當推首育華公矣。』公以高才，迹似放達，仕未大顯，然平播秘謀，實出于公，霖寰一代豪傑，匪公才何以舉，卒以勞瘁殞蜀，疆蓋有伏波之風，其視世之沾沾，內顧死兒女子手中者為何如也。公之孫光昌與余遊，為詩能文，有鳳毛不愧公，而家徒四壁，又令人不能無感云。」（《兼濟堂文集》卷十一）

## 《春秋酌意》　張居仁撰，〔佚〕

案：據前文〈趙郡張育華先生傳〉著錄。

## 《春秋解》　胡舜胤撰，〔佚〕

胡舜胤，1556-1622，江西餘干，初名昌陳，字明祚，據康熙《江西通志》云：「胡舜胤，字明祚，餘干人，萬曆進士。質美好學，名節自勵，為本邑鑄鐵斛，胥役不得意為增減。初任桐鄉，有政績，歷任大理寺評事，刑、禮二部郎中，轉福建僉事。……所著有《春秋解》、《崇雅堂集》。」（卷九十）

案：《千頃堂書目》著錄。同治《饒州府志》作「胡舜允」，避雍正諱也。

## 《新鐫陳眉公先生評點春秋列國志傳》十二卷　陳繼儒評點，〔存〕

陳繼儒，1558-1639，江蘇華亭，字仲醇，號眉公，據同治《蘇州府志》云：「陳繼儒，字仲醇，松江華亭人。幼穎異，能文章，同郡徐階特器重之。長為諸生，與董其昌齊名，太倉王錫爵招與子衡讀書支硎山，王世貞亦雅重繼儒，三吳名下士爭欲得為師友。繼儒通明高邁，年甫二十九取儒衣冠焚棄之，隱居崑山之陽，構廟祀二陸，草堂數椽，焚香晏坐，意

豁如也。時錫山顧憲成講學東林招之，謝弗往，親亡葬神山麓，遂築室東余山，杜門著述，有終焉之志。工詩善文，短翰小詞，皆極風致。又博聞強識，經史諸子，靡不較覈，或刺取瑣言僻事，詮次成書，遠近競相購寫，徵請詩文者無虛日，暇則與黃冠老衲，窮峰泖之勝，吟嘯忘返，足迹罕入城市。黃道周疏稱：『志尚高雅，博學多通，不如繼儒。』其推重如此。侍郎沈演，及御史給事中諸朝貴先後論薦，屢奉詔徵用，皆以疾辭，卒年八十二，自為遺令，纖悉畢具。」（卷一百十二）

案：收錄《明清善本小說叢刊初編》第12輯，第1–8冊，據明萬曆末葉姑蘇龔紹山刊本影印。

## 《陳眉公先生選注左傳龍驤》四卷　陳繼儒選注，〔存〕

陳繼儒〈左氏春秋序〉云：「嘗聞之漢儒云，孔子將修《春秋》，使子夏等十四人求周史記，得百二十國寶書，又魯君資孔子之周，因老聃觀書柱下，于是《春秋》成，授左丘明，故左氏有《左傳》，公羊、穀梁受經于子夏，有《公》、《穀》二《傳》。三《傳》自漢以來，遞相掊擊，迄無定論。伐《左氏》則有《左氏膏盲》，黨《左氏》則有《左氏釋痾》，其言互有得失者，為三《傳》分左右祖者也，其有彷《周官》調人諧讎之義，撰《春秋》七萬餘言者，又為三《傳》分鼎立者也。其後因《傳》以廢《經》，因《疏》以廢《傳》，甚則好為新奇如啖助、趙匡者，至謂別有《左氏》而非丘明，而《左氏》幾詘。又其後胡安定之《傳》出，吾明取以佐帖括，而《左氏》又大詘。雖然，夫《左氏》烏可廢耶？余方束髮時好讀《左氏春秋》，考訂其全文，稍採諸家之箋註，而擇《公》、《穀》之有文者附之。夫《左氏》躬覽載籍，凡諸國卿佐家傳，并夢卜縱橫家書，總為三十篇，括囊二百四十二年之事，大約如夏、殷《春秋》，晏、呂、虞、陸之《春秋》而已，未必有意于解經，而後人強附之于經，未必有意于創史，而後人強附之于史，不知《左氏》特以文章妙天下，為秦漢文人之祖。文如丘明而攻者數

起，則起于《公》、《穀》專門之子弟以《左氏》為晚出耳，然二家口傳，而《左氏》筆錄，非晚也。劉向、司馬遷之所撰述，《公》、《穀》無聞，而《左》、《國》援引甚多，非晚也。秦焚以後，若滅若絕，而孔氏之壁，北平之家猶有存者，非晚也。《左氏》所載賦《詩》者三十一，引《書》據義者三十九，論《易》者十有五，視二家獨此最有古意，非晚也。三代制度名分等殺，纖悉委曲，歷歷如宗譜、家牒，非晚也。《左氏》之古文奇字，非特劉歆、楊雄不能識，即公、穀能辨之乎？非晚也。夫《左氏》既非晚出，則似與《春秋》之經意較近，史例較合，況文章典豔，又有特出于秦漢諸儒之上者，豈惟文章，種、蠡之卜筮；薰、直之斷獄；平子、洛下之星曆；班固、范曄之輿地；淳于、東方之俳諫；關壽亭、岳武穆之兵法，蓋《左氏》咸具焉。嘻！可廢耶？今天下之《春秋》，廢《左》而尊《胡》，胡《傳》既以復讎論聖經，而經生復以帖括求胡《傳》，支離破碎，去經彌遠，則不若反而求諸《左氏》之文章為可喜也。」（《晚香堂集》卷一）

案：吉林大學圖書館藏清初三臺館刻本。

## 《春秋辨疑》四卷　薛三省撰，〔佚〕

薛三省，1558-1634，浙江鎮海，字魯叔，別字天谷，據雍正《浙江通志》云：「字魯叔，定海人，萬曆進士，授檢討。上疏請福王之國，天啟中累陞吏部左侍郎，疏言皇極門工恩太濫，與忠賢忤，移疾去。崇禎改元，起禮部尚書，而三省卒已踰月矣，贈太子太保，謚文介。」（卷一百五十九）

謝兆昌〈春秋辨疑序〉云：「嘗論《春秋》，因合三《傳》及胡《傳》，較其同異，辭旨錯出，隱然若有刺於心，蓋不特視《春秋》為刑書等義類於條例，如昔人所譏已也。朱子曰：『魯史舊文，既不可復見，不知孰為聖人所筆？孰為聖人所削？』夫小知不及大知，以今人而欲窺聖人之用心，固宜其難矣！然將謂聖人之用心終不可得見耶？《春秋》，經

世先王之志，聖人議而不辨，斯言也誠知，足以知聖者。觀梁氏與劉氏論《春秋》書，及呂氏謂《春秋》不以日月、名稱、爵號為褒貶之說，實發前人之所未發，而趙氏〈春秋集傳序例〉及〈春秋屬辭序例〉，策書之例十有五，筆削之義八，其論頗詳，使得見其書，或可剖疑釋滯，而惜乎俱未之見也。因見外大父藏集得《春秋辨疑》一帙，盥手讀之，見其因文辨疑悉本，自然破一切支離之說，而聖人經世大旨，未嘗不寓乎其間，此真足為讀《春秋》者開一法門也。蓋屬辭比事，本《春秋》之教，近代諸儒所發明日就簡略，得公而曲暢之，知國史原自有書法，而立說貴不遠乎人情，學者庶可從是而窺聖人之用心也。公以忤璫退閒，家居之日多著述甚當，此特其一臠耳，敬梓之以俟世之有同好者，同校訂者，公四世孫辭上治也。」（光緒《鎮海縣志》卷三十一）

案：雍正《寧波府志》、光緒《鎮海縣志》著錄。

## 《讀春秋》一卷　郝敬撰，〔存〕

郝敬，1558-1639，湖北京山，字仲輿，號楚望，據黃宗羲〈給事郝楚望先生敬〉云：「郝敬，字仲輿，號楚望，楚之京山人。萬曆己丑進士……《五經》之外，《儀禮》、《周禮》、《論》、《孟》各著為解，疏通證明，一洗訓詁之氣。明代窮經之士，先生實為巨擘。先生以淳于髡先名實者為人，是墨氏兼愛之言，後名實者自為，是楊氏為我之言。戰國儀、秦、鬼谷，凡言功利者，皆不出此二途。楊、墨是其發源處，故孟子言：『天下之言，不歸楊，則歸墨。』所以遂成戰國之亂，不得不拒之。若二子，徒有空言，無關世道，孟子亦不如此之深切也。此論實發先儒所未發。」（《明儒學案》卷五十五）

郝敬〈九部經解序〉云：「余蚤歲授《詩》成進士，三試為宰，再補諫官，十年之內兩黜，考功子云：『誦《詩》三百，授之以政，不達。』予心憂焉。甲辰歲，遂棄官隱一畝之宮，僻在荒郊，衡門長掩，永日無

事，乃取經籍課誦，久之於訓詁外微有新知，苦性鹵，隨事備忘，前後涉獵九經為九解，分九部，乃銓九敍，曰庖犧作易，文王演序，周公繫爻，孔子贊翼，四聖相授，道本一致，百家之說，紛然煩碎，執義者遺象，徇象者失意，邵雍圖先天分易為二，考亭守蓍筮，義主卜筮，小道可觀，致遠恐泥，緯稗亂正，易道旁鶩矣，作《周易正解》部第一。四代之書，邈茲逖矣，漢之伏生，九十記憶，太常晁錯，踵門肄習，凡得二十有八篇，真四代之弘璧，已晚出古文，託名孔壁，良苦真膺，復不相襲，而二千年砥砆混其良玉，不可以弗別也，作《尚書辨解》部第二。《詩》三百五篇，授自毛公，古序精研，六義明通，考亭氏盡改其舊，斥為鑿空，遂使雅、頌失所，國多淫風，先進、後進吾誰適從，其毛公乎？作《毛詩原解》部第三。孟子云：『王者迹熄而作春秋。』五霸得罪三王，《春秋》為五霸而修也，世儒誣仲尼，獎五霸、貶天子、退諸侯，吾聞諸夫子直道而行，與民共由，豈其譸張名字，深文隱語，如世所求乎？作《春秋直解》部第四。禮家之言，雜而多端，迂者或戾乎俗，而亡者未睹其全，蓋記非一世一人之手，而道有所損所益之權，訓詁之士，鑿以附會，理學之家，割以別傳，辭有純駁，義無中邊，舉一隅則矛盾，觀會通則渾圓，作《禮記通解》部第五。《儀禮》十七篇，禮之節文耳，先儒欲引以為經，夫儀烏可以為經也？『儀』者損益可知，而『經』者百世相因，其辭繁而事瑣，或強世而違情，昔之讀者，苦於艱深，支分節解，盤錯可尋也，作《儀禮節解》部第六。《周禮》五官，終始五行，司空考工，水藏其精，緯象之言，縱橫之心，說者謂是書周公所以致太平，六官錯簡，河間補經，世儒因加考訂，而不知本非闕文也，作《周禮完解》部第七。天縱上聖，為斯文主，弟子問道，而作《論語》，廣大精微，包羅萬有，無行不與，誰不由戶，四時行生，日月開牖，大道忘言，默識善誘，小子何述，詳說以補，作《論語詳解》部第八。戰國塵風，處士橫議，周道榛蕪，文武墜地，鄒魯相近，澤未五世，孟子〈願學〉曰：私淑艾七篇之言，居仁由義，稱述堯舜，入孝出弟，守仲尼之道以待後之學士，反約則同，詳說

豈異，作《孟子說解》部第九。書成通為卷一百六十五，為解一百六十七萬言，起草於乙巳之冬，卒業於甲寅之春，越六年己未殺青斯竟。」

案：收錄《續修四庫全書》經部，第136冊，據明萬曆四十三年至四十七年郝千秋郝千石刻郝氏九經解本影印。

### 《春秋直解》十三卷　郝敬撰，〔存〕

《四庫全書總目》云：「《春秋直解》十五卷，浙江汪啟淑家藏本。明郝敬撰……是編前有『讀春秋』五十餘條。其言曰：『今讀《春秋》，勿主諸傳先入一字。但平心觀理，聖人之情恍然自見。蓋即孫復等廢傳之學而又加甚焉。』末二卷題曰『非左』，凡三百三十餘條，皆摘傳文之紕繆，其中如『費伯城郎』，駁左氏『非公命不書』之誤，其說甚辨。『公為天王，請糴於四國，不書者諱之也』，其說亦有理。凡此之類，不可謂非《左氏》諍臣。至於曲筆深文，務求瑕釁。如論『賓媚人稱五霸』一條，不信杜預『豕韋昆吾』之說，必以宋襄、楚莊足其數，而謂五霸之名，非其時所應有。如此之類，則不免好為議論矣。」（經部三十·春秋類存目一）

李維禎云：「仲輿病漢儒之解經詳於博物，而失之誣；宋儒之解經詳於說意，而失之鑿。乃自為解，易解曰正，尚書解曰辨，詩解曰原，春秋解曰直，禮記解曰通，周禮解曰完，儀禮解曰節，論語解曰詳，孟子解曰說，質之理而未順，反之心而未安，即諸大儒訓詁，世所誦習，尊信必明晰其得失，要以不失聖人之心，不悖聖經之理，而止起漢宋諸君子九京，而與之揚挖必為心服首肯矣，豈若劉綽輩，織綜經文，詭其新說，異彼前儒，非險而更為險，無義而更生義者乎。」（《經義考》卷二百五十）

郝敬〈春秋直解序〉云：「六經之文，惟《春秋》最為明顯，所書皆五霸、諸侯、大夫盟會、戰伐之事，開卷知其為亂蹟，而世儒以為隱諱之文，何歟？子曰：『巧言、令色、足恭、匿怨而友其人，左邱明恥之，丘

亦恥之。吾之於人，誰毀誰譽？斯民也，三代所以直道而行。』此《春秋》底本，自後儒以褒貶論而底本壞。子曰：『天下有道，禮樂征伐自天子出；天下無道，禮樂征伐自諸侯出。天下有道，政不在大夫；天下有道，庶人不議。』此《春秋》格局，自後儒以事例合而格局壞。子曰：『予欲無言，天何言哉？四時行焉，百物生焉。二三子以我為隱，吾無隱乎爾，吾無行而不與二三子者，是丘也。』此《春秋》宗旨，自後儒視為深文隱語，覺仲尼胸中直是一片荊棘田地而宗旨壞。經此三壞，《春秋》於是不可讀矣。夫《春秋》無深刻隱語，無種種凡例，不以文字為褒貶，不以官爵、名氏為貴賤，未嘗可五霸，未嘗貴盟會，未嘗與齊晉，未嘗黜秦、楚、吳、越，此其犖犖不然之大者。今欲讀《春秋》，勿主諸傳，先入一字於胸中，但平心觀理，聖人之情自見。明白易簡者，聖人之情，其艱深隱僻，皆世儒之臆說也。」

　　案：收錄《續修四庫全書》經部，第136冊，據明萬曆四十三年至四十七年郝千秋郝千石刻郝氏九經解本影印。《千頃堂書目》、《明史》、《經義考》著錄。

## 《春秋非左》二卷　郝敬撰，〔存〕

　　郝敬〈非左序〉云：「《春秋》本事自當依《左》，舍《左》如夜行，茫不知所之矣。《公》、《穀》尚例，無《左》則例無稽，《左》言事而例始有據，《左》言例而人始爭為例耳。故《左》，諸傳之嚆矢也，其材富而辭豔，弔詭而好奇，世人喜之，以為羽翼聖經，其實風影滅裂，去道離經遠，惟假託丘明，人莫敢指遇，紕漏寧呵護掩飾，不知其為偽筆耳。《左傳》誠出丘明手，親炙先聖，同心之言，隻字不可易，隻字可易，即非丘明，而況蹐駁舛謬，不可勝數，豈親承尼父，見而知之者乎？漢司馬遷首相推信，馬季長、鄭康成、杜元凱輩唯然和之，末學承訛，至以《周易·文言》為魯穆姜語；《毛詩》古序為附會《左傳》作；臧宣叔

媚晉卿，權辭引為王制論；夏父弗忌逆祀諸侯，祖天子謂都家皆有祖王廟；晉人得罪周室，極力崇獎，使三王罪人，貌千古榮名，此背理傷道，何可言？俗人耳食，難與口舌爭，今略舉其謬已三百三十餘條，輒附管見，題曰『非左』，或曰非《左》，不非《公》、《穀》，何居？曰：『《公》、《穀》則誠《公》、《穀》，《左》實非丘明也，知《左》之非丘明者，與言《春秋》幾矣。』皇明萬曆庚戌六月朔日，京山郝敬自序。」

案：收錄《續修四庫全書》經部，第136冊，據明萬曆四十三年至四十七年郝千秋郝千石刻郝氏九經解本影印。《千頃堂書目》、《明史》、《經義考》著錄。

## 《批點左氏新語》二卷　　郝敬撰，〔存〕

案：收錄《山草堂集》，日本東京內閣文庫藏明崇禎三年跋刊本，臺灣傅斯年圖書館有影印副本。《八千卷樓書目》、《傳是樓書目》著錄。《經義考》云：「《經解緒言》，一名《山草堂談經》。」郝敬〈自序〉云：「聖人雅言，詩書執禮，而著之經。經者，聖人之文也，夫子謂：『文王既歿，文不在茲。』故贊《易》作《文言》，《文言》者，聖人所以談經也。士修文而不明經，舍秋實而采春華也，予惟魯無文，蒙受一經，垂老涉獵，旁通發揮，而喜於談說，家無好學子弟，外無師友，環堵一室，抱膝伊吾，時有所會，手口共語，要之不越六經糟粕耳。士大夫羣居議論時政，月旦人品區區，掃軌杜門二十年，耳目面墻，惟於几案間，親聖賢薰炙而相師友，不啟不發，欲言而誰與言，欲不言而終古茫昧困蒙，不告寧秦越人之肥瘠，與解經暇日撮其瑣言，題曰『談經』，昔秦之談士，引經非時，而因以禍經，晉之談士，舍六經談老莊，而因以誤國。由斯以談，談何容易，吾夫子終日言，然頗惡人之空談者，故曰：『予欲無言。』默而成之，存乎德行，則予又似多言矣。」

## 《談春秋》一卷　　郝敬撰，〔存〕

據書前言云：「《春秋》一書，千古不決之疑案也。非《春秋》可疑，世儒疑之也。仲尼原筆之舊，史不傳矣。左氏遮拾遺文，闕略未備，可據纔半耳，其於聖人不言之情，茫乎昧乎。《公》、《穀》襲《左》而加例，《胡氏》襲三《傳》而加鑿。吁嗟！《春秋》幾同覆射矣。」又說：「《春秋》，魯史之提綱也，仲尼憂五霸，借魯史標義，其所難言與欲言之情，仍具舊史，舊史亡，後儒揣摩，而聖意遂晦。左氏猶及見舊史，薈蕞其事，而不達其義，開附會之端，《公》、《穀》因《左》為短長，而後儒益加穿鑿，《春秋》遂不可讀矣。」；《四庫全書總目》云：「《談經》九卷，江蘇巡撫採進本。明郝敬撰。……此則提其大要……，《春秋》五十六條……論多創闢，而臆斷者亦復不少。」（經部三四・五經總義類存目）

案：收錄《談經》，《四庫全書存目叢書》經部，第150冊，據北京圖書館藏明萬曆崇禎間郝洪範刻山草堂集本影印。

## 《春秋講義》　　彭汝賢撰，〔佚〕

彭汝賢，1591前後，浙江黃巖，號紫雲，據民國《台州府志》云：「彭汝賢，字紫雲，黃巖人，萬曆十九年舉人（康熙志）。三十九年知壽州，有文名，簡素淡泊，綜理庶事，悉中竅要，課士得人，催科不擾民，享其福（壽州志名宦），著有《春秋講義》、《繩繩錄》、《莊詠吟》。」（卷一百十八）

案：光緒《黃巖縣志》、民國《台州府志》著錄。一作「春秋講議」。

## 《春秋左翼》四十三卷　王震撰，〔存〕

王震，1591前後，浙江烏程，字子省、子長，號荊庭，據乾隆《烏程縣志》云：「《湖錄》：震字子長，號荊庭。僉事槐庭弟，布政洪厓世父，治《左傳》專精，惜其書失傳。」（卷之十四）

《四庫全書總目》云：「《春秋左翼》四十三卷，浙江汪啟淑家藏本。明王震撰。震字子省，烏程人。其書繫傳於經文之下。凡先經起義、後經終事者，悉撮為一。《左傳》中稱號不一者，皆改從經文。稱名有經無傳者，采他書補之。前後編次，亦間有改易。案朱彝尊《經義考》有王氏《春秋左翼》，不著撰人名氏，亦不載卷數，而所錄焦竑之序，與此本卷首序合，當即此書也。」（經部三十・春秋類存目一）

焦竑〈春秋左翼序〉云：「《左氏》之用，不盡于說經，而善說經者，無如《左氏》。彼其事判于數世之後，而幾隱于數世之前，或以一事基敗，或以一人創治，或內算失而外以狙，或微蘗萌而鉅以壞，要以絲牽繩聯，迴環暎帶，如樹之有根株枝葉，扶疎附麗，使人優游浸漬，神明默識，而忽得其指歸，二百四十年之成敗宛如一日，七十二君之行事通為一事，故曰『奇也。』漢、魏以上，《經》、《傳》單行，元凱氏始以《傳》從《經》，而于其無所主名者，則強為先經始事、後經終義、依經辨理、錯經合異之說，以盡其變例。是徒知以《公》、《穀》讀《左氏》，而不知以《左氏》讀《左氏》；徒知合《經》以為《左氏》重，而不知離《經》以為《春秋》用也。余每歎《春秋》以聖人經世之書，而為章句小儒割裂破碎，皆始于不善讀《左氏》故耳。王君子省癖《左》有年，既已獨詣其深，而苦學者算海量沙，出沒委頓，遂專主以《經》而類從其事，使開卷了然，無俟沈酣反覆，而聖人經世之大法，目擊而存，以一洗元凱始事終義之陋。昔人之論《管子》也，以為變《司馬法》之鉤聯蟠踞者而為直截簡易，故其法可以進攻而不利退守。夫世豈有不守而能攻者哉？故余謂之書也，不特《左氏》之螯弧，抑亦《春秋》之墨守也

歟！」（《焦氏澹園集》卷十四）

朱彝尊按：「烏程王氏《左傳參同》四十三卷，別有凡例、列國世系考、國號考異、年表世次圖、名號歸一圖、名號考異、字例、書目、姓氏附見於前後。其報沈太史仲潤書云：「人謂僕變亂《左氏》，非敢然也。僕所為編輯者，不過因其散亂而次第之，或緣其記識闕略而補苴之，如齊桓公遷邢于夷儀、封衛于楚邱，此是僖公元年二年事也，《傳》乃載於閔公末年，當乎？否耶？又如晉獻公殺世子申生，本僖公五年事也，《傳》乃散見於莊公、閔公、僖公二三十年之閒，考核者便乎？否耶？至如管仲匡合之功，孔子亟稱之，然《左氏》不詳見也；管子於召陵之役則曰：『楚人攻宋、鄭，燒焚燎，使城壞者不得復築也，屋之燒者不得復葺也，要宋田，夾塞兩川；使水不得東流東山之西，水深滅柂四百里而後可田也。』於是興兵南存宋、鄭，茲亦不見桓公、管仲之仁矣乎？令尹子文之忠，孔子嘉之，《左氏》未之及也，《國語》則曰：『子文緇衣以朝，鹿裘以處，未明而入朝，日晦而歸食，家無一日之積。』茲亦不見子文之殉公矣乎？三都之墮，聖人施為大略，具見於此經文，大書屢書必自有說，《左氏》僅曰：『仲由為季氏宰，將墮三都。』抑何略也？《家語》則云：『孔子言於公曰：古者家不藏甲，大夫無百雉之城，今三家過制，請損之。』此出自聖人墮郈、墮費本意，傳胡可不載？至西狩獲麟，聖經於此絕筆，原有深意，《左氏》乃曰：『叔孫氏之車子鉏商獲麟，以為不祥，賜虞人，仲尼觀之，曰：麟也。然後取之。』其於經義，惡睹萬一？《家語》紀孔子之言則曰：『麟之至，為明王也；出非其時而被害，是以悲之。』此出自聖人絕筆至情，又何嫌攙入已？諸所增益，大都不出此類，獨《左逸》、《說林》等書謬為纂附，疑於真偽錯雜；然鄙意傳疏主於明經，苟於經義有裨，雖附見無傷也，矧細書傳後原與本傳毫無混淆，又何真偽錯雜之足疑乎？此書出，讀者可省檢閱覆覈之勞，其於初學不無小補，聖人蓋云：『屬辭比事，《春秋》教也。』僕之編輯，儻亦屬比之萬一乎？其著書大略，具見此書，故錄之。」（《經義考》卷二百五）

案：收錄《四庫全書存目叢書》經部，第122冊，據山東省圖書館藏明萬曆三十一年刻本影印。王太岳云：「王氏《春秋左翼》，王氏名未詳，案本書卷二百五載王震《左傳參同》四十三卷，而《明史·藝文志》則作『王震《春秋左傳》四十三卷。』今震書具存，以震所答〈沈仲潤書〉，及焦竑〈春秋左翼序〉參考之，《左翼》即《參同》無疑，惟因《烏程縣志》云：『震字子長。』而焦〈序〉云：『王君子省。』故彝尊前後分載，而不辨其為一人一書也。」（《四庫全書考證》卷四十七）

### 《麟經三易草》　史學遷撰，〔佚〕

史學遷，1592前後，山西翼城，字惟良，據雍正《山西通志》云：「史學遷，翼城人，家貧嗜學，嘗徒步百里外學《春秋》於先達者，既成，登萬曆壬辰進士，知直隸威縣，以寬勝，及調滑縣，以嚴勝，因地異政，時論稱其不偏，擢監察御史，屢按直省，所至以亢直著，指陳闕失，糾劾封疆大吏，多蒙俞允。嘗荐常熟知縣楊漣、保定推官張銓，後俱忠烈有名。歸里後以翼俗，冠、婚、喪、祭，多不遵古法，編《四禮圖》一冊刊布之，又出數千金修煤徑，建嶺下橋，著有《四書心言》、《麟經三易草》行於世。」（卷一百十一）

案：雍正《山西通志》、乾隆《翼城縣志》著錄。

### 《麟經提要》　蕭桂芳撰，〔佚〕

蕭桂芳，1592前後，江西萬安，字培吾，師鄒德溥，據同治《萬安縣志》云：「蕭桂芳，號培吾，塘頭人，肆力《春秋》，始受業於鄒德溥之門。萬曆壬辰膺選入監，鐫有《南雍譽髦錄》。居家讀禮，力學不倦，邑之業《春秋》者皆出其門，著有《麟經題要》。」（卷十三）

案：光緒《江西通志》著錄。同治《萬安縣志》作「麟經題要」。

## 《春秋筆庫》　蕭桂芳撰，〔佚〕

案：光緒《江西通志》、同治《萬安縣志》著錄

## 《讀左漫筆》一卷　陳懿典撰，〔存〕

陳懿典，1592前後，浙江秀水，字孟常，號如岡，據盛楓云：「陳懿典，字孟常，號如岡，秀水人。宋參知政事文龍之後，世居郡之商湖里，故名商陳村，高祖昺至孝，母疾篤思食鯉魚，昺入水求之得巨魚以奉母，疾遂愈，居喪廬墓三年，有一雁隨之，每遇諱日輒翶翔，助昺悲哀。昺曾孫九德，嘉靖甲子順天中式，選潛山知縣，未赴，卒。懿典父一德不仕。懿典，萬曆丙子以儒士就試，擬置第一，時司臬以未經黌序而冠一榜疑之，巡按御史某曰：『此卷不可抑置於後，寧留之，當不失第一。』是冬，補弟子員。己卯，果領解壬辰會試第二名，選庶吉士，授編修，分撰《同姓諸王傳》，遷左中允，陞右諭德。戊戌，分考冊封魯藩，以病目假歸，葉向高荐，起南侍讀學士，掌院事。一年，復引疾。崇禎中，晉少詹事，兼右諭德翰林學士如故，以年老固辭，里居三十餘年，年八十五，卒葬圓珠灘。懿典妻姚嚴妬，門生某嘗致一姬，屏不得見，故卒無子，作《禮律合說》，闡明宗法，立其弟之子泰寧為嗣，著《吏隱齋集》三十六卷、《國朝正史聖學》、《聖政紀要》、《同姓諸王傳》二十卷、《在陛紀略》十卷、《論孟貫義》二卷、《讀左史》二卷、《七太子傳》、《古搜》二十卷、《今宜》二十卷，壻曹憲來裒輯行之。」（《嘉禾徵獻錄》卷二十二）

《四庫全書總目》云：「《讀左漫筆》一卷，編修程晉芳家藏本。明陳懿典撰。懿典字孟常，秀水人，萬曆壬辰進士，官至中允，乞假歸。崇禎初起為少詹事，不赴。此書蓋其讀《左傳》時隨筆漫記，凡二十七條。《嘉禾獻徵錄》載懿典有《讀左史》二卷。此即其《讀左》一卷也。大抵

如時文評語，如開卷『石碏殺州吁』一條云：『石碏誘州吁離窟穴而執之，大是高識。』又如『孟僖子知孔子』一條云：『孟僖子能知夫子，且能稱其上世而知後有達者，可謂具隻眼人』。此類亦何須贅論也。」（經部三十‧春秋類存目一）

　　案：收錄《四庫全書存目叢書》經部，第121冊，據北京圖書館藏清道光十一年六安晁氏木活字學海類編本影印。光緒《嘉興府志》作「讀左隨筆」。

## 《春秋彙語》　李叔元撰，〔佚〕

　　李叔元，1592前後，福建晉江，字端和、贊宇，號鹿巢，據李清馥〈侍郎李鹿巢先生叔元〉云：「李叔元，字端和，號鹿巢，晉江人，木齋古先生元孫，萬曆壬辰登進士第，授刑部主事，洗冤辨誣，不輕動拷訊，轉禮部儀曹。……甲辰春在籍，起山東按察司督學副使，培植學校，每以身心、性命、忠孝、廉讓之學為勸誡，雅意作養人才，一時人士爭自濯磨，文體還淳，所取士稱得人焉。丙午冬，聞父病，即乞致仕。……崇禎初，起為光祿寺卿，管太僕少卿事。……叔元歷任四朝，授職無瘝曠，宦橐蕭然，自登第後，便以世道為己任。……生平簡略，一切浮文，不問時俗羔雁，惟念族黨、親朋，置義粟百石，賙恤貧乏，又為里閭捍患，興利清溝，塘疏灌注，鄉民戴德。幼時從兄伯元習《尚書》，又改習《春秋》，後遂為海內麟經指南，亦嘗從叔祖維徵先生說《易》，平昔論學，扶樹正論，以紫陽為宗，為明季鄉邦楷式，所撰述皆有淵源，卒年七十四，後贈刑部侍郎，所著有《四書》、《春秋傳稿》、《雞肋刪》、《三餘存》、《萍踪》、《萍根》諸集。」（《閩中理學淵源考》卷六十八）

　　案：乾隆《泉州府志》、道光《晉江縣志》著錄。

## 《春秋傳稿》　李叔元撰，〔佚〕

案：乾隆《泉州府志》、《閩中理學淵源考》、道光《晉江縣志》著錄。

## 《續麟稿》　鄒希賢撰，〔佚〕

鄒希賢，1592前後，福建建安，字淑輿、星門，據民國《建甌縣志》云：「鄒希賢，字淑輿，一字星門，萬曆壬辰進士，初選山東濮州知州，遭歲饑，民多流亡，希賢設粥募糴，疏河灌田，歲因大熟，擢寧波守，以卓異奏績，歷浙江副使，巡視海道，建立昌國、定海、象山等處，團練營衛，轉江西參政，致仕歸，所著有《續麟稿》、《春秋正解》、《淑輿別集》等書」（卷二十六）；乾隆《福建通志》云：「建安縣，鄒希賢，授知濮州，歲饑，民多流亡，希賢設粥募糴，疏河灌田，歲因大稔，擢守寧波，卓異遷湖廣道致仕，著有《春秋正解》。」（卷三十六）

案：乾隆《福建通志》、民國《建甌縣志》著錄。

## 《春秋正解》　鄒希賢撰，〔佚〕

案：乾隆《福建通志》、民國《建甌縣志》著錄。

## 《新刻李太史釋注左傳三注旁訓評林》七卷　葉向高評林、李廷機注釋，〔存〕

葉向高，1559-1627，福建福清，字進卿，號臺山，據嘉慶《大清一統志》云：「葉向高，字進卿，福清人，萬曆進士，選庶吉士，累官吏部尚書，建極殿大學士。時神宗倦勤，庶政不理，朝署空虛，群黨角立，向高深憂之，在位務以調劑群情，輯和異同為事，數言時政得失，帝不能

納，遂因病歸。光宗立，召還。天啟改元，魏忠賢擅政，欲興大獄，憚向高，未敢逞，一時善類賴以保全。已知時事不可為，力求去位，忠賢遂無所顧忌，大肆羅縕，善類為之一空，年六十九，卒於家。崇禎初，贈太師，諡文忠。」（卷四百二十六）

案：吉林省社會科學院圖書館藏明萬曆書林詹聖澤刻本。

## 《春秋正意》　曾舜漁撰，〔佚〕

曾舜漁，1559-1598後，廣東博羅，字澤卿，據道光《廣東通志》云：「曾舜漁，字澤卿，博羅人。萬曆丁酉鄉薦，戊戌進士，改庶吉士，授山西道監察御史，出視河東鹺政，時鹽池圮，額餉日縮，鳩工修築，商集賦充，闢育才館以造士，以弗事權貴，內計鑴一級調外，移疾求歸，謫福寧州判，起南戶部主事，遷福建參議，刷郵政，稽伍籍，擢廣西副使，未赴而卒。江東學湖堤圮，舜漁甃石為橋，費金千餘緡曰：『永濟橋，行者便之』，著《春秋正意》等書。」（卷二百九十一）

顧起元〈春秋正意序〉云：「學以通經為難，而通《春秋》為尤難，故博士家言以經義為難，而以《春秋》義為尤難。蓋《春秋》為聖人史外傳心之要典，其微辭奧指在文字語言之表，即左氏而下，公、穀、啖、趙諸人鑽厲以求之，猶有不至。今世獨取胡氏言，當是宋儒亟稱之耳，博士為經義，其命題一出于經文，亡他繆巧，而《春秋》獨于經題外有所謂傳題者，傳題又有所謂合題者、比題者，擬議以出之，揣摩以中之，上如藏鬮，下如射覆，自非得傳之宗旨，而究其指歸，方且童而習之白首，紛如求其至當，免于臆決，強傳之誚，可易言哉！余友曾澤卿氏以《春秋》起家，取甲第，讀中秘書，官繡衣執法去，為博士家言，幾二十年矣，而敦說研味，不少釋焉。蓋自其髫年，隨王父少峯公司訓閩庠，業為《春秋》，顒門學迨稱弟子員，屢試場屋，間益得以沈吟專思，批析要指，傳必據經為斷，題必依傳立義，以一言解諸家之惑，而觭說毋敢執也，以眾

論酌獨見之疑，而兩可毋敢參也，蓋自是而于前所為合題、比題者，始洞若觀火，頹若畫塗，微若庖丁之批卻導窾而無全牛，精若法吏之斷案爰書而無失聽，不特可以發《胡氏》之微，于以探聖人筆削之旨，有易易者，彼諸家牽合比擬之紛紛，不其可廢乎哉！書成命曰『春秋正意』，藏之于家。頃來南計部，自公之暇時，復有所訂正，間出以示余，余一再讀之，渙然冰釋，怡然理順，如載司南而四方更無易向者，因請澤卿梓行之，以惠承學。而澤卿固未之許也，昔漢儒如廣川之流，以名《春秋》顯于朝廷，為天子決大疑難，其徒傳之，至有引以斷獄者，今澤卿名位已過廣川，而此書慎持師說，成一家言，又有陶勝于廣川之《繁露》者，傳諸其人，匪直名胡氏之功臣，且奉而張為曾氏學矣，雖欲秘胡可得哉。而今而後，讀《春秋》者，發墨守、箴膏肓、起廢疾，可以易昔賢之所難，而人人如顯處視月，澤卿之功于是為大，遂題此以歸之。」（《遯園漫稿》己未）

　　案：《千頃堂書目》、《明史》、道光《廣東通志》著錄。

## 《古春秋傳》六卷　孫如法撰，〔佚〕

　　孫如法，1559-1615，浙江餘姚，字世行，號俟居，別號柳城翁，據乾隆《潮州府志》云：「孫如法，餘姚人，吏部尚書鑨子。如法由進士授刑部主事。神宗朝，鄭貴妃有寵，如法諫阻鄭貴妃封典，帝怒貶潮陽典史，矜尚名節，勢位澹如，久之移疾歸，廷臣數薦不報，卒贈光祿少卿。」（卷三十三）

　　案：雍正《浙江通志》、乾隆《紹興府志》、光緒《餘姚縣志》著錄。

## 《春秋題旨》不分卷　江渤撰，〔存〕

　　江渤，1593前後，甘肅靜寧，字漢海，一字澄宇，據乾隆《靜寧州

志》云：「江渤，字漢海，一字澄宇，灌縣主簿玉泉次子。性鯁介，慎名節，恬退自矢，不喜紛華。萬曆二十一年，選貢除知山西芮城縣，先是芮城有陋規，新令赴任，途費三百金，吏胥迎送，至是以奉渤，渤厲聲曰：『此民膏脂爾，何以玷吾官箴。』為急揮去，後知為家人權受，仍出其金以佐餉，解組之日，囊橐蕭然。渤窮經有得，歸里杜門，手不釋卷，所著有《春秋題旨》若干卷藏於家，治家有法，教子頗嚴，雖獨居，衣冠危坐，毫無惰容，聞官司過門，輒起立，古冥行君子也。自廣安灌縣以迄汭城，父、子、孫三世拔萃，清德相承，亦可風矣。」（卷之六）；乾隆《甘肅通志》云：「江渤，字漢海，靜寧州人，性鯁介，慎名節，恬退自矢。萬曆二十一年，選貢除知山西芮城縣，時縣有陋規，新令赴任，送途費三百金，渤揮去曰：『此民脂膏耳，何玷吾官箴。』為解組日，囊橐蕭然，歸里杜門，手不釋卷，獨居衣冠危坐，聞官司過門，輒起立，古冥行君子也。」（卷三十五）

案：陝西省寶雞市圖書館藏明抄本，《中國古籍善本總目》著錄。此書為陝西省寶雞市圖書館藏明抄本，《中國古籍善本總目》雖著錄，但不著姓氏。經查地方志，明代靜寧州進士江渤著有此書，亦云若干卷，且靜寧州明代歸屬陝西，今日納入甘肅，可見地緣相近，由此三點來看，應是江渤所撰無疑。

## 《春秋質疑》十二卷　魏時應撰，〔存〕

魏時應，1560-1595後，江西南昌，字去違，據康熙《江西通志》云：「魏時應，南昌人，萬曆進士，初任建陽知縣，擢工部主事，調吏部，歷考功文選員外郎，特疏請簡用鄒元標、趙南星，以副當世之望，銓故弊，藪疏立，四季考察，法有受賕犯律者，得參送法司，如五部例旨下著為令，轉驗封郎中，給假奉母還里，林居十餘年，會東林議起，以時應前疏薦元標、南星，故出為閩藩左參，歷按察使。天啟中，晉光祿寺卿，

羣小方共斥鄒、趙，改時應為南通政，旋冠帶閒住。崇禎初，卒於家，著《春秋質疑》等書行世。」（卷七十）

案：收錄《四庫未收書輯刊》第1輯，第6冊，據明萬曆刻本影印。

## 《春秋倫訓》　洪維幹撰，〔佚〕

洪維幹，1594前後，江西彭澤，字禎南，號元肅，據康熙《江西通志》云：「洪維幹，字禎南，萬曆舉人。知桐梓時奢酋亂，維幹先遣家屬歸，募兵死守，有叛戍陳大義等為內應，遂致城破，縛維幹說降，不屈，賊先斬兩僕以懼之，不為動，惟欲坐正堂而死，賊許之，乃衣冠北面再拜，被害事聞，贈尚寶司正卿。」（卷九十二）；裘君弘云：「賊破城，具衣冠北拜，賦忠字詩九首，有『呼籲知難通帝座，魂飛萬里只孤忠』之句，不屈而死，事聞贈璽卿。」（《西江詩話》卷九）

洪維幹〈春秋倫訓自序〉云：「六《經》皆訓世之書也，《易》以象訓，《書》以典誥訓，《詩》以美刺訓，《禮》、《樂》以容聲訓，《春秋》以賞罰訓。詎不訓倫，余次《春秋倫訓》，余《左傳》癖歟！左氏受經於仲尼，發《傳》之體有三，為例之情有五，附於二百四十二年行事，不霪不迂，王道之正，人倫之紀備矣。如他經中，事辭不悉載，是非無顯較，非深潛互參，未罄有覺，能若是書，朝野之踪毛，舉小大之倫，某列如是之詳且白者乎？魏鍾繇指左為大官，信矣！不佞有憂於今日之倫也，洛誦左氏摘為君臣、父子、夫婦、兄弟、朋儕五倫，如敵國庶媵、甥姨、僕豎從類附焉，薰猶瞭如，感發懲創，不須提命，余將自律，而有庸曰：『未也，纂言者必鈎其元，撮實者必提其會。』本傳金粟玉屑，漏而掩之，武庫夫征喪，雄何以望？走在晉續節，其事辭為五識：一國憲，朝家大典，禮大關捩，無能敦叔向，以其所不知；一辭令，鴻裁鷰章若高山大川，讀之令人思陟其巔，而探驪珠九淵之下；一災異，日雹冰霜、鼠角蛇鬭，而告諸天之不假易；一凶德，顯惡幽慝，令人摩厲，須出不可沒振；

一筮夢，徵人徵鬼，藏陳母爽，又令人懼，然素厲不敢背繩墨，以追曲循，此為敦倫博雅之士，不則亦不至，如王叔氏之不舉，契身心倫紀大相裨益，庸詎括帖、家脯、資饙牽不竭，總而題之『倫訓』。噫！董仲舒夢蛟龍入懷，作《春秋繁露》，《春秋倫訓》出，當有祥龍吉雲，何也？人人親其親、長其長，而天下平。」（同治《彭澤縣志》卷之十六）

案：同治《彭澤縣志》、光緒《江西通志》著錄。

### 《春秋左傳異名考》一卷　　閔光德撰，〔存〕

閔光德，1594前後，浙江烏程，字賓王、雲來，生平失考，惟據同治《湖州府志》云：「《湖錄》：光德字雲來，諸生，光祿寺丞。」（卷五十九）

案：臺北臺灣大學圖書館藏日本延享三年江都崇文堂刊本。

### 《春秋姓名辨異》一卷　　閔光德撰，〔存〕

案：臺北臺灣大學圖書館藏日本延享三年江都崇文堂刊本。

### 《春秋左傳杜林合註》五十卷　　閔光德撰，〔存〕

案：哈佛大學哈佛燕京圖書館藏明代刊本。同治《湖州府志》著錄。繆荃孫《雲自在龕隨筆》作「左傳杜林合注」。

### 《春秋左傳》三十卷　　吳勉學撰，〔佚〕

吳勉學，隆慶－萬曆，安徽歙縣，字肖愚，號師古，據民國《歙縣志》云：「吳勉學，字師古，豐南人。博學藏書，嘗校刊經、史、子、集，及醫書數百種，讎勘精審，所輯《河間六書》收入《四庫全書》中，又嘗與吳養春校《朱子大全集》。」（卷十）

案：《傳是樓書目》著錄。

## 《左氏附解》　張澡撰，〔佚〕

張澡，隆慶–萬曆，安徽六安，字子新，據光緒《重修安徽通志》云：「張澡，字子新，六安人，參政諧之子也。澡少襲祖爵，為六安衛指揮使。隆慶四年，駐福山防倭有功，歷至參將，前後任浙江十年，大小數十戰皆捷。萬曆九年，為吳淞總兵，上水操、陸操，沿海諸圖，當輈稱善，移鎮雲南，築三大營：一曰威遠、二曰壩革、三曰九江，並築子城相應援，苗無敢犯，朝廷嘉其功，移鎮廣西，以南京都督僉事致仕，著有《正、續百將傳》、《節評孫子》、《繹語》、《左氏附餘》等書行世。」（卷二百三十三）

案：光緒《重修安徽通志》著錄，一名「左氏附餘」。

## 《春秋別典》十五卷　薛虞畿撰、薛虞賓續補，〔存〕

薛虞畿，隆慶–萬曆，廣東海陽，字舜祥，據光緒《海陽縣志》云：「薛虞畿，字舜祥，貢生，隱韓山之麓，以農圃自娛，長吏造其廬，踰垣遁去，著有《聽雨篷稿》，又按《春秋》紀年，自隱訖哀，於三《傳》、《國語》、《檀弓》及《莊》、《列》寓言外，綜舊史遺文，輯為《春秋別典》。卒，其弟虞賓續成之。國朝陽湖孫星衍又為注出書，今廣州伍氏刻《嶺南遺書》中。」（卷三十八）

薛虞賓，隆慶–萬曆，廣東海陽，據《四庫全書總目》云：「《春秋別典》十五卷，兩淮鹽政採進本。明薛虞畿撰。前有虞畿自序，不署年月，稱『嘗閱往牒，見春秋君臣往迹，不下千事。散見百家，皆三氏所未錄。間或微掇其端，而未究其緒。存其半而不採其全。因不自度，略仿《左》例，分十二公，以統其世。稽三《傳》人名，以繫其事，凡十五卷。』末又有其弟虞賓〈跋〉，稱『先仲氏輯《春秋別典》，未脫稿而不

幸下世。不無掛甲漏乙，年代倒置之病。故特廣閱博蒐，參互考訂，世懸者更，數殊者析，刪其繁複者十一，苴其闕略者十三」云云。則此書乃虞畿兄弟二人相續而成也。舊無刊版。此本為朱彝尊家所藏。有康熙辛巳十月彝尊題字，惜其鈔撮具有苦心，惟各條之末不疏明出何書，明人之習，大都若是。所譏誠中其病，然網羅繁富，頗足以廣見聞，要亦博洽之一助也。虞畿序自署曰粵瀛，彝尊跋稱『其字、里，通志不載，莫得其詳』。虞賓跋中稱『仲氏列章縫，治博士家言』，蓋廣東諸生也。考胡恂《潮州府志》曰：『薛虞畿，字舜祥，海陽人。初為諸生，後棄去，隱韓山之麓，以農圃自娛。郡長吏欲致之，鑿垣而遁。著有《聽雨篷稿》』云云。當即其人。又考潮州在梁為東陽州，後改曰瀛州，與粵瀛之稱亦合。惟《志》不言其有此書，疑偶未見耳。虞畿序又稱『書目、凡例列在左方』。今卷首有凡例七條，而無書目，則傳寫者佚之矣。」（史部六·別史類存目）

　　薛虞畿〈春秋別典敘〉云：「昔仲尼作《經》口授弟子，左丘明懼其妄意失真，迺推論本事作內《傳》，復採諸國名物，作外《傳》，蓋侈哉博乎。其紀事也已。觀周篇嘗載孔子將作《春秋》，與丘明乘，如周觀書於周史，歸而作《經》，丘明作《傳》。若是乎，其於二百四十年之蹟，蓋目睹而備言之也，惡有所謂《別典》哉？今考其書，或先經而始，或後經而終，辨理者依，合異者錯皆彬彬乎，條分臚布，井猶伍兩焉。《公》、《穀》後出，談經不睹史記耳，而傳之董董什一二耳，然舊史遺文無關聖筆，左氏捐而不錄者郵眾，劉知幾亦謂丘明紀載，當世得十之四，豈非深慨乎記事之未周歟？不佞嘗閱往牒，見《春秋》君臣逞跡，醇雅奇邪，不下千事，散著百家，皆三氏所弗錄，間或微掇其端，而未究其緒，存其半而不掇其全，見輒觖之，因不自度，略倣《左》例，分十二公以統其世，稽三《傳》人以繫其事，年不盡攷，而附諸人，人不盡知而援諸事，參稽互證，務極恢閎，幽章纖巨，兼收咸紀，蓋庶幾哉！疑於舊史遺文之猶在焉，嘗僭自謂，言略成乎一家，功可裨於三氏，題之曰『春秋

別典」，殊三《傳》也。荀悅有言曰：『立典有五志焉：一曰達道義、二曰彰法式、三曰通古今、四曰著功勳、五曰表賢能。』嗚呼！典無當於五志，奚取於典也哉？或者曰：『拾金者汰沙，掇珠者捐蚌。三氏有作，皆鏐銑也、夜光也，子何用砭砭沙蚌是營哉？且也無關於聖經，何必《春秋》耶？』不佞謂：『不然！』匠石不遺輪囷，醫師不棄溲勃，為取用者眾也，且相梨可以充品，吹竹可以間聲，前鋒後距，兵之所以萬全也，左驗置對，獄之所以平反也，《春秋》既曰刑書，何厭乎具兩造哉，比事屬辭，豈盡無取爾耶？況鏡古可以觀今也，軌前可以循後也，準得可以形失也，典皆有焉，凡十五卷，書目、凡例列在左方。粵瀛後學薛虞畿識。」

薛虞賓〈春秋別典跋〉云：「先仲氏輯《春秋別典》，未脫稿而不幸下世。郭郡公用唐祠部言，亟取而序之，臚其目于《郡乘・藝文志》中，公其賢於中郎遠矣。顧其甫成於草創，而考覈未加，不無掛甲漏乙，年代倒置之病，貽好事者之惜走，謂：昔丘明受經作傳，廣記而備言，表時而記月，藉今輯別以翼左，迺采摭未廣，而世次乖舛，曷稱別典哉？故特廣閱博蒐，遇有異聞，輒嘿識以歸，參互考訂，不遺餘力焉。世縣者更，類殊者析，刪其繁複者什一，苴其闕略者什三，事則咸備而罔缺，序則有條而不紊，案之以案三氏之遺者，庶無面邙適越之嘆。嗟夫！躬太史者亡十篇，司蘭臺者遺八表，創始之難為功，自古志之矣！矧仲氏列章逢，治博士家言，出其餘力以從事於此，且又以無年，何怪乎立言之罔終哉。長志未信，責在後人，走媿續承，殫精極慮，聊以自塞其責云爾。若曰：『妄干載筆，以附於作述之林。』則吾豈敢，薛虞賓跋。」

朱彝尊〈春秋別典跋〉云：「暇思輯《春秋別傳》一書，凡《左氏》內、外傳，及《公羊》、《穀梁》所書，概不登載於經文，下別錄子、史、百家之言，有志未逮，不意薛君先得我心也。《別典》十五卷，抄撮具見苦心，惟是各條之末，不疏明出何書，明人之習大都若是。君名虞畿，弟名虞賓，其字、里，新《通志》不載，莫得其詳矣。康 辛巳十月，朏竹垞老人彝尊識。」

案：薛虞畿撰〈海濱列女傳〉約在隆慶至萬曆初年，故年代以此為

據。收錄《景印文淵閣四庫全書》史部，第386冊。《四庫全書》卷末載朱彝尊〈春秋別典跋〉，抄寫館臣蓋偶誤矣。其跋文前半部為薛虞賓跋文，後半部才是朱彝尊識文，今據此還原其二文。

## 《左胡類萃》十卷　李承箕撰，〔佚〕

李承箕，隆慶－萬曆，浙江鄞縣，字貞和，號大環，據康熙《鄞縣志》云：「李承箕，字貞和，號大環，司空堂之孫，宗伯康先之父。貌豐心質，行謹守堅，孝友傳學，為時所重，以明經教授衢州，贈太子少保、禮部尚書，著《探玄錄》一卷、《易學》、《書學》各二卷，《左胡類萃》十卷、《環江集》三卷。」（卷之二十上）

案：乾隆《鄞縣志》著錄。

## 《左季折衷》　　無名氏撰，〔佚〕

無名氏，隆慶－萬曆，生平失考。

毛奇齡〈左季折衷序〉云：「《左季折衷》者，時賢之書也。明嘉靖間山陰季本，字彭山，作駁《左傳》書，名曰『私考』，而生其後者又駁之，取《左氏》之文與季氏之駁，兩相較辨，名之曰『左季折衷』，然不知何人作也。其書本雜論經、史之可疑者，倣王仲壬《論衡》、徐偉長《中論》，而雜是篇于其中，顧行文寬博使才氣，微涉宋人論辨諸習，然而其議工焉，今其書已亡不可考矣。亡友徐伯調之孫文士也，謂予曰：『故祖歲星堂所藏書有抄集六本，云得之祁氏東書樓藏書中者，忽何有之人攫去，越十年聞其書已刻他氏名，又五年聞刻書者已死，又聞死時，其人每寢，有丈夫者據寢間，百遣不去，既而死逮死，不得證其書為何人作，且其書無兼本，罔所據。又踰年，歲星堂移居，遷故祖書，得《左季折衷》十三篇于廢帙間，是竊刻中所有者，且係祖手書，非從刻後抄得之，是宜可據而不署名氏，雖欲刊正焉，而仍不得其所為人抑者。先生冠以序，幸存之以俟他日之自雪，何如？』予曰：『有是

哉！晉向秀註莊，而郭象據為己有；南史郗紹著晉中興書，何法盛欺其無兼本
也，竊而署己名。二事聞者深恨之，然而秀與紹，其為名未嘗亡也，今乃盜其
文，而其人遂滅，東陽盧元夫嘗言：「著書者，集他人之說而不署其名，比之
盜人。」蓋諸儒老死，著書亦欲有所傳于人，而後之為儒者，述其語而不著其
名與氏，千秋萬世後又孰知某說為某所云者，雖以盜比之而不為過，況果盜
哉！」或曰：『盜書與盜財異等，況非剽人賊而索之，抵死已踰量矣，尚何憾
之有。』而曰：『不然！今夫居計者，生平積汗血以收錙銖，而一旦攻剽肱
篋，奪其所有，然且戕其人、滅其口，子姓不得知，隣里不及與聞，易氏禪代
而終不得其存亡起居，人必曰：忍人哉。雖抵之亦何足償，而乃有劙其心、鈲
其骨，刳其腎腸，銷亡其年歲，寒暑精力，魂魄忻戚，歡宴之所，忘飲食男女
之所不給，陽陽攫之，而其人亦遂窅冥歇絕如蟪蟓，影響之不可復睹，此在旁
人聞之，猶震心慘耳，而況其受之者也，鬼神有知，將必重雪之而重還之
矣。』吾故書之以俟，夫後之雪之而還之者，其所抄目曰『左季折衷』說，曰
亂臣賊子辨、曰編年辨、曰三傳學官辨、曰晉文公、曰隱公、曰秦穆公、曰衞
成公、曰公子叔牙、曰首止之會、曰王子虎、曰趙盾、曰武子來求賻。」
（《西河集》卷四十七）

　　案：毛奇齡〈左季折衷序〉云此書出於明代隆慶萬曆間，內容為「取《左
傳》與季氏《私考》而折衷之」，但「書後為人攘竊梓作己書」，故作序以明
之，其篇目有亂臣賊子辨、編年辨、三傳學官辨、晉文公、隱公、秦穆公、衞
成公、公子叔牙、首止之會、王子虎、趙盾、武子來求賻，等等十二篇。

## 《春秋人物譜》十二卷　張事心撰，〔存〕

　　張事心，萬曆時期，福建福清，字子靜，生平失考，惟據乾隆《福州
府志》云：「張事心，字子靜。嘉猷子。海澄訓導。」（卷四十一）

　　張事心〈春秋左氏人物譜序〉云：「《春秋》之書人也，或以名、或以
字、或以官、或以爵、或以其諡號、食邑，蓋褒貶存焉。《左氏》於《春秋》

中諸人之名字、官爵、謚號、食邑，素習口吻者，至於作傳，或連年之事前書
名而後書字；或一章之中首書爵而末書謚，蓋信筆所到，初無意義於其閒也，
而讀者彼此錯綜，紛然莫辨，甚至於以一人為二人，以二人為一人者，而況能
溯其本始支分者乎？杜元凱癖《左氏》，有《集解》，有《凡例》，有《盟會
圖》，有《長曆》，而又有《世族譜》，蓋以敘世系而明族姓，則其於人物源
派，意必精詳可觀也，乃其書今亡之矣，僅於注疏中見一二焉，又有著《名號
歸一》者，歸而未盡，而前後且失次，又有著繫年及族號者，族而未詳，而挂
漏且什三。余讀是書，自隱初至哀末，凡錄二千五百三十九人，名之曰『春秋
人物纂』，其於每人名字、謚號亦粗詳矣，然世系竟未能貫始徹終，而各國亦
未能兼收而並覽也，復取所纂者分國而彙編之，首世系，次中宮，（周曰中宮
列國曰壼內）次子姓，則世系莫考者，次先王、先后（列國曰先公先妃），則
《春秋》以前者次先裔，則本國先世支庶也次古先裔，則古昔聖哲苗裔也，次
世族則本國功臣巨室也，而終之以臣庶，此八目者隨諸國之有無增損焉，不能
諸國一一備也，而孔門特立一目者，尊宣聖也，其古先人物則起自上古，止商
紂另為一項，於周前者皆傳中所引也，編成因名之曰『春秋左氏人物譜』，以
明系表世若家乘焉，故曰譜也，讀《左》得此，庶不至誤名號而迷本原，或亦
可以補世族之缺乎。」

　　徐𤊹〈春秋左氏人物譜序〉云：「吾鄉張子靜先生，博雅閎覽，人號書
籢。生平所著述甚夥，垂老以貢為海澄廣文，罷歸貧日甚，先生既沒，其所
著作十九散落，悽然傷之。今歲偶過友人張道輔家，得其《春秋人物譜》，
皆先生手錄草稿，蟲蠹半蝕，點竄糊塗，覽者莫尋頭緒，予乃攜之長溪龜湖
僧舍，旅次閒寂，嚴加校訂，初稿渾為一卷，予分十二公而羅列之，重為繕
寫，井然有序，第首尾糜爛，尚有缺文，客中無書，未遑考補，俟質諸沈酣
麟經之士，再屬為增定，以成全書傳之來驥，未必於經學無少補云。」

　　案：湖南省圖書館藏清初抄本。《經義考》作「春秋左氏人物譜」。
《千頃堂書目》、《明史》作「一卷」。

## 《春秋羅纂》十二卷　馮伯禮撰，〔存〕

　　馮伯禮，萬曆時期，浙江平湖，字節之，號讓伯，據天啟《平湖縣志》云：「馮伯禮，字讓伯，父太僕敏功，卒官時臺槖四百金禮，以遺命歸之。官築寶應護堤，與其配查，事母以孝聞，好讀異書，行文饒有風骨，馮開之、吳言箴兩先生器重之，顧數奇，復困訟役，然曰：『檻猿籠鳥，何日颺去？』遂與妻子訣，脫身遊燕。丙午試報罷，感寒疾卒。孤洪業輿其喪歸配查，祔棺慟哭瀕死，業劚指療之竟不救，于是沈少司馬思孝采輿情誄議，諡曰貞孝，以徵禮刑于云：『禮負奇任俠，為友人授室娶婦，傾槖不吝。』浙東華比部、顏西吳鮑、廣文應選捷賢書，抱胤子束芻，會哭墓上，至今誦之。生平閒曠簡澹，與人交無新舊恩怨，謂腹背鱗甲，當作何想。其游燕，短衣瘦馬，躑躅泥淖中，往往避輦上貴人曰：『世自有馬，賓王李長源，彼何足知之。』禮尺牘類《世說》，詩逼劉長卿，小楷出入《曹娥》、《洛神》，所著《剩言》一卷、《春秋羅纂》十卷，皆有深致。」（卷之十六）；《明史》云：「馮伯禮《春秋羅纂》十二卷，字讓伯，平湖人，萬曆間太學生。父為參政敏功，以勞卒于官。伯禮却同官之賻，卒而沈思孝，諡之曰貞孝。」（卷一百三十三）；光緒《平湖縣志》云：「《春秋羅纂》十二卷……是書以《胡氏》為主，《左氏》輔之，分搭纂傳、纂左、纂題、纂四門，鮑應選序家乘云：序十二公時事，後有《論》二卷。」（卷二十三）

　　姚士粦《春秋羅纂跋》云：「嘗論天為萬世生，民計用靈王，庚戌特生孔子，使之手撰《春秋》，四甲子遡合于有熊，庚戌所育軒轅黃帝，凡三十六甲子，得年二千一百有六十，固已大奇，乃復自宣尼，後迄于萬曆庚戌，誕聖為□今上皇帝，而甲子亦云三十有六，年更二千零百六十，之為愈奇耳，是前舉軒后，中至尼山，今□迄聖主生，皆以歲之庚戌，後先甲子，積至七十有二，合算其年實巧，副于邵子《皇極經世》所稱，元之世會之運，運之會世之元之四千三百二十之數，適湖有先儒馮讓伯之《春秋羅纂》出焉，竊惟夫子道既不行，至于西狩，捉筆衮褒鉞討，使亂臣賊

子，人知所懼，垂示萬世尊王之心，讓伯亦以才憤不遇，至于僑家佔畢，采經合傳，俾譽生髦彥，各知所從用，啟天下得士之路，夫前《春秋》之仗以尊王，今《春秋》之藉以得士，總之力推夫子之意于今之人，人無不《春秋》其人也。若乃恒星不見，允為聖徵。二姜女禍，醞酷陽九。不管仲之分霸，責季子之來歸，指宋恭季札之過于家倫，證伯姬、叔姬之實為莊女葛，緋果嚴乎天道？蛇數竟驗于魯亡，茲皆遠眼見，于自古未見雄撰言乎，昔人未言，良無愧乎？今《春秋》以交重之宜，文嗣茂遠之述祖，昭先表章于盛代也。余則以為讓伯《春秋》，俄乘□聖皇之御天，始出若有待也，因仰而推之，自宣聖以至軒后，當時勛烈之大，有如□今上之除奸討逆，即古之滅蚩尤、誅少正也；而治曆考莖，即古之造甲子、聞齊韶也；而枚卜減漕，即古之立六相、足百姓也；而尚學尊經，即古之制文字、刪六經也。此以□九重之一，庚戌上契于軒孔之二庚戌□今天子可謂以軒聖為君，君天下以宣聖為師，師天下德成一已，聖功茂君師，兼歲方更始于《皇極經世》之四千三百二十，別當以大《春秋》受之也。」（崇禎《嘉興縣志》卷之二十三）

案：上海圖書館藏明崇禎刻本。《千頃堂書目》、《明史》、《傳是樓書目》、光緒《嘉興府志》、光緒《平湖縣志》著錄。天啟《平湖縣志》、雍正《浙江通志》皆作「十卷」。

### 《春秋剩言》一卷　馮伯禮撰，〔佚〕

案：光緒《平湖縣志》著錄。光緒《嘉興府志》作「賸言」。

### 《春秋三註粹抄》不分卷　許順義撰，〔存〕

許順義，萬曆時期，福建晉江，字時制，號如齋、和齋，據徐盛全曰：「和齋許氏順義，字時制，晉江人。」（《經義考》卷六十二）

《四庫全書總目》云：「《六經三註粹鈔》無卷數，浙江巡撫採進

本。明許順義撰。順義字如齋，晉江人。是書前後無序跋，不知何時所
作，驗其版式，蓋萬曆以後之坊本。其書以《易》、《詩》、《書》、
《春秋》、《禮記》、《周禮》為六經，名既杜撰，又經文多所刪節，其
註亦割裂餖飣。所謂『三註』者，亦不知三家為誰，殆書賈射利所刊
也。」（經部三四・五經總義類存目）；阮元《文選樓藏書記》云：「是
書採輯諸家經義之粹者，分段自為之注。」（卷二）

　　案：收錄《六經三註粹抄》，《四庫全書存目叢書》經部，第151
冊，據浙江圖書館藏明萬曆十八年萃慶堂余泗泉刻本影印。臺北國家圖書
館藏無名氏撰《春秋三註粹抄》，實即此書單行本。

## 《春秋纂義》　　李思謐撰，〔佚〕

　　李思謐，萬曆時期，江蘇興化，字揆卿，據嘉慶《揚州府志》云：「李
思謐，興化人，少師春芳、孫居。嫡母喪，三年不入內，刺舌血寫佛經，茹
素終身。異母弟思讚幼失恃，與同臥起，飲食必共案，撫愛甚篤，年二十九
卒，所著有《春秋纂義》、《懿行類編》、《敦好堂一二集》。」（卷之五
十）

## 《春秋別什》　　傅宗誠撰，〔佚〕

　　傅宗誠，萬曆時期，浙江浦江，字思明，據光緒《浦江縣志》云：
「傅宗誠，字思明。弱冠補邑庠生，屢應鄉舉不就，絕意進取，篤志六經
要旨，著《易簡說》，及《詩》、《書》、《春秋》、《禮別什》。邑令
須李莊三侯俱雅重焉。」（卷九）

　　案：光緒《浦江縣志》著錄。

## 《麟經要書說約》　劉鰲撰，〔佚〕

劉鰲，萬曆時期，福建永春，生平失考。

案：福建《永春州志》著錄。

## 《左傳管見》　謝時可撰，〔佚〕

謝時可，萬曆時期，福建建甌，據乾隆《福建通志》云：「謝時可，順昌訓導，孝友端嚴，著有《左傳管見》。」（卷四十）又民國《建甌縣志》云：「謝時可⋯⋯萬曆間貢生。」（卷十二）

案：民國《建甌縣志》著錄。

國家圖書館出版品預行編目（CIP）資料

明代春秋著述考/林穎政著. -- 初版. -- 臺北市：元華
文創股份有限公司, 2024.10-
冊；　公分.

ISBN 978-957-711-371-9 (上冊：平裝)

1.CST: 春秋(經書) 2.CST: 研究考訂 3.CST: 明代

621.7　　　　　　　　　　　　　113003714

# 明代春秋著述考（上）

林穎政　著

發 行 人：賴洋助
出 版 者：元華文創股份有限公司
聯絡地址：100 臺北市中正區重慶南路二段 51 號 5 樓
公司地址：新竹縣竹北市台元一街 8 號 5 樓之 7
電　　話：(02) 2351-1607　　傳　　真：(02) 2351-1549
網　　址：www.eculture.com.tw
E - m a i l：service@eculture.com.tw
主　　編：李欣芳
責任編輯：立欣
行銷業務：林宜葶
出版年月：2024 年 10 月 初版
定　　價：新臺幣 550 元

ISBN：978-957-711-371-9 (平裝)

總經銷：聯合發行股份有限公司
地　　址：231 新北市新店區寶橋路 235 巷 6 弄 6 號 4F
電　　話：(02)2917-8022　　　　傳　　真：(02)2915-6275